Benedikte Naubert

Philippe von Geldern

Die Geschichte Selims, des Sohns Amurat

Benedikte Naubert

Philippe von Geldern
Die Geschichte Selims, des Sohns Amurat

ISBN/EAN: 9783742895103

Hergestellt in Europa, USA, Kanada, Australien, Japan

Cover: Foto ©Thomas Meinert / pixelio.de

Manufactured and distributed by brebook publishing software (www.brebook.com)

Benedikte Naubert

Philippe von Geldern

Viertes Buch.

Die Könige von Ungarn und Böhmen.

Fürst Gara war trunken von den großen Hoffnungen, die seit dem Auftritt im königlichen Audienzzimmer vor seiner Seele aufgingen. Er konnte den, welcher denselben durch eine rasche That einen Grad mehr von Gewißheit gegeben hatte, nicht hassen. — Wär Selim nicht mit gezogenem Schwerdt auf den Mörder seines Freundes eingestürmt, so hätte die schöne Elisabeth Gara nicht die Lebensretterinn des böhmischen Ladislaw werden können; wie nahe stand sie in der Meynung ihres Vaters unter diesem Namen dem Throne, und wie undankbar wär es gewesen, den, der ihr diese Stufe baute, der königlichen Rache Preis zu geben.

Selim wußte nichts von dem, was man ihm in Garas Hause so hoch anrechnete, er würde die schöne Elisabeth verachtet haben, hätte er es sich nur als möglich denken können, daß sie einen Ladislaw um den andern vertauschen würde. Doch es war hier die Rede nicht von dem, was Selim wußte und dachte, oder gedacht haben würde, genug, man fühlte, daß man seinem Ungestüm Verbindlichkeit hatte, weil es zu einer schönen Scene behülflich gewesen war, und befand sich eben auf der Laune, ihm diesen zufälligen Dienst zu lohnen.

Selim hatte, indem er das Schwerdt wider des Königs geheiligte Person zuckte, das Leben verwürkt; die schöne Elisabeth bat für ihn bey ihrem Vater, dieser that das nehmliche bey dem Könige, und so ward Korvins Rächer für wahnsinnig und also straflos erklärt. Seine Freyheit war zwar auf alle Fälle verloren, denn wer hätte einem so furchtbaren Menschen freye Arme gönnen wollen? aber das Leben schenkte man ihm. Er ward auf einen Wagen geschmiedet, und dem jungen gleichfalls gefangenen Mathias nach, auf das Schloß Guttenstein bey Wien geführt, daselbst einem Schicksal entgegen zu harren, das sich für Korvins Namensträger und Freund wohl schwerlich allzugünstig denken läßt.

Man hatte darinn, daß man diesen beyden Jünglingen einerley Loos zutheilte, nach eine

Abſicht; man dachte den Bruder des ermordeten Ladislaw zu beſchimpfen, indem man ihn mit einem Wahnſinnigen paarte. Hätte Mathias ſeines Bruders edle Seele, hätte er ſein Herz gegen Selim gehabt, er würde hierin keinen Schimpf gefunden haben, aber dieſer junge Menſch, ſeine Freunde mögen nun noch ſo viel von ihm rühmen, hatte nun einmahl nicht den Geiſt ſeines Vaters und Bruders, und ſo fühlte er den Pfeil, den ihm die Bosheit nachſchoß, ganz, er ſchämte ſich ſeines edeln Leidensgefährten, er hielt ihn würklich für das, wofür ihn die Garas ausgegeben hatten, um ſein Leben zu retten, er entzog ſich ihm, und beraubte ſich auf dieſe Art des einigen Troſtes, der ihm die trüben Tage der Gefangenſchaft hätte erleichtern können.

Ob Selim würklich in den erſten Zeiten nach dem Verluſt ſeines letzten Freundes ſeines Verſtandes ganz mächtig war, wiſſen wir nicht; der höchſte mögliche Grad des Kummers beraubt allerdings die Seele des freyen Gebrauchs ihrer Kräfte; ob Selim in ſeinem Freunde genug verloren hatte, um auf dieſe Art zu leiden, mögen diejenigen entſcheiden, die ihn kennen und ſeinen Ladislaw gekannt haben, uns iſts uns möglich, die Art zu ſchildern, wie er die erſten Wochen auf Schloß Guttenſtein verlebte, oder zu bestimmen, wenn er in einen leidlichern Zustand überging.

Die Geschichte zeigt uns die beyden Gefangenen nach einiger Zeit in einer Art von Gemeinschaft, sie nennt sie Gefärthen, einigemahl sogar Freunde, woraus wir schließen, daß Selim endlich aus dem Sturm der Leidenschaften und der Betäubung des Grams zu leidlicher Ruhe kam, und Mathias die Augen über den wahren Zustand des unglücklichen jungen Menschen genugsam öfnete, um sich seiner Gefärthschaft nicht mehr zu schämen, daß er sich hinlänglich von seiner Höhe herabließ, um zu fühlen, wie Selims Gesellschaft besser sey, als gar keine. Hätte Mathias edler gedacht, o hätte er nur einen Funken von den Gefühlen seines Vaters und Bruders gehabt, er würde den mit Entzücken und dankvollem Mitleid an sein Herz gedrückt haben, der diese Gefühle so wohl verdiente. — Um wessen willen litt Selim? für wen verzehrte der Gram seine Seele? um wessen willen trug er diese Bande? um die Korvine! man mußte stolz, hartherzig oder leichtsinnig seyn, wie der Erbe dieses erlauchten Namens, um dies nicht zu fühlen, um nicht bey der Unmöglichkeit andern Danks, dem wenigstens mit Liebe zu lohnen, der zu diesem Lohn die höchsten Ansprüche hatte.

Hartherzig war Mathias nicht, nur ein wenig stolz und leichtsinnig, und da in seinem jetzigen Zustande eine Art von Cur für diese beyden Fehler lag, kam es endlich würklich zu jener Einverständniß mit dem edeln Freunde seines verstorbenen Bruders, deren wir vorhin gedacht haben. Langeweile, Mangel an anderer Unterhaltung, Bedürfniß sich mitzutheilen ersetzte das, was bessere Bewegungsgründe nicht bewürken konnten.

Die Rolle, die Selim dabey spielte? Leser, ihr kennt ihn ja! Sein trugloses Herz gab Liebe — nicht um Liebe; nein, oft um einen weit geringern Preis, es war froh, sich nach dem erlittenen Verlust wieder an einen Gegenstand anketten zu können, es liebte Korvins Bruder schon um des Namens willen, und ließ sich leicht bereden an Mathias einen Theil dessen wiedergefunden zu haben, was es in Ladislaw verlor.

Die beyden gefangenen Jünglinge waren, wie wir schon einmahl angemerkt haben, ziemlich eines Alters, aber daß Selim nicht mehr der zwölfjährige Knabe vom Berge Athos war, werden unsre Leser, die in Gedanken mit der Zeit Schritt gehalten haben, wohl ohne unsere Erinnerung wissen. Die Begebenheiten, die wir Euch, meine Theuren, auf zwanzig Blättern geschildert haben, waren nicht in den Raum von so viel Tagen zusammen gedrängt; sie hatten unsern jungen Helden zu einem Alter von achtzehn bis neunzehn Jahren herum gebracht, und wer ihn als Knaben kannte, wird sich vorstellen können, was er als Jüngling geworden seyn muß.

Mathias blieb im Aeußerlichen nicht weit hinter ihm zurück; auch Säbel und Waffenerfahrenheit hieng bey beyden ziemlich in gleicher Wage, nur das Herz legte auf Selims Seite das Uebergewicht, und Grundsätze und Erfahrung gaben allen seinen Tugenden eine Festigkeit, die man bey dem jungen Mathias vergebens suchte. Was bey ihm gut und vollkommen werden sollte, mußten die Jahre zur Reife bringen, itzt stand er an innerm Werth noch weit hinter Amuraths Sohne zurück.

Man denke sich die Gefangenschaft der jungen Leute zu Guttenstein nicht als einen Kerker. Dem jungen Korvin war gleich anfangs, wir zweifeln ob durch des böhmischen Königs Veranstaltung, mit Achtung begegnet worden, und Selim hatte man von seinen Ketten befreyt, so bald man durch sein Betragen überzeugt war, daß man ihm ohne Gefahr freye Hände lassen konnte.

Das Schloß war weitläuftig. Ueberfluß und Bequemlichkeit herrschten überall. Eine hinlängliche Anzahl von Bedienten räumte wenigstens den äußerlichen Schein von der Einsamkeit hinweg. Das Auge sahe wenigstens überall Menschen, wenn auch das Herz und der Verstand keinen Gefärthen traf, mit dem es sich beschäftigen konnte.

Doch fand Selims gutes Herz, das sich unmöglich an diesem Mathias so ganz festen konnte, daß es kein weiteres Bedürfniß gefühlt hätte, doch fand es endlich hier Unterhaltung und Zeitvertreib, auf welchem Wege, dies wird der Inhalt einiger folgenden Blätter seyn.

Der Aufseher der Burg hätte nach Selims natürlicher Neigung für alte Leute und seinen Wahn, überall Alis und Aximiths zu finden, ihm viel werden können, aber es war mit diesem Manne nicht viel anzufangen; er beobachtete allemahl gegen die beyden Jünglinge jene scheue Zurückhaltung, die die Hofsitte gegen Höhere empfiehlt; eine Aufführung, die dem Stolz des jungen Korvins so anständig dünkte, als sie Selim lästig war.

Wir sind Gefangene, sagte er oft zu Mathias, ich weis nicht, was uns diese Begegnung erwirbt. Das Blut der Korvine, antwortete Jener, kann auch in Fesseln nicht verkannt werden. Und doch, antwortete der junge Prinz, doch wagte man, es ist meinen Ladislaw auf die Erde zu gießen? Tödten kann man uns wohl, erwiederte der stolze Korvin, aber herabwürdigen niemahls.

Ich weis nicht, wie viel von der ehrenvollen Begegnung, die die Gefangenen auf Schloß Guttenstein fanden, auf die Instruktion zu rechnen war, die der Kastellan erhalten hatte *), er überschritt sie wahrscheinlich in manchen Stücken, überschritt die Befehle seines Herrn nicht allein in Rücksicht auf Selim und Mathias, sondern auch überall, wo

---

*) Sie lautete ganz anders: Die Edelknaben, sagt eine alte Chronik, hatten Befehl, den jungen Korvin zu höhnen. Ey, sagten sie eines Tages zu Mathias, der sich gegen Selim in ihrer Gegenwart rühmte, ihm sey die ungarische Krone geweissagt worden: Ey, Du schöner König von Ungarn, nun wird man bald kommen und Dich auf den Thron setzen! Seyd ruhig, antwortete er mit stolzem Lächeln, ich will nicht allein König von Ungarn, sondern auch Euer König werden!

es seinem Wahn nach zu irgend einem Endzweck dienlich war.

Dieser Mann, Rembrecht von Ebersdorf war sein Name, wird in der Folge dieser Geschichte zu oft vorkommen, als daß wir uns nicht einige Augenblicke bey ihm aufhalten und das nöthige von ihm sagen sollten. Die Aussichten seiner Zeit waren höchst verwickelt, und niemand konnte besser als er den zweifelhaften Ausgang verschiedener Dinge beurtheilen, versteht sich, nur dieses, daß dieser Ausgang zweifelhaft war, nicht wie sich alles endigen würde, dieses zu beurtheilen wäre ein höherer Verstand nöthig gewesen als Rembrechts, eines Mannes, der bey allem, was um ihn vorging, nur das Bestreben zum Augenmerke hatte, nicht wider das Interesse desjenigen zu verstoßen, dem sich das Glück am Ende günstig erweisen würde.

Unter den mannichfaltigen Personen, welche mit streitendem Interesse damahls auf dem politischen Schauplatz eine Hauptrolle spielten, wollen wir nur einiger erwehnen, und es dem Leser klar zu machen suchen, in wie fern sie auf das Betragen Rembrechts und das Schicksal seiner Gefangenen einen Einfluß hatten.

Kayser Friedrich, mit dem Zunamen der Friedfertige, behauptet in aller Absicht unter ihnen den ersten Platz; dieser edle Fürst, der es so wohl verdiente, endlich Sieger aller Kabalen zu seyn, die damals wider ihn geschmiedet wurden. — König Ladislaw von Böhmen, unser alter Bekannter, erhält die zweyte Stelle. Er war Kayser Friedrichs Mündel gewesen, er hatte ihm tausend Verbindlichkeiten, aber Dank sey es dem Einhauchen Cylns und seines Gleichen; dies hinderte nicht, daß dieser König Kayser Friedrichs Feind war, und ihm heimlich, da er öffentlich es nicht wagen durfte, auf tausendfache Art nachstellte, oder wenigstens zu solchen Nachstellungen durch die Finger sah. — Herzog Albrecht von Bayern, Kayser Friedrichs Bruder, nimmt den dritten Raum ein; er haßte den jungen König von Böhmen, und haßte den Kayser, wider den er schon damahls Anschläge schmiedete, welche bald zum Ausbruch kommen sollten.

Zwischen diesen dreyen stand der staatskluge Rembrecht mitten inne. Er kannte ihr streitendes Interesse, kannte die Anschläge, welche zweye von ihnen wider den Dritten machten, vollkommen; wer den Sieg behalten würde, war ihm verborgen, gleichwohl war er entschlossen, da er mittlerweile der heimliche oder öffentliche

Diener von allen blieb, sich am Ende nur für den zu erklären, auf dessen Seite sich das Glück neigen würde. Welche Schwierigkeit, bis dahin gegen keinen zu verstoßen! Nur ein Kopf wie Rembrechts wußte sich hier zurecht zu finden. Zum Glück war mit diesem Kopfe kein unternehmender Geist verbunden, und das Mittel sich bey allen beliebt zu machen, hatte vor der Hand nur in Leiden, Schweigen und Nachhelfen auf dem Wege bestanden, den das Glück leitete.

Er war König Ladislaws öffentlicher, Herzog Albrechts heimlicher Diener, er wußte von allen Anschlägen, die sie oder ihre Räthe wider Kayser Friedrichen machten; er hinderte sie nicht, er warnte nicht davor, aber wenn das Glück oder Friedrichs guter Engel dieselben vernichtete, so war er sogleich bey der Hand Glück zu wünschen, und den Weg zu voller Sicherheit zu bahnen, den man indessen auch ohne ihn nicht verfehlt haben würde.

Mit seiner Gefälligkeit gegen die beyden jungen Gefangenen hatte es die nehmliche Bewandniß. Sie waren ihm ausgeliefert worden, daß er sie in fester, doch nicht allzustrenger Gewahrsam halten sollte. Daß er ihnen fürstliche Bequemlichkeit und fürstliche Bedienung geben sollte, davon war ihm nichts befohlen, aber ein einiges Wort, das man bey der Auslieferung fallen ließ, hatte ihm bestimmt nichts zu versäumen, was er sich bey geändertem Glück der beyden Jünglinge zum Verdienst anrechnen, worauf er Ansprüche auf künftige Gunst bauen könne.

Der Fürst Gara, dem Selims und Mathias Absendung nach Guttenstein befohlen worden war, hatte ihnen einen Mann zum Begleiter gegeben, der unter den Ungarn und Böhmen in großem Ansehen wegen verborgener Wissenschaften stand, er hatte dem jungen König viel vorhergesagt, das pünktlich eingetroffen war. Auch das Haus Gara befand sich im Besitz einiger Weissagungen von ihm, deren Erfüllung es zum Theil noch mit Verlangen und Hoffnung entgegen sah, daher kam es, daß man ihn genugsam schätzte, um ihm die wichtigsten Expeditionen anzuvertrauen. Auch die Ueberführung der beyden gefangenen Jünglinge nach Guttenstein war ihm anvertraut worden; daß er dort von ihnen weissagen sollte, gehörte zwar nicht mit in seinen Auftrag, doch Nikolaus — so hieß er — konnte zu Zeiten das Weissagen nicht lassen, und so geschah es, daß ein einziges Wort, das ihm bey der Uebergabe der jungen Gefangenen entfiel, Rembrechten von Ebersdorf mit überschwenglicher Ehrfurcht gegen sie erfüllte, und ihnen einen äußerst bequemen und angenehmen

Arrest verschafte. Nimm diese Heldensöhne! hatte Nikolaus gesagt, indem er Selim und Mathias seinen Händen überlieferte, nimm und verwahre sie wohl, du verwahrst in dem einen von ihnen einem großen Reiche einen künftigen König! Die Gefangenen hatten diese in einer ihnen unbekannten Sprache geredeten Worte nicht verstanden, aber Rembrecht verstand und beherzigte sie. Das Wort: künftiger König eines großen Reichs, blieb ihm unvergeßlich. Es tönte ihm unabläßig in die Ohren, so oft er die beyden Jünglinge sah, er hielt seine Sclavenseele in scheuer kriechender Ehrfurcht gegen sie, er löste Selims Bande früher als außerdem geschehen seyn würde, er schaffte dem jungen Korvin Befriedigung aller seiner Wünsche, so weit ein Gefangener dieselbe nur ausdehnen darf, er würde beyden auch die Freyheit verschaft haben, hätte ihm das Wort: bewahre sie wohl! nicht das Uebergewicht gehalten.

Nur eine Sache beunruhigte Rembrechten; wer unter beyden wohl dereinst eine Krone tragen würde, damit er sich in seinem Betragen gegen sie darnach richten könnte. Sein Herz theilte sie dem holden leutseeligen Selim zu, aber sein Verstand sprach für den stolzen herrischen Mathias, dem ja selbst in der Gefangenschaft schon alles so königlich anstand, daß man an seiner künftigen Hoheit, nach Rembrechts Urtheil, fast nicht zweifeln konnte; da indessen das Glück wunderlich spielt, so ließ der weise Rembrecht, sein Urtheil mochte sich nun auf die eine Seite oder die andere lenken, die Sache zwischen Selim und Mathias indessen unentschieden, er sahe es ein, daß der beste Weg sich beyden zu empfehlen und auf jeden Fall sicher zu gehen, kein anderer sey, als beyden wohl zu begegnen; daher das erträgliche Schicksal, das sie hier fanden, das bey Selim, der die Welt ein wenig kannte, Verwunderung erregte, und das von Mathias auf die Rechnung des edeln Bluts der Korvine geschrieben wurde.

Erlaubt uns, meine Leser, nachdem wir Euch hier einige Züge von Rembrechts Charakter, und den geheimen Triebfedern seines Betragens gegeben haben, in unserer Geschichte weiter zu gehen.

———

Nach dem Tode des Grafen Ulrichs von Cyly, der der letzte seines Namens war, und mit Schild und Helm begraben wurde, fiel die Grafschaft Cyly an den Kayser. Der König von

von Böhmen, der vielleicht auch einige Rechte an dem Nachlaß seines Lieblings hätte geltend machen können, hielt für gut, sie zu unterdrücken, und dem Kayser einen in die Augen fallenden Beweis seiner guten Gesinnungen zu geben, indem er ihn selbst einlud, Besitz von demjenigen zu nehmen, was er ihm nicht streitig machen wollte oder konnte. Jedermann sah und bewunderte das Rühmliche in König Ladislaws Verfahren, niemand ahndete den verborgenen Grund einer Handlung, die zum Untergang des beßten Fürsten seiner Zeit abzielte. Fast war das Gewebe der Bosheit zu abscheulich, als daß man Kayser Alberts Sohn, einem so jungen Prinzen, wie der König von Böhmen, einem Fürsten, der hier und da verschiedene gute Züge zeigte, Mitwissenschaft des Ganzen zutrauen sollte; wir treten auf die Seite seiner Vertheidiger, und glauben, daß hier, so wie bey der Hinrichtung des jungen Ladislaus Korvinus, böse Rathgeber das meiste thaten. Einen gekrönten Jüngling, in allen Täuschungen, die die Throne umlagern, erzogen, einen Prinzen, der nichts als Lust und Liebe athmete, und der, um an die schöne Magdalene von Frankreich, seine Verlobte, ungestört zu denken, oder einen Brief an sie zu vollenden, gern sein Ja ungesäumt zu allem gab, was ihm seine Minister vorlegten, einen solchen in tausend schlechte Handlungen ohne sein Wissen zu verwickeln, war ja wohl etwas leichtes. Er war und blieb freylich der Welt und seinem Gewissen für alles verantwortlich was geschahe, aber sein Name war eben die Schutzmauer, hinter welcher sich die Urheber mannichfaches Unheils bergen, hinter welcher sie sich bequem davon schleichen konnten, indessen er dem Tadel und allen bösen Folgen ihrer Unthaten blosgestellt blieb, und büssen mußte, was sie verschuldet hatten. O meine Leser, glaubt ihr wohl, daß es hierin zu jenen Zeiten anders herging, als in den unsrigen.

Kayser Friedrich, den wir jetzt mit dem ceremonienreichen Rembrecht auf Schloß Gutensteln willkommen heissen, hatte bey seiner Besitznehmung der Grafschaft Cyly böse Abentheuer gehabt. Ein gewisser Wittowitz, der Verräther heimlicher Vertrauter, ein Mann, der durch seine gleissende Aussenseite auch des Kaysers Vertrauen zu erschleichen wußte, hatte ihn Fallstriken entgegen geführt, die ihm das Leben hätten kosten können. Der Kayser, wie er meynte, durch eine himmlische Erscheinung gewarnt, flohe, weil Flucht noch möglich war, aus der Stadt in das außerhalb derselben liegende Bergschloß Obercyly. Man warf die Maske ab. Was man mit List nicht ersiegen könnte, sollte Gewalt leisten. Der Kayser muste eine fünftägige sehr harte Belagerung auf der Burg ausstehn, seine Tapferkeit, seine Weisheit und Entschlossenheit nebst einiger Hülfe von aussen, vernichteten endlich die Anschläge seiner Feinde. Er nahm einen freyen und ehrenvollen Abzug, und berührte jetzt auf der Rückreise nach Neustadt, Schloß Guttenstein, wo er von Rembrechten von Ebersdorf, diesem Manne, der, wie wir eben erwehnten, sich in den Vortheil streitender Mächte so gut zu finden wußte, mit hohem Jubel empfangen, und in die sogenannten Königszimmer einlogirt wurde.

―――――

Kayser Friedrichs Ankunft auf der Burg, wo unsere beyden jungen Freunde gefangen gehalten wurden, hatte Einfluß auf unsere Geschichte, und dies ist die Ursach, warum wir diese unserm Interesse sonst ganz fremde Begebenheit mit einigen Umständen erwehnten; doch dieser Einfluß war nicht von der Art, wie unsere Leser vielleicht meynen mögen.

Was wär leichter und wahrscheinlicher, als daß einer oder beyde Gefangene, dem großen

Manne, der mit ihnen unter einem Dache wohnte, vor die Augen gekommen wäre, oder daß er blos von ihrer Geschichte gehört und durch dieselbe gerührt, mit einem Machtwort eine Aenderung in ihr Schicksal gebracht hätte? Die Allgewalt, mit welcher Selim sich jedes Herz zu eigen machen konnte, oder der Eindruck, welchen die unbillige Gefangenschaft des jungen Korvins auf jeden machen mußte, der seinen Vater und Bruder gekannt und geschätzt hatte, Friedrichs Verlangen, dem böhmischen Ladislaw seine zu Cyly bewiesene Tücke, durch Befreyung eines wichtigen Gefangenen zu vergelten, alles dieses hätte hier bey einer Zusammenkunft der drey erlauchten Bewohner von Guttenstein eine gute Würkung thun können; und es ist uns wahrlich leid, unsern Lesern zu sagen, daß es nicht geschahe.

Friedrich bekam seine jungen Nachbarn gar nicht zu sehn; er hörte nicht einmahl von ihnen. Rembrachts Staatsklugheit wollte es, die gefangenen Jünglinge während der Anwesenheit des Kaysers eingeschränkter als jemahls zu halten. Er nannte diese Vorsicht, Treue gegen seine Pflicht, aber eigentlich war sie nur Treue gegen seinen Vortheil. Er wußte ja noch nicht, auf wen unter seinen Gönnern und Herrn, wie er den Kayser, Herzog Albrechten und den böhmischen König zu nennen pflegte, das Glück am Ende seine günstigen Blicke werfen würde. Eine Gefahr hatte zwar Friedrich wieder überwunden, und Rembrecht wünschte von Herzen Glück, aber wer wußte, welcher von den folgenden er noch unterliegen würde? und wie würde sich Rembrecht denn geschämt haben, gegen einen von Schicksal Gefällten die Treue, die er seinem König schuldig war, gebrochen zu haben. Mit Selims und Mathias's endlichem Loos sahe es noch viel weitläuftiger aus; Rembrecht mochte das Glück eines künftigen Königs nicht aufs Spiel setzen, indem er ihm einen Fürsten in die Hände lieferte, der mit dem einstmahligen Besitzer großer Reiche, und seinen geweissagten Ansprüchen auf Länder, die vielleicht ihm gehörten, nicht hätte ganz einverstanden seyn mögen.

Dieses war die Ursach, warum Kayser Friedrich bey seiner kurzen Anwesenheit auf Schloß Gattenstein nichts von seinen Hausgenossen erfuhr, dies die Ursach der mehrern Einschränkung, die sich jetzt die Jünglinge gefallen lassen mußten.

Ihnen hatte die Anwesenheit des Kaysers nicht verschwiegen werden können, aber sie waren es endlich auf Rembrechts Vorstellungen zufrieden, daß er nichts von ihnen erfuhr. Bey de sahen den Vortheil nicht ab, der ihnen aus seiner Kenntniß von ihrem Schicksal erwachsen würde. Beyde wußten so viel von der Welt, daß sich ein großer Herr ungern in die Angelegenheiten des andern mischt. Der hochfliegende Mathias nährte im Innersten seines Herzens Wünsche, Hoffnungen und Entwürfe, die ihm, sollten sie einst Würklichkeiten werden, so wohl den Kayser als den König von Ungarn und Böhmen zum Feinde machen mußten, und Selim sahe allenfalls so viel ein, daß der Name eines türkischen Prinzen ihm bey Friedrichen keine besondere Aufnahme verschaffen würde, auch konnte er sich nicht denken, was er eigentlich an seinem Hofe für eine Rolle mit Anstand spielen sollte.

Ob die jungen Leute wohl thaten, sich so gern und leicht in den Willen ihres Hüters zu ergeben, wissen wir nicht, auch die Folge ihres Schicksals entscheidet hierin wenig.

Selim, der Rembrechten sein Wort gegeben hatte, das Incognito, das ihm und seinem Freunde auferlegt war, auf keine Art zu brechen, genoß etwas mehr Freyheit als Mathias, dessen Stolz es nicht zuließ, einem Rembrecht sein Wort über irgend etwas zu geben. Selim hatte Erlaubniß, des Mittags und des Abends, wenn der Kayser Tafel hielt, in den Schloßgarten zu gehen, und dieser Nachlaß, der dem an Freyheit und Natur gewöhnten Jüngling höchst nöthig war, trug ihm noch ein Vergnügen ein, an welches weder er, noch sein Hüter gedacht haben mochten.

Wir haben erwehnt, daß Selims gutes Herz, das sich gern an etwas anketten mochte, nicht allemahl volle Genugthuung in dem Umgang seines Mitgefangenen fand. Rembrecht von Eberödorf, der ihm wegen seiner Jahre und eines gewissen Zugs von ernster Weisheit, den er auf dem Gesichte trug, sehr lieb, ach vielleicht zum Nachtheil seines truglosen unverdorbenen Herzens, allzu lieb hätte werden können, ward durch den Wahn, in ihm einen künftigen König zu sehen, in zu scheuer Entfernung gehalten, als daß sich hier irgend ein trauliches Einverständniß hätte bilden lassen; Selim war und blieb also bey dem regsten Trieb zu Freundschaft und Mittheilung immer mit sich selbst allein, bis auf den Zeitpunkt, den wir nun erreicht haben, und der in seinem Leben Epoche machte.

Man ist gewohnt, wenn man in Geschichtbüchern wie dieses, einen neunzehnjährigen Jüngling, dem die Einsamkeit lästig wird, mit einem Liebe oder Freundschaft sehnenden Herzen in Garten, Wald oder Flur umherirren sieht, daß schnell sein gutes Geschick, aus dem nächsten Gebüsch eine tröstende Gehülfinn, die um ihn sey, hervortreten oder am Wasserfall schlummern, um von ihr geweckt; oder durch blühende Labyrinthe vor ihm fliehen läßt, um von ihm gefunden zu werden; ein solches Abentheuer, das der Erzähler mit den erfreulichen Worten: eines Abends oder eines Tages anfängt, macht denn freylich in der Geschichte des Helden auf alle Art Epoche; sein Leben und die schleppende Erzählung von demselben bekommt einen neuen Schwung, und er zusamt den Leser sieht sich auf lange Zeit vor Langerweile gesichert.

Wir sind sehr unglücklich, meine Leser, daß wir Euch hier an diesem schicklichen Orte nicht mit so etwas dienen können, sondern auch, der Wahrheit treu, sagen müssen, daß das, was Selim in dem Garten von Guttenstein einesmahls fand, keine wandelnde schlafende oder fliehende Grazie, sondern ein ganz anderes Geschöpf war, das Euch, wenn wir es Euch vorstellen werden, vielleicht ganz unbedeutend scheinen wird. Vielleicht lag es an dem Orte, wo

Selim lustwandelte, daß ihm nichts von der Art, wie ihr ihm wünscht, zustoßen konnte; romantische Gegenden, romantische Abentheuer, und der Bezirk, den man den Guttensteinischen Schloßgarten nannte, war gar nicht romantisch, ein wilder wüster unbebauter Fleck von düstern Bäumen beschattet, wo nur ein Jüngling wie Selim, der überall ein Eden fand, sich die Idee von Freyheit und schöner Natur hinzaubern konnte.

Selim sahe schon zum drittenmahl zu seiner gewohnten Spazierzeit im Garten einen kleinen Knaben, den er aus der Kleidung für einen kayserlichen Pagen halten mußte, und dessen Thun er in der Ferne belauschte, ohne es im Näherkommen ganz errathen zu können, denn der kleine Fremdling war scheu, er hatte das Wesen eines streng gehaltenen Kindes, welches thut was es nicht soll und betroffen zu werden fürchtet. Schüchtern blickte er bey seinen kleinen Geschäften umher, und ward er den Schatten von einem Menschen gewahr, so war er verschwunden.

Es war am vierten Tage, nicht an einem rauschenden Wasserfall, sondern an einem sumpfichten Teiche, da es Selim gelang, den Gegenstand seiner Neugier fest zu halten. Langsam schlich er hinzu, faßte den am schilfigen Ufer sitzenden Knaben von hinten bey der Schulter, und sah ihm lachend ins Gesicht. Ein Gesicht, wie Selims konnte wohl schwerlich, so unerwartet es sich auch zeigte, großes Schrecken erregen. Doch war der kleine Ueberraschte betroffen, und schien eilig etwas unter seinen Kleidern zu verbergen.

Selim lächelte noch immer, und drückte einen Kuß auf die Wange des schönen Kindes.

Wer seyd ihr dann? rief der Kleine mit etwas verzogner Miene, indem er ihn von sich abwehrte. Ihr habt mich sehr erschreckt.

Und wer bist denn Du? war die Gegenfrage.

Man nennt mich nicht mehr Du, antwortete das Kind. Ich heisse Kalixtus Kollonna.

So klein und einen so großen Namen?

Der Knabe beantwortete dieses nicht, sondern fragte Selim, der sich jetzt zu ihm gesetzt hatte, wie er sich nenne.

Selim.

Gehört ihr zu unsern, — ich meyne, zu des Kaysers Leuten?

Nein!

Ihr werdet mich also wohl nicht verrathen?

Was sollte ich?

Hier schlüpfte die linke Hand des Knaben mit einem Spielzeug, aus dem Selim nichts zu machen wußte, unter seinem Kleide hervor, zu welcher sich bald drauf die rechte mit einem kleinen Messer bewaffnet fügte.

Was macht ihr hier! fragte Selim.

Kollonna nickte auf den Teich und auf einige Rohrhelme in seiner Hand, die er eben abgeschnitten haben mochte, und nun in gleiche Länge zu formen beschäftigt war. Das ists eben, setzte er nach einer Weile hinzu, was ich nicht soll, und warum ihr mich nicht verrathen müßt.

Verrathen? rief Selim, und schloß den Knaben in seine Arme, dich verrathen? Nein, mit dir spielen, mit dir wieder ein Kind werden, dieses will ich!

Wollt ihr das? rief der Kleine. O thut es, ich bitte Euch! mit mir spielt niemand, und ich bin doch noch nicht so gar groß, wie die andern Junker, die nicht mehr spielen dürfen.

Wie kamst du so früh in den kayserlichen Dienst?

Nun weil ihr so gut seyd, fuhr der Knabe fort, so dürft ihr mich wohl Du nennen, der Hofmeister sagt, ich dürfte es von niemand als dem Kayser leiden.

Der Kayser, ist er gütig gegen Dich?

O sehr! sehr! Er hat mich weit von hier (— hier maß die kleine Hand einen weiten Raum) — er hat mich von Rom mitgebracht. Ich hatte keine Eltern, und er wollte mein Vater seyn.

Keine Eltern?

Nein, zwar einige Mütter; aber diese haben mich verlassen.

Selim, der seinem kleinen Gefärthen all diese Zeit über arbeiten geholfen hatte, war jetzt aufgestanden, um einige stärkere Rohrhalme abzuschneiden, die sein kleiner Freund mit lautem Freudengeschrey in Empfang nahm.

Recht! recht! schrie der Knabe, so wirds werden! O guter Herr! ich bitte Euch, kommt oft hieher, ihr versteht die Sache weit besser zu machen als ich.

Aber sage mir nur, was dies endlich für ein Kunststück werden wird?

O ein sehr großes. Ich besaß einst ein solches, aber ich habe es verloren, auf dem Schlosse Cyly, als ich ein Engel war.

Ein Engel? kleiner Schwärmer, Ich glaube, du machst dich über mich lustig?

Ein Engel! Ein Engel! wiederholte der Knabe mit lautem Lachen. Ich habe es erst gestern dem Kayser erzählt, aber er lachte nicht, sondern er ward ganz zornig und schalt mich einen kleinen Betrüger!

Das war zu arg, denn wenn du ihn gleich auch so wie mich mit der Engelsgeschichte ein wenig zum Besten haben möchtest, so hätte er doch so nicht sagen sollen.

Ey, die Engelsgeschichte ist wahr!

Wahr?

Ja, hört nur! Die Frau von Wittowitz, die mich, als wir zu Cyly waren, sehr liebte, nahm mich eines Abends vor. Kollonna, sagte sie, wenn ich dir dieses weisse Kleid und diese goldnen Flügel anlege, so bist du ein vollkommner Engel. Verbirg dich diese Nacht hinter des Kaysers Bette, und um Mitternacht, wenn der Mond hell ins Zimmer scheint, so tritt hervor und sage diese Worte, und dann — und dann mußt du verschwinden.

Verschwinden?

Sie zeigte mir, wie ich das machen müßte, und drauf setzte sie mir noch einen Blumenkranz auf, und gab mir eine vergoldete Palme in die Hand.

Und die Worte?

Wartet, ich werde sie noch wissen: Kolsonna stand bey diesen Worten auf, und nahm eine feyerliche Stellung an, die ihn wohl auch die Frau von Wittowitz gelehrt haben mochte:

Friedrich! rief er mit einem Tone, der unter den Umständen, die er erwähnt hatte, würklich seinen Endzweck nicht verfehlt haben konnte. Friedrich! stehe eilend auf! deinem Leben droht Gefahr; Gott und der heilige Bischoff Aemillanus warnen dich! Fliehe! Fliehe!

Nun? fragte Selim.

Ich warf, fuhr der Kleine fort, nachdem ich diese Worte zweymahl wiederholt hatte, eilig mein Engelskleid — so hatte mich die Frau von Wittowitz gelehrt — in einen Winkel, und hinweg war ich, durch die offene Thür ins Vorzimmer zu den andern Pagen, die dort schliefen.

Und der Kayser?

Fort! noch diese Nacht, fort auf ein anderes Schloß! Und ich verlor bey dieser Gelegenheit meine Pfeife, ich mochte sie wohl mit dem Engelskleid von mir geworfen haben.

Eine Pfeife?

Ja, so eine von Rohr, wie ich sie jetzt machen will! O guter Herr, ihr könnt es, verfertigt mir eine andere. Morgen werde ich wieder hier seyn und sie holen, jetzt muß ich fort, ich höre die Glocke klingen.

―――――――――――

Was der kleine Kolonna erzählt hatte, war wörtlich wahr; es hatte mit der Erscheinungsgeschichte zu Cyly genau diese Bewandniß. Des Kaysers Lebensgefahr daselbst erfahren wir nicht zuerst aus dem Munde dieses Knaben, nur die Art, wie er gerettet ward, wird uns durch ihn aufgeklärt. Die Gemahlin des Verräthers Wittowitz hatte einen Abscheu an dem Verderben des Kaysers, sie brannte vor Ungeduld, ihn zu warnen. Wie und durch wen sie warnen sollte, ohne sich dem Zorn ihres Gemahls, und ihn dem gerechtesten Verdacht und strenger Ahndung auszusetzen, das wußte sie nicht, bis ihr das einfiel, was uns Selims neuer Bekannter eben erzehlt hat; sie wagte allerdings etwas bey dieser angestellten Komödie, doch hatte sie den Knaben gut genug unterrichtet, um viel zu hoffen, und ihm Stillschweigen so nachdrücklich eingeprägt, daß der unschuldige Betrug und ihr Name nie, oder nur dann erst kund werden konnte, wenn ihr diese Offenbarung weiter keinen Nachtheil zu bringen vermochte. Gerettet war der Kayser, dessen Glaube an den Schutz höherer Geister und deren gelegentliche Erscheinungen bekannt war, denn auf allen Fall, und dies war ja das vornehmste, was die gutmüthige Frau eines Bösewichts wünschte.

Friedrich hatte gestern mit einigem Unwillen die wahre Beschaffenheit seiner Vision aus dem Munde seines kleinen Schutzengels erfahren. Es war ihm nicht gleichgültig, ob er einer sterblichen Frau und einem Kinde, oder seinem Schutzheiligen, dem großen Bischoff Aemilianus, sein Leben schuldig war, solche Dinge gaben einem damahls so eine gewisse Wichtigkeit, für die auch ein weiser Kayser einiges Gefühl hatte, indessen ging Friedrich hierin nicht zu weit.

Kolonna bekam zwar den Namen, kleiner Betrüger, aber er ward seinem guten Herrn durch den Antheil, den er an seiner Lebensrettung gehabt hatte, noch theurer als er es zuvor war, für die Frau von Wittowitz blieb heiliges Stillschweigen über die Sache der beste Dank, und der schützende Bischoff, der ja doch durch Eingebung und Begünstigung der Warnung zu Friedrichs Besten mitwürkend gewesen seyn konnte, behielt seine gelobten Opfer, und das Versprechen, daß des Kaysers erster Sohn, dessen Geburt man damals mit Verlangen entgegen sah, zum ewigen Andenken nach seinen *) Namen genannt werden sollte.

*) Fugger in seinem österreichischen Ehrenspiegel, nimmt den Namen Maximilian für eine Zusammensetzung von Maximus Aemilianus.

Selim beschäftigte sich den ganzen Tag mit dem liebenswürdigen Kinde, das er heute kennen gelernt hatte. Es war das schönste Geschöpf, das sich denken läßt, für sein Alter, das ihm der türkische Prinz abgefragt hatte, seines Erachtens zwar fast noch zu zart und zu kindisch, doch nicht alle Knaben sind Selims. Versprach der kleine Kolonna nicht dereinst in seinem zehnten und zwölften Jahre Wölfe und Bären zu besiegen, so riß er durch kindische Unschuld und Schönheit das Herz weit mehr an sich, als durch alle andere Vorzüge.

Selim ward wieder mit ihm zum Kinde, das Spiel des kleinen Kolonna mit den Rohrhalmen hatte ihm sehr natürlich das Spielwerk seiner Kindheit, die Flöte von Berg Athos, in den Sinn gebracht; er künstelte den ganzen Tag etwas ähnliches zu Stande zu bringen, und endlich ward ein Meisterstück fertig, das demjenigen nichts nachgab, mit welchem er ehrmahls der schönen Zelide, und dem Helden Korvin Trost und Hoffnung ins Herz hauchte. Seelige, seelige Zeiten! rief Selim, als er den ersten Ton aus dem melodischen Instrument gezogen hatte. Wo seyd ihr hin! Thränen flossen auf das volendete Kunstwerk, man hätte mit ihm weinen mögen; es ist wohl allerdings eine höchst traurige Sache, im frühen Jünglingsalter schon glücklichere Vergangenheit beklagen zu müssen!

In einer Stimmung, die sich die Leser besser denken als wir beschreiben können, eilte Selim des andern Tages nach dem Schilfufer, seinem kleinen Freunde sein Geschenk zu bringen, er dachte nicht, zu was für einer Entdeckung ihm diese Begebenheit, ein Werk des Zufalls, leiten sollte.

Hüpfend kam ihm Kolonna entgegen. O das ists ganz! schrie er, als er das Meisterstück aus Selims Händen nahm. Das ist das nehmliche, das ich zu Cply verlor, das nehmliche, das ich aus Rajas Händen erhielt.

Raja? schrie Selim, wer ist Raja?

Eine meiner Mütter, sie gab mir dieses Rohr, als sie mich zu Rom verließ, und sagte mir viel von einem Bruder, der es sehr schön geblasen hätte?

Und dieser Bruder wär ich? und du Kalepin? fuhr Selim fort, indem er ihn in die Höhe zog und an sein Herz drückte.

Der Kleine wiederholte das Wort Bruder, sah ihn an und schien ihn nicht zu verstehen.

Im nehmlichen Augenblicke ertönte die silberne Glocke, die am Ende der kayserlichen Tafel die Pagen zur Mahlzeit zusammen rief. Mit einem Sprunge war der Knabe aus Selims Armen, noch einen Kuß warf er ihm zu und verschwand im Gebüsche.

Selim blieb in einer Verfassung zurück, die sich mit nichts beschreiben läßt. Mit in einander geschlagenen Armen starrte er vor sich hin, sein Herz war voll Rührung, voll Andenken vergangener Zeiten, ehe er erfuhr, was er jetzt wußte, was mußten nun seine Gefühle seyn? Bruder! Kalepin! schrie er. Ists möglich? Amurats Sohn! mein Bruder! theures unglückliches Kind! — Dein Versorger versprach ich zu seyn? — Sultan Selim? — Was sind wir nun? Ich ein Gefangner? du ein Fürstenknecht?

Die Wahrheit, daß er in dem kleinen Kolonna einen Bruder gefunden hätte, lag zu hell am Tage, daß sie sich nicht augenblicklich seiner Seele hätte aufdrängen sollen, aber wie es mit allen Dingen geht, die uns zu erwünscht sind, als daß wir wagen sollten, sie kühnlich, sie ohne strengen Beweis zu glauben, Zweifel folgten auf die anfängliche frohe Gewißheit. Traurig ging Selim auf sein Zimmer.

Sein Gefärthe, der junge Korvin, schickte zu ihm, sich seiner Gesellschaft bey einem Spiel, damit sich die beyden Jünglinge zuweilen zu ergötzen pflegten, auszubitten; es ward abgeschlagen. Auch bey der Abendtafel fehlte Selim. Rembrecht erschien, sich in tiefster Unterthänigkeit zu erkundigen, ob ihm etwas gebreche? Er ward kurz abgefertigt, und eben so schnell wieder zurück gerufen.

Selim wollte einige Fragen wegen des jungen Edelknabens an ihn thun, den er gestern am Teiche spielend fand; mit der möglichsten Vorsicht dachte er sie einzukleiden, aber er konnte sie nicht über die Lippen bringen; er dachte sich mit dem ersten Ton zu verrathen, er wußte nicht, in wie weit Rembrecht seinen Wünschen günstig seyn würde, und so mußte dieser sich wieder entfernen, ohne erfahren zu haben, was dem Prinzen sichtlich auf den Lippen schwebte. —

Der Glaube an das, was Selim wünschte, kehrte wieder, er ging noch diesen Abend wieder an den Teich, ob er gleich wußte, daß der Knabe, den man, seit er des Kaysers Liebling war, wenig aus den Augen ließ, so spät nicht Erlaubniß haben würde, hier am Wasser auf einer verbotenen Stelle zu spielen. Nie hat ein Liebender sehnsuchtsvoller nach seiner

Geliebten ausgesehen, als hier Amurats Sohn nach seinem Bruder, den er jetzt wohl mit Recht die einige ihm verwandte Seele nennen konnte. Zwar war dieser Bruder noch ein Kind, aber dieses verminderte seine Gefühle für ihn keinesweges; zu der regsten Zärtlichkeit gesellte sich noch ein nahmenloses unaussprechliches Mitleid, das uns hülflose Kindheit so leicht einflößen kann, und die Begierde, ihm tausend Fragen vorzulegen, die er eben, weil er ein Kind war, am besten und unverstelltesten beantwortet haben würde. Kannte er seine Geburt? auf was für einen Fuß lebte er an des Kaysers Hofe? Was mochte man für Absichten mit ihm haben? Seit wenn und warum hatten ihn seine Mütter verlassen? Lebten sie noch alle? Rajas Namen hatte er gehört, aber was machte die Herzogin von Geldern? was Zelide?

Diese Fragen wollten Selims Herz zersprengen. Sein natürliches Ungestüm, durch Mißgeschick und reifere Jahre bisher ein wenig im Zaum gehalten, kehrte wieder zurück. Eine seidene Schnur mit einem Gemälde, die Kolonna am Halse getragen, und beym Spielen hier verloren haben mochte, von Selim im Grase gefunden, vermehrte seine Gewißheit, wie nahe ihm dieser Knabe verwandt sey, und brachte seine Unruhe aufs höchste. Furchtbar würde er Rembrechten gewesen seyn, hätte er ihn in diesem Zustande gesehen; ich glaube in diesen Augenblicken hätte er alles von ihm erhalten können, selbst unmittelbare Audienz beym Kayser, zu welchem Gesuch er sich endlich, da er sahe, daß er vergebens auf Kalepin wartete, für den künftigen Tag entschloß.

Sellm verließ den Garten und kehrte auf sein Zimmer zurück. Er durchwachte die ganze Nacht in mannichfaltigen Planen, und am Morgen war der Entschluß reif, sich auf keine Weise von dem Throne des Kaysers zurück halten zu lassen. Ihm wollte er alles sagen, von ihm wollte er seinen Bruder zurückfordern, oder mit ihm an Friedrichs Hofe leben. Was für große Dinge wurden auf diesen Plan gebaut! Wiedersehen einer geliebten Mutter, sie möchte gleich in den entferntesten Welttheilen leben; schnelles Emporkommen durch große Thaten; Rache an Mahomed und dem böhmischen König; glänzendes Glück auf dem väterlichen Throne, mit einer angebeteten Mutter und einem Bruder getheilt, für den sein ganzes Herz glühte: dieses waren die Hirngespinste jener Nacht. Alles ward geordnet, alles ausgetheilt, selbst Mathias ward nicht vergessen, und am Morgen fand sich —

daß die erste Stufe zu dem stolzen Luftgebäude fehlte. Selim fragte den besorgten Rembrecht, welcher kam sich nach seinem Befinden zu erkundigen, ohne Umstände und ohne Zurückhaltung, ob er den Kayser sprechen könnte, und Rembrecht bedauerte mit gezogenen Schultern, daß die schnelle Abreise Seiner Majestät, welche in dieser Nacht vor sich gegangen sey, dieses unmöglich mache.

Man denke sich Selims Gefühle bey dieser Nachricht. Als er sahe, daß er mit seinem Wüten nichts ausrichtete, daß er Rembrechten nur schreckte, ohne ihn zu einem günstigen Entschluß zu bewegen, da ging sein Ungestüm in Wehmuth über. Die Erlaubniß, dem Kayser zu folgen, die er sich nicht hatte ertrotzen können, wollte er nun erbitten, auch dieses war fruchtlos, und nichts als wehmüthige Klagen blieben ihm übrig, in welchen Rembrecht am Ende alles erfuhr, was ihm in dem Betragen seines bisher so sanftmüthigen Gefangenen so fremd dünkte, und noch mehr als dieses, mehr als jemahls ein Mensch seiner Art hätte erfahren sollen.

Rembrecht wußte, daß er in Selim eine Person von Wichtigkeit, daß er in ihm einen Heldensohn, wie sich der Sterndeuter Nikolaus ausdrückte, zu verwahren hatte; aber wer er eigentlich sey, das blieb ihm unbekannt. Jetzt hörte er den Namen Selim, Amuraths Sohn, Mahomeds Bruder. Sein schwaches Gehirn schwindelte, sein sclavischer Nacken beugte sich noch tiefer als gewöhnlich. Nun war es ihm gewiß, welcher unter seinen beyden Gefangenen dereinst einen Thron besteigen würde. Die Ehrfurcht für den künftigen Großsultan erreichte den höchsten Gipfel, aber eben der Glaube an seine geweissagte Größe verstärkte den Entschluß, ihn für den gegenwärtigen Augenblick fest zu halten, und ihn keinen Schritt thun zu lassen, der etwa die Wege, welche das Schicksal mit ihm zu gehen vorhaben möchte, verrücken könnte.

Sein Hauptaugenmerk sollte von diesem Augenblick an nichts anders seyn, als Selims Gunst ohne allen Aufwand zu erlangen; sich, um künftiger Gnade willen, in sein Vertrauen einzuschleichen, sich ihm nothwendig zu machen, und doch nicht das geringste zu thun, um seine Wünsche zu erfüllen.

Selim mußte sich es endlich bereden lassen, daß es unmöglich sey, ohne Treubrüchigkeit und tödliche Verletzung eines zarten Gewissens, ihm Freyheit zu geben, den Kayser zu sprechen. Selims erstes Feuer war ein wenig abgekühlt, er glaubte Rembrechten, und hielt sich verbunden, sein Gewissen eben so wohl zu respektiren als Aximiths, das ihn einmahl sehr zur ungelegnen Zeit auf die Wolfsjagd trieb.

Rembrecht, um Gefälligkeit mit Gegengefälligkeit zu erwiedern, versprach ihm Nachricht von Kalepin, versprach noch mehr, versprach ihm, den geliebten Bruder einst wenigstens auf kurze Zeit in seine Arme zu liefern. Das erste konnte und wollte er so wenig halten, als das zweyte. Selim blieb mit fruchtloser Hoffnung abgespeißt, bis er des Hoffens müde ward; sein einiger Trost war das im Grase gefundene Gemälde, das er dem jungen Eigner nicht zurückzugeben dachte, und das auch von Kalepins kindischem Leichtsinn weder geschätze noch vermißt werden konnte. Es stellte zwey Damen vor, die Selims Phanthasie noch zu deutlich vorschwebten, als daß er sie hätte im Bilde verkennen können. Die Herzogin von Geldern und die schöne Zellde hatte der Mahler hier mit der kleinen Phillippe, die auf dem Schooße ihrer Mutter ruhte, zu einer reizenden Gruppe vereinigt, eine jede von diesen Figuren verschönerte die andere. Selims Auge und sein Herz ward wechselsweise zu der einen und der andern hingezogen, er verehrte in Zellden eine Mutter, in Katharinen von Bourbon eine treue Freundin und Pflegerin, und in dem reizenden Kinde auf ihren Armen, den Gegenstand einer Neigung, die jetzt nur noch Bewunderung und Bruderliebe war, die aber bereits durch ihre Stärke das zu werden versprach oder drohte, was sie in der Folge wurde. Er konnte sich an Philippens holdseeligem Bilde nicht satt sehen, und bewunderte die Aehnlichkeit, die er zwischen ihr und seinem kürzlich wiedergefundenen Bruder zu sehen glaubte; doch ein schönes Kind hat immer eine Gleichheit mit dem andern, und das Wunder war also vielleicht nicht so groß als Selim meynte.

Selim trauerte, schaute und hofte, bis das Schicksal wieder eine Aenderung seiner Lage herbeybrachte, und Rembrechten aus der Verlegenheit riß, den jungen Prinzen unaufhörlich mit falschen Erwartungen zu täuschen.

———————

Der junge König von Böhmen hatte seine Gefangenen auf der Burg Guttenstein ganz vergessen; unbemerkt und ungeahndet von ihm, hätten sie heute entkommen mögen, denn er dachte und fühlte jetzt nichts als Liebe. Seinen Ministern überließ er die Sorge für die

Reiche, deren Kronen er trug, seine Sorge war, sich auf den Empfang einer Braut zu bereiten, welcher er mit Entzücken entgegen sah und die auch in der That die volle schwärmerische Liebe ihres königlichen Verlobten verdiente.

Daß diese Braut die junge Fürstin Elisabeth Sara — nicht war, davon denken wir schon unsern Lesern einen Wink gegeben zu haben. Sara verdiente es, und seine Tochter, wenn sie mit seinen Entwürfen harmonirte, verdiente es, so getäuscht zu werden. Ladislaus Korvinus ungerochnes Blut, das schier so schnell vergessen wurde als es von der Erde bedeckt ward, forderte wenigstens diese Genugthuung vom Schicksal, daß die, welche es fließen machten, oder verrätherisch stillschwiegen, da es floß, nicht den gehoften Vortheil von ihrer Treulosigkeit erndeten.

Elisabeth Sara war schön, war die Lebensretterin des jungen Tyrannen, der ihren Bräutigam erwürgte, aber seine Gemahlin sollte sie darum nicht werden. Er hatte ihr volle Vergütung ihres Verlusts versprochen; aber der ganze Werth, den er ihr für das Blut des theuren Ermordeten zahlte, war — die Ehre unter hundert edeln Jungfrauen, die sich jetzt zum Empfang der königlichen Braut rüsteten, welche nun nächstens aus Frankreich heimgeholt werden sollte, die Erste, die Anführerin zu seyn. Mit viel Politesse bequemte sich Elisabeth, und bequemte sich ihr Vater nach dem Willen des Königs. Das bleiche abgehärmte Gesicht der jungen Sara stach merkwürdig gegen die blühenden lächelnden Züge ihrer frohen Gespielinnen ab, an deren Spitze sie die schöne Magdalene von Frankreich bewillkommen sollte. Um den Hochzeitzug nicht zu verunzieren und der jungen Hochzeiterin böse Ahndungen einzuflößen, hätte sie billig in die hintersten Reihen zurücktreten, und einer andern aus dem frohen lachenden Haufen, die keine Krone und keinen Bräutigam zu betrauren hatten, den Vorrang lassen sollen. Diese Bemerkungen waren der Grund zu zahlreichen Spottgesängen, mit welchen man sich in der Hauptstadt trug, um die arme Sara noch mehr zu kränken. Man würde sie bedauret, würde sie wegen ihrer gesunkenen Schönheit geehrt haben, hätte man gewußt, ob man sie auf die Rechnung des ermordeten oder treulosen Bräutigams schreiben sollte. Um Ladislaw, den Sohn des großen Korvins, flossen hier und da noch heimliche Thränen, wer ihn so leicht vergessen konnte, verdiente Verachtung.

Der alte Gara war dem Anschein nach so bereitwillig als seine Tochter, den Triumpf der königlichen Braut zu verherrlichen. Der Schatz des jungen Ladislaw war arm, der Schlüssel zu demselben befand sich in zu vielerley Händen, als daß er treulich hätte verwaltet werden sollen. Um den überall hervorscheinenden Mangel bey dieser Ehrengelegenheit zu bedecken, war Darlehn, Verkauf und Verpfändung nöthig; ich glaube, die ungarische Krone wär diesem Schicksal nicht entgangen, hätte sich dieses so oft entfremdete und wieder herbeygebrachte Kleinod in König Ladislaws Händen befunden.

Der Fürst Gara war bey allem, was sein König wünschte und anstellte, behülflich. Ungeheure Summen wurden durch seinen Vorschub herbeygeschaft, überall sah man eine Pracht und Verschwendung, die von dem Charakter des königlichen Bräutigams und von seiner Liebe zu seiner Braut, wenn auch nicht von seinem Reichthum und seiner Klugheit zeugte.

Der weise Kayser, des jungen Königs gewesener Vormund, sah dieses, lächelte und schwieg; das Schweigen in allen Dingen, die seinen ehemahligen Mündel angingen, hatte er sich seit dem Tage angewöhnt, da sich derselbe durch Cylps Hülfe seiner Hut entriß. Armer Ladislaw, seit jenem Augenblick warst du verloren! Welch ein Fürst würdest du unter des weisen Friedrichs Anführung geworden seyn, und was warst du jetzt? Ein Raub der Bosheit, ein Spielwerk der Kabale, ein frühzeitiges Opfer des Todes.

Ein Mann war in den Reichen des jungen Königs, der es redlich mit ihm meynte: Georg Podiebrad, Statthalter in Böhmen. Er ließ König Ladislawen auf ein Gespräch zu sich bescheiden, und schützte, als man dieses respektwidrig fand, das Beyspiel der Korvine vor, das wohl jeden Biedermanne die Behutsamkeit lehren könne, die er beobachtete.

König Ladislaw überwand sich am Ende, einer Zusammenkunft entgegen zu reisen, die wohl nichts als wohlgemeynte Warnungen vor drohender Gefahr zur Absicht haben mochte. Aber war auch ein Prinz, der nichts als glänzende Aussichten vor sich sahe, aufgelegt, die warnende Stimme eines Freundes zu hören? Ladislaw ging so weit, daß er nie gestehen wollte, er sey gewarnt worden. Jedermann mußte ihm, und seinen Räthen zu Liebe glauben, Georgs ganzes Anbringen habe in dem Gesuch bestanden, das Beylager zu Prag zu halten; eine Forderung, die man endlich mit Widerstreben und nicht mit der besten Art einging.

War dies der Weg, die Gemüther aufgebrachter Unterthanen zu gewinnen? Die Hussiten, ein furchtbarer Haufe, erfuhren die Partheylichkeit ihres Königs gleich bey seinem Einzug, aus dem Unterschiede, den er zu ihrem Nachtheile zwischen ihnen und der römischen Klerisey machte. Der Sterndeuter Nikolaus, dessen wir schon mehr gedacht haben, erhob seine Stimme und weissagte von des Königs Tode; Unglück konnte man diesem Könige wohl weissagen, ohne eben ein Prophet zu seyn, wie Nikolaus.

Unter tausend schlimmen Vorbedeutungen von der Art, wie sie der Aberglaube, und von der, wie sie die Staatsklugheit wichtig findet, hielt König Ladislaw seinen Einzug auf der Burg. Das Chor der Damen reiste den nächsten Tag ab, die königliche Braut auf der Gränze zu erwarten, und sie in die Arme ihres Verlobten zu führen. Arme Sara, mit welchem Herzen führtest du diesen glänzenden Reihen!

Es waren der Gäste viel geladen auf die königliche Hochzeit. Herzoge, Fürsten und Edle; aber Kayser Friedrich war nicht unter ihnen. Das Volk murrte, die Hußiten zitterten, sie ahndeten nichts gutes für sich von den ankommenden Gästen. Viele fanden es unmenschlich, bey so manchen unbefriedigten Bedürfnissen des Landes, verschwenderische Feste zu feyern, andere versahen sich zu ihrem König mehr Bös'es als er setzt, trunken von Liebesgedanken, im Sinne haben mochte, und dachten vielleicht in der Stille dem Schlage, von welchem sie sich bedroht glaubten, zuvor zu kommen. Von welcher Hand der Streich, der den unglücklichen König nun bald treffen sollte, eigentlich geführt ward, hat man nie erfahren, er hatte der Feinde zu viel, als daß man hier glücklich muthmaßen könnte.

Er bereitete sich zur Hochzeit, und hätte sich zum Tode bereiten sollen. Eine geheime Ahndung sagte ihm dieses, aber lang wollte er sie nicht verstehen. Die Ruhe floh endlich ganz aus seinem Herzen, des Nachts von seinen Augen der Schlaf. Schlossen sich seine Augenlieder zu schwerem Schlummer, so war es nur auf abzuzählende Minuten. Im Traume winkten ihn seine Ahnherren zu sich in düstre, unbekannte Gegenden, die seiner Phantasie ein Grauen machten. Ladislaus Korvinus
stand

stand nächtlich an seinem Lager, und deutete auf seine Wunden.

Unerquickt stand der unglückliche König auf, vergebens nach Ruhe schmachtend legte er sich nieder. Er ward niedergeschlagen und traurig, ohne zu wissen warum, und konnte sich dessen doch nicht entschlagen. Eine innerliche Hitze verzehrte seine Eingeweide. Es war strenger Winter und er konnte kaum die leichtesten Gewande um sich dulden.

Als er am zwey und zwanzigsten November zu Gericht saß, verlas der Geheimschreiber bey einer vorzutragenden Sache nach Gewohnheit die Zahl des Monatstags. Was ist das? schrie der König! und fuhr plötzlich auf, das ist Ladislaws Todestag! Wessen? erkühnte sich der Statthalter zu fragen.

Es ist Korvins Todestag! wiederholte er, ich hätte heute nicht ausgehn sollen.

Verzeiht, mein König, fiel Sara ein, erst morgen wirds ein Jahr, daß — — —

Schweiget! Schweiget! flüsterte der König, als besorgte er gehört zu werden, und laßt uns bald enden; mich verlangt nach Hause.

Man verließ den Gerichtssaal und setzte sich zur Tafel. Der König aß viel kühlender Früchte und trank ungewöhnlich viel Wasser:

Wein pflegte er nie zu trinken. Man suchte ihn mit Nachrichten von der Nähe seiner Verlobten aufzurichten; er achtete nicht darauf und schwieg. In seinem Innersten wütete bereits ein heimliches Weh, das er nicht länger verbergen konnte. Krank ward er von der Tafel nach seinem Zimmer gebracht. Die Aerzte sprachen ihm ersten Blicks das Leben ab. Er selbst hatte sich schon dieses Urtheil im Herzen gefällt, und besaß Muth genug, ihnen die Beßättigung desselben abzufragen. Er hörte sie muthig an, und lockte durch seine Fassung selbst denen, die ihn im Herzen haßten, eine Thräne ab. Man hätte ein Unmensch seyn müssen, einem jungen, schönen, unglücklichen, vielleicht nur verführten, nicht ganz fehlerhaften Prinzen, der in der Blüthe des Lebens durch einen Trunk aus dem Giftbecher der Bosheit dahinsank, nicht einiges Mitleid zu schenken.

Daß er vergiftet war, das wußte er, aber ein zürnender Blick der schon fast gebrochenen Augen verbot denen, die es muthmaßten, laut zu klagen. Nur seinem Arzte gestand er die Gewißheit, die er hievon hatte. Es war jetzt unmöglich, ihm mehr zu helfen, auch schien er Hülfe kaum zu wünschen; der eine Ladislaw fiel, rief er, es ist billig, daß der andere folge.

Oft blickt in den letzten Stunden ein Fun=
ke ehemahliger Herzensgüte auf, der ein langes
Leben hindurch mühsam erstickt ward. Wehe
dem, o ewig wehe dem, der ihn erstickte! Ladis=
laws letzte Lebensstunden waren schön, schöner
als sein ganzes Leben. Er bereitete sich helden=
müthig zum Tode. Sein Reich legte er in Po=
diebrads Hände, seine Seele befahl er Gott.
Einige unbedeutende Bestellungen an seine Braut,
das Geschenk einer Haarlocke, und dergleichen,
die er seinem Leibarzte auftrug, waren das einzi=
ge, was ihn noch ein paar Augenblicke auf die
Erde zurückzog; der Rest des Tages ward zu
ernstern Geschäften genützt: Reuevoll und Ra=
chelos schied er. Ladislaw! Ladislaw! rief er
noch in den letzten Minuten: Ich komme!
Gott wird richten zwischen dir und mir! Er
wird gnädig richten, hoffe ich! Er starb am
Abend, ein Jüngling, der den Mittag des Le=
bens noch nicht erreicht hatte.

So weit, meine Leser, von dem Tode eines
Prinzen, dessen wir nur flüchtig nur in so weit
gedenken durften, als er Beziehung auf das
Schicksal unsers Sellm hatte.

Der Statthalter von Böhmen, Georg Po=
diebrad erhielt nach ihm die Krone, und ließ sei=

nen Vortheil aus der Acht, sie auf seinem Haupte zu beveſtigen.

Mathias Korvinus, der Sohn eines ſolchen Vaters, der Bruder des ermordeten Ladislaw, ein Jüngling von den größten Anſprüchen und von einem bekanntlich hochfliegenden Charakter, war keine Perſon, die von einem ſo ſtaatsklugen Fürſten wie Podiebrad, aus der Acht gelaſſen werden durfte; er wurde ſchnell aus der leidlichen Haft zu Guttenſtein nach Prag befördert, und Selim, deſſen Schickſal einmahl das Glück an das ſeinige gebunden hatte, mußte ihm folgen.

Es war König Georgs Abſicht nicht, einen Jüngling, der nichts verbrochen hatte, härter zu halten; nein, er mißtraute nur Rembrechts Aufſicht, und wünſchte des letzten der Korvine mit eigenen Augen zu hüten, bis ſich das Glück auf eine oder die andere Art in Rückſicht auf ihn erklärte.

Selim trennte ſich ungern von Rembrechten, der ſeit dem Abentheuer im Schloßgarten unwürdiger Weiſe ſein Vertrauter geworden war. Rembrecht verſprach alles, was ihm der türkiſche Prinz auftrug, und empfahl ſich ihm, nur ihm zu Gnaden, denn an Mathias Glück hatte er, ſeit er Podiebrads Gefangener geworden war, hinfort keinen Glauben mehr. Der geweisſagte König mußte Selim und kein anderer seyn; wie hätte Korvin, der letzte Zweig eines vom Schicksal verfolgten Hauses zu einer Krone kommen sollen.

Der türkische Prinz bemerkte es nicht einmahl, daß sich Rembrecht tiefer vor ihm als vor seinem Freunde bückte. Er liebte seinen Freund Mathias aufrichtig, er würde ihn ohne Neid zum Throne begleitet haben, und folgte ihm nur darum ungern ins Gefängniß, weil der Ursachen, sich die Freyheit zu wünschen, täglich mehr wurden; ach seit der Anblick des Kindes im Garten zu Guttenstein ihm Zeldens Andenken und tausend andere Gedanken und Wünsche von neuem aufgeregt hatte, seit dem drückten ihn seine Bande doppelt, und jeder Tag eines jugendlichen zu Thaten bestimmten Lebens, der in träger Unthätigkeit verfloß, ward von ihm mit einem Seufzer, auch nicht selten mit einer Thräne, begleitet. Mathias sahe sein Leiden, aber er tröstete ihn nicht. Er glaubte an seinem eigenen harten Schicksal zu viel zu tragen zu haben, als daß er auf fremden Kummer mit besonderer Theilnahme hätte achten sollen.

Selim ging zu Prag neuen Scenen entgegen, die wir gleich den vorhergehenden nur im vorübereilen schildern. Die Zeit, die der türkische Prinz am böhmischen Hofe zubrachte, führte ihn weiter auf der Lebensbahn, ohne dieselbe eben durch Auftritte auszuzeichnen, die unmittelbar für ihn wichtig gewesen wären. Eine Reihe von Begebenheiten, wo der Held, der auf dem Titelblatte steht, überall die große Rolle spielt, ist dieser Roman.

Selim lernte in des böhmischen Königs Hause — (Pallast oder Hof wollten wir es nicht gern nennen, da der edle Georg Podiebrad auch auf dem Throne die Einfalt der Sitten beybehielt, die ihm als Privatmann theuer gewesen war) — Selim, wollen wir sagen, lernte hier Personen kennen, die in aller Absicht seine innigste Liebe, seine tiefste Ehrfurcht verdienten. Die Königin nahm die unterste Stelle ein; von ihr wissen wir nicht viel zu melden, weder böses noch gutes. Aber König Georg, welch ein Mann! Sein Sohn Viktorin, ein junger Held voll Feuer und Thatenbegierde! seine Tochter Marie, das Urbild von Unschuld und Schönheit!

Weisheit, Heldenmuth, Frömmigkeit und Staatsklugheit machten den Charakter des Königs von Böhmen zu dem vollkommensten, der je einen Thron zierte. Man gab ihm ein wenig

Kargheit schuld, aber wenigstens zeigte sich diese nicht in Rücksicht auf sein Volk, das unter ihm bald zu blühendem Wohlstand empor kam, und die Wunden verschmerzen lernte, die ihm Georgs Vorgänger geschlagen hatten. Kein Verschwender war Georg freylich nicht. Prachtliebe war weit von ihm entfernt; er wußte ein König zu seyn ohne seine Hoheit in leeren Prunk zur Schau zu tragen. Er hatte die Süßigkeiten häußlicher Stille bey den hohen Reichsämtern, die er verwaltete, ehe er die Krone trug, und die ihn dem Königsstuhl ziemlich nahe brachten, nicht verleugnet, sie nicht dem Gepränge seines Standes aufgeopfert, diese Weise behielt er auch auf dem Throne bey. Solche Könige wie er, waren die ersten Fürsten der Welt, als man zuerst auf den Einfall kam, den Vater einer Familie zum Beherrscher mehrerer, oder vielmehr zu ihrem gemeinschaftlichen Vater zu machen. Hätte man den weisen Georg Podiebrad über die große Frage unserer Zeiten, über den Ursprung der königlichen Gewalt entscheiden lassen, er würde sie beantwortet haben, wie wir sie in unserer frommen Einfalt beantworten würden: Die ersten Könige waren Väter, laßt die Monarchen diesen Charakter immer beybehalten, und niemand wird dran denken, ihren Stuhl zu erschüttern.

Rembrecht von Ebersdorf hatte natürlicher Weise, an dem gegenwärtigen königlich böhmischen Hofe, weder Sitz noch Stimme. Mit der Königin unterhielt er eine Privatkorrespondenz, in welcher er ihr, als König Georg die beyden gefangenen Jünglinge nach Prag holen ließ, vertraulich zu wissen that, daß sie in dem einen von ihnen, laut Meister Nikolaus des Sterndeuters Vorhersagung, einen künftigen König zu bewirthen die Gnade habe; er für seine Person stimmte auf Selim. Die Königin stimmte auf niemand, aber sie ließ sich Rembrechts vertrauliches Zuschreiben in sofern wichtig seyn, daß sie nicht allein strebte, ihren jungen Gästen das Leben in ihrem Hause angenehm, und sich dadurch einem künftigen König verbindlich zu machen, sondern sie suchte auf die Prophezeihung auch einigen Vortheil für ihr Haus zu gründen. Sie war Königin und schätzte sich glücklich es zu seyn, ob gleich die Grundsätze ihres Gemahls ihr nicht erlaubten, den Glanz ihrer Krone in vollem Umfang zu geniessen. Ihre Kinder dereinst so groß zu sehen, als ihre Eltern es waren, war der regste Wunsch der sorgsamen Mutter. Für Viktorin, den wahrscheinlichen Erben der Krone seines Vaters, war gesorgt, aber die junge Prinzeßin Marie mußte auch eine Krone tragen, wenn die Königin von Böhmen sich ganz glücklich schätzen sollte. Marie war so gut, so schön, und die Könige der damahligen Zeit wußten Herzensgüte und Schönheit so gut zu würdigen, daß ihr das Glück, das ihrem Range und ihren Verdiensten zukam, nicht leicht fehlen konnte, aber, dachte die sorgsame Mutter, warum sollen wir aus der Ferne erwarten, was wir in der Nähe haben können? Einer von diesen beyden Jünglingen, unter denen ich, was äußerliche und innerliche Vorzüge anbelangt, keinen Unterschied zu machen wüßte, wird einst eine Krone tragen; gut, er setze sie Marien auf! Ihre Reitze werden das Herz des Einen oder beyder nicht verfehlen, und ihr gutes Glück wird sorgen, daß auf keine Art eine falsche Wahl statt findet.

Rembrecht von Ebersdorf stimmte in seinen Briefen unabläßig auf Selim, die Königin hatte einige Zweifel über den Thron, den dieser einst besteigen könnte, indessen ließ sie sich, immer lenksam, doch endlich auf die Seite ihres Korrespondenten überziehen. Kein Mittel wurde versäumt, die junge Prinzeßin Amurats Sohn in dem gefälligsten Lichte vorzustellen, und da das Herz der holden Marie bereits ersten Blicks für den türkischen Prinzen gesprochen hatte, so wär die ganze Intrigue richtig gewesen, hätte sich Selims Neigung so gelenkt, als man wünschte.

Selim bewunderte Marien, er schätzte, er liebte sie mit Bruderliebe; aber die Leidenschaft, die man wünschte, regte sich nicht für sie in seinem Herzen. Vielleicht war eben die Mühe, die sich die Königin gab, Liebe für Marien in seiner Seele zu entzünden, ihren Absichten hinderlich. Der Eigensinn des menschlichen Herzens in diesem Stück ist bekannt. Das Bestreben der königlichen Mutter konnte Selim nicht entgehn, ob ihm gleich die scheue Zurückhaltung der jungen Prinzeßin nie errathen ließ, wie sehr sie mit den Wünschen, die die Königin für sie hegte, einverstanden sey. Er blieb Mariens Freund, ohne ihr je etwas mehr werden zu wollen. Hätte sein Herz auch zärtlichere Gefühle für sie gehegt, so dachte er zu edel, als daß er eine gute unschuldige Seele, ein schönes tugendhaftes Mädchen, das auch er des höchsten Thrones würdig hielt, an sein Schicksal hätte fesseln wollen, das ihm, je älter er würde, je dunkler und ungewisser ward. Er hatte jetzt das zwanzigste Jahr zurückgelegt, die Zeit kindischer Träume von wunderbarem Glück, von schnell und leicht zu erlangender Größe, waren größtentheils vorüber. Er wußte, daß er vor der Hand nichts weiter war, als ein Prinz ohne Land, ohne Ansprüche, ohne Hoffnungen, als die sich auf sein Schwerdt gründeten; ein Schwerdt, das er, was das schlimmste war, in seiner eigenen Sache noch nie geführt hatte, und es auch vielleicht noch nicht so bald in derselben zu führen Gelegenheit haben möchte.

Dieses waren Selims Gefühle, dieses seine Meinungen von sich selbst und der böhmischen Prinzeßinn, dieses die Ursachen, sich überall so geflissentlich zurückzuziehen, als man ihm nahe trat.

Daß es ihm unbekannt war, wie gern sich Marien's Herz nach den Wünschen ihrer Mutter bequemt hätte, haben wir schon erwehnt, aber eine andere Entdeckung, die sein scharfes Auge ohne Mühe machen konnte, haben wir unsern Lesern noch zur Zeit verschwiegen.

Mathias liebte Georg Podiebrads Tochter vom ersten Augenblicke an, liebte sie bis zum Unsinn. Seine Leidenschaft wuchs in dem Grade, wie er merkte, daß sie nicht begünstiget ward. Sein Stolz ward beleidiget, und der Wunsch, durchzusetzen, was man ihm nicht gönnte, vermehrte sein Feuer. Er war ein Gefangner, Marie die Tochter eines regierenden Königs; dies war nichts in seinen Augen. Er hatte in seinem Innersten eine Ahndung, ein Unterpfand künftiger Größe, die hier einmahl allen Unterschied ausgleichen mußte. Sein Ungestüm würde jede Schranken durchbrochen und vielleicht alles verderbt haben, hätte nicht Selim, der jetzt erst sein inniger Freund und Vertrauter ward, ihn zu fesseln gewußt.

Mathias sahe Selims besseres Glück vor Augen, ohne die Ursach desselben begreifen zu können. Er würde ihn tödlich gehaßt haben, hätte er nicht aus seinem Munde gewußt, daß er seinen Theil an dem zu haben wünschte, was man ihm entgegen trug. Dich glücklich zu machen wünschte ich! sagte er oft; und zeige mir nur ehrenvolle und erlaubte Mittel, dir Hoffnungen für die Zukunft zu bereiten, so sollst du deinen Freund beurtheilen lernen.

Das Amt eines heimlichen Unterhändlers zwischen Personen, die einander nicht lieben sollten, war schon damahls eine verrufene Sache, und der Leser wird unserm Helden zutrauen, daß er wenig Lust hatte, sich durch dasselbe herabzuwürdigen. Aber alle Mittel, dem jungen Korvin zu nützen, waren ja nicht verboten. Er durfte nur auf dem Wege fortgehen, den er schon betreten hatte, durfte nur deutlich merken lassen, daß sein Herz kalt sey und kalt bleibe, so war schon auf einer Seite etwas gewonnen. Seinem Freunde Gelegenheit zu geben, sich überall auf die vortheilhafteste Art zu zeigen, immer in

Schatten zurück zu treten, damit nur er glänzen möchte, war ein Kunstgriff, der schon einen Schritt weiter half; auch wehrte es ihm ja niemand, wenn er mit Marien umgieng, viel von Mathias, und nur von ihm zu sprechen. Es ließ sich so viel gutes von dem jungen Korvin sagen, und Selims freundschaftliches Herz fühlte seine Vorzüge so lebhaft, daß er keinen bessern Lobredner haben konnte als ihn. Selim sprach, Marie horchte, der König und die Königin schwiegen, wenn sie gegenwärtig waren, und was dieses alles am Ende für Folgen hatte, wird der Leser bald sehen.

Selim und Mathias lebten in dem Hause des böhmischen Königs nicht wie Gefangene, nein, wie Kinder. Nichts ging ihnen ab, als die Erlaubniß, hinzugehen wohin sie wollten, ein Mangel, den sie freylich beyde schmerzlich genug fühlten.

Ihnen ihre Einschränkung desto lästiger zu machen, brauchte es nur noch, daß man Argwohn gegen den böhmischen König in ihrem Herzen erregte, und wie bald war ein feindseliges Wesen bey der Hand, ihnen ihr Schicksal auf diese Art zu verbittern.

Rembrecht von Ebersdorf wechselte nicht allein mit der Königin, er wechselte auch mit Selim Briefe, alles was der junge Prinz durch diese Korrespondenz zu erlangen suchte, waren genauere Nachrichten von seinem Bruder, Mittel ihn zu sehen, Bekanntschaft mit des Kaysers Absichten, und Sicherheit, ob er sich ihm vertrauen dürfe, alles dieses erhielt er nicht, Rembrecht wußte das Zutrauen, das ihm Selim schenkte, auf andere Art zu nutzen.

Menschen wie dieser sind immer unergründlich. Plane wechseln bey ihnen mit Planen, sie vertauschen und vergessen oft nach Beschaffenheit der Umstände einen mit dem andern; wer will ihren labyrinthischen Schleichwegen nachspüren. Also nur das, was Rembrecht that, das Warum ließ sich schwer erklären, wenn die Folge nicht einiges Licht geben sollte: Die Liebe der beyden Jünglinge zu König Georgen, den er haßte, weil er nicht so schwach war, wie sein Vorgänger, war ihm anstößig, er suchte sie zu zerstören; er begann mit verdeckten Winken auf verborgene böse Absichten, bey der langen nutzlosen Gefangenschaft, wie er das Leben der jungen Freunde auf dem Prager Schlosse nannte, und endigte mit der offenen Darlegung eines Anschlags, den man wohl hätte teuflisch nennen können, wenn es möglich gewesen wär, daß ihn ein Mann wie Georg Poblebrad, unter der Miene ofner Redlichkeit hätte verbergen können. Gefahr, sagte Rembrecht in dem letzten seiner Briefe, Lebensgefahr drohe dem jungen Korvin, von Ungarn her, und Selim aus der Türkey; nichts könne hier retten als eilige Flucht, zu welcher einige nicht unbienliche Mittel angegeben wurden.

Selim war etwas leichtgläubig, aber er hatte Verstand und einige Erfahrung, er durfte nur an den Nachtheil denken, welcher ihm und dem unvergeßlichsten seiner Freunde, dem alten Korvin, einst aus einem ungegründeten Verdacht in einem redlichen Manne, in dem rascischen Arismith, erwachsen war, er durfte sich, sagen wir, jene Dinge nur lebhaft denken, und er fühlte die Nothwendigkeit, Beweise zu fordern, ehe er dem redlichen König von Böhmen sein Zutrauen entzog, oder sich zur Flucht aus dem Schooße der Sicherheit bereden ließ.

Die Sache betraf seinen Freund Mathias so wohl, als seine eigene Person, und er hielt es zum erstenmahl für nöthig, ihn zum Vertrauten der Guttensteinischen Korrespondenz zu machen, und mit ihm über Rembrechts Warnungen zu rathe zu gehn.

Mathias, der König Georgen nicht halb so sehr liebte als Selim, dessen Herz nicht halb so gut und edel war als das seine, fand hier mehr Ursach zur Aufmerksamkeit als sein Freund, er forderte keine Beweise. Es ist offenbar, schrie er, man will an mein Leben! Man haßt in mir Korvins Sohn und Mariens Anbeter. Man ist es müde, mich länger einzukerkern, und traut mir doch nicht genugsam, um mir die Freyheit zu geben. Hiervor hilft nichts als der Tod. Mathias soll sterben wie Ladislaw sein Bruder starb, er möchte sonst seine Fesseln rächen, möchte Mittel finden, sich den Besitz der Geliebten, deren man ihn unwürdig hält, mit Gewalt zu verschaffen. O Selim! Selim! es ist ausgemacht, wir müssen fliehen! Ich! wenigstens ich muß fliehen. Für dich ist wahrscheinlich hier, wo man dir jedes Glück entgegen trägt, nichts zu besorgen. Zittre Selim! zittre, wenn ich dich im Einverständniß mit meinen Feinden betreffe! Die Mittheilung der Gutensteinischen Warnung setzt dich bey mir noch nicht außer Verdacht! — — —

Selim hatte in dem langen Umgang mit seinem bisherigen Unglücksgefärthen, ähnliche Aeußerungen eines Herzens gewohnt werden müssen, das sich durch jeden Hauch umstimmen ließ, er pflegte sie mit Stillschweigen zu übergehen. Auch hier schwieg er; Vertheidigung ge-

gen

gen einen aus der Luft gegriffenen Argwohn, wåre wohl sehr übel angebracht gewesen.

Er sagte nichts als: man müsse auf Beweise gegen König Georgs Redlichkeit bringen.

Beweise? fuhr der aufgebrachte Mathias fort, ohne Zweifel wird Rembrecht auf Befragen uns genug hievon sagen können, aber auch ich habe offene Augen, auch ich sehe in diesem Augenblicke ganz hell, was mir zuvor noch dunkel war. Die wachsende Freundlichkeit des Königs gegen mich, ein altes abgetragenes Mittel Anschläge der Bosheit zu bedecken; die unaufhörlichen Botschaften aus Ungarn, die mit dem festesten Siegel des Geheimnisses bedrückt werden, die dichte Dunkelheit, mit welcher man mir mein künftiges Schicksal verhüllt! O ich sehe, ich verstehe diese Dinge, und bey Gott, ich will ihm diese Hülle entreissen, oder aufhören Korvin zu seyn. Aber Flucht zuvor! Jedes Mittel zu derselben ist mir willkommen; die, welche Rembrecht angiebt, sind nicht zu verwerfen, und wenn Selim mir seinen Beytritt versagen sollte, so werde ich schon selbst wissen, was in der Sache zu thun ist. Meine Mutter, mein Oheim Zilag, o sie sind nicht müßig zu meinem Besten, ob man gleich ihre Bemühungen zu vereiteln weis! Hin zu ihnen nach Ungarn! Wer weis, mit welchem Glück mir dort meine hiesigen Fesseln vergolten werden!

Selims Herz war selbst nicht ganz bedachtlos gegen den König von Böhmen. Rembrechts Worte galten viel bey ihm. Die verdächtigen Züge, welche Mathias in dem Betragen, das man gegen sie beobachtete, angab, liessen sich nicht läugnen. Selim hätte mehr zu fürchten, wenn man ihn in Mahomeds Hände liefern sollte, als Mathias aus Ungarn, wo er wenig Feinde, hingegen eine zärtliche, zu seinem Besten immer thätige Mutter, und viel Freunde des korvinischen Namens wußte; diese Betrachtungen machten den türkischen Prinzen zu dem, was sein Freund für gut erkannte, völlig entschlossen; ein kräftiger Handschlag versiegelte den gemeinschaftlichen Plan, und stellte das Einverständniß zwischen den beyden Freunden so ziemlich her, das vor einigen Augenblicken durch falschen Verdacht von der einen, und gerechten obgleich verschwiegenen Unwillen, von der andern Seite gestört worden war.

———————

Die Berathschlagung zur schleunigen Flucht, und die Verabredung der hiezu diensklichen Mittel, ging in dem Vorhof des Prager Schlosses vor sich. Es war Nacht, schon hatte man die Zugbrücken, wie man seit einiger Zeit pflegte, aufgezogen, und die Wachen verdoppelt, da meldete sich noch von außen ein Eilbote aus Ungarn. Es waren derer, das wußte Mathias, heute schon zweye angekommen, und hatten heimliche Abfertigung erhalten. Nun noch dieser! — Mathias und Selim sahen einander an, und nahmen, ohne weiter ein Wort zu wechseln, ihren Platz im Schatten, auf einer steinern Bank an der Mauer, gleich als schmeichelten sie sich, hier von einer Sache, die ihre ganze Aufmerksamkeit erregte, ihre ganze Erwartung spannte, etwas ablauren zu können.

Der Mond schien hell in dem weiten Hofe; nur die Stelle, wo die Jünglinge saßen, war düster. Sie sahen nach eingeholtem Befehl von König die Brücken niederlassen, und den Ungar einreiten. Er kam nicht allein, er hatte zwölf Ritter, und eine gute Anzahl Diener hinter sich. Kein gemeiner Kourier war dieses nicht! Mathias glaubte in ihm, als er den Mantel ein wenig vom Gesicht schlug, beym

Mondenlicht den Fürsten Gara zu erkennen. Ein Blick auf Selim geworfen, sagte ihm, was sein Freund dachte. Worte zu wechseln war hier der Ort nicht, beyde zitterten, daß sie vielleicht bey ihren vorhergehenden Beredungen zu unvorsichtig gewesen wären.

Fürst Gara an der Spitze einer heimlichen Gesandtschaft aus Ungarn? er, der, das wußte jetzt jederman, so viel Antheil an der Hinrichtung des ältern Korvins gehabt hatte? sein Incognito? diese Tageszeit? die Eil, mit welcher er eingelassen, und, das sahen die Jünglinge aus den hellwerdenden Fenstern des Audienzsaals, augenblicklich zum Könige geführt wurde? seltsame, seltsame Dinge! Mathias fühlte sein Herz ängstlich in seiner Brust pochen, auch Selim empfand das Seinige. Beyde schwiegen, aber Entwürfe zu Beschleunigung dessen, was sie vor einer Stunde beschlossen hatten, stürmten bey beyden auf und ab, nur die Emsigkeit, mit welcher ihre Seele arbeitete, die verwirrten Ideen zu ordnen, vielleicht auch noch ein Ueberbleibsel des kaum gehobenen Mißverständnisses, verhinderte Mittheilung der Gedanken, die man übrigens jetzt, da der Hof bis auf die entfernten Schildwachen ganz einsam war, wohl hätte wagen dürfen.

Man pflegte in König Georgs Hause, wo alles mit bürgerlicher Einfalt herging, zeitig zu speisen, um zeitig zur Ruhe bereit, und des andern Tages zeitig zu Geschäften munter zu seyn. Die Glocke zur Abendtafel ward schon geläutet, ehe die beyden Freunde ihre vorhin erwehnte Berathschlagung über die nöthige Flucht im Vorhofe geendigt hatten, sie fürchteten bereits zu spät zu kommen, und durch ihr Säumen Verdacht zu erregen, welchen der, welcher etwas verborgenes im Sinne hat, immer so leicht besorgt.

Jetzt der Eintritt des Ungarn, und noch ein Aufschub von zwo Stunden.

Daß diese Zeit den beyden Jünglingen lang geworden sey, können wir nicht sagen, dazu waren ihre Seelen zu beschäftigt, aber ihre Dauer fühlten sie, und doch als jetzt endlich die verschwindenden Lichter im großen Saal, und die von neuem geläutete Tafel-Glocke den Aufbruch andeuteten, erhuben sich beyde mit solcher Art, als wollten sie sagen: und nun schon?

Dieses Schon galt sicherlich nicht der zu schnell geendigten Audienz, die ihres Erachtens ja lang genug gedauret hatte, sondern einem gewissen Etwas, das ihr Herz beängstigte, und dem sie mit sorgsamen Zögern entgegen gingen. Werde ich ihn sehen? fragte Mathias seinen Freund im Hingehen. Wird Sara das Herz haben, sich mir zu zeigen? Wird man es wagen, den Mörder meines Bruders in meiner Gegenwart zur Tafel zu ziehen?

Diese Ehre gebührt seinem Range, antwortete Selim, auch halte ich es für ein gutes Zeichen, wenn er sich vor uns nicht verbirgt. Sein Inkognito möchte uns wohl die höchste Gefahr weissagen.

Sie traten in den Saal. Die Tafel war häuslich zubereitet, und keine andern Gäste vorhanden als der König, oder wie er hier am liebsten heissen mochte, der Hausvater, seine Gemahlin, der junge Viktorin und die Prinzeßin Marie. Selim und Mathias sahen einander mit wachsender Unruhe an; der letzte nahm seinen gewöhnlichen Plaz am untern Ende der Tafel, zwischen seinem Freunde und dem böhmischen Prinzen.

Man speißte wenig und sprach noch weniger, doch dem Anschein nach aus ganz verschiedenen Ursachen. Selim und Mathias glaubten das Schwerdt an einem Seidenfaden über ihrem Haupte schweben zu sehen; zwar Mathias tröstete sich der Flucht, die noch diese Nacht vor sich gehen sollte, aber mit welcher

Centnerschwere fiel denn der Gedanke auf sein Herz, daß dieser Abend hier der letzte sey, daß seine Augen zum letztenmahl auf dem holden Gesicht der schönen Marie ruhten! Ach, er hatte ihr seine Liebe noch nicht gestanden und er kämpfte mit sich selbst, ob er vor seinem Abzuge noch reden, ob er sein Leben in die Hand setzen und ihr sagen sollte: Ich liebe dich mit hoffnungsloser Leidenschaft! Ich fliehe, um dich nie wieder zu sehn!

Marie und Viktorin hatten das Wesen von Personen, welche sich bewußt sind, daß irgend etwas wichtiges vorgeht, ohne bey der peinlichsten Neugierde, rathen oder fragen zu dürfen: Was? Die Augen der Königin, die wahrscheinlich etwas mehr wissen mochte, als ihre Kinder, wanderten voll Unruh von Selim auf Mathias, von diesem zu jenen. Der junge Korvin, der alles nach seinen schwarzen Muthmassungen deutete, glaubte höchstens Mitleid in diesen Blicken zu lesen. Sie ist ein Weib, sagte er zu sich selbst, ist die Mutter der holden Marie Podiebrad, ihr Herz erweicht sich gegen mich, es reut ihr, Antheil an den Verrätherenen zu haben, die man wider mein Leben schmiedet. Dagegen ihr Gemahl, der treulose König? wie seine Wangen glühen! wie seine Augen funkeln! Welche Ungedult spricht aus seinen Zügen! er kann die Mordnacht nicht erwarten, da er mich dem Mörder meines Bruders ausliefern und sich, indem er den letzten Nachkommen Korvins ausrottet, von einem Feinde befreyen will, welcher ihm, bey Gott! der mich retten und meine Flucht begünstigen wird, noch gefährlich genug werden kann.

König Georg war in der That ungewöhnlich heiter, doch äußerte er es mehr durch Blicke als durch Worte. Ungedult lag in seinen Zügen, doch nicht von der feindseeligen Art, wie Mathias wähnte, es war frohe Erwartung irgend eines Augenblicks, den er mit Willen verzögerte, um sich den Hochgeschmack irgend einer Freude zu vervielfältigen.

Mathias, begann er gegen das Ende der Tafel, ihr seyd so still, ihr, der sonst immer das Leben unsers kleinen Kreises machte.

Mathias biß sich auf die Lippen, er glaubte Hohn in diesen Worten zu merken. Die Unglücklichen, antwortete er endlich auf Wiederholung dieser Worte, die Gefangenen, bergen gern ihre Gefühle unter tiefem Schweigen.

Unglücklich? Mathias unglücklich? in dem Hause seines Vaters?

Mathias. hat keinen Vater seit Johannes Korvinus starb!

Warum fühlt ihr eben heute längst vergangene Leiden so tief? Heute, an diesem Freudentage?

Freudentag? Es ist der Todestag meines Bruders Ladislaw!

O Eure Trauertage sollen zu Freudentagen werden! fuhr der gute alte König lächelnd fort, indem er aufstand und sich der Stelle näherte, wo Mathias saß.

Alles erhob sich, auch der junge Korvin, dem, ich weis nicht aus welcher Bewegung, die Thränen aus den Augen drangen; war es Unmuth, weil er sich verspottet glaubte, oder Rückerinnerung an die alten Trauergeschichten des drey und zwanzigsten Novembers, der würklich heute zum zweyten Mahl, nach Ladislaws Ermordung, wiederkehrte, oder war es Ahndung verborgener Dinge, die bey herannahendem Glück oder Unglück so oft unser Herz befällt, gnug, seine Augen strömten über, und hohe Schamröthe bezog sein Gesicht wegen dieser unmännlichen Schwäche.

Kommt, mein Sohn, sagte der König, der seine Bewegung nicht zu bemerken schien, und ihn freundlich bey der Hand ergrif, kommt, setzt Euch an meine Seite, und thut einen

Trunk aus dem Freudenbecher, den ich Euch reichen will. Ich denke euch eine Gesundheit zuzubringen, auf die ihr mir wohl Bescheid thun werdet.

Mathias folgte dem Könige an das obere Ende der Tafel. Man hatte ihm einen Stuhl zu seiner Rechten gesetzt, der dem Stuhl des Königs völlig gleich war. Der junge Korvin, dem überhaupt seltsam zu muthe war, fühlte bey dieser Ehre nichts als daß sie ihm die nahe Nachbarschaft der schönen Marie verschaffte.

Ich habe heute frohe Botschaft aus Ungarn erhalten, fing der alte König von neuem an, als sich die ganze Gesellschaft wieder gesetzt hatte. Dies gute Reich wird bald wieder einen König auf seinem Throne sehen. Laßt uns auf sein Wohlseyn trinken, ich hoffe, er wird mir ein treuer Freund und guter Nachbar seyn. Es lebe der erwählte König von Ungarn! Es lebe Mathias, der Sohn des Helden Korvin, des ermordeten Ladislaw Bruder!

O meine Leser, könnt ihr euch die Empfindung der Hauptperson in diesem Freudenspiel, könnt ihr euch die Empfindungen des bleichwerdenden, bey den letzten Worten des Königs schnell aufspringenden, und den Redder mit weiten Augen anstarrenden Mathias vorstellen? Welch ein Uebergang von den entgegengesetztesten Gefühlen! Sie zu schildern, würde Unterbrechung einer ohnedem schlecht gemahlten Scene, würde Unmöglichkeit seyn!

Alle Thüren flogen auf, auf das gegebene Zeichen. Fürst Gara mit seinen zwölf Begleitern, unter denen auch Zszag, der Oheim des jungen Korvin, sich befand, trat herein und bestättigte, was der erstaunte Mathias eben aus des guten Königs von Böhmen Munde gehört hatte; die ungarischen Großen begrüßten den bestürzten Jüngling als ihren König, und aus den angränzenden Sälen ward der Ruf: Es lebe Mathias Korvinus! Es lebe der erwählte König von Ungarn! von hundert Stimmen wiederholt.

Welch Erstaunen! welche Freude! welche Verwirrung! Niemand schien sich inniger zu freuen als der König von Böhmen, er drückte den jungen König von Ungarn an sein Herz. Seht, mein Sohn, sagte er, dies war das Glück, dem ihr in eurer sogenannten Gefangenschaft entgegen reiftet. Gefangenschaft? War das Haus eures Vaters würklich ein Kerker? O Mathias! Mathias! so oft vergaßt ihr in dem Schooß meiner Familie den gewähnten Verlust eurer Freyheit, warum mußtet ihr euch eben heute einen Gefangenen nennen! Ein böser Geist herrschte heute in Eurem Herzen! Gott verzeihe es dem, der ihn herbeyrief!

Beschämung röthete das Gesicht des jungen Königs bey diesen Worten; ein Blick, der seinem Herzen nicht viel Ehre machte, ruhte auf Sollm, gleich als wollte er diesen Unschuldigen anklagen, er sey der böse Geist gewesen, der ihm Verdacht gegen den guten König von Böhmen ins Herz hauchte.

Wehe dem, der in einer frohen Stunde hämische Seitenblicke auf irgend ein Geschöpf werfen kann! Freude hat das Eigene, uns mit der ganzen Welt auszusöhnen; jedes Vergehen wird in solchen Augenblicken verziehen, oder vielmehr es schwindet ganz aus unsern Augen. Jeder Freund wird uns theurer. Feinde haben wir gar nicht, und Verdacht oder Argwohn ist uns eine ganz fremde Sache. Wie muß es in einem Herzen aussehen, das in einer Stunde wie die, welche Mathias jetzt erlebte, anders denken kann!

Während sich der König von Ungarn, von Beschämung, Unruh, Bestürzung und tausend andern streitenden Gefühlen zu königlichen Anstand erholte, den er recht gut, und als hätte er drauf ausgelernt, anzunehmen wußte, während jedermann ihn adorirte und beglückwünschte, und seine Großen einen Kreis um ihn schlugen, durch welchen kaum ein Auge dringen konnte, freute sich Selim, Viktoria und Marie des Glücks ihres Freundes, mit wahrer Geschwisterfreude. In den Aeußerungen der jungen Prinzeßin fand sich etwas Schüchternes, Zurückhaltendes, das durch das, was Selim ihr in diesen Augenblicken freyer und ofner, als je, von der Leidenschaft seines Freundes vorsagte, noch gemehrt wurde.

Die Königin, die sie so oft Selims Blicken entgegen geführt hatte, sah sie jetzt ungern in Gesprächen mit ihm begriffen, denn sie wußte nicht, wovon sie handelten. Die Zeiten hatten sich geändert; nun wußte sie, wer der geweissagte König war, und ihre Wahl für ihre Tochter war entschieden. Sie ließ die Prinzeßin eilig abrufen, und gab ihr noch diese Nacht im Kabinet eine Menge von Verhaltungsregeln in Rücksicht auf den jungen König und seine Krone, deren Marie, die immer natürlich zu handeln gewohnt war, nicht bedurfte. Hätte sie nicht schon längst deutlich gesehen, daß Selim nie etwas anders, als Freundschaft für sie fühlen würde, hätten nicht die Lobreden dieses guten Jünglings auf seinen Freund, zusammengenommen mit tausend Proben von Korvins glühender Leidenschaft, ein

Zauber, dem nicht leicht ein Mädchen wiederstehen kann, hätten diese Dinge sie nicht längst den Wünschen ihrer Mutter geneigter gemacht, als es sonst gewesen seyn würde, alle Ermahnungen, die ungarische Krone nicht zu verscherzen, würden nichts gefruchtet haben; so aber bequemte sich Marie nach den Wegen, die sie das Schicksal führen wollte, und wir getrauen uns zu sagen, sie that es nicht ungern; Mathias hatte ihr schon, seit sie sahe, daß sie Selim entsagen mußte, nicht mißfallen; als König hatte er vielleicht noch einige Reitze mehr in den Augen einer so jungen Person, die von den Schwächen ihres Geschlechts nicht ausgenommen war.

———

Lasset uns, meine Leser, die Begebenheiten, welche dem großen Tage, den wir eben umständlich geschildert haben, unmittelbar folgten, in eins fassen. — Nachzuholen haben wir nichts, bey der Kenntniß der Geschichte, die wir bey Euch voraussetzen, kann euch nicht unbewußt seyn, wie Mathias zur ungarischen Krone kam. Seine Mutter, sein Oheim, der Name Korvin, der den Ungarn immer heilig war — doch wir gehen weiter.

Mathias schied als König von Ungarn, als König Georgs dankbarer Freund, und als der Gemahl der schönen Marie Podiebrad aus Böhmen, aber nicht als der Freund seines Selim; entweder die so schnell, so unerwartet erlangte Hoheit, hatte sein Herz gegen seinen ehemahligen Leidensgefährten stolz gemacht, und umgewandelt, oder er glaubte im Ernst Ursach zu haben, ihm wegen der mitgetheilten Rembrechtischen Warnungen übel zu wollen. Viele Bosheit lag in denselben sie hätten ihn gerade bey seinem Glück vorüberführen können, sie hatten ihm wenigstens einige frohe Stunden verbittert, und ihm die Beschämung bereitet, den großmüthigen König von Böhmen verkannt zu haben; aber welche Unbilligkeit, diese Dinge auf Selims Rechnung zu schreiben, der ja getäuscht und irre geleitet; wie der Freund, dem er Rembrechts giftigen Brief mittheilte, nicht für die Wahrheit dessen, was er enthielt, stehen, oder die Bosheiten und Unrichtigkeiten, die er enthielt, büssen konnte.

Es mochte hierin seyn, wie es wollte, genug Mathias war Selims Freund nicht mehr, er war nur der König von Ungarn. Das kalte Versprechen beym Abschied, ihm mit beharrlicher Gnade beygethan zu bleiben, kontrastirte seltsam mit der ehemaligen Vertraulichkeit, und schien nicht einmahl von Herzen zu gehen. Der Abschied von der jungen Königin war herzlicher. Thränen standen in ihren schönen Augen. Ihr habt mich sehr glücklich gemacht, mein Selim, sagte sie, unaussprechlich glücklich, indem ihr mich meinen Gemahl kennen und lieben gelehrt! Möchte ich Euch doch Glück mit Glück, Freundschaft mit Freundschaft vergelten können! Bleibt ihr zurück, so sey mein Bruder Viktorin Euer Mathias, gebe Gott, daß er Euch noch mehr werde.

Selim dachte nicht daran, dem in seinem Glücke zu folgen, dessen Unglücksgefährte er so lang gewesen war. Er blieb gern bey dem guten König von Böhmen und bey dem heldenmüthigen Viktorin, die ihm so sehr, als es sein eigenes Herz that, abriethen, der kalten Einladung des jungen Königs, ihn nach Ungarn zu begleiten, Folge zu leisten. Wie Mathias gegen Euch gesinnt ist, sagten sie, das wißt ihr vielleicht; die Gesinnungen seiner Großen sind Euch unbekannt. Mahomeds alter Haß gegen Euch ist noch immer derselbe. Staatsinteresse, Verrätherey oder Gewalt könnten Euch Gefahren bereiten, vor welchen ihr bey uns gesichert seyd.

Rem-

Rembrechts Briefe enthielten Ermahnungen anderer Art, doch ließ sich auf dieselben trauen? Er wußte nun so gut als alle Welt, wer unter seinen beyden ehemahligen Gefangenen der gewelßsagte König war. Hinfort würde er sich nicht vor Salim tiefer gebückt haben, als vor Mathias. Selim war jetzt nichts in seinen Augen, als ein vertriebener Prinz, ohne Anspruch, ja ohne alle Hoffnung auf Glück. Dieses gab er ihm deutlich in seinen Briefen zu verstehen, wie auch, daß es gut für ihn seyn würde, seine Aussichten, besonders die nicht, welche sich von Ungarn her zeigten, zu verachten, indem für ihn wenig Ursach zu wählen sey.

Selim lernte aus dem plötzlich geänderten Ton seines Korrespondenten, seine Redlichkeit beurtheilen, und folgte ihm nicht, dies ward für Rembrechten Ursach alle Gemeinschaft mit ihm aufzuheben, und so ward diesem guten Prinzen alle Möglichkeit abgeschnitten, durch ihn von des Kaysers Hofe, von seinem Bruder, oder andern Dingen, die ihm am Herzen lagen, etwas zu vernehmen. Lang genug war er von diesem falschen Mann hingehalten worden, um endlich einzusehn, daß er in seiner Vermittlung nichts verlor. Er ließ ihn fahren, erwartete Erfüllung seiner Wünsche von der Zeit, die dieselben bereits gemäßiget hatte, und weihte sich ganz dem Dienst des böhmischen Königs, und der Freundschaft Victorins, in dessen Gesellschaft er überall war, wo das Schwerdt blinkte, und man chen Lorbeerkranz errang, welcher wohl werth wär, ihm zum Ehrengedächtniß in diesen Blättern aufgehangen zu werden, wann wir wüßten, ob es unsern Lesern gelegen wär, nichts und immer nichts, — als solche Trophäen zu sehen.

Fünftes Buch.

Wien.

Was werdet ihr denken, meine Leser, und ihr besonders meine Leserinnen, wenn ich Euch sage, daß der Held, für welchen vielleicht die gutmüthigsten unter Euch sich ein wenig interessirt haben, die schönsten Jahre seines Lebens unter dem Schwerdte, ohne ein einiges Abentheuer, zubrachte, das würdig erfunden werden möchte, für Euch in einer romantischen Geschichte verzeichnet zu werden; schon sahe er das sechs und zwanzigste Jahr in der Nähe, und war also nach den Gesetzen der Romanenwelt fast zu alt für den Schauplatz, auf welchem er nun erst erscheinen sollte. Liebe hatte bisher noch wenig Antheil an seinen Begebenheiten gehabt, und was ist ein Roman ohne Liebe? Laßt uns sehen, was diese allgewaltige Göttin in Zukunft für ihn thun wird; das erste Abentheuer, mit welchem wir ihn vor Euch auftreten lassen, verspricht wenig, denn Krieg und Kriegsgeschrey ist aber mahls die Losung, die ihn von neuem in Thätigkeit sezt. Wie er durch dasselbe herbeygezogen wurde, werdet ihr sogleich hören, wenn ihr die Geduld habt, uns bey einer kleinen Abschweifung von unserer Hauptgeschichte zu folgen.

Mit König Ladislaw von Ungarn und Böhmen, in dessen Kronen sich jezt Georg Podiebrad und Mathias getheilt hatten, wären nicht alle heimliche Feinde Kayser Friedrichs gestorben, den fürchterlichsten hatte er an seinem Bruder Herzog Albrechten; einen Feind, der ihm desto gefährlicher war, je weniger sein gutes redliches Herz ihn beargwohnte. Nach und nach mußte er anfangen, dem Argwohn Raum zu geben, ob es gleich Leute gab, die ihn immer in tiefen Schlummer zu wiegen suchten. Unser Bekannter, der Guttensteinische Rembrecht war einer von ihnen, seine Gesinnungen, was das Beste streitender Mächte und den Ausgang ungewisser Glücksfälle anbetrift, haben wir schon im Vorhergehenden beleuchtet, und brauchen also nichts mehr hierüber zu sagen. Wie Schade, daß dieser Mann so viel Fähigkeit besaß, sich bey guten Menschen einzuschmeichlen! Wie hatte er den verdachtlosen Selim Jahrelang getäuscht, den er endlich durch den lezten boshaften Zug um die Gunst des nunmehrigen Königs von Ungarn betrog. Wie führte er die schwache Königin von Böhmen in seinen Stricken, davon wir vielleicht noch in der Folge Proben sehn werden, und wie wohl gelang es ihm, selbst den weisesten, treflichsten Fürsten seiner Zeit, den guten Kayser Friedrich zu hintergehen, und ihm durch Einschläge, denen er kein Ohr hätte leihen sollen, zu den gefährlichsten Schritten zu verleiten!

Rembrecht war Herzog Albrechts Diener; das wußte man nicht, denn er war es heimlich. Auf was für Art der Kayser sich zu seinen Rathschlägen herabließ, ob Rembrecht sie mittel- oder unmittelbar an ihn gelangen ließ, ist unbekannt, mitwürkend soll er bey jedem Schritte gewesen seyn, den Friedrich den Gefahren, die ihm von einem feindseeligen Bruder bereitet wurden, entgegen that.

Kayser Friedrich ward vom Volke zu Beendigung aller Streitigkeiten nach Wien zum Landtage erbeten; schon hegte er Verdacht, und schickte, anstatt selbst zu erscheinen, Gesandte. Man versammelte sich im großen Saal des Augustiner Klosters, dieser friedliche Ort schien friedliche Beylegung aller Unruhe zu versprechen, aber es gewann bald das Ansehn, daß man die Gegenwart des Fürsten, mit welchem man Vergleichung suchte, nur darum erbeten hätte, um ihn zum Zeugen von den Eigenmächtigkeiten eines zügellosen Volks zu machen. Schon die persönliche Abwesenheit des Kaysers erregte Aufruhr; seine Gesandten wollte man nicht respektiren, den Magistrat der Stadt, der sich der Gerechtsamen eines guten Fürsten annahm, mißhandelte man. Das Volk wütete, die Mönche schrien über Entweihung der heiligen Klosterstille, kaum konnten die Gesandten gerettet werden, und man ging uneiniger auseinander, als man den Ort der gehoften Vereinigung betreten hatte.

Noch am nehmlichen Tage ward der gesamte Rath der Stadt Wien dem Vorwort der kayserlichen Gesandten zum Trotz abgesetzt und gefänglich eingeführt, der Pöbel wütete a la mode parisienne, er wollte frey seyn, und machte den Anfang zum Genuß der schon mit Blut und Flammen besiegelten Freyheit damit, daß er das Regiment einem Manne seines Mittels, einem gewissen Hotzer übergab.

Hotzer ward Bürgermeister; Mord, Meuterey und Gewaltthat, nahm zu unter seiner Regierung, er schien ehe sie zu begünstigen, als stören zu wollen. Seine Absicht war, sich in der allgemeinen Verwirrung zu bereichern, und dieses schnell zu thun, da er klug genug war, ausrechnen zu können, daß Zeit und Gelegenheit hierzu für ihn von kurzer Dauer seyn würde.

Das leidende Volk schrie um Hülfe. Es rief Kayser Friedrichen nochmahls ängstig herbey, und die kayserlichen Gesandten, welche einsahen, daß dem Unwesen, das sich mit jeder Stunde mehrte, niemand steuern könne, als dieser gute, weise, sonst allgemein beliebte Fürst, baten selbst aufs dringendste, durch ihre Abgeordnete, die sie denen des Volks beyfügten, er möchte erscheinen, und Frieden in eine Stadt bringen, die außerdem in kurzem von ihren eigenen Kindern in Trümmern und Schutthaufen verwandelt werden würde.

Kayser Friedrich erschien. Ob es ihm rathsam gewesen seyn würde, zu einem rasenden Volk, wie ein Vater zu seinen gehorsamen Kindern zu kommen, ob er es hätte wagen dürfen, sich ihnen ohne einen andern Schutz, als die Voraussetzung von einer Liebe für ihn zu vertrauen, von welcher sie so schlechte Proben gegeben hatten; dies mag jeder Fürst, der sich in Friedrichs Lage befindet, beantworten. Vielleicht hätte ein solches blindes Zutrauen gute Würkung bey den erbitterten Gemüthern gethan, vielleicht war auch der herzhafte sich auf seine gute Sache verlassende Kayser dazu geneigt, aber war es denen, welchen sein Wohl am Herzen lag, zuzumuthen, daß sie eine solche Dahingebung begünstigen sollten?

Friedrich erschien mit einer Begleitung von vier tausend Reisigen vor den Thoren von Wien. Die Wiener waren blind genug, nicht einzusehen, daß er nach den letzten Vorgängen nicht anders handeln konnte. Die Flamme des Aufruhrs loderte von neuem empor. Die Thore, welche man dem ankommenden Kayser geöfnet hatte, wurden vor ihm verschlossen; kaum konnte er für seine eigene Person zu St. Markus eine Herberge finden.

Drey Tage vergingen auf diese Art; schon war der Kayser im Begriff, seine ungehorsamen Kinder wieder zu verlassen, als diese sich ihrer schändlichen Aufführung zu schämen anfingen, und hinauszogen, den beleidigten Fürsten mit Jubel in ihre Mauern zu holen.

Ihre erste Bitte an ihn war, Einsetzung eines neuen Raths. Niemand konnte das dringende Bedürfniß, das dem geplagten Volke diese Bitte eingab, besser einsehn als er; er erfüllte sie, wie es ihm seine Weisheit und Kenntniß des gemeinen Bestens eingab, und — hatte die Kränkung sich von dem Volke, das kaum einige Proben besserer Gesinnungen ablegte, kaum Miene gemacht hatte, zu Gehorsam und Ruhe zurückzukehren, von neuem widersprochen zu sehen.

Die Rebellen verwarfen, was er gewählt hatte, sie würden vermuthlich seine Wahl nur dann gebilligt haben, wenn sie genau die ihrige gewesen wär. Ihre Gewählten wurden an die Stelle der Gewählten des Kaysers gesetzt, und kaum konnte er, um sich, wenn er bey ihnen bleiben sollte, doch einige Sicherheit zu schaffen, so viel erlangen, daß ihm der wider seinen Dank und Willen neu eingeführte Magistrat den Eyd der Treue leistete. Nur mit der Bedingung geschah es endlich, daß er so schnell als möglich seine mitgebrachten Soldaten entlassen sollte.

Die Häupter, die sich das Volk erkohr, hatten nur den kleinen Fehler, daß sie weder Macht, noch Ansehn, noch Einsicht besassen, die zu schützen, welche sich ihrem Schutz untergeben hatten. Nicht einmahl so viel vermochten sie, den Hungrigen Brod zu schaffen, oder den Unruhen zu wehren, die in den umliegenden Gegenden von Herzog Albrechts abgedankten, unbezahlten Völkern erregt wurden; es war kein Mißwachs, der das Brod vertheuerte, es war ein schwacher uncivilisirter Haufe, der die Sicherheit der umliegenden Orte störte, doch vermochten diese elenden, unwissenden Häupter des Volks nichts, den Ihrigen zu helfen.

Der Kayser lächelte, als man endlich seine Zuflucht wieder zu ihm nahm. Kinder, sagte er, wie würde ich euch rathen können, wenn ich euren Bitten statt gegeben, und meine Reisigen hätte heimziehen lassen? sehet doch nur einmahl die Unvernunft eures Betragens ein, und reisset mir die Mittel nicht selbst aus den Händen, Euch zu helfen.

Der Kayser behielt nur zweyhundert Eble zu seiner Hut, und beorderte die übrigen zu Ausrichtung dessen, um was das Volk bat, doch wollte er die Wiener zuvor noch auf eine Probe stellen, ob ihrer Treue zu trauen sey, ob sie durch kindliche Willfährigkeit gegen ihn väterlichen Schutz verdienen wollten.

Wir halten die Proben in aller Absicht für eine mißliche Sache, wenigstens sollten sie nie anders, als zu den günstigsten Stunden angestellt werden; ob die gegenwärtigen Stunden, Hoffnung zu glücklichen Bewährungen der Treue und Anhänglichkeit an einen verkannten Fürsten gaben, das mögen die Staatskundiger entscheiden.

Friedrich forderte zu Bewährung der wienerischen Treue ein Anlehn von 6000. Gulden. O hätte er, da er diese Summe nicht bedurfte, und sie gewiß, so bald sie bewilligt worden wär, großmüthig zurückgegeben, oder zum gemeinen Besten verwendet haben würde, o hätte er sie lieber aus seinem Schatz genommen, und den hungernden Armen, Brod dafür geschaft, dies würde das Mittel gewesen seyn, die Flamme des Aufruhrs bis auf den letzten Funken zu löschen, und sich das Herz eines Volkes zu versichern, das, wenn es ihn jetzt aus einem einigen frischen Zuge, als Vater erkannt hätte, denn nicht mehr gewankt haben würde. Proben guter Gesinnungen abzulegen, war jetzt würklich an ihm, so wie der Tugendhafte immer an der Reihe ist, wenn es zwischen ihm und seinem Gegner darauf ankommt, sich durch eine gute That zu zeigen. O schade, daß Friedrich keinen einigen treuen Rathgeber hatte, oder nichts in seinem eigenen Herzen fand, sich von seinen unzeitigen Versuchen abhalten zu lassen! —

Die Wiener bestanden nicht in der Probe. Auf des Kaysers Forderung erfolgte förmlicher Abschlag. Sein Zorn erwachte. Die, welche zunächst um ihn waren, sorgten dafür, das Feuer zu schüren. Er erklärte sich gleich ungünstig für die Wünsche der Wiener, als sie sich für die Seinigen. Dies war das Signal zu Unglück und Verderben. Die volle Empörung war da.

Friedrich, der seine Wohnung auf der Burg genommen hatte, sendete den weisesten seiner Räthe, den alten Graveneggen, der seinen Theil von seinem letzten Verfahren gebilligt hatte, in die Stadt, sie an die beschworne Treue zu erinnern; ein schwerer Auftrag, damit man ihn nicht hätte belegen sollen, da man bisher gegen seine Vorstellungen taub gewesen war, und dem er sich nur darum unterzog, weil er sahe, daß hier das äußerste gewagt, und für die Rechte seines Herrn allenfalls Leben und Freyheit in die Schanze geschlagen werden mußte.

Was man sich vorstellen konnte, geschah. Der rasende Pöbel achtete nicht auf das ehrfurchtgebietende Ansehn des weisen Greises, nicht auf die milden besänftigenden Worte, damit er sie anredete; sie vergriffen sich an ihm und seinem Mitgesandten, sie legten ihnen Feßeln an, und ehe der Mittag herankam, hatte der Kayser einen förmlichen Absags-Brief in der Burg. Offene Fehde war erklärt, man mußte sich zur Belagerung schicken.

Jetzt war die Zeit vorhanden, Freund und Feind, Redliche und Unredliche von Grund aus kennen zu lernen. Der Hauptmann der Burg, Friedrich Zenger, der in diesen Tagen die Rechtsache seines Schwiegersohns, eines gewissen Fraunauers mit einigem Ungestüm vor dem Kayser und seinen Räthen getrieben, und dafür vorläufig seine Entlassung erhalten hatte, war der erste, welcher die wachsende Gefahr sahe. Noch war er nicht von seinem Amt gesetzt; er handelte, als ob er es nie worden wäre, als ob ihm nie von Absetzung etwas kund worden wär. Sein Geld, — er war reich, und die Seinen rechteten vor des Kaysers Throne nicht um Vortheils, nur um des Rechts willen, — sein Geld, seine Vorsprache, (er hatte der Freunde viel, unter den aufrührischen Wienern,) dämmte noch auf einige Zeit den einbrechenden Strom, und gab den Vertheidigern der Burg Raum, sich zu rüsten und auf Vorrath zu denken; Schade, daß in Rücksicht des letztern nicht mehr gethan werden konnte. Mit Waffen war man gut versehn, aber für den Hunger hatte in der Eil nur auf wenige Zeit gesorgt werden können; doch es war ja zu hoffen, daß der Vater mit seinen Kindern nicht Jahrelang in Unfrieden leben, daß die Unterthanen ihren Fürsten nicht aufs äußerste treiben würden!

Der Kayser machte ernstliche Anstalten zur Vertheidigung. Was der Mannschaft, die er um sich hatte, an Menge abging, das ersetzte ihr Rang, ihre Treue und ihre Tapferkeit. Die zweyhundert Edeln, die, wie wir vorhin gedachten, er bey sich behielt, als er auf Begehren des aufrührischen Volks die übrigen des Heers von sich ließ, verdienten diesen Namen nicht allein von

Selten ihrer Herkunft. Auch waren es größtentheils Männer, die den Krieg kannten, und schon Befehlshaber-Stellen, die damahls noch ziemlich unpartheyisch ausgetheilt wurden, bey dem Heere behauptet hatten. — Auch befand sich auf Friedrichs Seite der tapfere Probst, Georg von Presburg, ein Mann, der mit leiblicher und geistlicher Rüstung gleich gewandt war, und der noch überdem mit der Unerschrockenheit des Helden die feinste Mönchsklugheit, verband; Talente, die dem Kayser in der Folge großen Nutzen brachten.

Er war es, der nach dem ersten Sturm, den das Schloß von den Belagerern aushielt, und der so ziemlich zeigte, wie ernstlich man die Sache anzugreifen gesonnen war, er war es, der Friedrichen zuerst den Rath gab, auswärtige Hülfe zu suchen, und der, als der Kayser fragte: woher? auf den guten König von Böhmen stimmte.

Georg Podiebrad verdiente seines Alters, seiner Weisheit, seiner Redlichkeit wegen, auf alle Weise zum Schützer der Bedrängten, zum Schiedsrichter zwischen einem Fürsten und seinem Volk gewählt zu werden. Man billigte, was der treue Rathgeber vorschlug, und der Probst Georg machte dem König Georg eilig, weil die Wege zu auswärtigen Verhandlungen noch nicht gänz gesperrt waren, durch Briefe und Botschaft zu wissen, was man von ihm verlangte.

Errathet ihr nun bald, meine Leser, auf was für Art Selim durch das wienerische Kriegsgeschrey von neuem in Thätigkeit gesetzt wurde? Er befand sich damahls mit dem böhmischen Prinzen, dem er viel von seinem Freunde Azimith in Rhaselen erzählt hatte, auf einer Reise in die Gebürge, wo er einst die Rolle eines Hirten gespielt hatte; aber der Ruf des Königs von Böhmen, und die Nachricht von den Lorbeeren, die in Kayser Friedrichs Sache zu erndten waren, brachte beyde schnell zurück. Azimith, der von dem Besuche wußte, den ihm die beyden königlichen Jünglinge zugedacht hatten, war ihnen auf halbem Wege entgegen gekommen, und that jetzt, weil es ihm unmöglich fiel, sich so schnell von dem lang nicht gesehenen Selim zu trennen, die Reise mit ihm und Viktorin an den böhmischen Hof, wo sie Kayser Friedrichs Gesandte noch vorfanden, die entschlossen waren, nicht ehe zu weichen, bis sie sähen, daß man böhmischer Seits Anstalt machte, des Kaysers Sache mit Ernst beyzutreten.

Entschlüsse von dieser Art waren nicht lang zu erwarten. König Georg ließ die Boten Friedrichs mit guten Vertröstungen von sich, und sie sahen es selbst noch mit an, wie Prinz Viktorin, welchem es von seinem Vater befohlen war, dem Kayser die erste Hülfe zu bringen, sich rüstete, ihnen in den nächsten Tagen zu folgen.

———

Die erste Nachricht von kayserlichen Gesandten hatte einen seltsamen Eindruck auf Selim gemacht. Immer waren seine Gedanken an Friedrichs Hofe: die Jahre, welche seit der Zusammenkunft mit dem jungen Kolonna, den er aus allen Umständen für seinen Bruder halten mußte, verflossen waren, hatten das Andenken desselben nicht ausgelöscht. Unaufhörlich dachte er sich ihn, wie er ihn als zarten Knaben damahls in seine Arme geschlossen hatte, und wie er nun zum Jünglingsalter herangereift seyn müsse.

Seine Bemühungen, durch Rembrechten etwas von ihm zu erfahren, haben wir gesehen; sie waren vergeblich gewesen, und dies hatte seine Begierde nach genauer Kenntniß von Kalepins Schicksal ehe gemehrt als gemindert.

Er

Er brannte vor Verlangen, von dem geliebten Bruder zu hören, ihn wo möglich selbst zu sehen. Das letzte war durch ununterbrochene anderweitige Geschäfte, und durch den Willen König Georgs, der einen unveranlaßten Besuch an dem kayserlichen Hofe nicht zu begünstigen schien, verhindert worden, und zu dem andern hatte sich noch keine Gelegenheit gezeigt. Selim konnte nicht mit jedermann von den Angelegenheiten seines Hauses sprechen. Der kluge König von Böhmen hatte ihm gerathen, den Namen eines türkischen Prinzen, wenn er irgend auf Glück in der Zukunft hofte, und vor Mahomeds Nachstellungen sicher seyn wollte, nicht mehr zur Schau zu tragen. Die Benennung Selim, Sultan Amurats Sohn, war durch Länge der Zeit und kluge Vorsicht ganz in Vergessenheit gerathen; man nannte unsern Helden nicht anders, als nach dem Namen, den er im korvinischen Hause erhalten hatte, und den wir, weil er nicht so kurz und wohllautend war als sein orientalischer, nicht eingeführt haben. Der Rang, den er beym böhmischen Heer behauptete, die Ehre, der Freund des böhmischen Prinzen, und der Liebling des alten Königs zu

seyn, zeichnete ihn auf das vortheilhafteste
aus, und Selim durfte es wenigstens vor
der Hand nicht bereuen, seinen ehemahligen
Stand und Namen mit dem gegenwärtigen
vertauscht zu haben.

Wollte Selim der bleiben, den er jetzt
vorstellen mußte, so war es unmöglich, mit
irgend jemand von dem, was ihm am Herzen lag, deutlich und offenherzig zu sprechen,
doch hoffte er viel von der Anwesenheit der
kayserlichen Gesandten, und noch mehr von
dem Glück, Kayser Friedrichen zu Hülfe gesandt zu werden, und vielleicht ein Werkzeug
seiner Befreyung zu seyn, denn das wird
sich der Leser wohl vorstellen, daß er den böhmischen Prinzen bey dieser Expedition zu begleiten bestimmt und entschlossen war.

Selim hatte all seinen Scharfsinn, all
seine Schlauhigkeit aufgeboten, von den kayserlichen Gesandten, mit denen er sich bald
bekannt machte, irgend etwas von dem jungen Kolonna zu erfahren. Seine Bemühungen waren fruchtlos gewesen, diese ern-
sten Männer konnten ihm keinen Bescheid
von den Kleinigkeiten geben, um die er fragte, sie hatten wohl mehr zu thun, als sich
um die kayserlichen Edelknaben zu bekümmern und ihre Namen zu merken; er hätte

sich deutlicher erklären müssen, um ihnen die Wichtigkeit der Person, nach welcher er fragte, begreiflich zu machen, und konnte er das ohne Gefahr?

Selim war äusserst niedergeschlagen über seine abermals gescheiterte Hoffnung, er wünschte nichts mehr, als die Beschleunigung der Wienerreise; aber würde die ihm auch etwas geholfen haben? würde sie ihm so schnell geholfen haben als er wünschte? Von dem Anrücken der böhmischen Hülfsvölker, bis zu Friedrichs Befreyung, mußte wahrscheinlich noch manche Zeit verlaufen. Sollte er jetzt mit den kayserlichen Gesandten ziehen? das war unmöglich! Wie hätte er den Posten, den er beym Heer bekleidete, verlassen können, um, zu Erreichung von Endzwecken, die jedem andern als ihm geringfügig vorgekommen seyn würden, sich in die Vestung zu stehlen? Pflichtwidrig, lächerlich, ja schimpflich wär dies gewesen, auch hatte Selim jetzt schon Jahre erreicht, in welchen man nicht mehr zu so abentheuerlichen Einfällen geneigt ist, als er etwa auf der Reise nach der Spitze von Scutary, oder in Rhascien ausgeführt hatte.

Er hätte sich vielleicht darein ergeben, das, was er nun schon Jahrelang hatte erwarten müssen, noch einige Monate lang auszusetzen, wenn sich nicht ein treuer Freund zum Vermittler erboten hätte.

Arimith, der, wie wir vorhin erwehnten, den Prinzen, die ihn besuchen wollten, auf halbem Wege entgegen gekommen, und ihnen hieher gefolgt war, sah Selims mit Mühe unterdrückte Ungeduld, er konnte den Liebling seines Herzens nicht auf die leichteste Art leiden sehen; und trat mit folgendem Vorschlag hervor:

Mein Prinz, sagte er, ich bin alt, und meine Anwesenheit ist Euch eigentlich zu nichts nütze. An Eurer Seite fechten kann ich nicht mehr, dies verbieten meine Jahre. Meine Arme sind schwach, und ihr würdet mich vertheidigen müssen, anstatt Nutzen von meinem Schwerd zu haben. Müßig kann ich gleichwohl unmöglich bleiben, auch habe ich dieses nicht nöthig, denn mit der Kraft meiner Arme sind nicht all meine Talente von mir gewichen. In meinen jüngern Jahren war ich nicht allein ein geübter Kriegsknecht, sondern auch ein schlauer Ausspäher. Ich könnte Euch viel von den guten Diensten sagen, die ich den Fahnen, unter welchen ich stand, durch diese Gabe geleistet habe. Laßt mich mit den Gesandten nach Wien ziehen, und was gilts, in den ersten Tagen meines Aufenthalts auf der Burg habe ich erkundet, was ihr zu wissen wünscht. Mittel, es Euch bekannt zu machen, und Euch dadurch einige Zeit früher aus Eurer Unruhe zu reissen, werden sich denn auch wohl finden.

Der Vorschlag ward von Viktorin und Selim gut befunden und angenommen. Es kam nur noch auf die Kleinigkeit an, ob der König von Böhmen und die kayserlichen Gesandten zufrieden seyn würden, daß der fremde Aximith die belagerte Vestung beträt. Er erbot sich das Amt eines Kundschafters, nicht allein zum Besten seines Herrn, wie er Selim gern nannte, sondern auch und noch vielmehr für die Sache des Kaysers zu verwalten. Man sahe ein, daß ein schlauer Zwischenträger in einer Sache, wie die gegenwärtige, eine fast unentbehrliche Person sey, doch zu dieser Stelle, so schlecht, verachtet, und übelbelohnt sie auch immer ist, werden meistens nur hochbetraute Personen, das ist solche gewählt, deren Redlichkeit und Partheylichkeit für den Herrn, dem sie dienen, seit Jahren erprobt ist. Dieses war der Fall

bey dem rhafcifchen Arimith nicht; niemand
kannte ihn hier genau als Selim, und wär
nicht die Bürgschaft dieses Prinzen bey dem
König von Böhmen hinlänglich gewesen,
hätte es sich nicht von ohngefähr gefügt, daß
er einem der kayserlichen Gesandten, vermöge
der medicinischen Talente, {die wir an ihm
kennen, in einer schnell zugestoffenen Unpäßlichkeit gute Dienste geleistet hätte, es wär
wieder ein klüglich angelegter Plan verun-
glückt, und Selim, der so blöde Augen für
die Zukunft hatte als wir alle, hätte nicht
einmal geahndet, wieviel mit demselben für
ihn verloren gegangen wär.

———

Arimith erhielt nach einigem Dafür-
und Dawiderreden, nach einiger genauern
Bestimmung seiner Geschäfte, und nach einem vorläufig geleisteten Eyde: dem Vortheil
des Kaysers und des Königs von Böhmen
treu zu bleiben; die Erlaubniß, die kayserlichen Gesandten, die nun zur Rückreise
fertig waren, nach der Wiener Hofburg zu
begleiten, und daselbst mit gelegentlichen kleinen Excursionen aus der belagerten Veste in
die Stadt, aus dieser zurück, oder in das

böhmische Lager, das sich nun bald vor den Thoren von Wien ausdehnen sollte, sein Wesen zu treiben wie er es am besten wüßte und vermöchte. Er reiste nach dieser Bevollmächtigung zu einem gefährlichen Amte, das ihm nur die Freundschaft für Selim leicht und angenehm machen konnte, wohlgemuthet ab, und versicherte dem türkischen Prinzen beym Scheiden, daß er sich seine Angelegenheiten, die eigentlich bey der ganzen Bestellung sein Hauptwerk ausmachten, besonders empfohlen lassen seyn wollte.

Gehe hin, redlicher Freund, rief Selim ihm nach, vergiß, wenn es nöthig ist, über das Wohl des Fürsten, dem du geschworen hast, meine Wünsche. Friedrichs Befreyung gilt mehr als das einzelne Glück Selims. — Axirzith winkte Beyfall, es war in den damahligen Zeiten niemand unter den Gutgesinnten, der sich nicht des Schicksals des bedrängten Kaysers mit Eifer theilhaftig gemacht hätte.

Die rückkehrenden Botschafter Kayser Friedrichs fanden die Sachen in den wenigen Tagen ihrer Abwesenheit merklich verschlimmert. Durch den Weg wieder in die Burg zu gelangen, auf welchem sie dieselbe verlassen hatten, war unmöglich. Die Belagerten wurden mit jedem Tage enger eingeschränkt, und jetzt erst zeigte es sich, wie es den Wienern ganzer Ernst sey, sich gegen den Besten der damals lebenden Fürsten feindlich zu erweisen.

Des Kaysers Gewogene hatten anfangs die Sache noch für halbes Spielwerk gehalten, hatten gewähnt, ein Machtwort, ein gnädiger Blick, eine gelegentlich eingegangene Forderung, die man bisher verworfen hatte, würde auf den ärgsten Fall alles schlichten, aber hiezu war es nunmehr zu spät, und man hatte sich wohl vorzusehen, durch unzeitige, und doch am Ende fruchtlose Verhandlungen nicht Blößen zu zeigen, die dem Feinde verdeckt bleiben mußten. Schon darin hatte man thöricht gehandelt, daß man den Schloßbrunnen vor den Augen der Belagerer mit siebenfacher Wache besetzte; es war aus dieser Vorsicht leicht zu erachten, daß er der einige gangbare in der ganzen Burg war, und daß der Versuch eines Künstlers in der Stadt, den übrigen das Wasser zu entziehen, geglückt war.

Als der Graf von Schaumburg mit seinem Gefolg, in welchem sich Arimith befand, durch die Thore von Wien zog, wohin es ihm leichter ward, unbemerkt zu gelangen als auf die Burg, da war man eben beschäftigt, einen Thurm in der äussern Ringmauer des Schlosses zu beschiessen, der durch seinen Fall den Schloßbrunnen verschütten, und die Belagerten in Gefahr setzen mußte, durch Durst zur Uebergabe der Veste genöthigt zu werden, die sonst stark genug war, den Angriffen des Feindes eine gute Weile zu trotzen.

Schaumburgen blutete das Herz, als er Kinder dergestalt wider ihren Vater wüthen sah, aber Arimith, der nichts im Sinn hatte, als schleunige Ausrichtung seiner Aufträge, sann drauf, wie er die gegenwärtige Lage der Sache zum Mittel machen wollte, wenigstens für seine Person in die Vestung zu kommen und dadurch den ersten Schritt zu Vollendung der wichtigsten Angelegenheiten zu thun.

Arimith war in Wien nicht unbekannt, er hatte Landsleute in dieser Stadt, und machte den Anfang, den Gesandten nützlich zu werden, damit, daß er sie, die sich in den unruhigen Gassen, voll Angst, erkannt, und als Freunde des Kaysers behandelt zu werden, nach einem freundschaftlichen Dache, dem sie sich vertrauen konnten, umsahen, bey einem gewissen Kronenburg zur Herberge brachte, den er einst in den rhasischen Gebürgen gekannt hatte. Er war ein geringer Mann, wie die Geschichte sagt, ein Schneider, aber glücklicher Weise von dem kleinen Ausschuß der Gutgesinnten im Volk, die dem Kayser im Herzen hold waren, und durch traurige Erfahrung schon so viel gelernt hatten, daß sie sich jetzt übler befanden, als zuvor, daß Holzers Hand schwerer auf ihnen lag, als ehemals die Hand des Kaysers, und daß, dieser gute Herr mochte in seiner belagerten Burg noch so beängstigt seyn, die Belagerer seine Noth zehnfach fühlten.

Handel und Gewerbe lagen, seit man es für Pflicht hielt, vom Morgen bis zu Abend in den Waffen zu seyn. Der gemeine Mann hatte kein Geld, weil auf keiner Werkstätte gearbeitet ward; die Reichern, denen es hieran nicht gebrach, hatten dennoch bey ihren gefüllten Geldsäcken weder Brod, Fleisch, noch andere Lebensbedürfnisse, weil man jetzt mehr zu thun hatte, als zu backen, zu schlachten, und das Nothdürftige zum Verkauf herbey zu führen. Während die Unsinnigen auf Mittel dachten, ihren Herrn den Kayser Dursts sterben zu machen, verschmachteten sie selbst, und wußten am Ende eines unter thörichten Mühseligkeiten, mit den Waffen in der Hand zugebrachten Tages, oft kein ander Mittel sich zu sättigen, als daß sie die Laden der Becker, und die Keller der Reichen plünderten; Gewaltthätigkeiten, die mit jedem Tage mehrere Personen hinzuthaten, die der Unruhe müde wurden, und der Sache ein schnelles und glückliches Ende wünschten.

Ein grosser Vortheil erwuchs dem Kayser noch aus der Unwissenheit und Unentschlossenheit seiner Feinde. Hatte man etwas feindliches wider ihn erdacht, so wußte der zehnte nicht, wie es bey der Ausführung anzugreifen sey, und war man endlich hierüber einig, so konnte man in der Sache keinen rechten Anfang finden. So geschahe es, daß der Thurm, der am Mittag, als Schaumburg nebst seinen Leuten sich in die Stadt stahl, mit dem Untergange bedroht wurde, am Abend noch fest und sicher stand; des Kaysers Getreue hatten vergeblich gezittert, und Aximith, der etwas mehr gethan hatte als blos zittern, der schon einige Pläne im Sinn hatte, die diese Nacht zur Ausführung kommen sollten, bat Schaumburgen, sich ruhig in dem abgelegenen Zimmer, das man ihm und seinen Gefärthen eingegeben hatte, zu Bette zu legen, und sich nicht zu bekümmern, wenn er ihn auch des andern Tages nicht zu sehen bekäm.

———

Arimiths Erscheinung hatte in Kronenburgs Hause viel Sensation gemacht, man liebte und schätzte ihn als einen alten Freund und vornehmen Patron der Familie. Die Verbindlichkeiten, die man ihm hatte, weitläuftig zu erklären, würde so viel seyn, als sich auf einen Nebenweg verirren, den wir ohne der Erreichung unsers Hauptzwecks zu schaden, füglich vermeiden können. Es ist ja dem Leser bekannt, daß Arimith gern wohl that, und also überall Freunde und Verbundene hatte.

Man stellte dem hohen Gönner alle Kinder des Hauses vor, er vermißte unter ihnen den ältesten, und unterließ nicht nach ihm zu fragen. Ach, sagte der Vater, ich sehe ihn seit geraumer Zeit wenig in meinem Hause, er hat sich dem leidigen Studiren ergeben, und es auch; er ist jetzt in seinem funfzehnten Jahre, so weit gebracht, daß, als vor einiger Zeit, da in Wien noch alles friedlich herging, der Kayser mit dem kleinen Prinzen Maximilian hier war, und einer öffentlichen Prüfung der Jugend beywohnte, Meister Engelbrecht, des Prinzen Lehrer, öffentlich erklärte: er wünsche seinen Zögling so weit gebracht zu haben, als Kronenburgs Sohn. Aber ihr bedenkt nicht, antwortete der kleine Maximilian mit Thränen in den Augen, daß dieser Knabe wohl noch einmal so alt seyn mag als ich! — Aber ihr bedenkt nicht, Prinz, erwiederte jener, daß die, welche einst über das Volk herrschen wollen, sich von Mutterleibe an, durch ausserordentliche Talente auszeichnen müssen! — Meister Engelbrecht ist, sollt ihr wissen, ein sehr strenger Mann, und scheut sich nicht dem lieben kleinen Prinzen, in Gegenwart des kayserlichen Horrn Vaters, der ihm nie einredet, oft hart zu begegnen! —

Der kleine Max fing an zu weinen, und trat zu meinem Sohn. Komm mit mir, Kronenburg, sagte er, und lehre mich was du weißt; ich denke, ich werde es ehr von dir lernen als von diesem bösen Manne. Man lachte über diesen Einfall des Kindes, und seit dieser Zeit ist mein Sohn viel bey

Hofe gewesen, freylich nicht den jungen Prinzen zu lehren, aber doch mit ihm zu lernen. Der strenge Engelbrecht ist nicht streng gegen ihn, und sie können ihn alle wohl leiden; aber wie sich sein Herz mit dem jungen Prinzen verbunden hat, das könnt ihr nicht glauben. Er betet ihn an, und ich glaube, er würde für ihn sterben, wenns noth thäte.

Und wo ist er jetzt? fragte Arimith, der dieser langweiligen gar nicht zu seinen Gedanken stimmenden Rede längst ein Ende gewünscht hätte.

O, war die Antwort, mein Haus hat ihn nicht gesehen, seit uns das Unglück mit unserm lieben Herrn entzweyte. Der Jüngling ist in Verzweiflung über das Schicksal des kleinen Max; ich stehe euch dafür, er wacht Tag und Nacht um die Mauern der Burg, als wenn seine Nähe dem armen Prinzen, der freylich die Noth seiner Eltern theilt, zu etwas dienen könne.

Arimith, der gegen das Ende der Erzählung aufmerksam ward, glaubte zu sehen, daß hier doch etwas seyn könnte, das für ihn tauglich wär. Noch eine Person zu wissen, welcher die Sache des Kaysers, die jetzt sein ganzes Denken ausmachte, am Herzen lag, war ihm keine Kleinigkeit, er hatte dem

jungen Kronenburg, den man ihm ehemals
bey einem Besuch der kronenburgischen Familie, in den rhaſiſchen Gebürgen als zehn-
jährigen Knaben vorſtellte, immer Feuer und
Talent zu Unternehmungen zugetraut, er
hofte hier vereint mit ihm zu würken, fragte, ob er ſich durch die Jahre in Rückſicht
der Geſtalt ſehr geändert habe, ließ ſich ihn
beſchreiben, und verließ das Haus, ſeinen gewählten Gehülfen aufzuſuchen.

Nicht zwo Stunden, und er hatte was
er wünſchte. Er wußte, wo er Kronenburgen finden ſollte; nicht fern von der Gegend
der Mauer, die heute ſollte angegriffen werden,
mußte er ihn treffen, auch zeichnete ſich der
ſchlanke gutgebildete Jüngling, mit dem Ge-
ſicht von deutſcher Treuherzigkeit und redlichen Kummers, unter dem ganzen rohen Haufen aus, der hier die Luft mit Toben und
wildem Geſchrey erfüllte.

Die Bekanntſchaft war bald gemacht,
der junge Kronenburg kannte den Gönner
aus den rhaſiſchen Gebürgen ſobald, als
dieſer ihn; man drückte ſich freudig die
Hand, und begab ſich auf die Seite zu ge-
genſeitigen Erklärungen. Aximith konnte
mit dieſem jungen Menſchen über gewiſſe
Dinge deutlicher ſprechen, als mit ſeinem

Vater. Der Schulfreund des kleinen Maximilian jauchzte einen Mann gefunden zu haben, dem das Wohl der Belagerten so innig am Herzen lag als ihm, man theilte sich gegenseitige Wünsche und Entwürfe mit, und Arimith fand in der Erzählung des jungen Menschen bald etwas das für ihn taugte.

Kronenburg behauptete, der Mangel an Lebensmitteln müsse im Schlosse grösser seyn als in der Stadt. Wir hungern hier, sagte er, aus Faulheit; sie in der Veste, weil ihnen würklich das abgeht oder bald abgehen muß, was wir hier im Ueberfluß haben können. O, mein Herz blutet, wenn ich mir den kleinen Prinzen, dessen Leckerhaftigkeit und gute Eßlust ich kenne, über sein *) elendes Frühstück weinend und ver-

ge-

___
*) Waren es trokne Erbsen oder ein anderes rauhes Gericht, das man dem kleinen Max in der Hungersnoth, die bald nach diesen Geschichten im Schloß einriß, anbot; er fand sich beleidigt, und lief hin seiner Mutter zu klagen, wie man ihm begegne. Laß uns Gott danken, sagte die sanfte Fürstin, daß wir dieses noch haben, und lerne bey dieser Gelegenheit die Dürftigkeit der Armen bemitleiden, denen dieses ein Festtagsgericht ist.

gebens ein besseres fordernd vorstellte, ihn, der so oft das köstlichste mit mir theilte! Ihr sollt wissen, lieber Herr, ich habe mit zwölf andern Purschen meines Alters einen Anschlag auf jenen Beckerladen an der Ecke. Ehe die Nacht einbricht, ist er geplündert; jene versorgen die Häuser ihrer nothleidenden Eltern, und ich, der ich mit keinem Raube die Schwelle meines Vaters betreten dürfte, bringe das Beste für meinen Prinzen in Sicherheit!

Kronenburg! rief Arimith mit drohender Stimme.

Ja! schrie der junge Mensch, hier bricht die Noth die Gesetze. Betteln und stehlen für ihn, um den ich sorge! Doch das letzte noch lieber als das erste.

Arimith erkundigte sich ein wenig, wie der Raub zu den hohen Händen der Nothleidenden befördert werden sollte, und erhielt hierauf eine Antwort, die ihm so wohl gefiel, daß er eilig nach Hause lief, um den Gesandten Trost einzusprechen, und einige andre Verfügungen zu treffen. Als er zurück nach der Burgmauer kam, fand er den Anschlag auf den Beckerladen ausgeführt, und den Tumult über diese Sache, die jetzt nichts ungewöhnliches war, und nicht geahndet werden konnte, bereits gestillt. Kronenburg führte seinen alten Freund in einen sichern Winkel, und zeigte ihm einen schönen Vorrath von allerley Gebäck, nebst ein paar Rebhünern, die er gelegentlich aufgetrieben hatte, und von welchen er versicherte, daß sie der Prinz vorzüglich gern speiste.

Ehe eine Stunde vergeht, sehte er hinzu, wird in jener Ecke der Mauer, die, glaube ich, niemand bekannt ist als mir, und der Schildwacht des Brunnens, mit welcher ich mich verstehe, ein Korb niedergelassen werden, die gemachte Beute abzuholen. Dies geschieht alle Abende. Sie wissen nicht drinnen, woher ich meine Geschenke nehme, sonst würde Meister Engelbrechts Strenge der Sache bald Einhalt thun, auch wollen sie mich bereden, sie hätten noch an allem Ueberfluß; aber wie lang kann das dauern? Haltet zu Rathe, ihr Herrn, was ihr heute nicht braucht, damit mein armer kleiner Maximilian nicht Hunger leide!

Man erwartete im Schlosse nur der Nacht, um den Korb nieder zu lassen. Arismith legte zu den Milchbroden und Torten des kleinen Prinzen einen Zettel, und erwartete nebst Kronenburgen an der Mauer, was nun erfolgen würde. Die Schrift, welche mit dem Proviantschiff abging, war von Schaumburgs und des andern Gesandten Hand unterzeichnet, sie enthielt ein mögliches Gesinnen des fremden Arimith an kayserliche Majestät, das unter solcher Beglaubigung nicht abgewiesen werden konnte.

Ehe eine Stunde verging, wand sich in festen Kloben eine etwas grössere Maschine von der Zinne herab, als die, welche zu den täglichen Transporten gebraucht wurde. Arimith umarmte seinen jungen Freund, der ihm gern Gesellschaft geleistet hätte, wenn nicht sein Zurückbleiben in der Stadt für nöthiger erachtet worden wär, empfahl ihm nochmals Treue und Vorsichtigkeit wegen getroffener Verabredungen, und stieg ein. Kronenburg folgte dem Reisenden mit sorgsamen Augen, bis er in seinem schwankenden Behältniß den oberen Theil der Mauer erreicht hatte und eingenommen ward, und denn kehrte er in das Haus seines Vaters zurück, um in allen so zu verfahren, wie es ihm der weise Arimith vorgeschrieben hatte.

Ob es gleich spät in die Nacht war, so hielt es doch der Kayser für gut, den neuen Ankömling augenblicklich vorzulassen. Er mußte ein strenges Examen ausstehen, denn was für Unheil hätte sich mit einem Spion aus der Stadt in die belagerte Burg eindrängen können! Arimith bestand in allem wohl. Sein Gesicht, jedes seiner Worte, sein ganzes Betragen hatte unverkennbare Züge der Redlichkeit. Es geläng ihm, den weisen Friedrich völlig von seiner guten Absicht, und dem Nutzen seiner Verhandlungen zu überzeugen. Er verbarg nichts von den Entzwecken, und nichts von den Bewegungsgründen des Entschlusses sich dem Besten des bedrängten Kaysers zu widmen, sie waren nichts anders als die Theilnahme an seinem Schicksal, und der Wunsch ihm zu helfen, die er mit tausenden gemein hatte.

Von Sellms Angelegenheiten, welche, die Wahrheit zu gestehen, die erste Veranlassung für ihn gewesen waren, das gefährliche Amt eines Kundschafters zu übernehmen, sagte er nichts, nicht als ob er sie der Verbergung-bedürftig gehalten hätte, sondern weil sie nichts zur Hauptsache thaten, und auch jetzt bey Arimiths Eifer für einen bedrängten Fürsten, dessen Anblick ihn vollends ganz an ihn fesselte, in der That fast ganz verdunkelt würden.

Die Vortheile, die man von Arimiths Ueberkunft hatte, die Nachrichten, die man durch ihn erhielt, waren nicht zu verachten. Gewißheit von dem Zustande der Gesandten, deren Wiederkunft von Prag man schon seit mehreren Tagen mit der größten Angst entgegen sahe, Versicherungen von der Nähe der böhmischen Hülfe, und Winke von den Unternehmungen der Belagerer, erhielt man aus seinem Munde; die beyden ersten Punkte verjagten schnell die Niedergeschlagenheit, welche in den Mauern der Burg umherzuschleichen begann, und das letzte ward der Grund zu augenblicklichen Vorkehrungen, die die Anschläge des Feindes unwürksam machen mußten.

Der Thurm, welchem, wie Arimith berichtete, schon des vorigen Tages der Untergang gedroht war, und der wahrscheinlich am Abend des künftigen in Trümmern liegen müßte, ward noch in selbiger Nacht auf eine Art geschützt und befestiget, die alle feindliche Angriffe vernichten müßte, die Wache des Brunnens, und alles was einen Anstrich von ängstlicher Besorgniß trug, und den Belagerern Muth machte, ward geändert. Der Winkel an der Mauer, den man noch viele Jahre nachher zum Andenken des treuen Kronenburgs nach seinem Namen nannte, blieb nur einem einigen Manne anvertraut, der mit dem jungen Menschen einverstanden war, denn Arimiths Warnungen lehrten den Kayser gegen seine eigenen Leute vorsichtig seyn. So wohl als sich in der Stadt genug Personen fanden, die es mit den Belagerten hielten, so waren auch in der Burg Verräther, vor welchen man sich hüten mußte, ohne Argwohn blicken zu lassen, und dadurch das Uebel ärger zu machen. Man hatte vielleicht schon damit etwas versehen, daß man Arimiths Anwesenheit zu wenig verbarg; niemand wußte woher es kam, jedermann sahe gleichwohl den Einfluß, den er in die wichtigsten Geschäfte hatte, und wenn auch dem Kayser und der Burg kein Nachtheil hieraus erwuchs, so hatte es doch auf das Schicksal des ehrlichen Rhafciers einen gefährlichen Einfluß, wie wir vielleicht in der Folge sehen werden.

Rembrecht befand sich in Wien, er fing seit einiger Zeit an, die Maske allgemach abzulegen, und zu zeigen, daß er Herzog Albrechts Diener war, weil es ihm jetzt wahrscheinlich dünkte, daß sich das Glück auf seine Seite neigen würde.

Sein Briefwechsel mit der Königin von Böhmen dauerte fort; diese gute Dame wußte nicht, mit welch einem gefährlichen Menschen sie sich einließ, und was für nachtheiligen Einfluß er in die Angelegenheiten ihres Hauses und ihres Landes haben konnte. Wußte auch irgend jemand ganz, wie er mit Rembrechten dran war? sich von ihm entfernt zu halten, war das sicherste Mittel nicht verstrickt zu werden, und gleichwohl wußte er Kunstgriffe, überall die Hand im Spiele zu behalten.

Die Königin von Böhmen war traurig, ihren Liebling, den jungen Viktorin, der immer in den Waffen war, und dessen Gegenwart die zärtliche Mutter jetzt kaum einige Tage genossen hatte, schon wieder gerüstet, schon wieder im Begriff zu sehen, die Ruhe des Pragerschlosses mit Lebensgefahr unter Feindesschwerd zu vertauschen.

Ihres Erachtens hätte ihr Gemahl gar nicht nöthig gehabt, sich in die Sache des Kaysers zu mischen, oder wär dies unvermeidlich gewesen so hätte er nur wenigstens ihren Sohn aus dem Spiel laſſen, ihm Ruhe gönnen, und die verſprochenen Hülfsvölker irgend einem andern Heerführer anvertrauen ſollen.

Soviel Vorſichtigkeit beſaß ſie noch, über dieſe Dinge nichts deutliches gegen ihren Korreſpondenten zu erwehnen. Aber Rembrecht wußte ſchon, uns iſt unbekannt, durch wen, vielleicht durch Verräther aus der kayſerlichen Burg, daß man Hülfe aus Böhmen erwartete; dieſelbe von dem tapfern Viktorin angeführt zu ſehen, war ſo viel, als dem Kayſer mit einem Mahle den Sieg überlaſſen. Rembrecht, und die ſeines Theils waren, hatten eben ſo viel Urſach zu wünſchen, den jungen Prinzen von dieſem Heerszuge ausgeſchloſſen zu ſehen, als die ſorgſame Königin, nur daß dieſe Urſachen von ganz verſchiedener Gattung waren.

Rembrecht überſchrieb der traurenden Mutter, ungeachtet ſie noch nicht gegen ihn über den nahen Abſchied ihres Lieblings geklagt hatte, Troſt für ihren Kummer, und erwarb ſich durch dieſe zuvorkommende Behülflichkeit, nicht allein den Namen eines halben Propheten, ſondern auch blinde Folgſamkeit gegen alles, was er vorſchlug; die

güte Dame des Schmerzens der Trennung zu entheben.

Einen grossen Vortheil zu erreichen, läßt man sich ja wohl ein kleines Weh gefallen, die Königin gab Rembrechten nicht unrecht, welcher seine Vorschläge mit der Frage anfing und endete, ob sie den geliebten Sohn nicht lieber krank in ihren Armen, als verwundet und todt unter Feindes Schwerd wissen wollte, und zu verstehen gab, die zärtliche Mutter würde, wenn sie die Wahl hätte, auf das erste stimmen. O, daß sich die Natur in diesen kritischen Augenblicken, eine wohlthätige Krankheit hätte abheischen lassen! Doch welche schreckliche Bitte! hätte nicht auch sie den Tod herbeyführen können, und warum wollte man von dem vielleicht ungünstigen Himmel etwas erflehen, das er im Zorn hätte gewähren, und zwar vielleicht auf ganz andre Art gewähren können, als die Beterin wünschte! War nicht die Gewährung ihres Wunsches in ihren eigenen Händen? Gab es nicht, wie der weise Rembrecht in seinem Schreiben einfliessen ließ, gab es nicht Aerzte, denen die Krankheiten auf alle Art zu Gebote stehn? die so wohl eine herbeyrufen als heilen können?

Prinz Viktorin, ein junger vollblütiger Herr, war genöthigt oft aderzulassen. Sein Leibarzt, einer von jenen rembrechtischen Wunderthätern, die zu Krankheit und Tod nach Gefallen sagen können: komm her, und gehe hin, verstand sich gut mit der Königin. Was mütterliche Liebe für erlaubt hielt, konnte er ja nicht mißbilligen; er zapfte dem jungen Helden, der auf die gewöhnliche Art seiner Hülfe bedurfte, doppelt und dreyfach die Portion des köstlichen Lebenssaftes ab, die er sonst zu lassen pflegte. Dies hatte den gewünschten Erfolg. Nicht krank aber äusserst matt, mußte der junge Heerführer an dem Tage das Bette hüten, der zum Aufbruch der Völker bestimmt war, welcher nun nicht länger verschoben werden konnte. Der Unmuth über diesen Zufall, dessen wahren Grund niemand wußte, als die genannten Zwey, vermehrte das Uebel des armen Prinzen, und die Arzeneyen des Mönchs verlängerten es.

Selim, sagte Viktorin zu seinem Freunde, welcher voll Bestürzung an seinem Bette stand, vertritt du meine Stelle bey dem Heer; ich habe nicht nöthig, dir eine Sache zu empfehlen, die dir selbst am Herzen liegt.

Diese Krankheit ist hoffentlich nicht zum Tode, genese ich, so folge ich dir.

———

Der Anschlag der Feinde Friedrichs wär nur halb geglückt, wenn die Völker, die ihm zu Hülfe geschickt wurden, an die Stelle des böhmischen Prinzen, den türkischen zum Anführer bekommen hätten; um nicht partheyisch zu scheinen, dürfen wir nur so viel sagen, daß Tapferkeit und Kenntniß des Kriegs bey Beyden in gleicher Wage hing, und daß der eine überall leistete, was man von dem andern erwarten konnte; dies wußten die Feinde so gut als wir, auch war schon dafür gesorgt, daß Selim so wenig, als sein Freund das Glück haben sollte, für den bedrängten Kayser zu fechten.

Seit Rembrecht wußte, daß Amurats Sohn der geweissagte König nicht war, seitdem war alle ehemahlige Vorliebe gegen ihn verschwunden, indessen der Vorsatz durch seine Hülfe sich Glück und Vortheil zu verschaffen, unverrückt in seiner Seele geblieben war.

Der Despot von Rhascien, dessen sich meine Leser vielleicht noch aus den korvinischen Geschichten erinnern werden, hatte gerade um diese Zeit Kundschafter ausgesandt, dem entwichenen und nicht wiederkehrenden Aufseher über seine Heerden, dem alten Arimith, von dem wir wohl wissen, wo er sich aufhält, und was für Dinge ihn seines Hirtenamts vergessen machten, nachzuspüren. Der Despot mußte dieses nicht so gut als wir, auch konnte ihm Rembrecht, sein Agent in diesen Gegenden, hierüber keine Auskunft geben; aber zur Schadloshaltung für den ausgetretenen Diener, wies er ihm Selims Person an, und die Ausspäher des rhascischen Fürsten, die den Willen ihres Prinzen gar wohl wußten, und den Vortheil kannten, den er sich bey Mahomed durch endliche Auslieferung des verfolgten Bruders verschaffen würde, schlugen sogleich ein, bey den Vorschlägen die ihnen Rembrecht that.

Die Fallstricke waren gelegt, es war an dem, daß Selim in die Hände seines nächsten Anverwandten, und seines ärgsten Feindes fallen sollte. Blendung, Verstümmelung, oder ewige Fesseln in den scheußlichsten Kerkern, warteten auf ihn; es ist bekannt, wie der Bruderhaß der orientalischen Fürsten mit gefürchteten Nebenbuhlern umzugehen pflegt. Proben von Mahomeds Grausamkeit haben wir im Anfang dieser Blätter bereits gesehen, sie war durch Jahre nicht gemindert worden, dagegen hatte sich Haß gegen Selim, und Furcht für ihn in dem Grade gemehrt, wie der Sultan Nachrichten von Selims wachsenden Heldenruhm erhielt. Niemand ausser Rembrecht und der königlichen Familie wußte vielleicht gegenwärtig in diesen Gegenden noch wer Selim war, man hatte das Andenken seiner Herkunft und seines Ranges aus weiser Vorsicht ganz ungewiß zu machen, und endlich zu verlöschen gewußt, aber Mahomed hatte seine Spur nicht verloren. Nicht allein der Fürst von Rhascien, nein, ausser ihm noch zehn, und noch mehr heimlich verbundene des türkischen Hofs hatten gemessene Verhaltungsregeln; und der Streich auf Selim, der, wie man meynte, jetzt endlich einmal glücken sollte, hatte vielleicht bereits zwanzigmahl seiner verfehlt. Hätten wir die kriegerischen Abentheuer dieses verfolgten Prinzen sorgfältiger aufgezeichnet, wir könnten den Leser auf eine Menge Gegebenheiten zurückführen, wo offenbar Nachstellung und Verrath in seine Fußstapfen traten.

Während Selim an der Spitze seines Heers das, wenn es auch nicht das grösseste war, das er Zeit Lebens geführt hatte, ihm nach Möglichkeit für seine eigene Person versprach, dem Unglück und der Gefahr entgegen zog, gewannen auch auf Seiten der Belagerten, die der zögernden Hülfe ängstig erwarteten, die Sachen ein gefährlichers Ansehn.

Das Einverständniß mit den Gutgesinnten in der Stadt, und die Proviantspenden des jungen Kronenburgs dauerten fort, er hatte jetzt die Gesandten auf seiner Seite, und konnte mit ihrer Hülfe mehr leisten als zuvor, es durften keine Bäckerladen geplündert, und keine Rebhüner aus den Küchen der Reichen gestohlen werden, um den kleinen Prinzen königlich zu beköstigen, Schaumburg, der dem kayserlichen Sprößling seine Aufwartung auf keine andere Art zu machen wußte, sorgte auf rechtmäßigen Wegen für Ueberfluß.

Auch hatte er, indem er sein Inkognito aufhob, und sich als abtrünnig vom Kayser angab, seinem Herrn noch einige andere gefällige Dienste erzeigt. Der des Kriegs unkundige Pöbel traute ihm blindlings, und war froh, in ihm einen Sachverständigen zum Anführer zu bekommen. Freylich wurde diese arme Heerde von dem, welchem sie sich vertraute, ganz falsch angeführt, und die Belagerten befanden sich wohl bey der gegenwärtigen Lage der Sachen, doch that das unverständige Volk nicht die Augen auf, und leistete seinem betrüglichen Obersten mehr Folge, als der Stimme der wenigen Verständigen, die noch hier und da vor Unglück und Schaden warnten. Die Belagerer gaben die in die Augen fallendsten Vortheile auf, und verschwendeten Zeit und Kräfte an Stellen, da statt des Siegs der Tod lauschte. Sie verschliefen die Nächte, und mit ihnen den Lohn der Wachsamkeit, und liessen am Tage vor jedem Stückschuß Trompeten und Pauken hören, damit man in der Festung genau wußte, in welcher Minute man etwas zu fürchten hatte, oder wenn man sicher seyn konnte. Der Brunnenthurm stand noch fest und hehr, ungeachtet Schaumburg, ein alter verständiger Kriegsheld, wohl Mittel gewußt hätte, ihn troß der kürzlich erhaltenen Beveftigung, binnen einer Stunde in Grund und Boden zu schiessen. — Bey und in allen war Schaumburgs falsche List würksam, die wir, ob sie gleich hier eine gute Sache zum Entzweck hatte, doch nicht mit redlichen Herzen billigen können.

In der Vestung ging alles ernst bedächtig still, und nach Kriegsgebrauch her. Die Aussichten waren gut, wenn man sich nur vor heimlicher Verrätherey hätte hüten können.

Da es sich mit der Hauptsache so wohl anließ, so vergaß Arimith auch nicht seine Nebengeschäfte zu treiben. Selims Angelegenheiten lagen ihm am Herzen; er wußte, daß er jetzt mit seinem gehofften und geglaubten Bruder unter einem Dache lebte, er hatte ihn bereits einige mahl gesehen, und er säumte nicht sich volles Einverständniß mit ihm zu verschaffen, um dem türkischen Prinzen, bey einer bevorstehenden Wanderung hinaus ins Freye, günstige Nachrichten von Kolonna oder Kalepin, oder wie man ihn nennen wollte, mit zu bringen.

Daß ein Mensch dieses Namens sich unter den kayserlichen Edelknaben befänd, hatte er schon durch Kronenburgen erfahren, aber die Schilderung, die dieser muthige junge Mensch von ihm machte, war nicht vortheilhaft. Er ist ein seltsames Geschöpf, sagte er, ein Mensch, den ich nie wohl leiden konnte, und der, wie es scheint, nicht die Kunst versteht, sich bey einem Einzigen auf der ganzen Burg beliebt zu machen, daher kommts vermuthlich, daß er, ungeachtet er vollkommen meine Jahre hat, und groß und gut

gut genug gewachsen ist, um ein Schwerd zu führen, sich's herzlich gern gefallen läßt, immer und ewig Page zu bleiben, wozu er bey seiner Nachläßigkeit im Dienst, doch so wenig taugt als zu irgend etwas in der Welt. Er scheut wie eine Eule den Tag, spricht selbst zum Kayser, der ihn liebt, nie anders als mit Zittern, und ist, wenn man ihm irgendwo unversehens ins Gesicht kommt, immer so betroffen, als hätte er ein Verbrechen begangen. Ein Freund der Weiber scheint er zu seyn; um die Kayserin und ihre Damen ist er gern, auch fehlt es ihm nicht an Aeusserlichen, um diesem Geschlecht zu gefallen, denn er ist schön, so schön als ich je eine unbeseelte Bildsäule sah, doch auch die Frauen finden keinen Geschmack an ihm.

So wie Kronenburg den jungen Kolonna geschildert hatte, so fand ihn Aximilh; es kostete Mühe den schönen Einsiedler, wie ihn die Spötter nannten, zum Stande zu bringen, und als dieses endlich gelang, als der kluge Rhascier Mittel wußte, sich nicht nur Gehör, sondern auch Aufmerksamkeit, Zutrauen und Offenherzigkeit zu ersiegen, welch Erstaunen! Welche Entdeckungen! doch wir dürfen der Geschichte nicht vorgreifen, die uns jetzt in andere Gegenden ruft.

———

Arimith hatte lang genug das Zutrauen des Kaysers genossen, lang genug in der Vestung gutes gestiftet, und damit den Verräthern Abbruch gethan, und ihre Plane eingeschränkt, um endlich ihre Tücke zu erfahren. Man fing bereits an, wegen Verzögerung der böhmischen Hülfe ihn hier und da verdächtig zu halten, der Kayser lieh den Gerüchten, die endlich auch zu ihm kamen, sein Ohr weit mehr als ihm, der die Treue des Rhasfiers schon erprobt hatte, zukam.

Der Kayser hatte ihn persönlich vorgenommen, und ihm Fragen vorgelegt, die kein unschuldiger Mann ohne Bestürzung anhören kann. Arimith rechtfertigte sich, aber alles was er sagte, trug zu sehr das Gepräg des Erstaunens und der Ueberraschung, um seine Schuldlosigkeit darzuthun. Man entließ ihn mit dem Bedeuten, daß man genau auf ihn merken, und bey dem nächsten Vorfall, der seine Treue verdächtig machte, so schnell gegen ihn verfahren würde, als es bey Gelegenheiten, wie die gegenwärtige, gewöhnlich und nöthig war.

Arimith dachte auf seine Unschuld trozzen, und den Zufall auffordern zu können, irgend ein Ereigniß zum Vorschein zu bringen, das einen verdächtigen Schatten auf seine Redlichkeit werfen könnte. Der Arme! wie wenig kannte er die Kunstgriffe der Bosheit, wie wenig wußte er, welch ein fruchtbares Saamenkorn der Argwohn ist: Regen und Sonnenschein, jedes Gewitter bringt es zum Aufgehen; es erfolge was da wolle, so ist man in seiner Meynung wider den, der uns einmal verdächtig gemacht ward, bestärkt.

Zwey schreckliche Begebnisse, die sich schier in einem Tage der Vestung zutrugen, wurden das Mittel, den armen Arimith gänzlich zu stürzen. Der Kayser besichtigte am zwanzigsten des Weinmonats in eigener Person den Vorrath des Pulvers, der anfing ziemlich gering zu werden. Ulrich von Werdenberg, der erst seit einigen Tagen durch Arimiths Vorsprach, an den er sich als einen Vielvermögenden gewendet hätte, zum nähern Dienst bey dem Kayser befördert worden war, begleitete seinen Herrn an den gefährlichen Ort, dessen Gefahren seiner Unwissenheit unbekannt waren. Er scherzte nach Knaben Art mit einer Zündruthe um die Behältnisse des Todes; nicht eine Haarbreit fehlte, und die fürchterlichste Explosion hätte den Knoten auf einmal gesprengt, Belagerte und Belagerer einander gleich gemacht, und das edelste Leben, das Leben des guten Friedrichs auf die kläglichste Art geendet. Friedrichs Gegenwart des Geistes war hier das Mittel der Rettung, und Ulrich von Werdenberg, der zu klug und erwachsen war, um für einen Sünder aus Unwissenheit genommen zu werden, wurde in Fesseln geschmiedet. In der nehmlichen Nacht gerieth der südliche Thurm, der fast den ganzen Proviantvorrath der Burg enthielt in Brand; man wußte nicht, wie das Unglück geschehen war, nur dies behauptete man, daß dicht an Arimiths Zimmern, die er in dieser Gegend bewohnte, die erste Flamme ausgebrochen wär.

Arimith sah das Verderben kommen; noch während die Glut wüthete, erhoben sich anklagende Stimmen wider ihn. Er half noch das Feuer löschen, das er angezündet haben sollte, und — verschwand denn, ohne daß man wissen könnte wohin, oder durch was für Mittel er dem Tode, den man ihm als einem über-

"wiesenen Verräther bereitet hatte, entgangen war.

Kolonna fand am Morgen nach dieser Schreckensnacht folgenden Brief auf seinem Fenster. Ein Bündel Röhren, fast wie die Halme der Flöte vom Berg Athos gestaltet, lag dabey. Wenn meine Leser sich die Mühe nehmen, das zu lesen was Arimith schrieb, so werden sie sich den Gebrauch, dazu sie bestimmt waren, zu erklären wissen.

———————

Arimith an Kolonna.

„Ich fliehe, Kolonna, und breche im Flie-
„hen die Fesseln des unschuldigen Werdenberg.
„Beydes, meine Flucht und seine Rettung, wer-
„den neue Ursachen meiner Verdammung wer-
„den. Meine Unschuld tröstet mich; bey dem
„vollen Gefühl derselben, als ein Verbrecher
„zu sterben, wär zu hart. Zwar bin ich alt ge-
„nug, um den Tod nicht zu scheuen, aber ich
„denke rühmlicher zu sterben, als unter dem
„Mordschwerd der Verleumdung, auch kann
„mein Leben noch nützlich seyn, selbst denen,
„die mich mit Undank von sich treiben. Ich
„gehe aus, die Ursach von dem Zögern der

„böhmischen Hülfe zu erforschen, und des Kay-
„sers Helfer schneller herbey zu bringen. Könnt
„ihr einen Einfluß auf das Beste der Bela-
„gerten haben, so merkt folgendes: Das
„Verkehr durch Kronenburgen mit den Treuen
„in der Stadt, welches, seit man mir nicht
„mehr verstatten wollte, persönliche Kundschaft
„von dorther zu holen, unterbrochen ward,
„muß auf irgend eine Weise wieder angespon-
„nen werden. Nachricht von Beschaffenheit
„der Sachen von aussen erhält Kolonna, und
„durch ihn der Kayser, vermittelst eines holen
„Pfeils, dergleichen man von meiner Hand,
„die ihr Ziel nicht leicht verfehlte, auf den süd-
„lichen Umgang der kayserlichen Zimmer ge-
„schossen, jeden Morgen erwarten kann. Be-
„sondere Nachrichten an Kolonna, über Din-
„ge, die mir und ihm bekannt sind, findet er
„allemahl des Abends auf der östlichen Zinne
„des nördlichen Thurms; an eben diesem Or-
„te kann er mir oder Selim Nachricht aus
„der Burg zufertigen. Hier sind ein paar
„Dutzend Pfeilröhren; Kolonna weis ja mit
„dem Bogen umzugehen, und wird sie zu ge-
„brauchen wissen. Lebt wohl, unglückli-
„ches Kind, rettet meine Unschuld, doch
„nicht auf Kosten Eurer Sicherheit, ihr
„seht an meinem Beyspiel, wie leicht es ist,

„auch den besten Menschen verdächtig zu
„werden!"

Thomas Arimith.

Nach Arimiths Flucht und Werdenbergs
Rettung, welche genau so ausgelegt wurde wie
er vorausgesehen hatte, gewann alles ein ge-
fährlicheres Ansehen, und auch dieses wurde
auf seine Rechnung geschrieben. Man mußte nicht, nach welcher Seite er entflohen war,
ob nach der Stadt, oder nach dem freyen Felde, und Kolonna, der Ueberhaupt das Gelübde des Schweigens zu haben schien, hielt es
nicht für gut, den Kayser entscheidend hierüber zu belehren. Friedrich erfuhr nur so viel,
als Arimith seinem jungen Freunde aufgetra-
gen hatte, ihm wissen zu lassen. Auf was
für Art dieser hiebey verfuhr, ohne genöthigt
zu seyn, den Brief des treuen Alten vorzuzei-
gen, der offenbar für keine fremden Augen geschrieben war, das ist uns unbekannt; es scheint,
es fehlte diesem blöden einsiedlerischen Geschöpf nicht an Verstand und Schlauigkeit,
sich auch aus schweren Dingen zu finden.

Ungeachtet der versprochenen Pfeilpost, ungeachtet man auch bereits die Erstlinge dersel-

ben, in einigen nicht unbedeutenden Nachrichten, diesen Morgen auf dem südlichen Umgange der kayserlichen Zimmer gefunden hatte, so beredete man sich doch, Aximith sey nicht nach der Gegend, woher man die böhmische Hülfe erwartete, sondern in die Stadt geflohen, um daselbst böse Anschläge, die man ihm, seiner in die Augen leuchtenden Unschuld zum Trotz, beymaß, ausführen zu helfen.

Die Stadt war in der That den nächsten Tag nach seiner Flucht, und den folgenden in ungewöhnlicher Unruhe. Man hatte Kronenburgs heimliches Einverständniß mit den Belagerten, und seine Tischspenden, die man schon seit einigen Tagen muthmaßte, entdeckt; es wär um das Leben des armen Jünglings gethan gewesen, der Pöbel würde ihn zerrissen haben, hätte ihn nicht Schaumburg, der, wie wir wissen, afektirte, auf der Seite des Volks zu seyn, und dadurch hier viel vermochte, ihn nicht durch sein Vorwort gerettet. Er zeigte, daß einige Milchbrode und Torten, dem kleinen Prinzen zu seiner Ergötzlichkeit zugefertigt, weder Vorrath gegen gemeiner Stadt Bestes wären, noch der im Schloß einbrechenden Hungersnoth, auf die man hoffte, grossen Einhalt thun würden; man ließ die Sache also hingehen, und weil das Volk würklich den jungen Maximilian liebte, und sich von ihm, wie von allen unmündigen Fürstensöhnen zu geschehen pflegt, grosse Hoffnungen machte, so wurden die Kronenburgischen Proviantschiffe von nun an noch reichlicher und leckerhafter gefüllt. Nur mit Maximilians Vater, und mit seinen bösen Räthen haben wir zu thun, schrie der tolle Haufen, nicht mit dem holden Prinzen, der Hoffnung des Vaterlands! Wir wünschten ihn zu erhalten, wenn alle andere umkommen müßten; man liefere ihn heute in unsere Hände, und man wird sehen, ob ihm besser im Schoos seines Volks, oder in den Armen seiner Mutter gerathen ist!

Auf diese Art erhielten die geheimen Speditionen in die kayserliche Küche nur die Abänderung, daß sie nicht mehr heimlich waren, und daß also auch alle Möglichkeit hinweg fiel, durch diesen Weg vertraute Nachrichten in die Burg zu befördern, woselbst man den Schaden von diesen Schweigern fühlte, und ihn ganz auf Aximiths Rechnung schrieb, den man nun einmal für treulos, und mitwürkend zu allen Bösen halten wollte. Bald sollten sich der Dinge noch mehr ereignen, die ihm zur Last gelegt wurden.

So gut die kronenburgischen Händel auch beygelegt waren, so hatten sie die Wiener doch aufmerksam gemacht; seit sie wußten, daß sie mit sehenden Augen betrogen werden konnten, beargwohnten sie alles. Das Feuer, das in jener Nacht in der Burg aufging, erregte die lebhafteste Unruhe. So ernstlich der Schade war, der den Belagerten durch dasselbe zuwuchs, denn die Mahlzeiten wurden seit dem durch die Flammen erlittenen, sehr beträchtlichen Verlust des Proviantes, täglich schmäler zugeschnitten, so hielten die Wiener doch die ganze Sache, um uns eines Worts der damahligen Zeit zu bedienen, für nichts als ein Spiegelfechten. Der flammende Thurm mußte ihnen ein Zeichen seyn, auswärtige Hülfe, deren man etwa gewärtig war, schneller herbey zu rufen, und da nun durch Rembrechts Hülfe würklich an diesem Tage kund ward, daß der König von Böhmen sich zur Befreyung des Kaysers rüste, so zitterte man bereits, die Burg gerettet, und alles ganz anders geendet zu sehen, als man wünschte. Daher der Auflauf, den man von den Zinnen der Burg in der Stadt bemerkte, daher das wüste Geschrey, und das Toben der rasenden Menge, und daher endlich das Unglück, das weder

Schaumburg noch irgend einer von den Gewogenen des Kaysers abwenden konnte.

Noch war man bey den Angriffen der Burg schonend verfahren, man wollte mehr schrecken als schaden. Gütliche Vergleiche, Zugeständniß einiger schweren Forderungen, wollte man eigentlich nur vom Kayser erzwingen; das Verderben gönnte man allenfalls einigen gehaßten Ministern, und seine Person blieb dem Volke mitten im Aufruhr immer noch einigermaßen heilig. Jetzt schwanden alle günstige Rücksichten hin. Ein Fürst, der auswärtige Hülfe gegen sein Volk herein rief, verdiente, so meynten sie, nicht mehr, daß man ihn schone. Wie würksam der Beytritt des tapfern Königs von Böhmen zu Friedrichs Vesten seyn würde, weshalb sie nun jeden erarbeiteten und ertrotzten Vortheil verlieren, wie schnell die belagerte Burg gerettet, und alles so schlimm seyn würde, als vorhin, das lag ihnen am Tage. Schon sahen sie Wien von den Böhmen so beängstet, als sie bisher den Kayser in seiner Burg beängstet hatten, schon war ihnen der Vater des Volks ganz in einen Despoten verwandelt, und mit diesen Vorstellungen riß jedes Band, welches den tollen Haufen noch einiger Maßen in den Schranken der Mäßigung gehalten hatte.

Man wollte siegen, heute noch siegen, ehe der auswärtige Feind der Sache eine andere Wendung gab. Alles Geschütz ward auf die kayserlichen Wohnzimmer gerichtet; dieser Flügel der Burg mußte in Feuer aufgehen, ehe der Mittag anbrach. Die Liebe, die das Volk für die tugendhafte Kayserin hegte, und Maximilians hülflose Unschuld kam nicht in Erwegung, und kaum konnte Schaumburg Mittel finden, ehe alles verloren war, einen fliegenden Zettel über die Mauer zu befördern, auf welchen er selbst mit zitternder Hand einige Warnungsworte geschrieben hatte.

Die Wache des Brunnens fand das Blatt an einen sechspfündigen Stein gebunden, den man, niemand wußte wie, über die himmelhohe Zinne herübergeschleudert hatte, in der kronenburgischen Ecke. Es ward zu der Kayserin gebracht; Sie las die fast unleserlichen Worte: Eilige Flucht nach den unterirrdischen Gewölbern! und sprang auf nach ihrem Sohne zu rufen. Im nemlichen Augenblicke trat der Kayser herein.

Kommt, meine Liebe, sagte er, indem er sie bey der Hand nahm, mit dem gelassenen Anstande, der ihn nie verließ, kommt, hier wird bald nicht mehr gut Verweilen seyn. O, mein Kind! schrie Eleonore, wo ist mein Kind! wo ist Maximilian!

Er ist bereits geborgen: Kolonna, welcher, ich weis nicht wie, gewarnt worden ist, brachte mir die erste Nachricht von dem Vorhaben meiner treulosen Unterthanen, und eilte mit dem Knaben auf seinen Armen voraus, an den Ort der Sicherheit.

Und wohin? schrie die Kayserin, die sich in allen Sälen und Gallerien, über die sie während dieses Gesprächs eilten, nach ihrem Liebling umsah.

Nach dem nördlichen Thurm, erwiederte Friedrich, dort werdet ihr Maximilian, und den treuen Kolonna finden.

O nicht, nicht nach dem Thurm! rief Eleonore mit gerungenen Händen, hinab in die Tiefe! Der treue Kolonna? wißt ihr, ob er treu ist? — Traut ihr ihm mehr als Schaumburgen? Hier, hier ist seine Hand! Hinab an den Sicherheitsort, den er uns anweist.

Friedrich las, was Schaumburg geschrieben hatte, und sein Entschluß änderte sich.

Eilig abgesandte Boten brachten den jungen Prinzen aus Kolonnas Armen zurück, man stieg hinab in die tiefen Schloßkeller, und hörte im Hinabsteigen das erste Gebrüll des feindlichen Geschützes, welches die Nothwendigkeit schleuniger Flucht bestättigte.

Friedrich verließ seine halb ohnmächtige Gemahlin, um oben in der Burg dem Verderben zu steuern. Nachrichten kamen stündlich hinab in die unterirrdischen Hallen, ach keine guten Nachrichten waren es! Die ganze Vorderseite der kayserlichen Gemächer, die man eben verlassen hatte, war zerstört. Kaum konnte das Feuer gedämpft werden. Die Anstalten waren gut. Genetzte Thierhäute schützten die Gebäude, welche noch unversehrt waren. Die Schloßbrunnen, welche bisher alle gestockt hatten, gaben auf einmal alle reichlich Wasser, vermuthlich durch irgend eine hülfreiche Hand in der Stadt, die die geheimen durch die Bosheit gehemmten Kunstwerke zu regieren wußte, aber konnte das in die Länge, bey der wachsenden Wuth der Belagerer aushalten? Der Kayser war verwundet durch ein einstürzendes Gesims. Angriffe von allen Seiten schwächten und zertheilten die kleine Mannschaft. Was wollten zwey hundert

Mann, und wären es die edelsten und tapfersten im Volke gewesen, was wollten sie gegen eine ganze Stadt voll rasender Feinde sagen! alles dieses ereignete sich, und noch immer ließ sich keine Hülfe sehen. Die Böhmen, die man schon seit mehreren Tagen erwarten konnte, kamen nicht; was mochte die Ursach ihres Säumens seyn?

———————

Unmöglich konnte man über dieses unbegreifliche Zögern in der Burg ängstiger seyn, als Arimith es war. Er hatte der Ursachen mehr als eine, die hülfreichen Böhmen herbeyzuwünschen. Rettung der Belagerten, für die sein gutes so schändlich verkanntes Herz blutete, Rechtfertigung seiner Unschuld lag in ihrer Annäherung, und ach, noch vielmehr als dieses. War nicht Selim der Anführer des kommenden Heers? Daß Viktorin durch Krankheit zurückgehalten, ihm das Kommando übertragen hatte, erfuhr er schon in der Burg durch geheime Botschaft, aber wo blieb der sonst so eilige Selim? was hielt ihn auf? Ach hätte Arimith gewußt, was diesem unglücklichen Prinzen unterweges für Fallstricke gelegt worden waren, wie schändlich man ihn berückt hatte, er würde noch mehr, um ihn gesorgt haben, und dadurch ganz unfähig gemacht worden seyn, die Pflichten, die er sich selbst aufgelegt hatte, zu erfüllen.

Nachläßig war er schon in denselben, erst ein einziges Mahl hatte er die Burg mit einem holen Pfeile beschenkt, es war als merkte er, wie wenig dort seine Nachrichten, da man ihn für falsch hielt, geachtet wurden, auch hatte er nichts besonders zu berichten, denn die böhmische Hülfe, auf welche hier alles ankam, war und blieb fern, gleich; als ob Prag tausend Meilen von Wien entlegen wär.

Arimith entschloß sich den jungen Werdenberg, der mit ihm über die Mauer geflohen war, in die Stadt auf Kundschaft zu schicken, und nach dem, was er von dort aus erfuhr, zu urtheilen, ob es rathsam sey sich zu entfernen, und den Böhmen entgegen zu gehen. Werdenberg brachte aus Wien die schreckliche Nachricht zurück, die, wie wir gesehen haben, Schaumburg schon den Belagerten zugefertigt hatte, und Arimith eilte, die schon Gewarnten auch seiner Seits auf die eindrängende Gefahr aufmerksam zu ma-

machen. In dem nehmlichen Augenblicke, da man der Kayserin Schaumburgs Zettel brachte, hatte Kolonna auf dem nördlichen Thurm, wo er immer nach Nachricht von Arimith spähte, ohne noch eine erhalten zu haben, einen holen Pfeil gefunden, und war mit demselben zum Kayser geeilt. Kolonna flog von ihm in die Zimmer der Damen, den jungen Prinzen zu retten, er nahm ihn auf seine Arme, und brachte ihn nach dem Orte, den er für den sichersten hielt, aber wie wir gesehen haben, so dauerte es nicht lange, bis man ihm den Knaben wieder abforderte, ihn an einen festern Zufluchtsort zu bringen, ohne den jungen Menschen, wie sich wohl gebühret hätte, einzuladen, diese Sicherheit mit seinen Geretteten zu theilen. Es war offenbar, daß auch er in die Zahl derersenigen gehörte, auf welche man, in der gegenwärtigen Unruh, ein verdachtvolles Auge warf, und man denke sich, in was für einer Verfassung, mit solchem Argwohn belastet, von allen verlassen, er auf einer Stelle zurück blieb, wo er mit jeder Minute besorgen mußte, dem Verderben zur Beute zu werden.

Man hatte Recht; der Ort, den Kolonna zu seiner Zuflucht gewählt hatte, blieb nicht lang sicher, zwar lag er von der Stadt abwärts nach dem freyen Felde zu, zwar deckten ihn einige Mauern, aber als diese von den Feuerschlünden der Feinde zerstört wurden, als Angriffe von allen Seiten, kaum eine einige Stelle übrig ließen, wo man hätte sagen können: ich habe nichts zu fürchten, da überzeugte sich der arme Jüngling von seiner schlechten Wahl, und dankte Gott, daß er der einzige war, der durch dieselbe litt, und daß er nicht noch mehrere, nicht Personen von der höchsten Wichtigkeit, mit sich ins Verderben gezogen hatte.

Ernst und Eifer sind die größten Wunderthäter. Die Belagerer der Burg waren jetzt auf dem Wege, ihren Endzweck nur allzuglücklich zu erreichen, besonders, da der milde Kayser Bedenken trug, alle Vertheidigungsmittel gegen sie zu gebrauchen, welche das Recht des Kriegs und der Selbsterhaltung erlaubt machte.

Friedrich war hinunter in die unterirrdischen Gewölber gestiegen, seine Gemahlin und seinen Sohn zu sehen, auf einige Augenblicke sich zu erholen, und seine Wunden verbinden zu lassen. Günstige Nachrichten hoffte man von ihm, er hatte sie nicht. Eleonore verschluckte ihre Thränen, und winkte dem kleinen Maximilian sich gleichfalls fest zu halten, damit der bekümmerte Fürst nicht noch mehr gebeugt würde.

Aber, fing der kleine Prinz nach einem langen Stillschweigen halb schluchzend an, aber, mein Vater, ich möchte nur wissen, was diese Leute von uns wollen, und was sie beginnen würden, wenn sie uns in ihre Gewalt bekämen?

Das weis ich nicht, mein Kind, versetzte der verlassene Kayser, nur das ist mir bewußt, was ich thun würde, wenn mir das Glück den Vortheil in die Hand gäb!

Ich weis es auch wohl, lächelte Maximilian unter den Thränen.

Und was?

Ihnen verzeihen!

Eleonore schloß den ihrer so würdigen Sohn in ihre Arme, und der Kayser wurde an der Antwort, die ihm auf den Lippen schwebte, durch den Eintritt eines alten treuen Dieners verhindert, welcher Dinge von der Wichtigkeit anzubringen zu haben schien.

Es war der alte Büchsenmeister Zinkendorf, wie man ihn nach seinem Amte, das heut zu Tage einen höhern Namen führt, zu nennen pflegte. Er war ein Mann, den Klugheit, Erfahrenheit, und besonders redliche Treue gegen seinen Herrn vor tausend andern auszeichnete. Schon bey dem ersten Sturm, der fast allein durch seine guten Anstalten glücklich abgeschlagen worden war, hatte er sich berühmt gemacht, und daß es bey den folgenden, besonders bey dem letzten fürchterlichen Angriff, der die kayserliche Familie hausflüchtig gemacht hatte, nicht eben so erging, das war nicht seine Schuld; sondern die Folge von des Kaysers strengen Befehlen, die ihm in vieler Betrachtung die Hände banden.

Gnädiger Herr, sagte er jetzt, als er vor den Kayser trat, ich habe Euch einen Vortrag zu thun, den ihr billigen müßt, wenn ihr nicht entschlossen seyd, Euren, und den Untergang aller, die Euch lieb sind, in den nächsten Stunden zu sehen.

Gut, Alter! Wie stehts oben in der Burg?

Schlecht, gnädiger Kayser, und mit jedem Augenblick schlechter. Zwar ist das neuaufgehende Feuer gelöscht, aber uns droht eine nene Salve, die, da sie auf eine' der schwächsten Gegenden der Mauer gerichtet ist, den Feind noch vor Abends zum Sieger machen muß.

Aber, mein Gott, was macht Schaumburg? und was hilft uns seine Gegenwart bey den Rebellen, wenn er dieses nicht hindert?

Schaumburg, so lauten vertraute Nachrichten aus der Stadt, ist seit der Warnung von diesem Morgen, die man entdeckt hat, dem Pöbel verdächtig geworden. Er befindet sich in strenger Haft in Holzers Hause.

Der Kayser ging einige Minuten unruhig auf und ab. — Euer Vorschlag, Zinkendorf! — rief er endlich.

Mein Vorschlag ist so, daß er das Verderben auf einmahl von uns wenden, und Unglück und Verwirrung über die mörderische Stadt, die ihren Vater verfolgt, verbreiten muß. Wir haben in einem verborgenen Magazin eine ungeheure Menge Pechkränze und andere Feuermaterialien gefunden. Die Maschienen, sie in einem glühenden Regen über die Stadt zu schleudern, stehen schon gerüstet, ein Wort von meinem gnädigen Herrn, und — — —

Hm, Zinkendorf, rief der Kayser mit einem unwilligen Lächeln, einem gnädigen Herrn, wie ihr mich nennt, ein solcher Vorschlag?

Man könnte auch hierbey Schonung brauchen. Nicht die Hütten der Armen, nur die Palläste der Reichen, nur einige Hauptgebäude, damit die instehende Gefahr von uns gekehrt, und die Geschäftigkeit unserer Feinde auf eine andere Seite gelenkt würde.

Ich will Euch nicht antworten, Alter, sagte Friedrich, indem er seinen kleinen Sohn, der horchend neben ihm stand, näher zu sich zog; dieses Kind, dieser achtjährige Knabe mag es thun. Maximilian, du hast gehört was Zinkendorf sagte, was ist deine Meynung?

Was wird denn geschehen, mein Vater, wenn Zinkendorf das Wesen mit dem Feuerschleudern vornimmt?

Kleinigkeit, mein Kind! Einige hundert in Asche gelegte Häuser, einige hundert verstümmelte oder getödete Menschen, weiter nichts.

O Gott! schrie der junge Prinz mit zusammengeschlagenen Händen. Nein, guter Meister Zinkendorf, nicht Eure Pechkränze!

Nicht Eure Feuerschleudern! diese armen Leute dürfen nicht sterben.

Aber, mein Prinz, sagte der Alte, der sich zu dem Knaben, welcher jetzt seine Hand bittend angefaßt hatte, herabbeugte. Diese armen Leute sind die Feinde Eures Vaters und Eurer Mutter; das Unglück, das ihr ihnen zuzufügen Bedenken tragt, werden sie ohne Erbarmen über sie und Euch ausströmen; sie werden — —

Sie werden nicht! fiel der Knabe ein. Kronenburg hat mir oft gesagt, daß mich das Volk liebt! Führet mich auf die Zinne; ich will mit ihnen reden, ich will ihnen verweisen, daß sie meine Eltern und mich so grimmig verfolgen. Was gilts, dies wird fruchten, und morgen sind wir frey! O, daß ich nicht längst dieses Mittel erwählte, meinen Vater zu retten!

Zinkendorf, welchem die Thränen in die Augen traten, fing eben an dem kleinen Prinzen, der ihn unabläßig an der Hand zog und zum Fortgehen antrieb, die Gefahren des Orts, an den er geführt seyn wollte, zu schildern, als Botschaft aus der Vestung herabkam, welche die Scene endigte, in die sich Friedrich und Eleonore, so sehr sie auch durch dieselbe gerührt waren, nicht mit einem

Worte mischte. Sie war eine merkwürdige
Probe von dem, was sie einst von ihrem
Sohn zu erwarten hatten. Es war, als scheu-
ten sie sich, dem herrlichen Schauspiel, das
dieses Kind vor ihnen aufführte, durch die
nöhtige Einrede zu schnell ein Ende zu machen.

———————

Die Botschaft, welche in die Tiefe hinab kam, war von ganz anderer Art, als sie
Zinkendorf gebracht hatte. Alle Dinge hatten fast im Augenblick eine andere Wendung
bekommen. Das Stürmen, welches von
Anbruch des Tages bis auf diese Stunde
ununterbrochen fortgedauert hatte, ward auf
einmal abgebrochen. Die Feuerschlünde wurden von ihrem Ziel abgelenkt. Das Volk
zerstreute sich. In dem äussersten der drey
Burghöfe, welcher nach der Stadt führte,
war das wachsende Getümmel, und das Geschrey unzähliger Stimmen merklich; aber
was man hörte, war ganz ein anderer Laut,
als das Jauchzen über die nahe Eroberung
der Burg, das man am Morgen und dem
Tag über vernommen hatte. Von den Thürmen nahm man wahr, wie das Volk mit Un-

gestüst zu den Thoren hinaus strömte. Alles was Waffen trug, zog dieses Weges, und der unbewehrte Pöbel folgte in wilder Unordnung hintennach. Es war offenbar, daß man von auſſen eines Feindes gewärtig war; welches? durfte man nicht erst fragen, und die Schauer stiegen von den Zinnen herab, um unten in der Burg mit voller Jubelstimme auszurufen: Die Böhmen kommen! Die Böhmen!

So war denn die Burg befreyt, ohne Finkendorfs grausames Mittel! doch über volle Befreyung durfte man noch nicht triumphiren. Zwar war es würklich andem, daß die Wiener ein Gerücht von der Nähe der böhmischen Hülfe vernommen, und für ihre Weinlese besorgt, geeilt hatten, den Feind mit gewaffneter Hand entfernt zu halten, aber so verblendet waren sie nicht, daß sie, um dort zu siegen, den hier erlangten Vortheil ganz hätten in die Schanze schlagen sollen. Die Burg war und blieb belagert, nur vor innestehenden feindlichen Anfällen schien man vor der Hand sicher zu seyn, und es ließ sich an, als würde man diese Nacht sicher schlafen können!

O, mein Kind, rief Maximilians fromme Mutter, indem sie ihren Liebling in die Arme schloß. Wirst du aus dieser glücklichen Wendung unserer Sache lernen, daß die Vorsicht unsers Arms zu unserer Rettung eben nicht bedürftig ist? Wie, wenn nun Zinkendorf, der es übrigens gut gemeint haben mag, seinen schrecklichen Vorsatz ausgeführt; wie, wenn nun dein Vater, und du in das Verderben unschuldiger Menschen hätten willigen können? verdienten wir denn wohl das Glück, das uns der Himmel schickt? O laß, laß dirs eine Regel seyn auf Lebenszeit: Lieber umkommen, als seine Rettung, sein Glück, auf böse, oder auch nur schimpfliche Mittel bauen.

Der Kleine hörte den Lehren der guten Mutter aufmerksamer zu, als jeder andere Knabe von seinem Alter gethan haben würde, sie waren es vielleicht, die ihn in der Folge, bey tausend Verwickelungen eines verhängnißvollen Lebens vor Augen schwebten, und ihn immer gut und groß handeln lehrten, sie waren es vielleicht, die ihn in seiner Gefangenschaft zu Brugg abhielten, sich seine Freyheit durch niedrige Mittel zu erkaufen, oder da Rache zu üben, da Gelegenheit und Recht zur Rache in seiner Hand war.

Doch wir gehen von Maximilian ab, und wenden uns zu Personen, deren Schicksal unserer Geschichte näher liegt.

―――――――

Als der Kayser ein wenig frey Athem zu holen begann, als er all die Anstalten getroffen hatte, welche die Lage der Sachen erforderte, da sammlete er all die Seinen, wie ein guter Vater um sich her, um zu sehen, welcher seiner Hülfe bedurfte, oder wer an diesem heissen Tage gefallen war. Es wurde niemand gemißt als Kolonna; der Kayser interessirte sich besonders für ihn, und seine Nachfrage war also sehr angelegentlich und dringend.

Kolonna hatte, wenn auch keine Feinde in der Burg, doch wegen seines scheuen einsiedlerischen Wesens, das manche für Stolz auslegten, wenig Freunde, als den Kayser, dem er wenigstens unter dem Namen eines türkischen Prinzen wichtig war. Man antwortete Friedrichen, er sey den ganzen Tag nicht gesehen worden, und es sey wahrscheinlich, daß er, wie bekannt, ein sehr warmer Freund des verrätherischen Aximith, eben den Weg aus der Burg würde zu finden gewußt haben, den jener genommen habe, um sich der gerechten Strafe seiner Thaten zu entziehen. Der Kayser besann sich, daß der junge Mensch diesen Morgen die erste Warnung von der Gefahr gebracht, und sich der Rettung des kleinen Prinzen besonders angenommen habe. Kolonnens Ungünstige brauchten diesen Umstand, den Friedrich zu seiner Vertheidigung anführte, den armen Jüngling noch verdächtiger zu machen. Ihnen schien es wahrscheinlich, daß er sich der Person des jungen Maximilians nur darum bemächtigt habe, damit er ihn den Feinden in die Hände spielen möchte, die an ihm ein gutes Unterpfand gehabt haben würden, alles vom Kayser zu erlangen. Von einem Abkömmling des Erbfeindes, meynten sie, ließ sich nichts anders erwarten.

Friedrich sahe selbst ein, daß der Ort, den Kolonna zur Zuflucht angegeben hatte, äusserst sonderbar gewählt war; der Thurm, auf welchen er den Prinzen gebracht hatte, welchen man ihm, wie wir gesehen haben, bald genug wieder entriß, war durch das feindliche Geschütz fast zerstört, alle Mauern, die mit ihm zusammenhingen, lagen in Asche und Trümmern, man hatte ihn nur bestehgen können, um ihn augenblicklich wieder zu verlassen. Daß Kolonna sich jetzt noch auf demselben befinden sollte, war unmöglich, und seine Flucht, seine vorher beabsichtete Flucht über die Mauer also so gut als erwiesen.

Gleichwohl befand sich dieser unglückliche Jüngling noch würklich daselbst, und wer faßt die Schrecken, die er an diesem fürchterlichen Tage daselbst ausgestanden hatte!

Man stelle sich die alte kayserliche Burg, in welcher Kayser Friedrich von seinen rebellischen Unterthanen belagert wurde, nicht als die gegenwärtige vor; so viel Züge des grauen Alterthums auch verschiedene Theile derselben noch tragen mögen, so hat die Zeit doch hier gar viel geändert, und Raum, Umkreis und Einrichtung ist nicht im kleinsten mehr das, was es ehemahls war. Wahrscheinlich dehnte sich die alte Veste auf einer Seite weiter aus, als jetzt, so wie sie gegenwärtig auf der andern, vielleicht manche Erweiterung bekommen haben mag. Von dem Thurm, der dem armen Kolonna zur Zuflucht gedient hatte, und der jetzt zu seinem Kerker ward, ist vielleicht gegenwärtig kein Stein mehr vorhanden; er stand in einem abgelegen Hofe, der wenig besucht wurde. Die

Mauern, die ihn im Dreyeck umzogen, enthielten nächst den Stiegen, die zum Thurme führten, nichts als öde Gallerien, die man ohne äussersten Nothfall nie betrat, und sie so geflissentlich vermied, als wären sie, — wovon wir nichts gewisses zu sagen wissen — wegen Geistererscheinungen verdächtig. Der größte Theil dieser alten Steinmassen war an diesem schrecklichen Tage zerstört worden. Eine Weile hatten hier die Flammen gewüthet, die denn durch das einstürzende Gemäuer von selbst gedämpft worden waren. Was nicht verbrannt war, war verschüttet, unter andern auch die Stiegen. Der Thurm stand, durch seine Vestigkeit oder den Zufall erhalten, allein von allen andern Gebäuden isolirt da, und hatte Kolonna nicht Muth, sich durch einen verwegenen Sprung auf einen der Schutthaufen frey zu machen, so war er hier ein Gefangner auf Lebenszeit, die zum Glück, wenn alles so blieb wie es war, sich nicht allzulang ausdehnen konnte.

Kolonna glaubte, es gebe zwischen diesen beyden schrecklichen Extremen ein Mittel; er übte seine Lunge den Rest dieses Tages, und die ganze Nacht, die nächste Schildwacht, die weit genug entfernt war, durch sein Geschrey aufmerksam zu machen, aber es ist zweifelhaft, ob er gehört oder verstanden ward. Es war, so berichtete die Sage, nichts neues, aus diesem verrufenen Theil der Burg klagende oder neckende Stimmen zu hören, die den, der auf sie achtete, zu Unglück und Schrecken leiteten.

Kolonna überzeugte sich nach und nach, daß hier keine Rettung sey, daß er hier umkommen müsse, wenn nicht ein günstiger Zufall ihm zu Hülfe kam. Er ergab sich der Verzweiflung. Es ist schrecklich, in einer menschenleeren Einöde verderben, noch schrecklicher, Lebende um sich wissen und hören, und nichts von ihrer Hülfe erwarten dürfen. Der nächste Feind, dem der arme Gefangene hier erliegen mußte, war der Hunger. Zwar hatten einige der Edelknaben, die den kleinen Prinzen diesen Morgen hieher begleitet hatten, und die vielleicht mit seiner guten Eßlust so bekannt waren, als Kronenburg, etwas von Erfrischungen mit gebracht, das Kolonna noch auf einem Tisch im Vorzimmer stehen fand, aber wie lange konnte das wiederhalten? — Für den gegenwärtigen Augenblick, benahm die Angst zwar dem unschuldigen Gefangenen allen Apetit, aber die Natur behauptet immer ihre Rechte.

Kolonna ging ängstlich auf dem Umgange des Thurms hin und her, ging eben so ängstlich wieder hinein in das Innere, und verwünschte den Einfall, hier seine Zuflucht zu suchen, wie auch die Thorheit, daß er denen, welche den Prinzen abzuholen kamen, nicht ungefordert gefolgt war. Er mußte keine Ursach seines Verfahrens anzugeben, als daß dieser Theil der Zinne eben derjenige war, wohin ihm Arimith Nachricht von auſſen zuzuschieſſen versprochen hatte. Wunsch, diesem Orte immer nah zu seyn, und sich und denen, die seine Gefährthen gewesen wären, durch Hülfe des treuen Rhasciers, Gelegenheit zur Flucht nach dem freyen Felde zu verschaffen, war vielleicht der Grund seiner Wahl gewesen, die jetzt so unglücklich für ihn ausschlug. — Hoffnung auf diesen Arimith hätte ihn jetzt trösten können, aber wir wissen nicht, ob seine Seele sich an diese schwache Stütze hielt. Arimith hatte des vorigen Tages zuerst sein Versprechen gehalten, sollte der Zwischenraum bis zur nächsten Nachricht so lang seyn, als von dem Versprechen bis zur ersten Erfüllung, so war Kolonna verloren; sich mehrere Tage, sich Wochenlang hier zu halten, war unmöglich!

Der arme Jüngling arbeitete heute den ganzen Tag, ein grosses Leilach, das er hier irgendwo gefunden, auf der obersten Zinne, die er mühsam erstiegen hatte, so zu befestigen, daß sein Wallen und Wehen in dem Vordertheil der Burg vielleicht Aufmerksamkeit erregen, und ihm Hülfe verschaffen konnte; vergebliche Mühe! Sollte man es auch gewahr werden, so war die Auslegung, die man von diesem Gesicht machen würde, noch sehr zweifelhaft.

Während Kolonna sich hier unnöthig bemühte, hatte er auf der andern Seite würkliche Rettung versäumt. — Er fand im Hinabsteigen einen Brief von Arimith, der diesen Augenblick erst gefallen seyn konnte; er glaubte den Schützen noch in der Ferne über das Feld eilen zu sehen, er schrie, er winkte, er wand die Hände! umsonst, er ward nicht gehört, und sahe sich so hülflos als vorhin.

Endlich erholte er sich, den in dem Pfeil verborgenen Brief zu lesen, und, o welche Nachricht! war es doch, als wenn ihm der Himmel jede Aussicht verschliessen wollte, um ihm ganz zur Verzweiflung zu bringen. Hier ist, was Kolonna fand.

Azimith an Kolonna.

„Traure, du gute Seele, traure um dei„nen Selim. Den Vortrab der böhmischen „Hülfsvölker habe ich erreicht, aber Nachricht „von ihm nicht gefunden. Gott weis, welcher „Unfall, oder welche Unvorsichtigkeit ihn von „dem Heer, das seiner Anführung vertraut war, „entfernt hat! Die Soldaten schäumen und „toben wider ihn, und nennen ihn Verräther, „auf seine Abwesenheit wird, und das mit vol„lem Recht, die Niederlage geschoben, welche „die Böhmen in den Weinbergen erlitten ha„ben! Ich muß mehr hievon wissen, es ist un„möglich, daß Selim ein Verräther sey! —

„Ich bin nur zurückgekehrt, um durch „Euch, denen in der Festung wissen zu lassen, „daß sie sich nicht zuviel von der böhmischen „Hülfsarmee versprechen. Ja, wenn Wiktorin „oder Selim sie an den Feind führte! Aber „ihre Stellvertreter sind durch Zorn des Him„mels Leute ohne Kopf und Herz! Man kann „hier auf nichts gewissers, als auf neue Nach„richt von der Niederlage der Böhmen, und „neue Stürme rechnen. „Lebt wohl, Kolonna, „und rechnet so bald nicht auf die Rückkunft „Eures vertrauten Azimith."

Ists nicht zuviel, den armen Jüngling, der von allen verlassen ist, nun ebenfalls zu verlassen, und uns von ihm zu denen zu wenden, die weder von ihm wußten noch um ihn sorgten? Gleichwohl erfordert es gegenwärtige der Sachen Beschaffenheit, daß wir also verfahren. Es ist billig, daß wir den Belagerten und ihren Belagerern noch einige Augenblicke schenken, da wir uns bald gänzlich von ihnen trennen werden, um uns nur mit dem zu beschäftigen, welcher keine der kleinsten Rollen im Verfolg dieser Geschichte spielen wird.

Was Arimith schrieb, und Kolonna den Belagerten nicht zu wissen thun konnte, traf nur allzupünktlich ein: Die Wiener kamen des andern Tages als Sieger der Böhmen zurück, und mit dem Zustand der Westung war es bald wieder das nehmliche, nur ward derselbe dadurch noch gefährlicher als zuvor, daß die Schaumburgischen Nachrichten, und die Kronenburgischen Spenden ganz abgeschnitten waren. Jetzt wär dem armen kleinen Maximilian eine Beysteuer zur Mahlzeit nöthiger gewesen, als vorhin. Trockene Erbsen, und nichts als trockene Erbsen kamen jetzt auf die kayserliche Tafel, der verwöhnte Prinz klagte nicht mehr über das, was sich selbst seine königlichen Eltern gefallen lassen mußten.

Der arme Kronenburg befand sich so wohl, als die Gesandten, in Holzers Haft. Dieser Verräther, dem es um nichts, als den Untergang seines Herrn zu thun war, war sinnreich, die Freunde desselben auszuspähen und ausser Würkung zu setzen, und seine Feinde wider ihn aufzuwiegeln; in Ansehung des letztern glückte es ihm bey niemand schlechter, als bey Fraunauern, Friedrich Zengers Schwiegersohn, der, wie wir schon einmahl erwehnt haben, bey einer gerechten Sache, einen sehr ungünstigen Urtheilsspruch vor dem kayserlichen Thron erhalten hätte, und also wohl Friedrichs Feind hätte seyn können.

Fraunauer, ungeachtet er sich eigentlich zu den Leuten Herzog Albrechts zählte, und also auch aus diesem Grunde auf dessen Seite gegen den Kayser hätte seyn sollen, wählte doch lieber die Stadt zu verlassen, als sich feindlich gegen den bedrängten Fürsten zu erklären.

An selbigem Tage ward ein Brief auf der Burgzinne gefunden, welcher bewies, daß auch andere ausser Aximith, mit der fliegenden Post umzugehen wußten. Er enthielt folgendes:

"Fraunauer ist streitig mit dem Kayser um Hab und Gut; sein Leib, Ehr und Leben ist ihm heilig, derhalben sey er von mir gewarnt: Die böhmische Hülfe ist nahe, nicht die Verzagten, welche gestern von den schwachen Wienern geschlagen wurden, nein, ein schönes Volk von König Georgen und seinem Sohn persönlich angeführt. Ein Feuerzeichen im freyen Felde giebt der Burg das Signal von der Ankunft ihrer Retter; aber bis dahin ist grosse Gefahr: Herzog Albrecht, von dem Volke wider Holzers Wüthen hereingerufen, ist vor der Thür. Daß der Kayser an vielen auswärtigen Fürsten Freunde hat, daß der Bischoff von Gurck, und der Markgraf von Brandenburg für ihn reden und schreiben, mag ihm nicht helfen, auch schützen ihn nicht die eisenfesten Mauern seiner Burg; an einer Seite sind sie schon gefallen, an der andern werden sie von heimlicher Arglist untermühlt, auch lauscht in verborgenen Mienen der Tod. Wird die Gefahr dringend, so stecke man das Zeichen hoher Noth in brennenden Fackeln auf der höchsten Zinne des Kayserthurms aus. Fraunauer wird sorgen, daß der König von Böhmen dieses Zeichen verstehe, und die Hülfe beschleunige."

―――――

Fraunauers Brief bewies sich wörtlich als wahr. Herzog Albrecht hielt noch am nehmlichen Tage seinen Einzug in Wien, der Kayser hatte wenig Stunden nach seinem Eintreffen die Kriegserklärung von seinem Bruder in der Burg, und nun erst gewann die Belagerung ein ernstliches Ansehen.

Albrecht schonte ein wenig das Feuer, aber mit klugen Sturmanstalten und heimlicher List trat er dem Kayser desto näher. Alle Edle und Grafen, die er mit sich hatte, sagten Friedrichen ab; auf Leib und Leben, selbst ein paar Schaumburge waren unter diesen erklärten Kayserfeinden. Nach Fraunauern ward gefragt, aber er hatte schon die Stadt verlassen, man sorgte nicht sehr um ihn, denn man hielt ihn für Friedrichs Todfeind, und ahndete nichts von der großmüthigen Warnung, die dieser durch ihn erhalten hatte.

Es fand sich, daß man leider derselben in allen Theilen zu trauen hatte. Man entdeckte noch diese Nacht die Stelle, wo die untergrabene Mauer sich bereits zu senken begann. Zinkendorf, immer Feuer und Flamme im Dienst seines Herrn, stimmte auf schreckliche Gegenmittel, der sanftmüthige Kayser gebot blos die wühlenden Maulwürfe durch Rauch und Dampf zu schrecken. Die Feinde und die Vertheidiger der Burg stiessen in der abscheulichen Grube unter der Mauer zusammen. Ein blutiges Scharmützel erfolgte. Man konnte sich auf keiner Seite etwas angewinnen, und beschloß endlich, einander dieses Orts nicht mehr anzufechten; drauf zogen die Wiener, so pflegten sie immer, mit klingendem Spiel davon, als kämen sie von einer löblichen wohl ausgerichteten That.

Das Elend des armen Kolonna auf dem Hungerthurm, wie man den Schauplatz seines Jammers lange Zeit hernach noch nannte, erreichte die höchste Staffel. Die Verzweiflung, hier ohne Rettung verderben zu müssen, hätte allein schon seinen Tod beschleunigen können. Das was an Nahrungsmitteln durch einen Zufall vorhanden war, wollte so wenig sagen, war so untauglich zur Sättigung, daß es kaum diente, die Seele des armen Jünglings, in dem abgezehrten Körper zurück zu halten, doch genoß Kolonna, vielleicht aus irgend einer im Verborgenen lauschenden Hoffnung auf wunderbare Hülfe, so sparsam von diesen Dingen, daß er mehrere Tage damit ausreichte, und dabey wenigstens noch die Kraft zu athmen, und sich schwächlich von einer Stelle zur andern zu schleppen behielt.

Aximith war in der Zeit abermals an dem Burggraben gewesen, Post hinüber zu schiessen, und der arme Gefangene hatte ihn abermals verfehlt. Der Zettel, den er eines Morgens bey seinem matten Hervorschleichen fand, und den seine dunkelwerdenden Augen kaum noch lesen konnten, enthielt folgendes:

„Diese Nachricht für Euch allein, und für keinen andern! Wichtige Botschaft, gute Botschaft für die Belagerten, werde ich selbst durch einen neuentdeckten Weg über den südlichen Graben bringen; ich denke noch so manchen Beweis von meiner Redlichkeit, den ich diesen Leuten seither gegeben habe, und mit guter Zeitung im Munde, kann ich mich sicher zu ihnen wagen. Euch von diesen Dingen nur so viel: die böhmische Hülfe ist dem Kayser so nahe, als Euch Euer Selim.

Ja, gute Seele, er lebt, er wird in den nächsten Tagen hier seyn, um dir mit Pfeil und Bogen die Nachrichten von aussen zuzufertigen, die du nun, da ich dich bald zu sehen denke, von mir nicht mehr erhalten kannst. Ach, Kolonna! wie viel habe ich Euch von ihm zu sagen! wie seltsam hat das Glück mit diesem armen Prinzen gespielt! Ihr beklagenswürdigen Beyde, was soll aus Euch werden! Sein Glück am böhmischen Hofe ist dahin, er hat beschlossen, nach dem letzten Flecken, den seine Ehre unverschuldet erhalten hat, hinfort, weder König Georgen noch dem Kayser öffentlich zu dienen. Bey der bevorstehenden Befreyung des letzten noch gegenwärtig zu seyn, das kann er sich nicht versagen, aber er wird heimlich unter erborgten Namen das Schwerd führen. Die, welche ihn einmal verkennen konnten, sollen ihn nie wieder sehen. Es ist ihm hier im Grunde mehr um Euch, als um irgend etwas anders zu thun. Eure bedenkliche Lage am kayserlichen Hofe habe ich ihm geschildert, ohne ihm alles zu sagen. Ihr müßt suchen, Euch heimlich in seine Arme zu werfen, anders ist weder ihm noch Euch zu helfen. Wehe über Eure Nachläßigkeit, die uns jeder Nachricht von Euch beraubt! Habt Ihr auch nur einmal von den hohlen Pfeilen Gebrauch gemacht, die ich nicht ohne Ursach in Euren Händen ließ? ich will hoffen, daß kein Unglück hier im Spiele ist! Doch meine nahe Zukunft in die Burg wird alles aufklären."

———

"Kolonna machte diesen Brief mit seinen Thränen naß, was für Empfindungen ihm dieselben auspreßten, können meine Leser doch nur zum Theil errathen. Ein Gewirr von Gedanken, das auf die ersten Gefühle folgte, benahm dem armen verlassenen Geschöpf fast alles Bewußtseyn, es war hier so viel Neues, so viel unbegreifliches, so viel Stoff zum Nachdenken, daß wohl ein stärkerer Kopf hätte in Verwirrung gesetzt werden können.

Am Ende blieb die Vorstellung die lebhafteste, welche die meiste Verwandschaft mit Kolonnas gegenwärtigem Elend hatte, und einen Schein von Hoffnung in ihm aufdämmern ließ. Er wird kommen! sagte er leise zu sich selbst, Arimith wird kommen! er wird nach mir Verlassenen fragen! Vielleicht bringen ihn die Antworten, die er erhält, auf die rechte Spur, vielleicht ist Rettung noch möglich, Rettung durch ihn, den Einzigen, der mich ganz kennt. Mit diesen Worten richtete sich der junge Mensch mühsam auf, und schlich nach dem wenigen übrigen Vorrath seiner Lebensmittel. Er nahm in Hoffnung aufs Ungewisse, diesesmahl eine hinlänglichere Portion von Stärkung zu sich, und sagte sich dabey mit Zittern, daß er sich, durch diese Sättigung, welche er Schwelgerey nannte, vielleicht einen Tag seines Lebens abkürzte, indem er aufzehrte, was noch für mehrere bestimmt war; ein trauriger Gedanke, der ihm die wenige Erquickung verbitterte und unkräftig machte. Ganz ohne gute Würkung auf seinen körperlichen Zustand war sie indessen doch nicht. Kolonna, so wohl durch Schlaflosigkeit als durch Fasten entkräftet, konnte diese Nacht ruhen, und die Träume beglückten ihn mit Scenen, wie er sie wachend kaum hoffen konnte. Als er gestärkt erwachte, war sein erstes Geschäft, nochmalige und etwas bedächtigere Ueberlesung jenes Schreibens, und wie ward durch dieselbe der Eindruck verstärkt! Von Selims Unglück an, bis auf den Vorwurf wegen der Pfeile, alles eröfnete ihm neue Thränenquellen. Ach, seufzte er, hätte ich Pfeil und

Bogen bey mir gehabt, wär es denn wohl
so weit mit mir gekommen? wie leicht wär
mir es gewesen, mich durch Nachricht von
meinem Zustande hier oder dort hinaus zu
retten!

———

Arimith kam würklich durch den neu
entdeckten Weg in die Vestung, und die guten Nachrichten von der sehr nahen böhmischen Hülfe, welche der König und sein Sohn
diesmahl selbst anführten, verschaften ihm
günstige Aufnahme, ob man ihm schon, seiner weitläuftigen Rechtfertigung gegen alle
Anklagen ungeachtet, nicht ganz traute.
Seine erste Frage nach beendeten Haupt-
geschäften war nach Kolonna, man sagte
ihm mit argwöhnischen Blicken: von diesem
jungen Menschen würde er ohne Zweifel selbst
die beste Nachricht geben können, indem man
der gewissen Meynung sey, er müsse ihm
nachgereist seyn. Dies war also die Ursach
deines langen Stillschweigens, armes un-
schuldiges Geschöpf? sagte Arimith mit gerungenen Händen. Du bist nicht hier? bist
auch nicht bey mir oder Selim? o also ohne Zweifel auf der gefährlichen Flucht über

die Mauer umgekommen, oder wenigstens verloren, wo niemand dich zu suchen und zu retten weis!

Man verstand nicht, was die Klagen des alten Rhasciers sagen wollten, auch stimmte man nicht mit denselben ein, sondern erwiederte sie mit verschiedenen Aeusserungen, welche zeigten, daß man von dem verlorenen Kolonna so arge Gedanken hegte, als von seinem Freunde. Arimith beantwortete und widerlegte nichts, Kolonna war verloren, alle Beredsamkeit zu seinem Besten würde vergeblich verschwendet worden seyn.

Der Mann, auf dessen rettenden Arm der verlassene Kolonna gerechnet hatte, befand sich schon einen Tag auf der Burg, ohne zu wissen wie nahe sein junger Freund sey, und in was für Elend er dem Tode entgegenringe. Des andern Abends, sollte Arimith mit Botschaften an den böhmischen König zurück gesandt werden, und es schien also, daß alle Hoffnung verloren sey, die der Verlassene auf ihn gebaut hatte.

Arimith dachte auf Beschleunigung seiner Abreise, dachte mit doppeltem Eifer auf dieselbe, weil ihn die Ungedulb, seinen jungen Freund da aufzusuchen, wo er nicht war, aus der Burg trieb, wo er ihn hätte finden und vielleicht noch retten können. Es fiel dem Rhascier Tags vor Verlassung der Veste von ohngefähr ein, oder vielmehr ein guter Engel mußte es ihm in den Sinn geben, in dem öden Hinterhof, auf den Hungerthurm, der damals noch nicht so genannt wurde, zu schleichen, und die vergebens auf den Umgang geschossenen Pfeile aufzusuchen. Die so wohl, welche Kolonna gefunden, als welche er nicht gefunden hatte, enthielten verschiedene Dinge, die nach Arimiths Erachten, vor keine fremden Augen kommen durften, und die doch einmal durch ein Ohngefähr hier hätten gefunden werden können.

Als er in das wüste Dreyeck, hier noch von himmelhohen Mauern, da von gigantischen Schutt und Steinhaufen umzogen, eintrat, da hob er seine Augen auf zu der Zinne des Thurms, der in der äussersten Ecke emporstieg, und siehe, ein vom Regen schlaff und unscheinbar gemachtes Leilach, vom Winde schwach bewegt, wallte von der obersten Spitze in die Lüfte. Diese Erscheinung, von welcher in der Burg, da man sie längst schon wahrgenommen hatte, seltsame schauerliche Sagen gingen, machte einen wunderbaren Eindruck auf Arimiths Phantasie, es war, als wenn ihm auf einmal eine Möglichkeit von irgend Etwas vorschwebte, das nur gar zu wahr war; er beflügelte seine Schritte, und fand was wir bald sehen werden.

In einer Vestung wie diese, ists nicht gewöhnlich, verdächtige Personen auf Thürmen und Zinnen frey umherspähen zu lassen. Aximith, auf welchen nun einmal ein Argwohn haftete, hatte seine Zeit und die Gelegenheit sehr schlau wählen müssen, um diesen Ort betreten zu dürfen. — Es gelang ihm. Unbeobachtet, aber mit Zittern eilte er der Gegend zu, wo, er fühlte es, irgend etwas ausserordentliches seiner wartete. Er suchte den Zugang zu den verfallenen Stiegen; er fand ihn; aber nur einige Schritte, und sein Weg war durch Schutt, Asche und Steine gehemmt. Wie war es möglich sich hier durch zu helfen! Hier waren Werkzeuge und mehrere Hände nöthig, um einen Weg zu bahnen; diese aufzufordern war keine Möglichkeit, auch lohnte es der Mühe nicht, um einiger bedenklichen Briefe willen, die vielleicht durch Wind und Regen schon vernichtet wären, vielleicht nie hier gefunden werden konnten, irgend etwas zu wagen.

Aximith trat den Rückweg an, doch sah er sich oftmahls um, nach der obersten Zinne. Das Leilach schwoll vom Winde, es bewegte sich auf und ab, es schien zu winken, schien die Arme gleichsam bittend auszubreiten: der Helfer möchte doch verweilen, er möge sich doch keine Mühe reuen laßen, hier zu finden was er nicht hier suchte. — O ihr Sterblichen, sagt hier unsere etwas schwärmerische Urschrift, widersteht doch nie jenen dunkeln Gefühlen, die euch zu irgend etwas locken, euch von irgend etwas abrathen, das euch unerklärlich ist. Streitet Eure innere Regung nicht mit Tugend, Pflicht und Recht, so ist sie vielleicht Wink eines guten Geistes, zu thun, zu unterlaßen, woran für Euch oder andere Glück und Ruhe hängt.

Ob in Aximiths Catechismus diese abergläubige Lebens-Regel stand, wißen wir nicht, gnug er handelte derselben gemäß. Er konnte und konnte sich nicht von dem Orte trennen, wo ihn eine unsichtbare Gewalt zurück hielt. Er ersahe eine hohe Leiter, welche so wie sein Auge maß, wohl die unterste Oefnung des Thurms, — keine Thüre hatte er nicht, da alle seine Zugänge von den eingeäscherten Seitenmauern kamen, — erreichen konnte. Es war gegen den Abend, die Dämmerung nahm zu, und schützte sein Unternehmen.

Jetzt

Jetzt war die Lucke erreicht, und die Leiter um der gesicherten Rückkehr willen fest gebunden. Er schlüpfte hinein, und tappte in den dunkeln Gängen nach der Thür der Treppe, die sich von hier, das wußte er, nach den obern Stockwerken aufwärts wand. Er war durch die enge Gallerie fast um den ganzen Thurm hinum gekommen, ohne zu finden was er suchte, er dachte bereits, das Feuerzeug, dergleichen Personen seiner Art, deren Geschäfte immer im Dunkeln gehen, stets bey sich tragen müssen, hervorzusuchen und Licht zu machen, als er an etwas stieß, strauchelte und fiel. — Ein mächtiges Grauen befiel ihn. Ein menschlicher Körper bewegte sich unter ihm; ein leises Stöhnen tönte herauf, gleich dem ersten athmen eines Menschen, der jetzt aus einer langen Ohnmacht zu sich selbst kömmt. Arimith that einen lauten Schrey; er ward von einem kaum hörbaren Ach beantwortet. Auf sein wiederholtes: Wer bist du? erfolgte keine Erwiederung. — Der Rhastier ermannte sich, nachdem er sich an den Wänden emporgeholfen hatte, weil es nicht anders war, als wenn kalte Hände ihn umklammerten, und fest zu halten suchten, er ermannte sich, Licht aus Stahl und Stein hervorzurufen, um dieses schauervolle Abentheuer näher zu beleuchten. Was er sahe, was er fand? — wird wohl einer von meinen Lesern seyn, der es nicht errathen sollte?

―――――

Um Eure weichen Herzen, Ihr guten Leserinnen, zu schonen, übergehen wir hier eine Scene der Wehmuth und des Entsezzens. Einen Freund so wieder zu finden, wie Aximith den armen Kolonna wiederfand, ist schrecklicher als der Tod! Man denke sich hiezu den gänzlichen Mangel an Mitteln zur Erquickung eines Sterbenden, dessen nach Labsal lechzender Mund die Ursach seines Todes nur gar zu deutlich errathen ließ.

Hier im Thurme war nichts von allem, was man jetzt nöthig gehabt hätte, sonst würde der arme Kolonna nicht in diesen Zustand gerathen seyn. Eine Fläsche mit Eßig, vielleicht auch ein Theil der damahligen Kundschafter Geräthschaft, hatte Aximith bey sich; er strömte sie über seinen jungen Freund aus, und hatte den Trost, einige Würkung hiervon zu spüren.

Doch nichts mehr von diesen ersten kläglichen Angst- und thränenvollen Augenblicken; nur so viel, daß es dem bestürzten Rhascier gelang, vielleicht in mehreren Stunden erst gelang, seinen jungen Freund in einen Zustand zu bringen, wo er ihn allenfalls auf Augenblicke hätte verlassen können. Dieses Verlassen war höchst nöthig, wenn der Verschmachtende nicht bald in den nehmlichen Zustand zurücksinken sollte, aus welchem er eben gerissen worden war. Ein Trunk Eßig, so sehr er ihn auch erquickt hatte, war ein schlechtes Mittel, die scheidende Seele in einem ermatteten Körper zurück zu halten.

Arimith hatte seinen Kranken auf ein leidliches Lager gebracht, und eilte nun zurück durch den Weg den er gekommen war, nicht im Schlosse Lärm von dem zu machen, was er gefunden hatte, nein, er hatte Ursachen, den Vorgang mit dem tiefsten Stillschweigen zu bedecken, sondern nur Verfügungen zur Lebenserhaltung seines Freundes zu treffen, an welcher er, ein Arzt, nach einigen gemachten Untersuchungen nicht ganz verzweifelte.

Arimith war, wie wir eben wiederholt haben, ein Vertrauter Hygäyps, und das erste, was er bey seiner Rückkehr in den Vordertheil der Burg zu sich nahm, waren also ganz natürlich Arzeneyen, die in seiner Reisetasche niemahls fehlten, doch hatte er aus Kolonnas Zustande, und einigen gebrochenen Worten, die er seinem Munde entlockte, soviel gemerkt, daß Lebensmittel hier ein fehlender Hauptartikel waren.

Ob Arimith mit Kayser Friedrichs Koch und Kellermeister einverstanden war, oder ob er dem jungen Kronenburg die Küchenplünderungen abgelernt hatte, wissen wir nicht, gnug, eine Stunde nach Mitternacht, als im Schlosse alles stille war, betrat er den Rückweg so schwer beladen, als er nicht bedachte, daß die Spenden an seinen verschmachtenden Freund, aus einem Vorrath gingen, der auch bald erschöpft war, als wüßte er nicht, daß man in Ermangelung schleuniger Hülfe auch in der Vestung den Hungertod sehr nah vor Augen sah. Kayser Friedrichs, und all der Seinigen Wohl lag ihm in diesem Augenblick sicher nicht so am Herzen, als die Rettung Kolonnas, auch wüßte er ja, wär ihm einiges Bedenken über seine That in den Sinn gekommen, daß den Velagerten bald gerathen werden würde, dahingegen seinem Wahn nach, das Schicksal des armen Jünglings auf jeden Fall zweifelhaft blieb. Kolonna war zu schwach, als daß er ihm noch den geringsten Aufschluß über die erste Veranlassung seines Zustandes hätte geben können; Aximith hatte sich fest in den Sinn gesetzt, da er wußte, wie schlecht der junge Mensch in der Vestung angeschrieben stand, man habe ihn hier mit Willen und Recht eigentlich aus der grausamen Absicht, ihn durch Hunger zu tödten eingesperrt, und meine Leser mögen sich denken, was für Gefühle in seinem ohnedem zerrissenen Herzen dadurch erregt wurden. — Gefühle des höchsten Unwillens, die ihn zum Ueberläufer zu den Feinden hätten machen können, wenn nicht Redlichkeit, Eidespflicht, und andre Dinge im Wege gestanden hätten.

———

Die Geschichte von Kolonnas Labung und Wiederherstellung ist uns nicht umständlich verzeichnet. Die Extrakte aus den rhaseischen Gebürgskräutern, wahre Universalmittel, die zum Unglück für unsre Zeiten verloren gegangen sind, mochten hiebey das meiste gethan haben, und ihre Würkung war würklich erstaunenswürdig.

Als der Morgen nach dieser merkwürdigen Nacht anbrach, und dem hülfreichen Arimith das Signal zum Scheiden gab, ruhte Kolonna, zwar noch schwach, aber doch heiter genug auf seinem Lager, um mit seinem Retter einige nöthige Verabredungen zu treffen. Hier ein kleines Fragment ihres Gesprächs, um dem Leser einiges schwaches Licht über verschiedene Dinge zu geben.

Gut, mein Schutzengel, sagte der schwache Kolonna, wenn ihr es also nicht für zuträglicher haltet, mich von diesem abscheulichen Thurm hinwegbringen zu lassen, so mags seyn!

Freylich, sagte Arimith, der Kolonnas Hand küßte, freylich Menschenhülfe wär Euch noth, da ich so bald scheiden muß, aber wo sollen wir sie finden?

Auf der Burg!

Also wärs würklich wahr, was ihr mich versichert, daß ihr Euren Zustand nicht der Grausamkeit derer, die Euch verkennen, zu danken habt? Besinnt Euch, Kolonna, vielleicht sind Eure Vorstellungen noch in der Irre.

Arimith, soll ich schwören? Blos Zufall brachte mich hieher!

Gut, aber glaubt ihr demohngeachtet, daß ihr bey den kayserlichen wohl aufgehoben seyn werdet?

Warum nicht?

Ihr werdet in dem schändlichsten Verdacht gehalten; ihr seyd in ihren Augen ein Verräther, ein Ueberläufer zu den Feinden.

Man sehe mein Elend, man höre meine Vertheidigung.

Man wird sie nicht hören, und Euer Elend wird nur für Würkung mißlungener Anschläge gehalten werden.

Was für Anschläge?

Giebt man Euch nicht den Vorsatz schuld, den jungen Prinzen zu entführen, weil ihr ihn mit Euch in diese unsichere Gegend nahmet?

Der Augenschein entschuldigt mich.

Er entschuldigt Euch nicht, er ist, da man weiß, daß die in der Stadt allerdings auf Entführung des kleinen Maximilian denken, nur allzusehr wider Euch. — Bedenkt übrigens andere Ursachen, die, wie wir schon oft mit einander beredeten, Eure Entfernung von Hofe nöthig machen,

Ich habe nichts nöthig als ein Grab, oder meynt ihr, daß ich nach dem, was ich erlitten habe, leben kann?

Ihr könnt, wenn ihr Muth fassen, und der Hoffnung Raum geben wollt.

Also soll ich, wenn ihr scheidet, auf diesem abscheulichen Steinhaufen zurückbleiben?

Bald wird einer kommen, der Euch rettet. Die böhmische Hülfe ist nah, und mit ihr Euer Befreyer Selim.

Könnte ich ihn nicht lieber bey den andern in der Vestung erwarten? ach mir graut das nehmliche Schicksal zu erfahren, dem ich kaum entgangen bin!

Liebe, gute Seele! Gern schont' ich Eurer, aber ich muß reden, um Euch hier fest zu halten, wo ihr meines Erachtens bleiben müßt. — Kampobachio! Euer alter Feind! Er ist auf dem nehmlichen Wege, den ich entdeckt habe, mit Botschaften aus Burgund in die Vestung gekommen. Denket, was für Erklärungen Euch, wenn ihr ihm wieder zu Gesichte kommt, bevorstehen!

Kampobachio? wiederholte Kolonna mit einem Schrey, der seine schwache Brust zu zerreissen drohte. — Auch schien er von diesem Augenblicke an sich in alles zu ergeben, was ihm Aximith vorschrieb, und die Einſamkeit des Hungerthurms, und die Rückkehr einmal erlebtes Elends weit minder zu achten, als das Wiederſehen eines Mannes, deſſen Einfluß in ſeine Geſchichte uns noch unbekannt iſt, und über welchen wir alſo unſern Leſern auf ihre Fragen nichts zu antworten haben.

* * *

Der treue Rhaſcier zeigte und lehrte ſeinem jungen Freunde alles, was zu Erhaltung ſeines Lebens nöthig ſey, auch war Vorrath gnug, ob gleich von ſehr geringer Gattung, vorhanden, um bey der ſo nah geſchilderten Rettung keinen neuen Mangel befürchten zu laſſen. Azimith verſprach beym Scheiden wo möglich noch einen Beſuch. Es gelang ihm würklich, die Reiſe noch um einen Tag aufzuſchieben, ſo daß er in der folgenden Nacht noch einmal zu ſeinem Kranken kommen konnte, den er auſſer dem Lager fand, und mit dem er ſich auf die rührendſte Art letzte. Er hinterließ ihm beym Abſchied, nebſt noch einigen Verhaltungsregeln, ſeinen Bogen nebſt den holen Pfeilen. Ihr werdet ſie brauchen, ſagte er, um mit Selim, den ihr nun in jeder Stunde erwarten könnt, das Euch so nöthige Einverständniß zu unterhalten. Versäumt seine Zukunft ja nicht, wie ihr die meinige zu Eurem Schaden so oft versäumtet, und vergeßt nicht Zeit und Stunde des Brieftausches genau mit ihm zu verabreden, damit keine Irrungen vorgehen. Wichtig sind die bevorstehenden Augenblikke, an jedem hängt Euer und Selims Schicksal.

Kolonna bat um einigen Aufschluß über die letzten Begebenheiten dieses Prinzen, die auch uns unbekannt sind, aber es fehlte an Zeit; es blieb bey einigen unvollkommenen Winken; Arimith mußte eilen, und verwies seinen Freund an Selims unmittelbare Erzählung.

Es war noch lange hin, bis man sich von Mund zu Mund über verschiedene Dinge unterhalten konnte, die dem Gefangenen am Herzen lagen, aber bis zu Selims Anblick, welchem dieses Herz so unruhig entgegen klopfte, war nur ein einiger Tag.

Kolonna hatte den größten Theil desselben, um den geliebten Ankömmling ja nicht zuverfehlen, auf dem äussern Umgang des Thurms, wo er gegen das Feld sah, zugebracht; es geschah dieses mit nicht kleiner Beschwerde für seinen zarten Körperbau, der kürzlich durch Hunger und Elend so viel gelitten hatte. Es war weit ins Jahr, der Nordwind hauchte Schneegestöber von den hangenden Wolken, weit und breit ward alles eine grosse weite Wüste. Es war Zeit, daß sich der Erwartete zeigte, ohne Gefahr hätte Kolonna nicht noch einen so rauhen, so unruhvollen Tag ausgehalten.

Aber als er nun erschien, als der Gefangene seinen Helfer an dem gegebenen Merkzeichen, der rothen Feldbinde, erkannte, als auch er die geliebte Gestalt auf der Thurmzinne erblickte, und sie mit dem Namen Kalepin nannte, an welchen wir uns nun wieder gewöhnen müssen, welch Entzücken von beyden Seiten! welche Vergütung aller erlittenen Angst und Unruhe!

Man begrüßte sich mit ein paar Pfeilen, und ward einig um die Stunde der Morgen und Abenddämmerung, sie zur nöthigen Korrespondenz zu nützen. Sie dauerte, da Kayser Friedrichs Befreyung keine so leichte Sache war, und bis dahin mancher Tag verfloß, lang genug, um mehrere Bogen mit den hin- und herfliegenden Zetteln zu erfüllen. Wir theilen unsern Lesern nur einige derselben mit, weil wir dieses für das beste Mittel halten, sie mit dem Fortgang der Kriegsgeschäfte bekannt zu machen, und einige Muthmaffungen für die Zukunft in ihnen zu erregen.

―――――

Zweyter Brief
Selims an den Gefangenen.

„Ich kannte dich nicht mehr, Kalepin, zwar die Aehnlichkeit mit dem Bilde, das mir von dir aus deinen Kinderjahren noch vorschwebt, ist und bleibt treffend, auch die sonderbare Gleichheit mit unserer erften Jugendgefährthin der gelderschen Philippe, die ich auf dem Bilde bemerkte, das du im guttensteinischen Schloßgarten verlorst, auch diese behauptet sich noch, doch hoffte ich, dein Körper würde sich anders entwickelt haben. — Ach das ausgestandene Elend mag es wohl seyn, was dir ein so schwaches zärtliches Ansehen giebt! Funfzehn Jahr? du scheinst kaum dreyzehn zu seyn! Armer Jüngling! ich zittre für deine Bestimmung auf der Welt. Werde ich an dir einen Gefährthen bey dem Kampf gegen unsern unnatürlichen Bruder, um die Rache unsers Vaters haben?

Nein, o nein! Du müßtest dich wunderbar erholen, wenn ich es wagen sollte, dich Feindesschwerd entgegen zu stellen. O wär es nur so weit! Das Leben eines morgenländischen Fürsten ist so mühseelig eben nicht; was ich erkämpfte, solltest du besitzen, die Ruhe hinter der goldenen Pforte sollte dir wohl bekommen. Freylich dachte ich mir das sonst anders! — Doch nichts mehr hievon! Du bist mir lieb wie ich dich finde, wenn nur Bruderliebe gegen Selim in deinem Herzen wohnt.

"Ich schreibe dieses in dem Zelte eines gemeinen Böhmen, der mich nicht kennt, und den ich mir zum Waffenbruder genommen habe. Dein Bruder, Kalepin, ist nichts als gemeiner Soldat. Bey Friedrichs Befreyung darf er nicht fehlen, er hat geschworen, ihn befreyen zu helfen, auch hoft er bey dieser Gelegenheit, dich in seine Arme zu bekommen; aber dem Kayser oder dem Könige von Böhmen hinführo öffentlich zu dienen, das ist verschworen. Man konnte mich verkennen? konnte mich, den man Jahre lang treu erfand, der Verrätherey schuldig halten? mich, der sich wegen des Unglücksfalls, der mich vom Heer riß, so gut rechtfertigen konnte? Wohl, ich trage mein Schwerd dahin, wo Redlichkeit beſſern Glauben findet, und Kalepin folgt mir. Ich denke auf den Hof des groſſen Herzogs von Burgund; dort, mein Bruder, dort wird unſer Glück blühen.

„Dieſes Blattes Hauptzweck iſt, dich zu benachrichtigen, daß du morgen den Anzug der Böhmen von deinen Zinnen beobachten kannſt. Mäßige deine Ungeduld, Kalepin, Hülfe iſt nunmehr nahe! Sahſt du das Feuer im freyen Felde, das dieſen Morgen aufging? Es giebt der Burg gute Botſchaft! Sie von unſerer Ankunft zu benachrichtigen, haben wir Odenackers beyde Mühlen im wüſten Grunde angezündet. Ein Mann, Fraunauer genannt, des Kayſers Gewogener, hat ſich zu uns gefunden und Einſchläge gegeben.

„Arimith, von welchem du mir in deinem erſten Bewillkommungszettel ſchriebſt, habe ich, ſeit er mich rettete, nicht geſehen; vielleicht, daß er ſich noch auf der Burg befindet. Gebe Gott, daß er nicht dort oder irgendwo durch Unglück feſt gehalten wird. Die fremden Dinge, die er mir von dir zu berichten haben ſoll, werde ich am beſten aus deinem Munde hören. Unter uns, Kalepin, mir thut es leid, daß du in irgend etwas, einen andern als deinen Bruder zum Vertrauten gemacht haſt; zwar an Arimith biſt du nicht irre, dafür bürgt dir meine vieljährige Kenntniß dieſes treuen Mannes, aber kennteſt du ihn genug, um ihm Geheimniſſe zu entdecken, die ſelbſt ich nicht weis?

Ach, mein Kind! (Erlaube mir den Ton eines Vaters anzunehmen, auf dem Berge Athos als eilfjähriger Knabe, da ich dich in den Windeln auf den Knieen hielt, ſchwur ich dirs zu ſeyn,) Theures unglückliches Kind, bey deiner Erziehung iſt viel verſehen worden, du dünkſt mich in mehr als einer Betrachtung an Leib und Geiſt verwahrloßt zu ſeyn; wird meine treue Sorgfalt dieſe Fehler zu verbeſſern vermögen?"

Zweyter Brief
des Gefangenen an Selim.

"Ich gefalle Selim gar nicht? o wie unglücklich bin ich! an ſeinem Beyfall hängt mein Leben! mich von allem, was er an mir tadelt, zu reinigen, ſoll ich es ſchwer oder leicht nennen? — Möchte doch Arimith dieses Geschäft für mich übernehmen! — Die Abwesenheit dieses theuren Mannes beunruhigt mich sehr! ach wüßte Selim, wie viel ich ihm zu danken habe, er würde mein Zutrauen gegen ihn nicht tadeln. Zwar anfänglich war es nur Ueberraschung was ihm dasselbe zuzog; Ich, so lang unbekannt unter allen, die mich umgaben, wurde von ihm, einem Fremden, ersten Blicks gefaßt, ganz durchschaut, mehr durchschaut als selbst Selim es vermag; urtheile, wie mich das hinreissen, wie um alle Vorsichtigkeit betrügen mußte!

„Den Anzug der Böhmen habe ich mit Zittern und Entzücken gesehen. Gott lob, meine Befreyung ist nahe, ich werde den Schützer an meiner Seite sehen, dem auf dieser ganzen Welt ich mich allein anvertrauen darf; aber warum an den burgundischen Hof? — Ein böser Mensch, Kampobachio genannt, ist dort alles; der Herzog selbst hat einen zweydeutigen Ruf, er hat nicht gut an den Kindern von Geldern gehandelt, gegenwärtig besitzt er ihre Güter von dem Kayser zu Lehn. Doch Selim kann thun was er will, ich bitte um nichts, als um seine Geleitschaft in ein Kloster."

Dritter Brief
des Gefangenen an Selim.

„Selim zürnt, daß der, den er den Sohn des Helden Amurat nennt, vom Kloster sprechen kann? — Ach, mein Bruder, der Besitz der Ruhe, die hinter jenen Mauern wohnt, möchte mir wohl sicherer seyn, als die Ruhe hinter der goldenen Pforte, die du dem schwachen Kalepin gern erkämpfen wolltest! Wir sind Kinder des Elends, mein Selim, rechne auf kein Glück für uns diesseit des Grabes!

„Das lebhafte Gemählde unserer ersten Kindheit auf dem Berge Athos preßte mir Thränen aus, ich war damals zu jung, davon etwas in meinem Gedächtniß behalten zu haben, aber ich hörte diese Dinge so oft aus Rajas Munde, daß ich glaubte schon damals selbst gesehen und empfunden zu haben. Sultan Selim, welcher schwur jedes Glück mit seinen Geschwistern zu theilen, wie lehrte sie mich ihn lieben! und wie unglücklich bin ich, wenn nun Mißfallen an meinen körperlichen und geistigem Unvollkommenheiten in seinem Herzen wohnt!

„Von der gelderschen Philippe, nach welcher mein Bruder fragt, weis ich nur soviel, daß sie sich gegenwärtig in grosser Bedrängniß befindet; bemitleide sie, Selim, auch sie ist deine Schwester, und hat Ansprüche auf deine Hülfe."

Fünfter Brief

Selims an den Gefangenen.

„Ich wollte dich über das Gefühl deiner Unvollkommenheiten trösten, wollte die deine dringenden Fragen um die Begebenheiten, die mich vom böhmischen Hofe treiben, beantworten, und dich um nähern Aufschluß über die burgundischen und gelderschen Händel bitten, aber ist es jetzt Zeit zu diesen Dingen?

„Du hast gestern gesehen, wie unglücklich der erste Sturm auf die Stadt abgeschlagen wurde. Der Schnee und die Kälte sollen Schuld haben? mag seyn! vielleicht, daß auch Selims Rache die Böhmen verfolgt. Sie müssen geschlagen werden, damit sie sehen, daß Schlachten verloren werden können, ohne Schuld des anwesenden Heerführers, wie viel mehr in seiner Abwesenheit.

„Das Geschwader, bey welchem Sultan Amuraths Sohn die Pike trägt, ward gestern nicht an die Mauern geführt; heute kämpft er, kämpft mehr für Kalepins als Friedrichs Freyheit.

„Der Kayser ist ein schwacher Mann, er hätte den Stürmenden gestern mächtig durch einen Ausfall, oder irgend eine ernste Unternehmung auf die Stadt beytreten können, aber er schont Unterthanen, die der Schonung nicht würdig sind, und schlägt darüber das Beste seiner Helfer in die Schanze. Das Volk spottet seiner Gutherzigkeit, und schmäht seine Huld; die Böhmen haben gestern der Lästerungen gegen ihn so viel gehört, daß sie, die ihn nicht kennen, sich fast scheuen für ihn zu fechten. —

„Arimith, — soll ich dich mit dieser Nachricht betrüben? — Arimith ist so gut als verloren. Er fiel bey der Rückfarth über den Graben dem wüthenden Pöbel in die Hände, und ist entweder schon tod oder hart gefangen; weine, weine um ihn, mein Bruder, ich weis, du hast Thränen, die mir die Natur versagt!"

Der Gefangene an Selim.

"O daß Kampobachio, welcher in nehmlicher Nacht den gefährlichen Weg aus der Burg über den Graben machen sollte, an Arimiths statt gefallen wär! Soll ich denn alle verlieren die ich liebe, und mit immer neuem Schrecken gemartert werden?

"Ich weis nicht was das ist. Die todte Stille, welche sonst hier herrschte, ist seit gestern gänzlich gewichen, ich bin hier nicht mehr allein, ich habe unterirrdische Nachbarn. Ein unaufhörliches Arbeiten in dem Grunde des Thurms läßt sich besonders des Nachts hören. Ich stieg hinab, so tief ich konnte; was ich vernahm war fürchterlich, o Gott! Gott! was mag das bedeuten? — Oder ist es die Hand meines Freundes, die hier geschäftig ist? will mein Selim seinen Gefangenen auf diese Art befreyen, da andre Hülfe unmöglich scheint?

"Gestern wieder ein abgeschlagener Sturm! Ach Gott, was wird daraus werden! Ich hatte also mit aller Angst um Selim nichts gewonnen, als Bestättigung meines Kummers? — Reiß mich aus der Angst, mein Bruder, laß mich wissen, daß

du lebſt, laß mich wiſſen, daß es deine Hand
iſt, die ich jetzt, eben jetzt, in den Eingeweiden dieſes Gebäudes wühlen höre, ſage
mir, was ich thun muß, deiner Arbeit entgegen zu kommen, und dir meine Befreyung
zu erleichtern!"

———

Selim an den Gefangenen.

"Ja, der Sturm mislang aus Mangel der Hülfe aus der Burg; dafür wird
auch nun der König von Böhmen, aus Friedrichs Vertheidiger zum Vermittler zwiſchen
ihm und Herzog Albrechten; Wir brechen
nach Kronenburg auf. Der König will hören, was der Herzog anzubringen hat, und
nicht mehr vertheidigen, ſondern entſcheiden.
— Ich bin nur leicht verwundet. An dem
nächtlichen Geräuſch habe ich keinen Antheil;
wollte Gott, ein ſolches Rettungsmittel wäre für dich Armen, Verlornen, möglich! Ach
ich ahnde ſchreckliche Dinge! Erwarte vor
Sonnenuntergang genaue Nachricht, was du
von dieſem unterirrdiſchen Wühlen denken
ſollſt, und ſäume nicht, wenn ſich meine
Muthmaſſungen beſtätigen, mit Gefahr deines Lebens, Nachricht davon in die Veſtung

zu befördern. Kalepin muß auch einmal in seinem Leben zeigen, daß er ein Heldensohn ist, muß auch einmal, um Tausende zu retten, eigene Sicherheit in die Schanze schlagen. —

„O daß ich nur dich schnell genug retten könnte! — Doch sind jene gewarnt, so bist du sicher!"

Selim an den Gefangenen.

„Zittre, Kalepin, doch nein, zittre nicht, sondern handle! In den Eingeweiden deines Thurms arbeitet der Tod; die Verräther aus der Stadt haben eine fürchterliche Mine angelegt, die morgen springen wird. —

„Augenblickliche Nachricht in die Vestung! Kontraminen müssen gemacht werden! — Erinnerung an Fraunauers Rath, zum Zeichen höchster Noth, Fackeln auf den Kaysers Thurm auszustecken. — Eile! Eile!

„Ich bin hier zurückgeblieben, dieses zu erkunden, und dich zu warnen, ich jage nach Kronenburg, Hülfe von dort zu holen, und denn wenigstens dich zu retten, wenn Rettung möglich ist."

Zittre nicht, sondern handle! schrieb der warnende Selim an seinen unglücklichen Bruder, aber wars möglich, daß der schwache Jüngling da Muth fassen konnte, wo selbst Männer gezittert haben würden? —

Es war Nacht, als er sich von dem ersten Entsetzen erholte, das Arbeiten im Grunde des Thurms ward, wie es mit der wachsenden Stille und Dunkelheit immer zu geschehen pflegte, lauter; Kolonna wußte jetzt, daß es der Tod war, der in den Eingeweiden der Erde wühlte, der fürchterlichste scheußlichste Tod, den Menschengrausamkeit erfand. Die Einbildungskraft des geschreckten Jünglings vermehrte die Nähe der Gefahr über alle Wahrscheinlichkeit, er bedachte nicht, daß ein Werk, woran man noch arbeitet, nicht vollendet sey, bedachte nicht, daß gänzliche Stille ihm von fürchterlicherer Deutung seyn würde, als das dumpfe Geräusch, das er vernahm, und glaubte schon Pulver und Schwefeldampf zu empfinden, und den Boden unter seinen Füssen zittern zu fühlen.

Endlich ermannte er sich zu handeln. Von jedem Augenblick hing die Rettung der Vestung und seine eigene ab. Warnen mußte er, und warnen wollte er, aber wie? —
Sein Auge fiel auf Arimiths hole Pfeile;

der Entschluß war gefaßt! Er setzte sich und schrieb, schrieb auf zwanzig Zettel, damit, wenn einer sein Ziel verfehlte, der andere glücklicher seyn möchte. — Die unglaubliche Gemüthsverwirrung, in welcher er sich befand, beurtheilte man aus dem, was er zitternd aufs Papier warf. Seine Warnungszettel enthielten nichts, als abgebrochene Worte aus Selims Briefe.

„Im Schoose des Thurms wühlt der Tod! — Eine fürchterliche Mine, die morgen springen wird! — Kontraminen müssen gemacht werden! — Fraunauers Rath, zum Zeichen höchster Noth brennende Fakkeln auf dem Kayserthurme auszustecken! Eile! Eile!"

———

Kolonna bestieg mit seinen Waffen die höchste Spitze des Thurms. Die Pfeile flogen im Mondschein, aber ach, seine Arme waren schwach, die Furcht hatte ihnen vollends alle wenige Kraft, die noch in ihnen liegen mochte, benommen. Den Burggraben zu überschiessen, dieses vermochte er wohl; mit dem weiten Hofe und den hohen Mauern, die denselben von dem Vordertheil der

Vestung trennten, war es eine andere Sache. Das Geschoß verfehlte jedesmahl seines Zieles. Die meisten Pfeile blieben in dem wüsten Hofe liegen, der selten oder nie besucht wurde, und nur einer flog auf eine entfernte Zinne der genseitigen Mauer, wo er wohl nur durch Zufall hätte gefunden werden können.

Kolonna weinte und rang die Hände! Was sollte er thun? den kleinen Vorrath seines Geschosses auf gut Glück wagen, und sich dadurch jedes Mittels berauben, auswärtigen Helfern Botschaft von sich zu thun? — Ein Gedanke kam ihm in den Sinn, ein Anschlag seine Pfeile zu schonen, und die Warnung aufs allergewisseste an die Behörde zu befördern, aber zur Ausführung gehörte Kühnheit und Muth, wovon der Arme Edelknabe nicht allzuviel übrig hatte; doch Verzweiflung giebt auch dem Schwachen Stärke, und wir werden sehen, was sie bey Kolonna für Würkungen äusserte.

Als Aximith von seinem jungen Freunde schied, und zum letzten mahl, die Leiter hinab, in den wüsten Hof stieg, da gebot er ihm, dieselbe hinauf zu ziehen, und sie auf irgend einen Nothfall im Thurme zu verwahren; dieser Nothfall war jetzt eingetreten.

und Kolonna entschloß sich, von dem gefährlichen Mittel, sich aus der Höhe herabzulassen, Gebrauch zu machen. — Er stieg zu der untersten Oefnung des Thurms hinab, ließ die bewegliche Stiege nieder, befestigte sie so gut er konnte, und vertraute sich endlich derselben mit schwackenden Schritten. In seiner Hand waren die übergebliebenen Exemplare seiner Warnungsschrift. Er schlich sich zitternd durch das ofne Thor in die Vorderhöfe, um, auszustreuen, was er den ungetreuen Pfeilen nicht mehr anvertrauen wollte. Sein Auge spähte überall umher, ob er beobachtet werde; alles war öde und menschenleer; die Schildwachten hatten sich in ihre Häuser verborgen, und auf dem Kayserthurm, stockte der Wächter, der eben die Mitternachtstunde abrufen wollte, mitten im Worte, und zog sich zurück.

Kolonna hatte jetzt das schwere Werk glücklicher und sicherer geendigt, als er hätte hoffen können. Der Rückweg war ihm offen. Der Rückweg? sagte er zu sich selbst, und brach in Thränen aus, der Rückweg in meine Hölle? wo das Verderben mir gewisser ist, als irgendwo? Wärs nicht sicherer hier zu bleiben, mich irgendwo zu verstecken, wenn ich mich nicht kund geben wollte, und

denn im Getümmel der nächsten Tage meine
Rettung zu suchen? — Aber wie ungewiß!
Hier würde kein Selim mich in seine Arme
auffassen, nur dort weis er mich zu finden.
Dorthin muß ich zurückkehren, will ich nicht
auf ewig von ihm getrennt seyn!

Kolonna kehrte nach diesen Ueberlegungen in seinen Kerker zurück, und vergaß nicht
die Leiter nach sich zu ziehen. Es war während seiner Abwesenheit alles still im Grunde des Thurms geworden, und dieses grauen-
volle Schweigen, das, wie er nun erst erwog,
von vollendeter Arbeit zeigte, erfüllte ihn mit
neuer Bangigkeit.

Ob er bis an den Morgen noch einige Stunden geschlafen haben mag, wissen
wir nicht, aber in der Vestung hielt man
eine sehr unruhige Nacht. Die Schildwachten hatten Kolonnas Erscheinung gesehen,
und sie nach ihrer Art gedeutet.

Sie eilten, das Gesehene überall auszubreiten. Auch vor das Bette der Kayserin
kam Post von dem seltsamen Nachtgesicht:
Eine Geistergestalt war aus dem Schutthaufen der eingeäscherten Mauern hervorge-
schwebt, und hatte glühende Asche über die
Burghöfe gestreut, drauf hatte sie noch einmahl zurückgesehen, hatte die Arme weh-

nend gegen die Vestung ausgebreitet, und war verschwunden.

Das ist der Schutzengel der Burg, komentirte die Erzählerin die Geschichte. — Die ausgestreute Asche! seine Thränen! die ausgebreiteten Arme! das Verschwinden! Böse, böse Zeichen! Uns steht ein schwerer Tag bevor! Gott schütze uns vor gänzlicher Verheerung!

Die Kayserin, welche sonst, wie wir gesehen haben, eine sehr gute Dame war, hatte die Schwachheit mancher grossen Frauen, sich jede Post, gut oder böse, so warm als möglich vor die Ohren bringen zu lassen, und die Genauigkeit, mit welcher man die strengen Befehle, die hierüber gegeben waren, zu befolgen pflegte, brachten sie diesesmahl um eine Nacht, die sie zur Stärkung auf die Drangsale des künftigen Tages ruhig hätte verschlummern können.

Sie war auf mit ihrem ganzen Frauenzimmer. Man begab sich in die Hauskapelle, um zu beten. Selbst der junge Prinz ward geweckt, um mit seinen unschuldigen Seufzern, die Kraft der gemeinschaftlichen Andacht zu verstärken, auch entging er den mütterlichen Verweisen nicht, daß er, noch betäubt vom Schlaf, aus dem man ihn grausam gerissen hatte, sich zum Gebet so lästig finden ließ.

Die Aussagen der Schildwachen und des Thurmvoigts machten Sensation im ganzen Schlosse, nur von etwas anderer Art als bey den Damen. Der Kayser, dem man das Nachtgesicht augenblicklich raportirt hatte, verglich die Erzählungen der Seher gegen einander, und da sich hier überall eine Uebereinstimmung fand, die sonst bey Gespenstermährchen zu fehlen pflegt, so mußte dieses allerdings bey dem klugen Fürsten Aufmerksamkeit erregen. Die schwebende, weinende, ausstreuende Gestalt hatten alle gesehen, und auf einerley Art beschrieben, nur über das, was sie ausgestreut hatte, zeigten sich einige Varianten. Der Kayser hielt sich an die Hauptsache, und eilte das andere untersuchen zu lassen.

Nach kurzer Zeit befanden sich die ausgestreuten Zettel Kolonnas, von denen der Wind nur wenige verweht hatte, alle im kayserlichen Gemach; man las sie, man zitterte. Selbst die abgebrochene Schreibart, und die zitternden Züge vermehrten das Entsetzen. Hier war mehr als Geistererscheinung! Auf wen jene nur einen leichten Eindruck gemacht haben würde, der fühlte hier sein Blut in den Adern erstarren!

Die Warnung war gut, auch wars vielleicht noch Zeit, dem Verderben noch zuvor zu kommen, wenn nur der Warner so gut gewesen wär, den Winkel der weiten Burg, wo es lauschte, genau zu benennen. „Im Schoos des Thurms wühlt der Tod!" Zwanzigmahl las man diese Worte, und immer fragte man am Ende: „Welches Thurms? — O, Kolonna! armes furchtsames Geschöpf! deine Bestürzung hatte dich das Wichtigste vergessen lassen, und fast deine ganze Warnung unwürksam gemacht!"

Die Beherzigung des geheimnißvollen Zettels kostete allerdings viel Zeit, die man hätte besser anwenden können, und nur der weise Kayser handelte schon, während die andern noch rathschlagten: „Welcher Thurm?" — Einige verloren sich auch in Muthmaßungen über die Person des Warners, und wagten sich damit in ein noch weiteres Feld. Es waren viele, welche behaupteten: Frauhauer sey hier im Spiel, weil sein Name auf dem Zettel genennt war, aber die Kayserin nebst ihren Damen, blieb bey dem Schutzgeist der Vestung; daß das, was er ausstreute, keine glühende Asche, sondern schriftliche Warnungen waren, änderte, ihres Erachtens, nichts in der Sache, und man bewunderte höchstens nur das, daß Engel sich genau so ausdrückten wie die Menschen; einige wollten in dem abgebrochenen Styl die energische Sprache des Himmels finden.

———

Kolonnas erstes Geschäft am Morgen war, einen der Warnungszettel, der von ohngefähr zurückgeblieben war, zu überlesen. Der Fehler, der jetzt in der gewarnten Festung so viel Nachdenken verursachte, und den er gestern in der Verwirrung bemerkt hatte, fiel ihm sogleich in die Augen; er erbleichte, und glaubte, die ganze Frucht seiner nächtlichen Wagniß sey verloren. Er war mehr als einmal im Begriff, alles aufs Spiel zu setzen, und zu Verbesserung seines Fehlers am hellen Tage hervor zu gehen, aber die Mittel hiezu wären ihm benommen. Er war gestern bey der Einnahme der Leiter so ungeschickt zu Werke gegangen, daß sie Beschädigungen erlitten hatte, welche es unmöglich machten, sich ihr ferner anzuvertrauen. — Kolonna versuchte es hierauf, noch einige Pfeile in die Vorderhöfe zu schießen, allein auch dieses war vergebens, sie fielen alle zu kurz oder zu hoch, und da auch Selim sich heute von außen nicht blicken ließ, so schien dieser Tag dem armen Gefangenen ein rechter Unglückstag zu seyn, er machte sich zu allem, auch zum Schrecklichsten gefaßt, und befand sich am Ende in jener toden Unempfindlichkeit, die der Verzweifelnde Ruhe nennt, und der fürchterlichste Zustand der menschlichen Seele ist.

Die einbrechende Nacht fand den armen Verlassenen noch auf dem Umgang seines Thurms; eine weite Aussicht öfnete sich hier von allen Seiten, aber sie war nicht schön; dort die wüste weißbeschneyte Ebene, wo sich in weiter Ferne das böhmische Lager wie kleine schwarze Flecken ausnahm; (ach Gott! daß es so fern war!) — Ostwärts die unruhige Stadt, wo sich, so wie die Nacht einbrach, ungewöhnlicher Tumult verspüren ließ, und südwärts, die öden Burghöfe.

Es war kalt, neues Schneegestöber bedeckte die Zinnen. Kolonna ward durch körperlich unangenehme Empfindungen aus seiner dumpfen Fühllosigkeit aufgeschreckt, er erhub sich von dem Orte, wo er den ganzen Tag, sehnend nach Hülfe, gesessen hatte, und schleppte
sich

sich nach der andern Seite, wo der Eingang zu den innern Gemächern war.

Als er vor der Gegend vorüber ging, die sich der Stadt näherte, tönte rasender Lärm zu ihm herüber, und als er weiter hin über den verlassenen Winkel, wo sein Gefängniß lag, einen Blick auf den gegen überstehenden Kayserthurm warf, siehe, da flammte von dessen oberster Zinne eine Fackel mit rother fürchterlicher Glut zum Himmel auf, und schnell, im Augenblick, da der schwankende Kolonna das furchtbare Meteor gewahr ward, kam noch eine Flamme zum Vorschein, das Zeichen der höchsten Noth, dringender, Rettung fordernder zu machen.

Welch ein Gesicht! Kolonnas Augen schlossen sich, nichts mehr zu sehen! Er schwankte nicht nur, er fiel. Wer sich die entsetzlichen Bilder, die sich bey Erblickung des grauenvollen Zeichens, das er nur so wohl kannte, da er es selbst angegeben hatte, seiner Seele aufdrängten, denken kann, der wird sich nicht wundern, daß der schwache Jüngling gefallen ist.

Indessen hatte Selim den Ort erreicht, wo der König von Böhmen sein Abläger genommen hatte. Seine dringenden Worte, und noch mehr sein angstvolles Betragen, sprach von der Noth, in welcher sich die Burg befand, und doch hatte dieselbe damals noch nicht die höchste Staffel erreicht.

König Georg, der Selim in seiner Vorstellung, und in der Geistergestalt, die ihm Angst und Entsetzen gaben, nicht kannte, fluchte der Bosheit der Wiener, fluchte noch mehr der Bosheit ihres Verführers, Herzog Albrechts! Einen Fürsten wie Friedrich, einen Fürsten, wider welchen man der gerechten Klagen so wenig hätte, so grimmig verfolgen, durch Sprengung einer Mine, nicht nur der Burg und ihren unschuldigen Einwohnern, das schrecklichste Verderben bereiten, sondern auch durch diesen teuflischen Anschlag selbst die Stadt in Gefahr setzen, das war mehr als er begreifen konnte. Er war eilig auf mit seinem ganzen Heer, wenigstens zu retten und zu strafen, wenn Hinderung nicht mehr möglich wär.

Auf Eil kam hier alles an. Selim trieb und stürmte zum Aufbruch. Man brachte Botschaft ein, wie man durch die Fernröhre, von den Zinnen der weitentlegenen Burg, eine kleine Flamme erblicke, wisse nicht, ob es das Hohenothzeichen oder ein aufgehendes Feuer sey. — Da ward selbst dem

Könige warm ums Herz, und Prinz Viktorin, welcher drauf drang, daß, da es mit Aufbruch des Volks nicht so geschwind gehen könne, als hier nöthig war, Boten voraus geschickt würden. Die Wüthriche zu bedräuen und den Kayser zu retten, Prinz Viktorin, sagen wir, verwünschte in seinem Herzen den Zufall, der ihn von Selim getrennt hatte, und der uns noch unbekannt ist. — Er, er, sagte er zu sich selbst, indem er die nöthigen Anstalten traf, er sollte jetzt hier seyn, all sein Thun war Feuer und Flamme! Er konnte die Winde überflügeln; durch halbes Zauberwerk war er überall! O Selim, Selim, daß ich dich falsch befinden, daß ich dich vermissen muß!

———

Aber Selim war mit einer kleinen Begleitung, die sein Ungestüm um sich versammelte, längst voraus. Ihm flammte, als er die weite Ebene gewonnen hatte, die rothe Fackel vom Kayserthurm so schrecklich entgegen, als dem armen Kolonna, der ihren Schein nur gesehen hatte, um im nächsten Augenblicke nichts mehr zu sehen.

Jetzt kam noch eine Fackel zum Vorschein, jetzt noch eine, und endlich die vierte. O wehe, schrie Selim! hier ist alles verloren! Ich komme! ich komme, mein Bruder! nicht dich zu retten, sondern dein Verderben grausam zu rächen! Heute, heute soll man sehen, daß ich Mahomeds Bruder bin! Wien kann heute noch ein Konstantinopel werden!

Wir zweifeln nicht, daß, da Selim noch gnug von seiner Abkunft in seinem Charakter hatte, seine Drohung hätte wahr werden können, wär die Macht auf seiner Seite gewesen; aber er vermochte hier gegenwärtig nichts, und selbst der König von Böhmen vermochte nicht viel, und wollte noch weniger als er vermochte. Dem Kayser helfen wollte er, aber mehr als Vermittler denn als Vertheidiger; vielleicht würde er mehr gethan haben, hätte sich der friedfertige Friedrich thätiger finden lassen, ihm mit Ernst an die Seite zu treten; aber wir haben gesehen, wie dieser gute Fürst handelte, immer wie ein Vater, der jeden Streich selbst fühlt, mit welchem er ausgeartete Kinder züchtigen soll.

Vermittler sind traurige Beystände, wo man ernste Helfer braucht. Der Kayser befand sich übel dabey, daß König Georg seit dem letzten Sturm auf die Stadt so läſtig zu Werke ging, doch ſtand es auf der Burg anders, wenn auch nicht viel beſſer als man meynte.

Von jener Mine, welche Selim, Kolonna, und Euch, meine Leſer, ſo viel Sorge macht, war nichts mehr zu fürchten. Friedrichs weiſe Vorſicht hatte hier zeitig Rath geſchaft. Die Nachläßigkeit des Warners, der vergeſſen hatte, die Stelle der Gefahr zu bezeichnen, vernichtete die Rettung nicht, ſie verzögerte ſie nur. Während man oben in der Burg, unter den Frauen und den müſſigen Hofleuten, deren es auch hier gab, noch immer fragte: **Welcher Thurm?** war der thätige Kayſer, der überall mit eigenen Augen ſah, ſchon längſt auf der rechten Spur. Der Gang war entdeckt, aus welchem in wenig Stunden der Tod hervorbrechen ſollte, und nebſt ihm noch ein anderer, durch welchen man ſo viel Mannſchaft aus der Stadt, und aus dem Felde in die Veſtung hätte befördern können, daß jenes grauſame Mittel zu ihrer Eroberung nicht einmal nöthig geweſen wär.

Wär der Kayſer geſinnt geweſen, wie die lärmreichen prunkvollen Wiener, er hätte seinen Triumpf über die heimliche Bosheit, durch Trompeten und Pauckenschall laut werden lassen, auch hätte die Sache eines lauten Jubels wohl werth seyn mögen; eine solche Rettung aus solch' einer Gefahr!" —

Indessen blieb es bey einer stillen Freude, bey einem stillen heissen innigen Dank gegen die Vorsicht, deren wachendes Auge man in diesen schweren Tagen so oft gespürt hätte. Mit Freude und Dank verbarg sich Sorge und Wachsamkeit. Einige Gefahren waren überwunden, aber bey weitem noch nicht alle! Seit Herzog Albrecht in der Stadt war, und seit also auch selbst die Wiener nicht mehr vor ihren Thaten her trompeten und posaunen liessen, hatte der Kayser an ihnen weit furchtbarere Gegner als vorher. Nach einem solchen Tage wie dieser, hatte man sich eine schreckliche Nacht zu vermuthen, und ehe dieselbe einbrach, erhielt man von dem, was man vermuthen mußte, Gewißheit.

Die Wache des Brunnens, welche keinen Tag unterließ, in dem noch unentdeckten Kronenburgischen Winkel den Tafelkorb des jungen Prinzen niederzulaßen, ungeachtet derselbe schon seit langer Zeit immer leer wie der hinaufgewunden ward, fand ihn diesen Tag mit einer Kollation erfüllt, die auf nichts anders deuten konnte, als auf die Befreyung des jungen Speisemeisters.

Maximilian ward über diese Deutung der reichen Spende weit erfreuter, als über sie selbst, ungeachtet er der trockenen Erbsen wohl herzlich überdrüßig war, und die größte der gefüllten Torten, mit ungewöhnlichem Apetit ergriff sie zu verzehren, indessen ein Kämmerling auf seinem Befehl abging, der kayserlichen Frau Mutter das übrige zur höchstnöthigen Labung zu bringen.

Der junge Prinz fand diesesmahl seine Eßlust getäuscht. Die verzuckerte Hülle umschloß etwas heterogenes, das mit Erstaunen hervorgezogen, und mit Entzücken gelesen wurde; einen Zettel, einen Brief von Kronenburgen!

Meister Engelbrecht, der seinen achtjährigen Eleven, mit all seiner Strenge noch immer die Lesekunst nicht ganz hatte einprägen können, nahm das Blatt aus der Hand des wartenden Prinzen, und verlas folgendes:

„Theurer Prinz, Euer Kronenburg ist frey. Noch schmachten die Gesandten in Holzers Gefangenschaft; mich traf ein besseres Glück.

„Die Freundschaft einer jungen Bäckerin setzt mich in den Stand, diesen Morgen einmahl Eure Tafel, Eurem Stande gemäß, zu besetzen, und wenn man heute mit einbrechender Nacht die Maschine herablassen will, welche einst den treuen unglücklichen Arimith, der nun nicht mehr ist, in die Vestung brachte, so wird Kronenburg dem Kayser seine Treue durch einige Nachrichten beweisen, die, wenn auch nicht gut, doch wenigstens richtig sind."

Kronenburg selbst war es, welcher diesen Abend in der Arimithschen Maschine herauf gewunden ward. Der kleine Prinz, welcher sich dieses aus seinem Briefe vermuthet hatte, wartete seiner bey dem Brunnen, und säumte nicht, nachdem er ihm tausend Liebkosungen gemacht hatte, ihn selbst zu seinem Vater zu führen.

Hier war es, wo der treue Jüngling umständlichen Bericht von dem erstattete, was nun, ehe eine Stunde verging, durch den Erfolg bestättigt finden sollte, und was nur gar zu bald die Ursach der Aussteckung der Hohennothzeichen ward.

Ein entscheidender Sturm war der Burg auf diese Nacht zugemessen. Der heutige Tag hatte den Feinden des Kaysers gezeigt, daß eine höhere Macht für ihn sorgte, und daß eine Wachsamkeit wie die seinige im Stande war, die heimlichsten Anschläge der Arglist zu vernichten. Auch wußte Herzog Albrecht, daß der König von Böhmen in den nächsten Tagen ernstliche Anstalt machen würde, das Amt eines Vermittlers zwischen ihm und dem Kayser zu üben, und Ausgleichungen zu treffen, bey welchen der unrecht habende Theil zu kurz kommen mußte. Albrecht wußte, daß das Recht nicht auf seiner Seite war, ihm grauete vor der Entscheidung, und er eilte derselben durch einen gewagten Streich zuvorzukommen. Diese Nacht mußte die Burg übergehen oder nie, diese Nacht mußte der Kayser in seines verrätherischen Bruders Hände kommen, oder alles war verloren.

Die Belagerten waren gerüstet. Kronenburg, dem der Kayser für seine Treue eine freye Bitte gestattet hatte, versicherte, er habe jetzt kein Anliegen, als ein kleines Gewerbe an Friedrich Zengern den Schloßhauptmann, und an Meister Zinkendorfen den Zeugmeister, wenn er hiezu seines gnädigen Herrn Einwilligung erhalten könne. Der Kayser lächelte, und der junge Mensch flog den Anschlag auszuführen, wozu ihm Treue und Thatenbegierde hinriß. Ehe eine Viertelstunde verging, trat er gerüstet in des Prinzen Zimmer. Meister Zinkendorf hatte ihn bey seinen Feuerschlünden Stand und Stelle anweisen wollen, aber Friedrich Zenger hatte ihn schon seiner Tapferkeit würdiger postirt, und er eilte nur auf einen Augenblick zurück, von seinem geliebten Prinzen Abschied zu nehmen.

Maximilian weinte an seinem Halse, und beklagte seine Jugend, die es unmöglich machte hier selbst thätig zu seyn, aber Meister Engelbrecht, der immer zu schelten pflegte, schalt über versäumte Minuten, die allerdings hier äusserst kostbar waren, das bewies der Trompetenruf, der die Umarmung trennte, und das Gerücht von der wachsenden Gefahr, welches sich bald nach Kronenburgs Entfernung von den Mauern in der Burg verbreitete, und selbst bis in die unterirrdischen Gewölber drang, wo sich Maximilian, der lieber gefochten hätte, wär er nicht zu klein gewesen, abermahls mit seiner Mutter und den übrigen Schwachen der Burg verbergen mußte.

Jener Kamppbachio, dessen Namen in Colonnas Geschichte gehört, die wir noch nicht wissen, befand sich auch mit in dieser Kellergesellschaft, nicht eben aus Zaghaftigkeit, sondern aus Pflicht die Damen zu trösten, für welche er von je her eine gute Zuneigung hegte. Er war Gesandter vom Herzog von Burgund an den Kayser, und hatte an eben dem Tage durch heimliche Wege zurückkehren wollen, da Arimith, von dessen kläglichem Tode man heute durch Kronenburgs Erzählung umständlichern Bericht eingezogen hatte, in die Hände des wüthenden Pöbels gerieth. Kampobachio prieß sein Geschick seine Abreise verschoben zu haben, und dadurch ähnlicher Gefahr entgangen zu seyn. Daß er nun in der beängstigten Vestung mit eingekerkert war, war ihm nicht gleichgültig, aber er nahm aus diesem Unglück das Beste das er kannte; es gab ihm ja Gelegenheit, in die unterirrdischen Gewölber hinabzusteigen und die Damen zu trösten. Den schönen Edelknaben Colonna, um welchen er sich diese Tage über schier müde gefragt hatte, fand er zwar auch hier nicht, aber er hatte doch gehofft ihn hier, ihn in irgend einer Verborgenheit des Schlosses zu finden, denn er wußte um die Angelegenheiten dieses jungen Menschen mehr als wir, und hielt es für möglich, daß man ihn absichtlich vor ihm versteckt hielt.

Die ersten Anfälle der Belagerer waren wüthend, es war ein halbes Wunder, daß sich die Burg noch hielt, ein Wunder der schützenden Vorsicht, und der weisen Anstalten Kayser Friedrichs, der aus den kleinsten Umständen Vortheil zu ziehen wußte.

Fünf Fackeln flammten am Ende von dem Kayserthurm in die Nacht hinaus, und riefen der Burg Helfer herbey. Es war ein grauenvoller Anblick! Selim und die Seinen, der Vortrab der hülfreichen Böhmen, sahen es und eilten, doch der Weg behielt seine gewöhnliche Länge, man konnte die Unmöglichkeit nicht überflügeln. Erst gegen den Morgen, da eine Flamme nach der andern in dem bleichen Dämmerlichte erlosch, und mit ihrem Verschwinden das Zeichen von abnehmender Gefahr gab, langten König Georgs Gesandte zu Wien an, und wurden vor Herzog Albrechten geführt, welcher eben müde und erschöpft von den vergeblichen Versuchen dieser Nacht, in seinen Pallast zurück gekehrt war. Das hätte man nach so vielen, bereits über die Burg erlangten Vortheilen nicht gedacht. Die Vestung schien unüberwindlich zu seyn, und unter dem Volk ging eine Rede: dies sey die unmittelbare Hand Gottes, die über Kayser Friedrichen wache.

Herzog Albrecht hatte eben vernommen, was für Reden unter dem grossen Haufen gingen, und nahm aus denselben das Abzeichen geänderter Gesinnungen. Er kannte seine Leute; wo ihnen Kraft zum Ausharren fehlte, wo sie unübersteigliche Hindernisse zu sehn glaubten, da nahmen sie gern höhere Mächte mit ins Spiel, um ihre Schwäche zu entschuldigen. Jetzt war es Zeit, jetzt da sich zu der Stimme des schwürigen Volks noch Hülfe für Friedrichen von aussen gesellte, abzulassen, und da Sieg unmöglich war, wenigstens einen ehrlichen Vergleich zu suchen. Hätte die Burg vor Erscheinung der böhmischen Gesandten übergehen mögen, so wär es freylich in Herzog Albrechts Plane passender gewesen.

Während die Gesandten beym Herzog Audienz hatten, und von ihm die wärmsten Versicherungen von seiner Bereitwilligkeit zum Frieden, und die lebhaftesten Beileidsbezeugungen über das Unglück anhören mußten, das der Kayser sich lediglich selbst zugeschrieben hätte, durchstrich Selim die Stadt, Kronenbürgen ausfündig zu machen, den er durch Arimith als einen treuen Menschen kannte, und mit dessen Hülfe er in die Burg zu kommen dachte, wohin jetzt sein ganzer Sinn stand. Sein Schicksal hatte ihn jetzt von allen andern Verbindungen losgemacht, für ihn war weder Viktorin noch König Georg, noch irgend einer seiner andern Freunde mehr in der Welt; sein Herz hing blos an dem jungen Menschen, den er seinen Bruder nannte, und für welchen seine Liebe, eben darum, weil er jetzt der Einzige war, mit jedem Augenblick stärker ward. Sorge um ihn war es, was dieser Zärtlichkeit, die man fast Leidenschaft hätte nennen können, die höchste Staffel erreichen ließ. Was mochte in dieser Schreckensnacht aus dem armen Jünglinge geworden seyn? Selim kannte seine Schwäche aus Aximiths abgebrochenen Erzählungen, aus den eigenen Briefen des jungen Menschen, und selbst aus seinem Anblick. In einem Körper, der das höchste Ideal von zarter Schönheit darstellte, konnte unmöglich eine starke Seele wohnen, oder hätte sie hier ihren Sitz gehabt, so hätte sie in einer solchen Herberge unmöglich nach Willen handeln können, so würde Mangel an Kräften überall dem Heldenmuth, der Standhaftigkeit und Entschlossenheit Gränzen gesetzt haben.

Selim fand Kronenburgen nicht; er konnte ihn nicht finden, da er, wie wir gesehen haben, seit gestern in der Burg war, und diese Nacht mit auf den Wällen gefochten hatte, um seinem Herrn die Vortheile ersiegen zu helfen, deren er nun genoß. Sie waren freylich nicht so groß, als die Treue für den guten Kayser es gewünscht hätte! Doch war ein wenig Ruhe nach solchen angstvollen Tagen, und Hoffnung auf Raum zur Vermittelung auch nicht zu verachten.

Alles schlummerte jetzt auf der Burg, um die Schrecken der vergangenen Nacht zu vergessen, man konnte sicher schlummern, denn dem Anschein nach, war die Belagerung so gut als aufgehoben, auch hatte man heimliche Post, daß die böhmischen Gesandten beym Herzog angelangt wären, um den Vergleich der beyden Brüder, der Fürsten und des Volks, auszumitteln.

Wir wollen nicht entscheiden, ob nicht Kayser Friedrich mit dem Zunamen der Friedfertige, dieses Zunamens ungeachtet, lieber gewaffnete Hülfe als Vermittelung gehabt hätte; er hatte zu viel gelitten, er hätte kein Mensch seyn müssen, um nicht ernste Vergütung des erlittenen Unrechts zu wünschen, und war die ganz ohne Schwerdsschärfe möglich? Der Kayser kannte seinen Bruder, und wußte, was er in der Güte von dem

zu erwarten hatte, der ihn bis hieher so feindlich behandelte.

Vielleicht waren es die Sorgen um diese Dinge, welche ihn, da alles ruhte, alles
Hoffnung schöpfte, weder schlummern noch
hoffen liessen. Er nützte die Zeit, die er
wohl zur Erholung nöthig gehabt hätte,
nebst einigen seiner Diener, welche dachten
und sorgten wie er, Anstalten in der Burg
auf jeden Fall zu machen, der sich jetzt als
möglich denken ließ, und denn die Verwundeten zu besuchen, deren der nächtliche Sturm
und der harte Kampf auf den Wällen viel
gemacht hatte.

Auch der junge Kronenburg war unter
denen, die den Kayser, nebst dem alten Grafenegger, und dem tapfern Probst Georg von
Presburg an ihrem Lager tröstend und dan-
kend erscheinen sahen. Dem Kayser gingen die Augen über, als er den edeln Jüngling bleich und fast blutlos vor sich liegen
sah; Kronenburg war so schwach, daß er
kaum des guten Fürsten dargebotene Hand
an seine Lippen drücken, und einiges, was
er mit ihm sprach, einsylbig beantworten
konnte.

Mein

Mein Kronenburg, sagte Friedrich, ihr habt einmal das Schwerd geführt, und möchtet es, wie eure Aerzte sagen, wohl nie wieder führen.

Muß ich denn sterben? fragte der junge Mensch mit einem Tone, der von der innigen Liebe zum Leben zeugte, die uns in diesem Alter eigen ist.

Sterben nicht, so es Gott will, erwiederte der Kayser, aber nicht wieder kämpfen.

Ach! und ich hoffte so viel von meinem Schwerde!

Kann denn nur das Schwerd euch heben? Ich denke wohl, ich habe der Mittel noch mehr, eurer Treue zu lohnen! Den Adel habt ihr schon; denn sollten Thaten wie die Eurigen nicht adeln, was könnte es wohl sonst? aber ich bitte Euch, sinnt darauf, sinnt ernstlich drauf, womit ich Euch noch mehr meinen Dank beweisen, und andre zu ähnlicher Treue aufmuntern kann.

Wär ich Kayser, rief der junge Maximilian, der an seines Freundes Bette stand, und seine Wunden und seine Schwachheit so tief empfand, daß ihm kein Lohn für dieselben zu groß dünkte; wär ich Kayser, ich wußte, womit ich dem treuen Kronenburg lohnen wollte.

Rede, mein Kind, sagte Friedrich, rede für deinen treuen Speisemeister, der zu schwach scheint seine Meynung zu sagen.

Kronenburg hat sich uns und der Vestung so hülfreich bewiesen, fuhr der kleine Prinz fort, daß sie ihn nimmer missen kann; macht ihn zum Burggrafen von Wien, so ist ihm gerathen, und er kann Euch der Treue noch mehr beweisen.

Ey, mein Sohn, lächelte Friedrich, ein funfzehnjähriger Burggraf! — Ueberdieses ist Wien zusammt dieser Burg nicht, so in unserer Gewalt, daß wir hier schalten und Ehrenstellen nach Willen vergeben können.

Mir gnügt an kayserlicher Gnade, stammelte Kronenburg, indem er die Hand des jungen Prinzen, der sich dicht zu ihm drängte, fest in der seinigen drückte, mir gnügt an der Huld dieses Engels.

Es ist schier jetzt die Zeit nicht, über solche Dinge zu theidigen, sagte der Probst von Presburg mit der ihm eigenen treuherzigen Art, wollte indessen Kronenburg, der ja wie ich hier nicht nur den Degen, sondern auch die Feder zu führen weis, wollte er, wenn Gott Leben und Gesundheit schenkt, sich der Kirche widmen, so zeigte sich hier ein schöner Weg, auf welchem ihn sein gnädiger Herr, der Kayser, zu Gut und Ehren bringen könnte.

Es geschehe *)! rief Friedrich, und hier habt ihr meine Hand zum Siegel des Versprechens. Kronenburg dankte mit geneigtem Haupt, und die Krankenvisite endigte sich, welcher der Arzt des Verwundeten, und die Duegna Maximilians, der er entlaufen war, um seinen Freund zu besuchen, längst ein Ende gewünscht hätten.

Wie schön war die Scene an dem Lager des tapfern Jünglings, wie würden wir uns freuen, wenn wir an die Stelle seines damahls noch unberühmten Namens, den Namen unsers Kolonna einschalten, und all die Ehre für einen unserer Helden einerndten könnten, die hier dem Sohn eines gemeinen Mannes zu Theil ward! Doch hier steht uns Schriftstellertreue im Wege, und wir müssen es Euch, meine Leser, nur zugestehen, daß der arme Gefangene auf dem Hungerthurm, und wenn er noch aus noch

*) Es geschäh in der Folge: der treue Kronenburg ward Burggraf von Wien, und Maximilian machte ihn zum Domherrn.

oblerm Blute entsprossen gewesen wär, als er würklich war, hier gegen diesen gemeinen Bürgerknaben gewaltig in den Schatten zu stehen kommt. Er war gefangen, könnten wir zu seiner Vertheidigung sagen, und darum konnte er bey Annäherung der Gefahr sich nicht zum Streit rüsten, sondern nur zittern oder wohl gar ohnmächtig werden; — Doch wir sind aufrichtig genug zu bekennen, daß wir glauben, er würde, und wenn er noch so frey gewesen wär, etwas zu Vertheidigung der guten Sache zu thun, bey dem Zittern und bey der Ohnmacht geblieben seyn.

Sie befiel ihn, wie wir gesehen haben, als er auf dem Umgang des Thurms, die erste Fackel, das Hohenothzeichen, zum Himmel aufflammen sah. Ohne Gefühl lag er über eine Stunde, und als er zu sich selbst kam, und statt einer Flamme mehrere von der Zinne des Kayserthurms lodern sah, da fehlte wenig, er wär in neue Bewußtloßigkeit gefallen.

Vielleicht war es selbst die Angst und die Sorge um sein Leben, was ihm Stärke gab. Er rafte sich auf, und schlich in das Innere seines Kerkers, um dem schrecklichen Anblick, und dem tobenden Sturmgetöse zu entgehen, welches von der Gefahr zeugt, in der die Vestung und er mit derselben schwebte.

Er warf sich auf sein Lager. Unter wiederkehrenden Bewußtloßigkeiten und nahmenloser Angst ging die Nacht hin. Er hatte nicht den Muth sich zu erheben, und auf der Zinne Kundschaft einzuziehen, wie es in der Burg stehe, daher verschwanden die flammenden Meteore, die ihm so viel Schrecken einjagten, die Gefahr ging vorüber, der Morgen brach an und er zitterte noch, da er sich schon hätte erholen und ruhig schlummern können, wozu ihm seine Schwäche nur allzuviel Anleitung gab.

Endlich siegte die Natur, und Kolonna lag würklich wiederum in festem Schlafe, als es sein Bestes erfordert hätte wachend zu seyn. Selim hatte, wie wir gesehen haben, vergebens den jungen Kronenburg aufgesucht, um durch ihn in die Vestung zu kommen. Kein anderes Mittel, von dem Bruder, um den er sorgte, etwas zu erfahren, war nunmehr übrig, als die fliegende Post. Er stahl sich wieder aus der Stadt, stellte sich jenseit des Burggrabens dem Thurm gegenüber, suchte mit seinen Augen den geliebten Gegenstand, der sonst um diese

Stunde hier nimmer zu fehlen pflegte, und entfernte sich endlich traurigen Herzens, nachdem er flugs einige Zeilen geschrieben, und einem Pfeil anvertraut hatte.

Als Kolonna weit über Mittag erwachte, und Muth gewann einen Spaziergang auf die Zinne zu thun, fand er den Zeugen von Selims verträumten Besuch, und rang die Hände, seinen Helfer, seinen Tröster verfehlt zu haben.

Er nahm das Blatt zu sich und las folgendes:

„Du bist nirgend zu sehen, mein Bruder; was mag das bedeuten? Alle Mittel zu dir zu kommen sind mir verschlossen; wie soll ich dich retten? — Hältst du dich noch zwischen diesen Mauern auf, und bringt dir das Glück dieses Blatt in die Hände, so merke auf seinen Inhalt: Ich beschwöre dich, sey wachsam, wachsamer als bisher! Nachdem, was ich vernehme, ist Uebergabe der Burg, und schnelle Entfernung vor der Thür. Dich davon zu bringen, wage ich alles; du kannst drauf bauen; versäume nur auch du nicht; Zeit, Ort und Stunde, da dich die Arme Selims erwarten, Dinge, die sich in diesem Augenblick unmöglich bestimmen lassen.

Uebergabe einer Burg, die man so tapfer vertheidigt hat? höre ich meine Leser fragen, Uebergabe, wenn ein hülfreicher König mit neuntausend Gewafneten in der Nähe steht? — — Leider, ihr Lieben, ging es so wie wir Euch sagen.

Albrecht, der mit König Georgs Gesandten nicht recht einig werden konnte, besuchte ihn persönlich zu Kronenburg. Er hatte so viel Einnehmendes in seinem Aeusserlichen, so viel Ueberredendes in seinen Worten, daß er hiedurch viel gewonnen haben würde, wenn auch nicht das Gewicht der Dinge, die er vorbrachte, seinen Sieg befördert hätte. Wären wir nicht bisher schon in Rüksicht der brüderlichen Streitigkeiten allzuweitläuftig gewesen, und lägen Staatshändel nicht ganz ausser unserm Gesichtskreis, so würden wir uns hiebey ein wenig aufhalten; so sey es genug, meine Leser, euch den Erfolg einer Verhandlung zu sagen, welche nicht in einem Tage geendiget ward, und binnen welcher die Noth auf der Burg, die sich noch immer für belagert halten mußte, ungeachtet man nichts feindseliges wider sie begann, und ihr mit einer Art von Freyheit schmeichelte oder sie höhnte, den höchsten Gipfel erreichen mußte. Der krank

Kronenburg trauerte, seinen Prinzen bey seiner armseeligen Mahlzeit weinen zu sehen, ohne ihm helfen zu können, und der Kayser trauerte noch vielmehr, daß der Mangel an Nahrung bey weitem nicht das größte Uebel war, was endliche Entscheidung der Sache, sie geschehe auf die oder jene Art, höchst wünschenswerth, ach, was sage ich, unaufschiebbar machte: Die Kayserin nebst vielen andern lag krank danieder; kein Arzt, keine Arzeney war hier ihnen zu rathen. Der alte Leibmedikus, Meister Martin a Bonafide, war während der Belagerung gestorben, und nach der eingeschränkten Art der damahligen Hofhaltungen, besonders der kayserlichen, wo man die Sparsamkeit ein wenig liebte, war kein anderer da, die erledigte Stelle zu ersetzen.

In einer solchen Lage, da Friedrich in Gefahr war, das zu verlieren, was ihm lieber war als sein Leben, ja lieber als Cron und Thron, hätte Herzog Albrecht vielleicht Annahme all seiner etwas unbescheidenen Vorschläge erwarten können, wenn er sie an ihn gerichtet hätte; aber, er legte sie dem König von Böhmen, als dem Vermittler in dieser Sache vor; und dieser, den weder Hunger, noch andre Noth trieb, unbillige Dinge gut zu heissen, dingte, mäßigte, und mehrte so lange, bis endlich ein Vergleich zu Stande kam, den der Kayser, wenn auch nicht vortheilhaft, doch leidlich nennen mußte, weil es an Zeit und Möglichkeit fehlte, ihn besser zu machen.

Das widrigste in demselben war der Abzug aus der Burg, auf welchen Herzog Albrecht von Anfang bestanden hatte, und den er auf keine Art aufschieben oder abdingen lassen wollte. Diesen Abzug zu decken, und so ehrenvoll als möglich zu machen, rückte der König von Böhmen mit seiner Armee nahe vor die Burg. Die Belagerer zogen sich gänzlich zurück. Die Wiener flohen in ihre Häuser, als schämten sie sich, den Fürsten ins Auge zu sehen, den ihre Grausamkeit aufs äusserste gebracht hatte. Ein Trompetenstoß von böhmischer Seite, meldete den hohen Flüchtigen, daß es die rechte Zeit zum Aufbruch sey, (— Flüchtige könnte man sie wohl nennen, da ihr Abzug so schnell, ich will nicht sagen, verstohlen, vor sich ging, daß man nur das nöthigste mit sich nahm, und an Kostbarkeiten und treuen Leuten viel zurück ließ, welches Herzog Albrecht doch großmüthig genug war, mit einem ziemlich verbindlichen Kompliment, nach Neustadt, wohin sich die kayserliche Familie verfügte, nachzuschicken.

Nicht von ohngefähr, sondern mit gutem Vorbedacht hatte Kayser Friedrich den tapfern Probst von Presburg und Kronenburgen zurückgelassen, und als Herzog Albrecht den ersten fragte, ob er seinem gnädigen Herrn und Freunde nicht folgen wollte, so fiel die Antwort verabredetermaßen ohngefähr so aus, wie die Antwort des *) Arachsters, der aus Treue gegen einen unglücklichen König, der Diener seines abtrünnigen Sohns ward.

Kronenburg ward zu gering gehalten, befragt zu werden, auch würde er nicht ohne Stocken eine so künstlich geschraubte Antwort haben vorbringen können, als hier nöthig war, denn er war noch ein Jüngling, war noch in der ersten unverdorbenen Unschuld des Herzens welche bey jedem zweydeutigen Zug, die Röthe auf die Wangen treibt, und selbst da, wo die schlaue Kasuistik den Betrug entschuldigt, ja gebietet, die heiligern Rechte der Wahrheit nicht verleugnen kann.

Während der leichtsinnige Herzog Albrecht denen zu viel traute, denen er gar nicht hätte trauen sollen, und Anstalt machte, seinen Triumph da mit fröhlichen Festen

*) 2 B. Samuelis. C. 16. v. 18. 19.

zu begehen, wo bisher Hunger und Elend gehaußt hatten, während der alte Grafenegger, der gleichfalls auf Befehl des Kaysers zurückgeblieben war, sich in die Stadt verlor, um dort das Werk zu treiben, das der Probst von Presburg bey Hofe begann, suchte der verzweifelnde Selim seinen Bruder ohne ihn finden zu können. Der Eingang in die Burg war jetzt jedem offen; es kostete keine Mühe dahin zu gelangen, wohin der türkische Prinz sich so lang gesehnt hatte. Auch der wüste Hof, wo er den theuern Gegenstand seiner Besorgnisse eingekerkert wußte, war weder verschlossen noch bewacht, und das Gedränge des Volks, das durch des verschwenderischen Herzogs glänzende Feste herbeygezogen wurde, machte manches leicht, das unter des wachsamen Friedrichs Augen unmöglich gewesen seyn würde; aber — ach daß wir die Lücke, die dieses aber macht, ausfüllen, und unsern Lesern sagen müssen: Selim fand nicht was er suchte, fand seinen Kolonna nicht; dieses unschuldige Geschöpf war kurz vor Selims Ankunft von einem Betrüger hinweggetäuscht worden.

In dem nehmlichen Augenblick, da Selim verzweifelnd die Hände rang, zwar eine zur Flucht angelegte Leiter zu finden, zwar auf derselben in den Thurm hinaufsteigen zu können, aber dort nichts als Einsamkeit und scheußliche Leere zu sehen, befand sich der gesuchte in Händen, in welchen er wohl am übelsten in der ganzen Welt aufgehoben seyn mochte.

Wir wollen dem Entführer und seinem Raube nachreiten, um zu sehen, ob wir Selim, der durch Fragen endlich auf die Spur kommt, vollends zum rechten Wege leiten können.

—————

Es war der Mittag nach dem Abzug. Sie hatten sich eben unter ein altes Gemäuer auf dem Wege nach *** gelagert. Der Entführer legte dem Geraubten das köstlichste vor, was er zur Stillung des Hungers auf die Reise mit sich genommen hatte, und meynte im Vorlegen: dies würde nach so lang genossenen Mahlzeiten des Kummers wohl ohne Nöthigen gekostet werden.

Sein Gast kostete nichts. Aber ich bitte Euch um Gotteswillen, Kampobachio, schrie er, wo bringt ihr mich hin?

Aber ich bitte Euch um Gotteswillen, Fräulein!

Nennt mich nicht Fräulein!

Nun, seyd ihr es nicht?

Verwegner!

Gut! gut! Ich sehe, wenn man mit Euch Friede haben will, muß man sich anders nehmen. Ich bitte Euch also um Gotteswillen, tapferer und mannhafter Ritter, wie kamt ihr in jenes abscheuliche Gemäuer, aus welchem ich Euch gerettet habe? und warum verdiene ich so wenig Dank für das, was ich an Euch that?

Eure Leiter, auf welcher ihr Euch retten wolltet, war ein wenig zerbrochen, warum fehlte es Euch doch an dem Muthe, der Eurem Geschlechte zukommt, Euch durch einen kühnen Sprung zu retten? — Selim! mein Selim, rieft ihr, als ihr etwas lebendiges unten am Thurm vernahmt, mit einer so süßen Stimme, daß ich hätte wetten wollen, die sanften Accente einer Dame zu hören. Selim, mein Selim! komm! rette mich, oder ich bin verloren! — Ich antwortete nicht, aber ich suchte ein Mittel zu dem, wozu ihr mich auffordertet. Ihr stiegt herab und lagt in meinen Armen! Ich bitte Euch, wer war doch dieser Selim, dem ihr so gern gefolgt wäret, als ihr Euch mir mit Unwillen anvertrautet? Selim!

Der Name klingt ein wenig türkisch, man möchte Euch fast eines Verständnisses mit dem Erbfeinde verdächtig halten!

Kolonna brach bey dieser boshaften höhnischen Rede in Thränen aus. Kampobachio nannte ihn einen Ritter in voller Rüstung, und versicherte, daß er wider solche Waffen nichts vermöge.

Eine lange Pause erfolgte, u. Kolonna, der sich indessen auf andre Maasregeln sich loszumachen besonnen haben mochte, fing an mit einer zauberischen Art zu bitten, die wir, welche ohnedem wenig Kenntniß von ihm haben, noch nicht an ihm kannten.

Kampobachio! lieber Kampobachio! rief er, und zwang sich seine Hand auf die Seinige zu legen, wo bringt ihr mich hin?

Ich würde auf den Hof Eures Vetters, des Herzogs von Burgund rathen.

Ich bitte um ein Kloster!

Wohl! Es liegt hier in der Nähe eins der Väter Augustiner, und etwas weiter abwärts das Haus der Elisabethinerinnen; in welches befehlt ihr, daß ich Euch bringe? in der That, schöner Kolonna, ihr habt nur zu gebieten.

Kolonna erröthete, daß ihm das Gesicht verging. Kampobachio lachte höhnisch, man saß wieder auf, und ritt ohne ein Wort zu wechseln, bis der späte Abend der Reise ein Ende machte.

Das Ende der Reise war Schloß Kalsberg, welches Hüeßli der Schweizer in diesen Tagen der Unruhe und Unordnung erobert, und den rechten Eigner draus vertrieben hatte. Dergleichen Thaten waren zu selbiger Zeit nichts ungewöhnliches. So hatte vor kurzen Rupert Kreuzer, Schloß Leupoldsdorf überrumpelt, und seine Raubgesellen hatten an andern das nehmliche gethan, doch mit minderer Entschuldigung als Hüeßli. Der Eigner seiner eroberten Burg, war ihm mit Leib und Gut wegen mancher Forderungen hart verfallen; Hüeßli hatte sein Recht vor des Kaysers Stuhl nicht gewinnen können, und so dachte er sich es selbst zu nehmen, und hatte es auch dergestalt genommen, daß jedermann vor ihm zitterte. Der Bund der eigenmächtigen Vertheidiger eigener Rechte ward groß durch ihn; man suchte der Unzufriedenen mit der gegenwärtigen Regierung immer mehr in denselben zu ziehen. Von denen, welche zu klagen hatten, fehlte fast keiner mehr als Fraunauer, und auch diesen in die gefährliche Gülde zu locken, waren bereits Maasregeln genommen, die aber bey diesem Biedermanne vergeblich waren und blieben.

Kolonnas Entführer wußte indessen, daß auf die bloße Bekanntschaft eines solchen Mannes viel zu rechnen sey, und noch mehr auf seine Macht. Er hatte einen Diener voraus nach Kalsberg gesandt, um ihm und einem Begleiter ein freyes Ablager zu erbitten. Er kannte die zarte Leibeskonstitution seines Gefährthen, und dachte ihn durch kurze Tagereisen zu schonen, auch schwebte ihm der Name Selim unabläßig im Sinn, es war, als ob er von dieser Seite, ungeachtet er den Helden, der diesen Namen führte, nicht kannte, etwas zu fürchten habe, und so wollte er die Freyheit je mehr je lieber erkiessen.

———

Der Räuber hatte nicht unrecht, den unbekannten Selim zu fürchten, denn in der That war derselbe ihm schon auf den Fersen. Daß er die Wege, die man den Geraubten geführt hatte, bald entdeckte, haben wir dem Leser schon gesagt, nur das Wie sind wir ihm noch schuldig, und um diese Schuld

Schuld abzutragen, müssen wir ein paar Schritte in der Geschichte zurück gehn.

Ob Zufall oder schlaues Forschen den Grafen Kampobachio auf die Spur gebracht hatte, daß der schöne Edelknabe, auf dessen Person ihm so viel anzukommen schien, sich noch in der Ringmauer des belagerten Schlosses aufhielt, dies können wir so genau nicht sagen: Beydes ist möglich. Das was man Zufall nennt, brachte schon oft die seltsamsten Verwickelungen und Entwickelungen hervor, und ob gleich dem Romanschreiber nicht erlaubt ist, sich dieses Schwerds, den Knoten zu lösen, allzuoft zu bedienen, so mag ihm doch niemand wehren, dafern er in der Sage etwas ähnliches findet, dasselbe zu nutzen, wenn ers bedarf. Wir sehen uns nicht in dieser Nothwendigkeit; denn ob es gleich nicht unwahrscheinlich ist, daß Kampobachio vom Ohngefähr geleitet, einst sich in den wüsten Thurmhof verirrte, und dort die klagende Stimme Kolonnas vernahm, oder seine Gestalt auf der Zinne erblickte, so wissen wir doch auch, und unsere Leser werden es in der Folge dieser Geschichte noch besser erfahren, daß dieser Italiäner ein durchtriebener Kopf war, und so leicht nichts verfehlte, darauf er seinen Sinn gesetzt hatte. Er durfte sich nur die Geschichte von Kolonnas Verschwindung aus dem Schlosse von mehreren Personen erzählen lassen, und die Aussagen, die sehr verschieden ausfielen, er durfte nur unterschiedliches, das ihm bey Arimiths Anwesenheit aufgefallen war, näher beherzigen, und die Nachtgeschichte von dem Warnung ausstreuenden Schutzgeiste der Burg dazunehmen, so war er auf der rechten Spur, und das Wunder war eben so gar groß nicht, das ihm seinen köstlichen Raub in die Arme lieferte, besonders da er Freunde in der Burg hatte, da des Kaysers Beichtvater sein Vetter war.

Nichts von Kolonnas Erstaunen, als er sich gerettet glaubte, und statt Selim, den gehaßten Kampobachio vor sich sah; nichts von den Mitteln, die der Räuber brauchte, die lauten Klagen des Geraubten, die denselben hier sehr leicht hätten frey machen können, zu hemmen, sondern nur die Versicherung, daß er schlau genug war, um jede Möglichkeit der Fehlschlagung zu vernichten.

Als Selim kam, seinen Bruder abzuholen, war dieser von seinem Räuber bereits dergestalt geborgen, daß Entdeckung vor der Hand unmöglich war.

Begebenheiten wie die, welche sich in den letzten Tagen hier zugetragen hätten, zogen eine Menge Unordnungen nach sich, welchen nicht zu schnell gesteuert werden konnte. Der Ab- und Zufluß fremder, zum Theil verdächtiger Personen, war unglaublich. Der Probst von Presburg, der Herzog Albrechts Vertrauen schon ganz besaß, gab ihm den sehr guten Rath, niemand die Thore von Wien paßiren zu lassen, welcher nicht einen beglaubigten Schein habe, daß man um seinen Ein- und Ausgang wisse. Auch Selim konnte den Rückweg aus der Stadt nicht ohne einen dergleichen Paß erlangen, und da er hier ganz unbekannt war, so fehlte es ihm an Einem, der für seine Person bürgte. Er dachte an Rembrechten, den er hier gesehen, und sich vor ihm verborgen hätte; aber er verwarf im Augenblicke diesen falschbefundenen Menschen. Fraunauer, der ihm aus dem böhmischen Lager sehr wohl bekannt war, fiel ihm ein; er sahe ihn dem Herzog zu Hofe reiten, und eilte ihn anzusprechen und ihm den Namen zu nennen, mit dem er, seit er auf des böhmischen Königs Rath aufgehört hatte, öffentlich Selim zu heissen, allgemein genannt wurde.

Fraunauer war willig für seinen Bekannten zu bürgen, und sagte ihm, er habe ihn noch eben zu rechter Stunde getroffen, weil er im Begriff sey vom Herzog Abschied zu nehmen, indem er eine Einladung auf ein benachbartes Schloß erhalten habe. Ich habe, setzte er hinzu, dergleichen Aufträge, als ihr mir gebt, heute schon mehr ausgerichtet, ich mußte diesen Morgen für einen Diener Kampobachios, auf Bitte seines Herrn, bürgen, der einen jungen Menschen, welcher aus des Grafen Diensten gelaufen ist, seinem Herrn, der eine Stunde früher die Stadt verlassen, nachführen wollte

Der Name Kampobachio fiel Selim aufs Herz, er hatte ihn zu oft aus Arimiths Munde gehört, ihn zu oft in Kolonnas Briefen gelesen, um nicht aufmerksam zu werden; so wenig er im Ganzen von ihm wußte, so kannte er ihn doch, als eine seinem verlornen Bruder höchst widrige Person, woraus sich in diesem Augenblick schnell eine sehr richtige Muthmassung ergab. Kampobachio? rief er. Sein Diener? Ein junger Mensch? Saht ihr den letzten? Ich bitte Euch um Gotteswillen, sagt mir, ob ihr ihn saht?

Ich mußte wohl, wenn ich für ihn bürgen sollte!

Seine Gestalt, Fraunauer! seine Gestalt?

Eine schlanke, bleiche, verweinte Mädchenfigur! Ein Verwandter des Dieners, der kein gut thun will, und der eine Menge Finten auf der Zunge hatte, die mich sein Oheim bat nicht anzuhören.

Und ihr hörtet sie nicht? hörtet nicht die Stimme der Unschuld? — Grausamer! Der junge Mensch ist mein Bruder! ist mir häßlich entführt! Eilt, mir meinen Abzug zu befördern! Ich muß dem Räuber nach, ob ich ihn ereile!

Fraunauer sahe Selim an und schüttelte den Kopf, und dieser bat ihn mit gefalteten Händen, zu eilen, weil jede Minute ihm kostbar sey.

———

Selim erhielt den Schein, der ihm aus den Mauern von Wien helfen sollte, und zugleich von dem redlichen Fraunauer, der seine Betrübniß sahe, das Versprechen, da er hier unwissend einen Fehler begangen, und die Unschuld in den Händen der Bosheit gelassen hätte, so wollte er auf Mittel zur Vergütung sinnen, die ihm so leicht nicht fehlen würden. Ich heiffe Fraunauer, setzte er hinzu, das wißt ihr. Mein Sitz ist Goldstein im tiefen Grunde, und solltet ihr meiner heute bedürfen, so findet ihr mich auf Schloß Kalsberg, wohin mich Hüeßli der Schweizer zu Gaste geladen hat.

Selim hörte wohl wenig von dem Schluß dieser Rede, denn schon hatte er sich auf sein Roß geschwungen, und jagte durch das Thor, welches ihm Fraunauer als dasjenige bezeichnete, wo der Geraubte hindurch geführt worden war.

Kampobachios Vorsprung war klein. Als er den Entführten von seinem Diener übernahm, und denselben vorausschickte, ihm Herberge zu bestellen, ward er um ein Grosses vermindert, die Mahlzeit im alten Gemäuer gab dem nacheilenden Selim noch einen Vortheil mehr, und es fehlte wenig, daß er die Beyden nicht bey derselben überrascht hätte. O wär dieses geschehen! Wiebald wär denn der arme Geraubte frey geworden!

Fand Selim auch auf der Stelle, wo Kolonna geruht hatte, ihn selbst nicht mehr, so fand er doch Nachricht von ihm. Kolonna hatte, vielleicht absichtlich, um einen etwanigen Retter auf die rechte Spur zu leiten, sein Wehrgehäng, das er bey der Mahlzeit ablegte, mit dem leichten Pagendegen, den er zu seiner Vertheidigung nicht zu nutz zen wußte, zurückgelassen. Mit Entzücken nahm ihn Selim von dem Stein, auf welchem er lag, und glaubte sein Abentheuer unter besondern Schutz eines guten Geistes, weil hier so vieles sich zu seinem Vortheil fügen mußte. Tausendmahl küßte er das Band, mit welchem der Griff umschlungen war, er kannte es nur gar zu gut, es war das nehmliche, mit welchem er seine Briefe an den Pfeil zu befestigen pflegte, und das Kolonna, vermuthlich nicht um seiner Schönheit willen, denn es war durch langen Gebrauch alt und abgetragen, sondern dem geliebten Bogenschützen zum Andenken, zu einem Theil seines Putzes gemacht hatte.

Selim wußte jetzt, daß er bis hieher nicht irre gegangen war; Nachforschungen bey den ihm begegnenden Landleuten brachten ihn noch weiter. Auf die Frage: habt ihr nicht einen holden Jüngling schön wie eine Jungfrau, in Begleitung eines gerüsteten Ritters dieses Weges ziehen sehn? erfolgte immer Ja! Ja! und eine richtige Nachweisung zur Antwort. So kam endlich der glückliche Ausspäher bis an den Graben von Schloß Kalsberg, um dessen Namen er sich natürlich nicht bekümmerte. Aber die Brücke war hinaufgezogen; vor einer Viertelstunde war Kampobachio mit seinem Entführten über dieselbe eingeritten, ein junges Bauermädchen, das seine Schönheit, und die Trauer in seinen Blicken sehr ins Auge gefaßt zu haben schien, sagte aus, daß sie es gesehen, wie die Burg den Jüngling und den Ritter eingenommen habe; aber die Wache an der Pilgerruhe, die Selim unvorsichtig gnug anrief, wollte nichts hievon gestehen, und hieß den kühnen Frager mit ziemlich rauhen Worten des Wegs ziehn, den er gekommen war.

Man konnte hier nichts bessers thun, als der gegebenen Weisung folgen. Selim ritt traurig zurück, er wollte seine Nachforschungen, da er jetzt würklich irre gemacht war, in einer andern Gegend fortsetzen, aber er war so in Gedanken, daß er unvermerkt den nehmlichen Pfad wählte, den er schon bereist hatte, und wo keine neuen Entdeckungen mehr für ihn zu machen waren.

Eine Viertelstunde vor Wien begegnete ihm Fraunauer mit seinen Gesellen, der zu Hüßlis Gelag ritt, und der ihm in Vorüberreiten zurief: Warum er sich noch in dieser Gegend finden lasse? und ob er glücklich oder unglücklich in seinen Nachforschungen gewesen sey?

Selim erwachte wie aus einem tiefen Traume, er gesellte sich zu Fraunauern, und erzählte ihm alles, von dem Wehrgehäng bis zu der aufgezogenen Brücke.

Ritter, sagte der redliche Mann, der Selim keinen andern Titel zu geben wußte, nach einiger Bedenkweile. Ich weis aus dem Ende Eurer Farth nichts zu machen, und wollte Euch rathen, da so der Tag sich neiget, für heute das Nachforschen aufzugeben, und mir zu dem Gastgebote zu folgen, wohin ich geladen bin. Ist Euer Bruder auf der benachbarten Schlösser eins geführt worden, so kann Euch Hüeßli der Schweizer hierüber die beste Auskunft, auch wohl Rath und That zu Wiedererlangung des Verlornen geßen. Er ist in diesem Bezirk in grossem Ansehn und weitläuftigen Verbindungen. Der Ritter — hätte schier gesagt, der Ritter und Räuber dieser Feldmark, versammeln sich täglich viel an seinem Tisch, und ob er gleich nicht alles billigt, was in diesen schweren Zeiten von ihnen verübt wird, auch nicht alles hindern kann, so vermag er doch immer gnug, und wir wollen sehen, was er in Eurer Sache thun wird. Man denkt mich heute in einen Bund zu ziehen, den ich wohl nimmermehr eingehen werde, aber so lang man meinen Entschluß noch nicht weis, so wird man mich schonen so viel man vermag, und dessen, was ich oder meine Begleiter fordern können, so leicht nichts abschlagen.

Selim schwieg, denn er hoffte wenig von Fraunauers Verheissungen, aber als sie jetzt Schloß Kalsberg vor sich liegen sahen, und einer von den Gesellen ausrief: Hier ist das Ende unsrer Reise! hier ist Hüeßli des Schweizers Sitz, da fuhr es Selim wie ein Blitzstrahl durch die Seele. — War dies nicht eben die Burg, wo er seinen Geraubten vermuthen mußte? und die sollte er in solcher Begleitung unter solchen Hoffnungen, heute noch betreten? O wunderbares Geschick! war dieses nicht Unterpfand von völliger Gelingung einer schweren Sache, so hatte nie das Glück seinen Lieblingen vorbeutende Winke von nahen Gunstbezeugungen gegeben.

Fraunauer, dem Selim mit geflügelten Worten alles entdeckte, hieß ihn schweigen, und das was er ihm offenbart hatte, selbst vor seinen Gefährten verbergen. Alles, setzte er hinzu, alles hängt hier von der Ueberraschung ab. Ist Kampobachio hier, so wird er, da er unter seines Wirths Gästen keinen Feind vermuthen kann, sich nicht vor uns verstecken; und denn mag er uns nicht entgehen. Ihr aber werdet, wenn ihr ihn und den Entführten sehet, so daß ihr Eurer Sache gewiß seyd, und keine Gefahr obwaltet, unnöthigen Lärm zu machen, schon wissen was Euch zu thun ist, so daß ihr Euer Recht behauptet. Meines Beytritts, und Hücßlis günstiger Entscheidung seyd ihr gewiß.

Die Brücke ward niedergelassen; man zog hinüber. Die Schildwacht, welche Selim unter dem Haufen der einreitenden Gäste sahe, rief: Dies sey eben der kühne Anschreyer, der vor wenig Stunden von hier gebührlich zurück gewiesen worden wär; aber niemand hörte oder beantwortete dieses.

Hücßli kam seinen Gästen am innern Burgthor entgegen, und begrüßte alle nach alt helvetischer Art mit treuherzigem Handdruck. Ihr müßt mir alle willkommen seyn, rief er, auch ihr, die ich nicht kenne, denn ihr seyd Fraunauers Leute, der, wie ich hoffe, noch heute einer der Unsern werden soll.

Die untere Halle war der Gastsaal; es fehlte hier nicht an altväterischer solider Pracht. Der Gäste war ein ganzes Heer, noch mehr der aufwartenden Diener, aber Selims Auge haftete an nichts, das bey kühlern Muth seine Aufmerksamkeit hätte erregen können, sondern seine Blicke irrten unaufhaltsam nach Gegenständen umher, die er nicht fand, auch nicht finden konnte, denn Kampobachios Person, den das Ungefähr zu seinem Beysitzer machte, war ihm unbekannt, und Kolonna war nicht gegenwärtig; Fraunauer aber, der schon in wenigen Hin- und Herreden der Entdeckungen viel gemacht hatte, saß zu weit abwärts von Selim, um ihm über irgend etwas Auskunft zu geben.

Es war gegen die Mitte der Mahlzeit, daß der Wirth seine Stimme erhob, und Selims Nachbar zu des türkischen Prinzen höchstem Erstaunen mit dem Namen Kampobachio anredete. Herr Graf, sagte er, indem er auf Fraunauern zeigte, hier ist einer, der Euch heute einen Ritterdienst erzeigt hat, indem er den Eurigen durch Bürgschaft aus der Stadt half, nun hat er eine kleine Gegenbitte an Euch, die ihr ihm hoffentlich abschlagen werdet: Es giebt hier die Rede von Eurem jungen ritterlichen Diener. Fraunauer behauptet, seine Schönheit sey unvergleichlich; dies findet einigen Widerspruch, man wünscht den Jüngling zu sehen, und ihr werdet gebeten, durch Erfüllung dieses Wunsches, einer Wette den Ausschlag zu geben.

Kampobachio erröthete. Selim war vor ihm noch mehr erröthet, und ein Gefühl überwältigte ihn, das die nöthige Fassung fast ganz vernichtete.

Auf Hüeßlis wiederholte Anfrage erwiederte der Graf endlich mit sichtlicher Verlegenheit; des unnützen Knaben Widerspenstigkeit müsse nicht durch einen solchen Auftritt, als man hier vorbereitete, vermehrt werden. Neue Lobsprüche, neue Ausstellung einer Schönheit, die bey seines gleichen nicht eins geachtet werden sollte, würde ihn noch übermüthiger machen, und kurz, er bitte um Entschuldigung, da ja überdem bekannt sey, daß der Jüngling sich unpäßlich befinde, und unter die pflegenden Hände von Hüeßlis Hausfrau habe gegeben werden müssen.

Hüeßli war der Mann, welcher Herr in seinem Hause zu seyn pflegte; die Anfrage an Kampobachio war nur Wohlstands halber geschehen, und ehe er noch seine lange Rede geendigt hatte, ging schon die Thür ihm und Selim gegenüber auf, und Frau Margery trat mit dem Geforderten herein. — —

Wie ein elektrischer Schlag würkte Kolonnas Erscheinung auf Selim, er hatte ihn zu sehen erwartet, und doch fühlte er sich so überrascht, als der Jüngling es war, der, als er ihn erblickte, seinen Namen ausrief, und sich kaum an dem Arm seiner Begleiterin aufrecht erhielt.

Herr Graf! schrie Selim, indem er aufsprang und die Hand an den Degen legte, wer ist der junge Mensch, den ihr uns hier vorstellt? — Und wer ist der, der mich fragt? erwiederte Kampobachio mit gleicher Geberde.

Es ist der Bruder des Geraubten! — O, mein Bruder, o Kalepin! komm in die Arme deines Retters! du bist mein! Hier soll dich mir niemand entreissen!

Selim hatte das Schwerd fahren lassen, um seine Arme nach Kolonna auszubreiten, der sich ihm schüchtern näherte, und seine Umhalsung mit ziemlicher Blödigkeit annahm.

Die Scene der Liebe, die Frau Margery und einigen andern die Thränen in die Augen trieb, ward von dem rasenden Kampobachio mit Ungestüm unterbrochen. Es kam zum heftigen Wortwechsel; die Degen wurden blos, und die ganze Tischgesellschaft sammelte sich um die Streitenden.

Friede! Friede! rief Huëßli, diese Sache soll hoffentlich ohne Blut abgethan werden. Jede der Partheyen trage ihre Rechte auf den jungen Edelknaben gebührlich vor, und wir wollen entscheiden.

An gebührlichen Vortrag war bey so ein paar erhitzten Köpfen, wie diese Gegner, wohl nicht zu denken. Fraunauer nahm am Ende das Wort, indem er von der Sache erzählte, was ihm bewußt war; weil aber Kampobachio der Ausflüchte und geschraubten Worte gar viel hatte, die selbst Kolonna nicht ganz entkräften konnte, so thaten die Richter am Ende den Ausspruch, hier könne nichts entscheiden, als der Eyd oder das Schwerd.

Der Eyd? fragte der schleichende Graf, indem er sich zu Selim wandte. Könnt ihr es wärklich beschwören, Ritter, es beschwören bey der Wahrheit, durch die uns Gott richten wird, daß dieser Jüngling Euer Bruder ist?

Ich kann es, schrie Selim, und erhob die Finger zum Schwur.

Schwöre nicht, mein Geliebter, fiel Kolonna ein, überlaß lieber die Sache dem Schwerde! Es ist dir rühmlicher, mich mit der Faust als mit Worten zu erkämpfen!

Nie hätte wohl Selim ein Wort aus dem Munde des Jünglings mit mehr Entzücken vernommen, als dieses! Es war ihm Unterpfand, daß auch Heldentrieb und hoher Muth in diesem Busen schlug, woran er so oft gezweifelt hatte; er warf dem jungen Menschen einen Blick zu, welcher von seinem ganzen Beyfall zeugte, und fragte überlaut, ob es des Wirths und aller Anwesenden Wille sey, daß hier das Schwerd entscheiden solle? Ihm antwortete ein betäubendes Ja, und er ergriff die Thür, die Halle zu verlassen, deren friedliche Rechte nicht gebrochen werden durften, und auf den Schloßhof sich mit gewafneter Hand zu stellen, wohin, wie er dem Grafen zurief, dieser ihm folgen möge.

Kampobachio folgte mit zögernden Schritten, es war jeder seiner Bewegungen anzusehen, daß er mehr für den Eyd als das Schwerd gewesen seyn würde.

─────────

Selim war ein Ritter, Kampobachio ein Hofmann, dieser ein weichlicher Umbrier, jener ein Sohn Amurats, und des furchtbaren Mahomeds Bruder; brauchen wir wohl mehr zu sagen, um es dem Leser einleuchtend zu machen, wer hier Sieger war? Selim gab zweymahl hohnlächelnd seinem Feinde den Degen wieder, den er ihm aus der Hand geschleudert hatte. Der schäumende Graf nannte dieses unnütze Fechterkünste, und strengte im dritten Gange seine Kräf-

Kräfte würklich in dem Grabe an, daß er dem Prinzen ein furchtbarer Gegner ward. Verzweiflung und aufgeregte Ehrsucht haben auch bey dem Schwächsten diese Würkung, und dieses sind Augenblicke, wo selbst Helden vor ihnen zittern müssen.

Selim siegte hier durch kalte Gelassenheit. Er hütete sich den Feind, den er verachtete, zu verwunden, aber von einem betäubenden Schlage über das Helmgesicht gefällt, lag er am Ende zu seinen Füßen; das Schwerd stand an seiner Gurgel, und er preßte von ihm alle Geständnisse und Angelöbnisse, welche Rittersitte und die Beschaffenheit des Falls nöthig machte.

Ihr seyd Zeugen! schrie der Sieger, indem er sich zu der versammelten Menge wandte, daß ich diesem Ritter, dessen Ehre übrigens von mir ungeschmählert bleiben mag, obgesiegt, und mir die Freyheit meines Bruders erkauft habe, und von Euch erwarte ich den Ausspruch, ob noch etwas übrig ist, das man zu Bestätigung meiner Rechte hierin von mir fordern könne.

Nichts! Nichts! schrien alle, und Selim ließ seinen erlegten Feind los, der sich ohne Begrüssung des Wirths und der Gäste

oder irgend eine andere in solchen Fällen
übliche Ceremonie auf sein Roß schwang und
das Schloß verließ, wobey ihm sein einiger
mitgebrachter Diener begleitete.

Man war in die Halle zurückgegangen.
Die Ritter und Herrn saßen wieder zu Tisch,
und Kolonna an Selims Seite. Selim erzählte von seiner und seines Bruders Geschichten
so viel als er konnte, ohne seine Herkunft
kund zu machen, und erregte durch die leben-
dige Darstellung der mancherley Schicksale,
die ihn von Kindheit auf von Kalepin getrennt, und mit ihm wieder zusammengebracht
hatten, die regste Theilnahme. Kolonna
sprach wenig, und erzeigte sich überall äusserst
blöde. Hüeßli der Schweizer fragte, wie alt
der Knabe sey, und Selim machte ihn um
der Beschämung auszuweichen, um drey bis
vier Jahr jünger als es würklich war.

In der That, Bruder, sagte er zu ihm,
als man gegen Mitternacht auseinander gegangen war, und er sich mit dem theuern Geretteten auf seinem Zimmer allein sah, in der
That, ich habe mich heute deiner so sehr geschämt als gefreut?

Geschämt? fragte Kolonna, dem die Thränen in die Augen traten.

Zürne nicht, ich muß das Wort wiederholen, das dir so nahe geht; ja, Kalepin, geschämt! Welch ein Betragen für einen funfzehnjährigen Jüngling! Nichts als blöde Zaghaftigkeit! nirgend ein rascher Entschluß! immer die Thränen im Auge! Bruder, Bruder! dies muß anders werden, wenn wir Freunde bleiben sollen!

Und ich werde also, wie ich hier bin, ganz von Selim verworfen?

Ganz! Ich muß mein Herz betäuben, so sehr es für dich spricht! Ich muß streng gegen den seyn, den ich gern schonen wollte! Ich muß dir sagen, daß sich dein ganzes All ändern muß, wenn du und ich in einer Welt fortkommen sollen, wo Personen, wie wir beyde, sehr rauhe Wege zu betreten haben.

Gut, Selim! mein ganzes All soll umgeschmolzen werden! Morgen sollst du mich völlig geändert finden!

Immer schlimmer! Ich wollte lieber, mein Kind, du hätteſt Muth, dich gegen meine Vorwürfe zu vertheidigen, als diese weiche weibische Nachgiebigkeit. Morgen völlige Aenderung? Welch ein Versprechen!

Grausamer, wie gehst du mit mir um! Sage, was du endlich verlangst?

Kaleyin, du bist ungerecht, diese Miene voll Unmuth, dieses Auge voll Thränen, macht mir Vorwürfe, die ich nicht verdiene. Wahrhaftig, ich liebe dich, liebe dich mehr als ich sollte, aber deine Fehler darf ich dir nicht verschweigen! Bedenke, daß ich mehr die Rolle deines Vaters, als deines Bruders zu spielen habe! Bedenke, was ich bey unserer ersten Zusammenkunft auf dem Berge Athos versprach, dir in der Folgezeit zu werden! Sollte Raja dir diese Dinge verschwiegen haben!

O glückliche, glückliche Zeiten! schrie der junge Mensch mit strömenden Augen. Raja sollte mir etwas von den damahligen Vorgängen verschwiegen haben? — Nein, o nein! mit den Hoffnungen, die damahls in dem Busen unserer Mutter aufkeimten, hat sie mich aufgenährt, sie lehrte mich Selim früher kennen als mich selbst, aber, ach einen ganz andern Selim als ich ihn jetzt finde! Grausamer! wüßtest du, wie du mein Herz durchbohrst! du wirst mir nie das werden, was du damahls versprachst!

Es ist eins der peinlichsten Gefühle für den vernünftigen Mann, statt ruhigen Erhörst ernster Vorstellungen, Vorwürfe und Thränen zu finden; Auftritte wie diese haben schon manches Eheglück gestört, zwischen Bruder und Bruder sind sie etwas seltner, und darum desto empörender! Selim stampfte voll Unmuth auf den Boden, und wandte sein Gesicht von Kolonna, der in seinen Thränen so unaussprechlich schön war, daß sich jedes Herz für ihn erweichen mußte. Selim wollte sich einmal in Ansehen bey dem jungen Menschen setzen, er meynte, er dürfe ihm seine Bewegung nicht merken lassen, wenn er noch irgend etwas aus ihm bilden wollte, auch hatte er nicht unrecht, dieses schwachen zärtlichen Jünglings ganzes All taugte nicht für die dornenvollen Pfade, die Amurats unglücklicher Sohn vor sich sah, und auf denen er ihn zum Begleiter haben sollte.

Wird Selim mir endlich sagen? fragte Kolonna nach einer langen Pause mit schmeichelhaftem Ton, wird er mir sagen, was für Fehler ihn dergestalt wider mich aufbrachten?

Selim zog ihn zu sich, und schloß ihn in seine Arme. O du, rief er, den ich so unaussprechlich liebe, wie soll ich dir erklären, was für dich in meinem Herzen vorgeht!

Ja, ich zürne mit dir, ja du mißfällst mir, und doch dieses heisse innige Mitleid, diese mehr als Bruderliebe! — Komm! ich vergebe dir! deine Erziehung unter Weibern! Dein Leben als Edelknabe! Es kann, es kann ja nicht anders seyn! — Es wird sich schon geben, nur nicht auf einmahl! Rede mir ja nicht wieder von Aenderung in einem Tage, dies ist Unmöglichkeit, und so etwas zu versprechen, befleckt den Charakter auch noch mit Falschheit, den ich nur der Schwäche schuldig hielt! Schwäche ist alles was ich um und an dir sehe! O wie viel Proben davon in einem Tage. Wie unvorsichtig, sich einem Kampobachio blindlings in die Arme zu werfen, und ihm so zahm, so ohne Gegenwehr zu folgen! — Aber man ließ freylich den Degen unterweges zurück, den man nicht zu brauchen wußte!

Selim, dankst du diesem Merkzeichen nicht die Wiederfindung deines Bruders?

Alles gut! Aber ein Jüngling muß sich früher von seinem Leben, als von dem Schwerde trennen. — Denn deine Aufführung hier im Schlosse! Ich dachte in die Erde zu sinken, als ich vernahm, man habe dich unter die Pflege der Weiber gegeben, und als ich dich wie ein unmündiges Kind, an dem Arm deiner Begleiterin hereintreten sah — — — —

Ich Unglücklicher! wie betrog mich der Schein! ich glaubte in diesen Augenblicken nur Freude in deinen Augen zu lesen!

Wußte ichs? weis ichs jetzt noch ganz was ich für dich fühlte? Dein heldenmüthiger Rath, lieber zu kämpfen als zu schwören, söhnte mich wieder ein wenig mit dir aus. Glaube mir, Kalepin, es schlummert noch ein Funke von Muth in diesem verwahrlosten Herzen, wolle nur, und es wird dir möglich seyn, dich als Amurats Sohn zu betragen.

Also ausgesöhnt bist du doch?

Ich war es, aber dein Zittern bey dem Kampfe, dein blödes Betragen über der Tafel, verderbte alles von neuem! Immer die Röthe auf den Wangen, die Thränen im Auge! keine herzhafte der Wahrheit treue Beantwortung dessen, was man dich zu Ergänzung meiner Geschichte fragte! Gegen mich selten einmahl der Name Bruder, und die Erwiederung meiner Herzlichkeit immer so kalt, daß es kein Wunder war, wenn einige der Gäste flüsterten, es müsse hier irgend etwas nicht richtig seyn, es sey gut, daß der Kampf entschieden habe, der Eyd hätte hier wohl schwerlich entscheiden dürfen, und im Grunde habe ich wohl so wenig Recht auf deine Person als Kampobachio, wer wisse, ob du nicht ein Weib, ob du nicht meine Geliebte seyst.

Selim, du erschreckst mich!

Das ist mir lieb, wende dieses Schrekken zu Vergütung des Vergangenen an! Morgen ein männlichers edlers Betragen! Morgen die offenherzige Erzählung deiner Geschichte, so weit sie mir selbst noch unbekannt ist in voller Versammlung!

Selim! dies ist unmöglich! Ehe tödte mich, als daß du mich hiezu nöthigest!

Kalepin!

Ich solte meynen, der, welcher mir es zur Sünde machte, daß ich dem redlichen Arimith mein Herz aufschloß, würde vernünftigere Forderungen haben!

Du hast recht! Verzeihe! Laß mich dich erst ganz kennen, ehe du andere mit deiner Geschichte bekannt machst, die freylich wohl sonderbar seyn mag. Die Verflechtung Kampobachios mit derselben, dein Mißtrauen gegen den kayserlichen Hof, dein Haß gegen den burgundischen; lauter Räthsel! Komm, Kalepin, erzähle! keine bequemere Zeit als diese Stunde der Nacht, können wir zu diesem Geschäft finden.

Ich erzählen? Selim, ich bitte dich! — In diesem Zustande? Mein Herz, das von deiner Strenge noch bebt! Diese vom Schluchzen gehemmte Stimme! — Habe ich nicht auch Forderungen an dich? — Ach seit wir auf dem marmorischen Meer von einander getrennt wurden, seit ich meinen Freund verlor, ohne zu wissen, daß ich ihn je wieder finden würde, ist viel Zeit vergangen! Fast so viel Jahre, als ich alt bin, Arimith hat mir nur wenig gesagt! Du hast mir viel zu berichten.

Selim sah, daß er doch in irgend einer Kleinigkeit nachgeben müßte, und fing eine Erzählung an, die die ganze Nacht hindurch dauerte, und wovon dem Leser alles bekannt ist, bis auf die allerletzte Epoche, die, so viel uns wissend ist, noch in einiger Dunkelheit liegt.

Der Erzähler hatte seinen jungen Freund, vom Berge Athos auf Lemnos, von da zu den Korpinen, von diesen an den ungarischen und böhmischen Hof geführt; Trauerthränen und sanftere Theilnahme, hatten den Gang seiner Geschichte begleitet. Kelonna war bey der Schilderung des jungen Ladislaus Kordinus in lauten Beyfall, und bey Mathias Wankelmuth in lauten Unwillen ausgebrochen. Zu dem Lobe der schönen Marie Podiebrad hatte er geschwiegen. Und jetzt lief der Faden der Erzählung da aus, wo auch wir ihn anknüpfen müssen.

Der König von Böhmen hatte beschlossen, dem bedrängten Kayser Hülfe zu schicken, Viktorin wurde von Anführung des Hülfsheers durch Krankheit zurückgehalten, man übertrug dieselbe dem türkischen Prinzen, aber unterweges lauerten Fallstricke auf ihn. Rembrecht hatte sie gelegt, sie sollten Selim den Kundschaftern seines Bruders, Sultan Mahomeds, in die Hände liefern. Die Absichten der Bosheit schlugen fehl, aber eine verlorne Schlacht, und gänzlicher Verlust der böhmischen Freundschaft, waren die Folgen für Selim; so viel ist uns von diesen Dingen bekannt, das Wie und Wodurch erfahren wir im nächsten Abschnitt.

Wir setzten, so fuhr der Erzähler fort, dem grossen Endzweck unserer Reise, der Befreyung eines guten Fürsten, aus den Händen rebellischer Unterthanen mit vereintem

Eifer nach. Der gemeine Mann, und die Befehlshaber hatten hier keinen Vorzug vor dem andern; aller Herzen schienen zu brennen, bald der Gefahr zu steuern, welche uns das Gerücht mit jeder Meile, die wir zurücklegten, dringender machte.

Wir waren den Gegenden vor Wien nahe; kein Zweifel, hätten wir sie in dem Hochgefühl, in welchem wir uns damahls befanden, erreicht, Friedrichs Befreyung wär auf einmahl geschehen. Ach es klingt zu stolz zu sagen, wär diesen muthigen entschlossenen Leuten nicht ihr Anführer entrissen worden, sie hätten auf jedem Falle gesiegt, und doch überzeugt mich mein Herz und die Kenntniß der Plane, die ich gemacht hatte, ich behaupte hier nichts als die Wahrheit. Der ersten kühnen Anlage, und ihrer schnellen Ausführung folgt der Sieg; man verrücke hier eine Kleinigkeit, und alles ist verloren, oder es geht wenigstens den langsamen schleichenden Gang, den der unglückliche Kayser in der Folge an der böhmischen Hülfe leider bemerkt hat.

Als wir die Höhe von * * * erreichten, erblickten wir — es war Nacht — ein grosses Feuerzeichen, vermuthlich der Widerschein von der Glut, die, wie ich nachmahls

spät genug erfuhr, nichts als das Proviant-
haus der Burg verzehrte. Mir brachten meine ausgeschickten Boten die Nachricht zurück, die kayserliche Burg stehe in vollen
Flammen, die treulosen Wiener spielen Meister; der Kayser und die Seinen, seyen mit
Mühe den Flammen, und der Wuth der
Aufrührer entkommen, Herzog Albrecht, —
von dessen heimlicher Ankunft in diesen Gegenden ich selbst sichere Nachricht hatte, —
sey hinter den hohen Flüchtigen her, und
alles komme jetzt darauf an, nur sie zu retten. — Ich wußte den Willen des Königs von Böhmen; zur Rettung der kayserlichen Personen, hatte ich mit Zurücksetzung
jedes andern Vortheils die gemessensten Befehle; es schien das Augenmerk jedes gekrönten Hauptes seyn zu müssen, sich der erlauchten Unglücklichen anzunehmen, und die fre-
che Hand des Pöbels von ihrer Beschimpfung, oder mörderischen Anfällen auf das
geweihte Haupt eines guten Fürsten, zurück-
zuhalten.

Rembrecht, jener gleissende Heuchler, in
welchen ich damals noch zu viel Zutrauen
setzte, da ich ihn in der That allezeit als
den Freund des Kaysers gefunden hatte, ward
von einem Trupp meiner ausgeschickten Leu-

te eingebracht, er gäb vor, unter den Flüchtigen gewesen, der Gefahr mit genauer Noth entkommen zu seyn, und die beste Nachricht zu wissen, wohin man die hohen Flüchtigen geschleppt habe. Wie? schrie ich, der Kayser bereits in Feindesgewalt? — Ja, war die Antwort, in Herzog Albrechts, ich war so glücklich, mich unvermerkt im Walde verlieren zu können, durch welchen der Zug ging. Kolonna, mein Begleiter, stürzte unterwegs; ich hatte nicht Muse ihm beyzustehn; aber ich habe es gewagt, einige von Euren Leuten, die auf mich stießen und mich für einen Spion nahmen, zu seiner Rettung aufzumahnen.

O, Kolonna! das schreckliche Gefühl jener Augenblicke! Den Kayser, dessen Rettung mir auf die Seele gebunden war, in dringender Gefahr zu wissen, auf der andern Seite durch heiße Bruderliebe zu dir hingerissen zu werden! Kein Wunder, wenn mich hier Ueberlegung und Standhaftigkeit verlassen hätte, doch verließ sie mich nicht.

Ich hielt engen Rath mit den Obersten des Heers, die ich, wie die Folge zeigen wird, mit meinen Feinden einverstanden glauben muß. Mir, einem Fremden, neidete man schon lange das Glück in des Königs Gunst oben an zu stehen, und von dem Prinzen brüderlich geliebt zu werden. Die Ehre, bey dieser Expedition sein Stellvertreter zu seyn, ward mir mißgönnt, und man suchte mir sie um jeden Preis aus den Händen zu reissen.

Die Maaßregeln, welche bey der Rathsversammlung beliebt wurden, waren nicht ganz nach meinem Sinn, aber ich konnte hier unumschränkt gebieten, die Mehrheit der Stimmen war es, was mich leiten mußte. Mein Entschluß war, so gleich mit dem ganzen Heer nach der Gegend aufzubrechen, wo der Beschreibung nach, Herzog Albrecht seine hohen Gefangenen über die Donau setzen lassen mußte, es war die alte zerstörte Stadt *) Carnutum, deren Trümmern dir wenigstens dem Namen nach bekannt seyn müssen.

Unsere gesammte Macht mußte dort, zu Erreichung jedes Endzwecks bequem postirt seyn, selbst auf den Fall, der sich bey solchem Anschein kaum möglich denken ließ, daß das ganze Gerücht falsch, und der bestimmte Platz die Waffen zu üben, die Mauern von Wien seyn und bleiben sollten.

*) Haymburg soll auf diese Stelle gebaut worden seyn, und, wie einige wollen, damahls schon gestanden haben.

Man widersprach mir mit Ungestüm, es drohte allgemeiner Aufruhr, wenn ich mich dem gefaßten Entschluß widersetzte, welcher dahin ging, die wahre Lage der Sache dem Heer zu verschweigen, mich mit wenigen der hohen Offiziers, und nur nothdürftiger Begleitung nach den Ruinen zu ziehen, und dort die Rettung des Kaysers, der gleichfalls um besserer Verborgenheit willen nur von wenigen begleitet würde, ohne Geräusch zu bewürken. Wir wollen, schrien meine Hauptleute, die Ehre dieser That nicht mit den Gemeinen theilen; wer sich von uns trennen will, der trenne sich, ein Verzagter ists, der zu Erreichung irgend eines Endzwecks mehr Aufwand von Kräften macht, als von nöthen ist.

In dieser kühnen Widersetzlichkeit sahe ich bey meinen sonst immer folgsamen Leuten die erste Spur meiner gesunkenen Macht und eines nahen Unglücks; ich beachtete sie nicht vor andern wichtigern Erwegungen, und zog an der Spitze eines sehr kleinen Gefolgs den Weg zu meinem Fall. Wahrscheinlich war derselbe schon lang und künstlich vorbereitet.

Ich empfand nach dem Genuß einiger eingemachten Früchte, dergleichen immer des

Mittags auf meine Tafel kämen, einen brennenden Durst, die eilige Reise vermehrte ihn. Der Frost hatte alle Quellen versiegelt, mein Adjutant, meines Erachtens ein Mann von geprüfter Treue, zog eine kleine Fläsche mit Wein hervor und labte mich, ich leerte sie fast ganz, und nach diesem Trunk ist es, daß ich mich nichts weiter zu besinnen weiß, er war vermuthlich der letzte Zug eines Spiels, das darauf angelegt war, mich um Ehre, Glück, Freyheit, vielleicht auch ums Leben zu bringen.

Ich erwachte wie aus tiefem Traum, ein gewaltiges Schrecken, dessen Grund ich noch jetzt nicht errathe, wars, das mich erweckte. Ich schlug die Augen auf, ich sah um mich, ich war allein, allein in einem düstern Gewölbe. Die letzten Ideen, die durch meine zufällige Bewußtlosigkeit abgeschnitten worden waren, kehrten zurück. Du, mein Bruder, des Kaysers Gefahr, die nöthige Eil zu seiner Rettung, und meine Unthätigkeit; seltsam und schrecklich gepaarte Vorstellungen! Ich fuhr voll Entsetzen auf; Ketten rasselten an meinen Händen, ich schrie, das Echo antwortete mir. Ich glaubte zu träumen, ein unglaublich schmerzhaftes Gefühl in meinem

Innern, vielleicht die Folge meines letzten Trunks überzeugte mich, daß ich wachte. Dieser Trunk war das erste, was ich mir aus den letzt vergangenen Dingen lebhaft ins Gedächtniß rief, an ihn kettete sich die ganze Reihe der vorhergehenden Ereignisse. Ich hatte Muse nachzudenken. Ich sahe jetzt heller als im Augenblicke, da alle diese Dinge auf mich einstürmten. Ich glaubte verdächtige Umstände zu entdecken, die mir vorher entgangen waren. Ich formte Muthmaßungen, und baute ein Ganzes daraus, das wohl so ziemlich mit der Wahrheit übereinstimmen mochte. Daß ich verrathen war, sah ich deutlich, ob die ganze Geschichte falsch sey, durch die man mich in den Fallstrick lockte, wußte ich nicht, eben so unbekannt war mir, was man eigentlich mit mir vorhatte, und wie sich mein Schicksal enden sollte.

Unsere Bekanntschaft ist kurz, mein Bruder, du kennst die unglückliche Heftigkeit deines Selim im ersten Augenblick der Leidenschaft noch nicht, sonst würdest du dir einen Begriff von meinem Zustande machen können. Eine Hülle über diese schrecklichen Minuten! Dank dem Schicksal für meine gefesselten Hände. Die rasendsten Versuche hätten bey voller Freyheit mein Leben in Gefahr gestürzt, und du, Geliebter, hättest deinen Helfer verloren ehe du ihn noch kanntest.

Mehrere Stunden brachten den Sturm in meiner Seele endlich zum Schweigen, ich war still und duldete, weil ich still seyn und dulden mußte. Ein aus der Höhe herabfallender Lichtstrahl sagte mir, daß es über mir Tag ward, und daß ich mich in einem unterirdischen Gewölbe befand; es war reinlich um mich, so weit meine Augen reichten. Die zunehmende Dämmerung ließ mich sogar einen Grad von antiker Pracht bemerken. Die glatt polirten Wände schienen weißer Marmor zu seyn, die Bank, auf welcher ich saß, war von dem nehmlichen Stein, in der Fern erhub sich eine Bildsäule, die mich ersten Blicks täuschte, und mir die Gestalt eines aus der Dunkelheit hervorgehenden Menschen zu seyn dünkte.

Hier neuer Stoff zum Nachdenken, doch half mir das, was ich von diesen Gegenden wußte, bald auf die Spur. Unter den Ruinen von Karnutum, dies hatte ich am böhmischen Hofe oft gehört, sollen noch viel Denkmahle alter römischer Grösse zu finden seyn, ein unterirrdischer Tempel der guten Göttin, weitläuftige Bäder, gewölbte Gänge, die bis an das Ufer der Donau führten. Hatte man mich würklich an den Ort gebracht, den man mir gestern unter andern Umständen, als das Ziel unserer Reise nannte, so war ich hier nicht ganz unbekannt, aber eben diese Bekanntschaft machte es mir noch gewisser, daß ich hier für jedes Menschen Auge verloren sey, und daß, meine Feinde mochten seyn welche sie wollten, mein Tod und meine Befreyung blos von ihrer Willkühr abhing.

Die Herzoge von Oesterreich waren schon vor langen Jahren entschlossen gewesen, auf die Trümmern der alten Römerstadt eine neue zu bauen. Man vermuthete, vielleicht nicht ohne Grund, Schätze unter den Ruinen; sie den erhabenen Eigenern zu sichern, hatte man das Ganze, wo es nicht durch Schutt und Steine ohnedem unzugänglich gemacht war, mit einer Mauer umzogen, die einen einigen immer wohlbewachten Zugang hatte.

Wessen Gefangener war ich also? Herzog Albrechts? des Kaysers, dem ich zu Hülfe gezogen war? oder vielmehr irgend eines unbekannten Feindes, der auf die Rechnung der Fürsten, welche hier zu gebieten hatten, handelte.

Der Augenblick erschien, da ich hierin heller sehen sollte. Ein Geräusch über mir, und das Getön von Fußtritten auf einer steinernen Stiege, sagte mir, daß man komme mich zu besuchen. Ich war jetzt ruhig gnug, um mich schlafend zu stellen; ich hielt dieses für das beste Mittel irgend etwas zu erlauschen, und es schlug nicht fehl.

Mein Arm lag über den Augen, ich sah unter demselben hervor zwey Menschen sich nähern, welche, als sie bemerkten, daß es hier hell genug war, um zur Noth zu sehen, die mitgebrachte Leuchte austhaten.

Sie näherten sich leise. Der eine setzte Speise und Trank an meine Seite, der andere beugte sich über mich, und sagte dann halblaut einige Worte zu seinem Gefährthen, die mir wie die lang nicht gehörte rhaetische Sprache tönten.

Dieses spannte meine Aufmerksamkeit noch höher, und da mein Schlummer sie kühn machte, so hörte ich ganz deutlich was sie sagten.

Nun, Dank sey es dem Bösewicht Rembrecht, fing der eine an, den köstlichen Raub, auf den wir nicht rechnen durften, haben wir in Händen! Einen entlaufenen Diener zu fahen sandte uns der Fürst, und Sultan Mahomeds Bruder liefern wir ihm!

Unser Lohn wird nicht klein seyn! Fast dauert mich es, daß du Rembrechten, der uns dazu verhalf, einen Bösewicht schiltst!

Schön ist die That, einen Freund zu verrathen, doch immer nicht! Selim geht mich nichts an, und doch jammert mich seiner. Siehe, wie schön, wie ruhig er schlummert, mitten in den Fesseln.

Aber der Lohn!

Besorge nichts, dieser Lohn dämpft jedes Mitleid. Erleichtern wollen wir ihm seine Bande so viel wir können, auch trösten wollte ich ihn, wenn er wachte. Er darf nicht wissen, wohin der Fürst ihn wahrscheinlich senden wird, und haben wir erst, was uns für unsere Beute gebührt, so wollen wir sehen, was sich auf der Reise nach Konstantinopel für ihn thun läßt.

Wenn brechen wir auf?

Noch ists hier nicht sicher! Die flüchtigen Böhmen sind rasend, daß ihr tapferer Heerführer sie, wie sie meynen, muthwillig der Willkühr der Feinde überließ; fiel Selim ihnen in die Hände, sie würden ihn in

Stücken zerreissen, und denn wär er und unser gehofter Lohn dahin.

Wohl gut! ich fragte nicht ohn Ursach! Wisse, daß ich noch nicht ohne Hoffnung bin, auch den Alten aufzufinden; zwar Rembrecht weis nichts von ihm, aber unter den Böhmen habe ich von Einem sprechen hören, der niemand anders seyn kann als er selbst. Er soll nach Wien auf Kundschaft gesandt seyn. Fällt er in unsere Hände, so bringen wir ihn zu diesem, und sind dem Fürsten denn mit doppelter Beute doppelt willkommen.

Sie sprachen noch etliche unbedeutende Dinge, aus welchen ich so wenig, als aus dem letzten Theil ihrer Rede klug werden konnte, und wurden endlich einig mich zu wecken.

Ich erwachte so natürlich als möglich, und unterließ nichts, diese Leute, die, wie ich merkte, mir im Herzen nicht abhold waren, durch Gelassenheit und freundliches Betragen noch mehr zu gewinnen. Sie sagten mir manches, das ich aus ihren vorhergehenden Reden besser wußte; ich ließ sie dabey, daß ich alles glaubte. Nur dieses ließ ich mir nicht ableugnen, daß sie mich zu dem Despoten von Rhascien führten; der rhascische Dialekt, sagte ich, hat euch verrathen, auch fürchte ich mich nicht den Weg zu gehen, den ihr mich führt, denn so viel ich weis, habe ich Fürst Georgen nie beleidigt.

Sie seufzten und verliessen mich.

An einem der folgenden Tage wagte ich es, ihnen mein Helmkleinod und den kostbaren Griff meines Degens zur Ranzion anzubieten. Der jüngere schien willig, aber der ältere wog die Schätze hin und her, und da sie seinen Hoffnungen auf die Belohnung seines Fürsten nicht das Gleichgewicht hielten, so schüttelte er den Kopf, und war doch ehrlich genug sie mir wieder zu geben. — Behaltet sie, sagte ich, ich verlasse mich auf Euch, daß ihr doch etwas für mich thun werdet.

Das werde ich gewiß, schrie er, indem er meine Hand kräftig drückte, und daß ihr seht, wie gut ichs mit Euch meyne, so sollt ihr vielleicht morgen schon einen Gefährten haben, der Euch die Stunden der Einsamkeit kürzen, und Euch Trost einsprechen wird.

Urtheile von meinem Erstaunen, von meinem Entzücken sollte ich lieber sagen, als man des dritten Tages Aximith zu mir herabbrachte. Noch weis ich nicht, wo ich Fassung hernahm, meine Bewegung zu verbergen. Arimith, dem mein Anblick nicht unerwartet seyn mochte, hielt sich noch besser, und unsere Kerkermeister blieben unwissend, wie gut wir uns kannten, wie theuer wir einander waren.

Die Einsamkeit entschädigte uns für den kurzen Zwang. Der treue Arimith! aus Sorge um mich, aus Sorge um dich hatte er sich in das böhmische Lager gewagt, und war dort in die Hände meiner Feinde gefallen, daß er dieses letzte mit Willen gethan hatte, um, weil er mich in ihren Händen wußte, mein Schicksal zu theilen, wollte er mir nicht gestehen; aber dies ist eine That, die ihm so ganz ähnlich sieht, daß ich sie nicht bezweifeln kann!

Und dies ist der Mann, unterbrach Krlonna dem Erzähler, dem du mein Zutrauen beneiden konntest?

Hättest du ihn gekannt wie ich, fuhr Selim fort, ich würde dein Verfahren gebilligt haben. Aber blindlings? ohne gemachte Proben? Bruder! Bruder! erinnere mich nicht an deine Schwäche! bedenke, daß er noch jetzt mehr von dir weis als ich; um einen solchen Vorzug werde ich ewig jeden Sterblichen beneiden!

Dein Vertrauen gegen ihn half mir wenig. Er erfreute mich mit der Nachricht dich gefunden zu haben, sagte mir verschiedenes von deinem damahligen Zustande, von der Vergangenheit nichts. Ich befragte ihn um deine Person, er sprach mit Zurückhaltung, vermuthlich, weil er an derselben so viel auszusetzen hatte als ich; Schön nannte er dich! Himmel, als ob eine Gestalt, wie diese, Schönheit für einen Jüngling heissen könnte!

Kolonna weinte sehr bey diesen Worten, und Selim, der einen neuen Zug von Schwäche in diesen Thränen fand, fuhr halb anmuthig fort:

Endlich ward ich des Fragens über dich müde, und sprach von den ernstern Angelegenheiten des Krieges. Was ich bereits aus den Reden meiner Kerkermeister gemuthmaßt hatte, fand ich durch seinen Mund bestätigt: Die Verräther, welche mich aus meiner Stelle verdrängten, die sie sehr gut auszufüllen, und sich mit einemmahle den Ruhm zu erwerben dachten, den sie mir mißgönnten, verloren, was ich gewonnen haben würde. Die Böhmen waren geschlagen, und schrien Rache, nicht über die, welche sie durch Unwissenheit und Zaghaftigkeit ihren schwachen

Feinden in die Hånde lieferten, sondern über mich. Ich hatte sie muthwillig im Augenblick der Gefahr verlassen, hatte sie dem Verderben preis gegeben, war ein Verråther, stand im Einverståndniß mit dem Feinde; dies war die allgemeine Stimme der Klage wider mich, und meine Widersacher wußten den Unmuth schnell zur Raserey anzuflammen. Meine Hüter hatten recht; wår ich den fliehenden Böhmen in die Hånde gefallen, die sich auf das Hauptheer zogen, welches unter Anführung des Königs im Anrücken war, es wår um mich gethan gewesen.

Mein Blut kochte, mein Herz wallte bey dieser Stelle von Arimiths Erzåhlung. Das Schrecklichste, was der redliche Mann erfahren kann, ist Befleckung seiner Ehre; je wahrscheinlicher der Argwohn ist, den man auf dieselbe warf, je gröffer ist sein Leiden. Das was man auf mich gebracht hatte, zeigte viel Schein der Wahrheit. Arimith gestand mir, daß er selbst auf Augenblicke irre an mir geworden wår, und nicht gewußt håtte, wem er Glauben beymessen sollte, meinen Anklågern, und dem Anschein, oder der Stimme in seinem Herzen, welche für mich sprach.

Kannte ich ähnliche Billigkeit bey andern, konnte ich sie bey dem höchsten irrdischen Richter in dieser Sache, bey dem Könige von Böhmen, vermuthen? Ich hoffte es; er kannte mich ja fast so lang als Arimith, und von seiner Zuneigung hatte ich theuere unzubezweifelnde Proben. Ich brannte vor Verlangen, mich vor ihm zu stellen, und meine Entschuldigung in seinen Augen zu lesen, noch ehe ich gesprochen, und meine Vertheidigung, die so leicht war, geführt hätte. Von nun an fühlte ich erst die Last meiner Fesseln; ich mußte sie brechen, um meine Ehre zu retten. Dieses Geschäft war mir jetzt das wichtigste, selbst du, mein Bruder, standest im Hintergrunde, ungeachtet ich mir deine Gefahr dringend genug denken mußte. Arimith hatte mich mit dem wahren Zustand der Belagerten bekannt gemacht, ich wußte jetzt, daß zwar jene Feuersbrunst nicht so viel zu bedeuten gehabt hatte, als man mir vorspiegelte, daß der Kayser weder geflohen noch in Herzog Albrechts Hände gefallen, noch du, wie der falsche Rembrecht aussagte, um mich durch Bruderliebe auf einen würklich falschen Weg zu leiten, auf der Flucht zu Unglück gekommen warst; aber dies war mir auch bekannt, daß man demohngeachtet zu

Rettung nicht säumig seyn dürfe; dennoch behielt die Begierde meine angetastete Ehre zu rechtfertigen, die Oberhand, und ich ließ mirs von Arimith zuschwören, mir, dafern uns das Glück einen Weg zur Freyheit zeigte, weder durch Bitten noch durch Vorstellungen hinderlich zu seyn, hierin alles zu thun was mir oblag.

Arimith leistete den Eyd, den ich forderte, mit traurigem Herzen; ich sah, was er dachte, denn er hatte mir schon genug gesagt, um mich von der Hoffnung auf die Gerechtigkeit des Königs von Böhmen abzuleiten; er meynte, ich würde dort nichts finden als Beschimpfung, Verlust der Freyheit, oder den Tod. — O daß ich ihm geglaubt hätte!

Mein Kopf und mein Herz wurden von diesen Dingen so eingenommen, daß ich auf nichts anders achten konnte, das mir Arimith vortrug. Auf was Weise der treue Freund meinem Unglück, das niemand zu erforschen strebte, auf den Grund gekommen, wie er meinen Feinden in die Hände gefallen, und zu meinem Mitgefangenen geworden wär, das hat er mir vermuthlich umständlich mitgetheilt, aber ich bin außer Stande, es dir zu wieder holen, weil ich wenig davon behalten habe.

Ich sagte dir vorhin, was ich den treuen Arimith auf den Fall unserer Befreyung angeloben ließ, und du wirst aus diesem Zuge schliessen, daß wir nicht ohne Hoffnung lebten, frey, bald frey zu werden. Es war dem allerdings also, und unsere Hoffnung täuschte uns nicht.

Die Milde und Freundlichkeit unserer Kerkermeister wuchs mit jedem Tage. Besonders der jüngere zeigte Spuren von Mitleid und Theilnahme, die uns Muth zu neuen Versuchen machen mußten, ob wir durch seine Hülfe entkommen könnten.

In Gegenwart seines Gefährthen, bey welchem der Eigennutz und überspannte Hoffnungen auf die Freygebigkeit seines Fürsten die Oberhand hatten, wagte ich keinen zweyten Antrag; aber wenn, wie zuweilen geschah, der jüngere allein erschien, uns Speise zu bringen und andere Dienste zu leisten, da sprachen wir beyde kühner. Arimiths eindringende Vorstellungen begleitete ich mit reichen Geschenken, und als endlich kein Zweifel übrig blieb, als der zu befürchtende Unwille des ungünstigern Gefährthen, da ersiegten wir das Versprechen, daß wir in nächster Nacht Werkzeuge haben sollten, die absichtlich schlecht verschlossene Thür zu erbrechen; auch gab uns unser Freund eine Weisung zu einem Wege über den südlichen Theil der Ruinen, der von keiner Mauer umzogen war, und wo wir ohne Gefahr für uns, und ohne Verdacht für ihn zu entkommen hoffen konnten.

Alles glückte zum Verwundern wohl; zwar schienen die Mühseligkeiten, uns bey finsterer Nacht durch das Gewühl von Schutt und Steinen, und zum Theil noch ziemlich ansehnlichen Trümmern zu winden, anfangs fast unübersteiglich, aber Zeit und Geduld siegten, und die Reise, die wir um Mitternacht begannen, war doch vor Anbruch des Tages geendet, so daß wir uns noch in der grauen Dämmerung am Ufer der Donau als freye Leute letzen, und einer seinen Weg hier, der andere dort hinaus antreten konnte.

Vorsicht! Vorsicht! rief mir Arimith nach, und ich nannte ihm zum Abschied noch zehnmahl deinen Namen, um ihm dein Schicksal, das ich ihm vor der Hand ganz allein überlassen mußte, zu empfehlen.

Er leistete, wie ich aus dem wenigen, was du mir gesagt hast, schliessen kann, das was ich ihm anbefahl, treulich. Das Glück führte ihn dir genau in der Stunde zu, da du ohne ihn verloren gewesen wärst; mich führte es nicht so gut: In der unseeligsten Minute langte ich am böhmischen Hofe an, in dem Augenblick, da der König eben seinen durch meine Entweichung erlittenen Verlust, und den nun auf immer verscherzten Vortheil ganz übersah, und von meinen Feinden umringt, aus aller Munde die Versicherung ertönen hörte, hievor sey niemand verantwortlich als ich. Ich sey der Mörder der gefallenen Legionen. Ich sey der Verräther, der, nachdem er der Sache des Kaysers untreu geworden, und sein Glück den Feinden in die Hände gespielt hätte, nun schon noch weiter gehen, nun nicht ermangeln würde, die Hand auch an den geweihten Stuhl seines Wohlthäters zu legen, und ihn mächtig zu erschüttern.

Er rühmt sich, setzte der tapfere General hinzu, der als mein Stellvertreter das Treffen verloren hatte, er rühmt sich, der Bruder des türkischen Sultans zu seyn; kann man wohl einem solchen trauen? Ist den Erbfeinden des christlichen Namens nicht falsche List und Treuloßigkeit angeboren? — O der König hüte sich vor der Schlange, die er in seinem Busen gewärmt hat. Dem Königreich Ungarn so wohl, als der Krone Böhmen droht schreckliche Gefahr. Wollte Gott, ich dürfte mich hierüber deutlicher erklären! Es wird dem boshaften Selim nicht an Vorwänden fehlen, Rechte sowohl auf das eine als das andere geltend zu machen.

Nichts hätte König Georgen wohl mehr erbittern können, als die Kenntniß meines Standes und Namens, die man, wie er meynte, aus keinem andern Munde, als dem meinigen haben konnte. Tausendmahl hatte er mir vorgestellt, wie nöthig die Verschweigung desselben sey, und tausendmahl hatte ich ihm, von seinen Gründen überzeugt, betheuert, er solle das öffentliche Eingeständniß desselben von meiner Seite, so lange mir das Glück noch die Mittel versagte denselben glorreich zu behaupten, für Eingeständniß falscher treuloser Vergessenheit alles dessen ansehen, was ich ihm zu danken habe, indem ich wohl wisse, daß ihm etwas darauf ankomme, nicht als der Schützer eines türkischen Prinzen, und der vielleicht künftige Vertheidiger seiner Rechte genannt zu werden.

So hatte ich denn also nach dem Wahn des guten leicht zu täuschenden Königs noch über alle Vergehungen, die man mir zur Last legte, ein eigenes Geständniß meiner verrätherischen Gesinnungen abgelegt, indem ich muthwillig den Vertrag aus den Augen setzte, den wir mit einander gemacht hatten. Gott weis, ich war hierin so schuldlos, als in jeder andern Rücksicht. Mein Name war wohl nie über meine Lippen gekommen, als gegen Arimith und Rembrecht, die mich länger kannten als König Georg, denen ich ja das Andenken an die Vergangenheit nicht aus dem Herzen reissen konnte, und von denen der letzte freylich auch hierin mein Verräther seyn mochte.

Als der König sich aus dem Unmuth, über diesen letzten Zug schlechter Gesinnungen, den man mir beymaß, empor gerissen hatte, forderte er meinen mächtigen Gegner, den General, der das Treffen verloren hatte, ernstlich auf, nicht zu verschweigen, was er von meinen Anschlägen auf die Kronen, Böhmen und Ungarn wisse; diese Winke waren ja eigentlich nur darum hingeworfen, damit man weiter nachforschen möchte; er weigerte sich nur, um seiner Aussage desto mehr Wichtigkeit zu geben, und was man erfuhr, das war denn würklich so, daß es mich stürzen mußte, wenn auch das vorhergehende ganz vernichtet worden wär. Wiktorin, der bisher aller Wahrscheinlichkeit zum Trotz noch immer auf meiner Seite gewesen wär, verließ mit blutendem Herzen das Zimmer. In den letzten Anklagen war ein Name genannt worden, der ihm zu lieb, zu heilig war, als daß er denselben noch weiter in dieser Verbindung hätte hören mögen.

Marie, die schöne Marie Podiebrad, des glücklichen Mathias Korvinus königliche Gemahlin, sollte der Gegenstand meiner verbotenen Liebe, sollte diejenige seyn, deren Hand, wenn meine vorgeblichen Anschläge glückten, mir Rechte auf die ungarische und böhmische Krone geben könnte.

Und ich beschwöre dich, Selim, fiel hier Kolonna dem Erzähler mit vielem Feuer ins Wort, war es auch so ganz falsch, was man dir schuld gab?

Bey Gott! es wars!

Ich meyne nicht, was die verrätherischen Absichten auf Kron und Thron, sondern was die Liebe anbelangt?

Selim stockte.

Marien, fuhr Kolonna fort, schildertest du so schön, so himmlisch, sie fühlte so viel für dich, solltest du nicht wieder geliebt haben?

Nein, Bruder! schrie Selim noch nach einer Pause, nein, ich habe mich geprüft! Ich liebte Marien nicht! Ob ich sie unter andern Verhältnissen hätte lieben können, dies will ich nicht untersuchen, allerdings ist die reizende

Königin von Ungarn das einige Weib, das ich heisser inniger Leidenschaft würdig halten möchte. Vielleicht würde ich nicht so ausschliessend urtheilen können, wenn ich mehr Personen ihres Geschlechts kennte, um Vergleichungen anzustellen, aber ausser Marien sahe ich überhaupt nur wenige, die Aufmerksamkeit verdienten.

O Selim! Selim! schrie Kolonna, wende dich wie du willst, ich verstehe das!

So scheint es, antwortete der Erzähler etwas spitzig, deine Kenntniß der Liebe mag wohl nicht so gering seyn, als die der Waffen. Doch laß mich zu Ende eilen, laß mich kurz seyn! Ohne jede meiner Wunden aufzureissen, kann ich nicht umständlich von meinem Empfang am böhmischen Hof, und meiner Trennung auch von meinem letzten Freunde, meinem Viktorin, sprechen.

Die erste Folge meiner Erscheinung war Verlust meiner Freyheit. Man beschuldigte mich, ohne meine Vertheidigung zu hören, man beschimpfte mich, ohne mir Genugthuung zu geben, ach man ging grausam, grausam mit mir um! nur gewisse unauslöschliche Gefühle können den Trieb der Rache gegen diesen ungerechten König in meinem Herzen unterdrücken!

Und welche sind die? fiel Kolonna ein — Liebe für die Königin von Ungarn?

Ich bitte dich, Bruder, antwortete Selim mit Unmuth auf der Stirne, laß mich fortfahren:

Des Nachts stieg Viktorin zu mir in meinen Kerker hinab, es war nicht mehr mein warmer zärtlicher Freund, es war ein kalter streng untersuchender Richter. Er that die Fragen an mich, welche ich jetzt aus dem Munde meines Bruders anhören mußte, ich beantwortete sie, wie ich sie dir beantwortet habe, nur mit etwas weniger Mäßigung; ein Edelknabe hat mehrere Freyheiten als ein Ritter. Viktorin erwiederte meine Vertheidigungsrede in dem Ton, den der Sohn eines herrschenden Königs gegen einen vertriebenen Prinzen anzunehmen pflegt. — Unsere Schwerder wurden bloß; man hatte mir das meinige gelassen. Ich hatte das Unglück, meinen Freund zu fällen, doch ohne tödliche Wunde. Nur der Verlust des Bluts war es, was ihn ohnmächtig machte.

Was soll ich dir weiter sagen? Meine Verzweiflung, so lang ich über das Leben meines Freundes ungewiß blieb? die Erschwerung meiner Bande! meine Befreyung? Die edle Marie Podiebrad, — laß mich sie lieber so nennen, als Königin von Ungarn, — sie war es, die mir die Freyheit gab!

Marie Podiebrad? schrie Kolonna!

Ja sie; einige sagen, ein kleines Mißverständniß mit ihrem Gemahl, andere, sein Zug wider die Türken habe sie nach Prag gebracht. — Eine heimliche Botschaft von ihr — Aber Gott, was ist dir, Kalepin? du zitterst? du wirst bleich.

Nichts, nichts, mein Bruder! stammelte Kolonna, der sich langsam von seinem Sessel erhub. Ich fühle die Rückkehr meiner heutigen Schwachheit. Ich werde wohl wieder zur Frau Margery gehen, und um die Wiederholung ihres Mittels bitten müssen, der Tag bricht an, sie wird doch wach seyn?

Selim wollte den jungen Menschen begleiten; er wehrte ihn ab, und bat ihn, sich zur Ruhe zu legen. Wahrlich, rief er, indem er ihn mit freundlicher Gewalt in der Thür umzukehren nöthigte, dir ist die Ruhe so nöthig, als mir ein wenig frisches Wasser und freye Luft.

Frau Margery war zwar nicht Herrn Hueßli des Schweizers eheliche Wirthin, aber sonst, sie mochte nun in seinem Hause eine Rolle spielen welche sie wollte, ein Weib guter Art, und bereits über die Jahre hinaus, daß sie einem Jüngling wie Kolonna hätte gefährlich werden können, dem ohngeachtet trat Selim, der seinen Bruder mit eifersüchtiger Sorgfalt bewachte, ans Fenster, ob er etwas von seinen Verhandlungen mit der Dame erlauschen könnte; er sahe ihn nach einer Weile mit ihr an den Springbrunnen im Hofe gehen, von wo beyde, nachdem sie ihn mit einem Becher Wasser gelabt, und ihm Gesicht und Hände genetzt hatte, langsam nach dem Garten schlenderten.

Dies war nicht die Jahrszeit zu kühlen Morgenspaziergängen, die seltsame Vertraulichkeit mit der fremden Frau hatte in Selims Augen eben so viel besonderes, als die Promenade. Voll Unmuth schlug er das Fenster zu, und warf sich mit dem Vorsatz, diese Dinge nicht ungeahndet zu lassen, auf sein Lager, wo ihm der Schlaf, dessen er in der That höchst bedürftig war, noch auf einige Stunden die Augen schloß.

―――――

Als Selim erwachte, saß Margery an seinem Bette.

Edler Ritter, ich habe diesen Brief an Euch abzugeben, welchen ihr unverzüglich lesen möget.

Wo ist mein Bruder?

Leset, ich bitte Euch!

Wo ist mein Bruder?

Dieser Brief ist von seiner Hand, er wird Euch alles sagen. Ein Brief von ihm? ich will ihn selbst sprechen!

Dies würdet ihr wohl schwerlich können, indem er sich gegenwärtig mehrere Meilen weit von der Burg befindet.

Weib!

Und an einem Orte, wo er für Euch nicht sichtbar seyn möchte!

Furie! Unterhändlerin meiner Feinde! also zum zweyten mahl entführt?

Das nun wohl eben nicht! Ganz friedlich, und mit seiner guten Bewilligung brachte ich ihn — —

Du brachtest ihn?

Ich selbst auf sein Verlangen! — Mein Gott, leset doch nur, und ist Euch ein Unheil zugestoßen, so schreibt es auf Eure eigene Rechnung! — Ritter! — ich werde schreyen! Es ist unedel, die Hand an ein Weib zu legen, dem ihr Dank schuldig seyd.

Selim hatte sich in der That im ersten Grimm so vergangen, als ihm die Dame Schuld gab. Frau Margery war eine Handfeste Frau, sie machte sich von dem Ritter los, der sich freylich hier nicht recht in seinem Vortheil befand, flog zum Zimmer hinaus, und warf die Thür hinter sich zu, daß alle seine Schlösser übersprangen, und die Nachfolge unmöglich machten.

Es kostete Zeit, ehe Selim sich gnugsam faßte, um das Blatt, das Frau Margery zurückließ, zu lesen; es lief grosse Gefahr, vor Enthüllung seiner Geheimnisse vernichtet zu werden. Ein gutes Glück verhinderte die That, die, nach der Wuth, in welcher sich Selim befand, die natürlichste gewesen wär, und tausend Verwickelungen nach sich gezogen haben würde, die wir hier nicht bedürfen. Er eröfnete und las, was auch ihr, meine Theuern, jetzt lesen werdet; doch wahrscheinlich wird Euer Erstaunen, Eure Ueberraschung der seinigen nicht beykommen, da der Zuschauer im Spiel des Lebens immer früher, heller, und weiter sieht, als die handelnden Personen.

An Selim.

„So bin ich denn also von dem überzeugt, was mich schon unsere ersten schriftlichen Verhandlungen muthmaßen liessen: ich bin Selim nicht nur gleichgültig, ich bin ihm auch verhaßt und verächtlich! Ich Verlassene! Seit ich meine Mutter verlor, war mir der Name Selim, den ich aus den Erzählungen der Theuern nur gar zu gut kannte, der erste Lichtstrahl nach dunkler Nacht. Du warst die einige verwandte Seele, die ich noch auf dieser wüsten Erde kannte. Du sorgtest, Du bekümmertest dich um einen verlornen Bruder, und Arimith ließ mich hoffen, du würdest auch die Schwester nicht verschmähen. O, Selim! Selim! die Hoffnung auf dich war das einige, was mich die Schrecknisse des Hungerthurms überstehen machte; du weißt nicht, was ich Arme dort gelitten habe! du weißt nicht, wie dunkel die Zukunft für mich ist, und wie sehr ich eines Freundes, eines leitenden Bruders bedurfte! Der warst du nicht. Ich mißfiel dir mit allem, was um und an mir war, mehr als zehnmahl hast du mir dieses wiederholt. Du warst ein strenger Zuchtmeister, ein unerbittlicher Tadler meiner kleinsten Handlungen.

Dein Mund öfnete sich nur zu Beleidigungen gegen mich Unglückliche. Dein Betragen scheuchte das schwere Geständniß, wer ich sey, von meinen Lippen zurück. Warst du so grausam gegen dem, den du für deinen Bruder hieltst, was würdest du gegen eine Fremde gewesen seyn? Ich glaube, ich that recht zu schweigen, und da ich es doch für billig hielte, damit ich dir unnöthigen Kummer erspare, dir zu sagen, daß du in mir keine Person verloren hast, die dir nur einigermaßen lieb seyn könnte, so laß mich es dir lieber schriftlich gestehen, daß die, welche sich auf ewig von dir trennt, nicht der glückliche Kalepin war, gegen den sich doch vielleicht noch endlich dein Herz erweicht haben würde, weil er dein Bruder war, sondern die verlassene dir ganz fremde

Phillppe von Geldern."

———

Bey Zeilen ward dieser Brief gelesen, und wieder hinweggeworfen. Man konnte, man wollte seinen Augen nicht trauen. — Kalepin, Philippe? — Der Bruder eine Schwester? rief Selim tausendmahl, o nun ist mir nichts mehr dunkel! — Arme unschuldige Seele! meine Härte verscheuchte dich? — Und was war der Grund dieser Härte?

— O ich Unglücklicher! — Mehr Aufklärung! Helleres Licht, oder ich vergehe!

Selim setzte seine starken Schultern gegen die verschlossene Thür, sie sprang, und er stand vor Frau Margery, welche eben ihrem Herrn das Frühstück gebracht hatte. Ich bitte, ich beschwöre Euch, schrie der türkische Prinz, indem er sie bey Seite zog, sagt mir alles, alles, was ihr von diesen Dingen wisset.

Die Matrone sah ihn voll Verwunderung an. Sonderbar! rief sie auf die Wiederholung der Frage. Ich, eine Fremde! ihr der Bruder des Fräuleins!

Fräulein? als Fräulein kannte ich sie nimmer!

Noch sonderbarer! Auch sie wollte es mich bereden. Ich habe ihr das Gegentheil erwiesen, und dadurch vielleicht ihre Flucht beschleunigt; — Bruder und Schwester? — das sonderbarste von allem!

Aber um Gotteswillen, wie kamt ihr, wenn ihr ihr wirklich fremde seyd, zu ihrem so schnellgefaßten Zutrauen?

Aber ich bitte Euch, wenn ihr mich bereden wollt, daß ihr diese Schwester würklich für einen Bruder hieltet, wo hattet ihr Eure Augen? Diese zarte jungfräuliche Gestalt, dieser Zusammenfluß von weiblichen

Fehlern und Vorzügen, die mit jedem Wort, jeder Handlung hervorblickten, wie konnte man sie verkennen? Ich sah im ersten Augenblick, wen ich vor mir hatte, und dadurch, daß ich ihr dieses frey ins Gesicht sagte, riß ich eben ihr Zutrauen an mich. Dieses arme kleine Herz wollte zerspringen, sich jemand zu entdecken; wie habt ihr es angefangen, und da sie Euch so sehr liebt, daß sie es nicht gegen Euch aufschloß?

Sie liebt mich?

So muß ich glauben!

Und kann mich fliehen?

Ihr müßt hart mit ihr umgegangen seyn; hart mit so einem Engel!

O ich Elender!

Und sie bleibt doch nur eine Schwester?

Mehr, tausendmahl mehr als Schwester ist sie mir!

Das hätte sie wissen sollen.

Laßt mich, daß ich es ihr sage, daß ich es ihr tausendmahl zuschwöre!

Das brauchte Bedenkzeit. Ich habe es ihr auf Treu und Redlichkeit versprechen müssen, ihren Aufenthalt Euch nicht zu entdecken!

Mir nicht, aber einem andern? — Boshafte! ihr seyd Kampobachios Unterhändlerin, und diese ganze Geschichte ist ein Mährchen!

Herr Ritter, ihr beleidigt mich! Wider diesen Grafen, diesen Kampobachio, war es, daß ich die Dame zuerst in Schutz nahm. Sie wär gerettet gewesen, auch wenn ihr nicht erschienen wäret. Ich hatte ihr versprochen sie in das Kloster zu bringen, wo sie sich nun befindet. Es ist wahr, Eure Erscheinung schien anfangs eine Aenderung zu machen, aber, ihr müßt Euch ihr seitdem auf einer Seite gezeigt haben, die ihr Zutrauen ganz von Euch ablenkte. Ich versichere Euch, daß sie mit dem vollen Vorsatz, Euch nichts zu verhelen, gestern Euer Zimmer betreten hat. Diesen Morgen warf sie sich mir weinend in die Arme, sie sagte, sie könne es nicht an der Seite ihres Bruders aushalten, sie verlange sich seinen Augen auf ewig zu entziehen. Er solle nimmermehr erfahren wer sie gewesen sey! O, rief ich, dies weis er schon, wo müßte er seine Augen haben? — Er weis es? erwiederte Sie, o denn bin ich ganz verloren! Denn muß ich fliehen! — Mich zu kennen, und mir so zu begegnen? — Er kennt Euch, und wärt ihr nicht seine Schwester, so würde ich hinzusetzen, er liebt Euch! —

O nein, dies weis ich gewiß, er liebt eine andre? —

Wie? schrie Selim, eine andre? wie kann sie das wissen?

Lieben Kinder, erwiederte Frau Margery, unter Euch walten grosse Mißverständnisse ob, und wärt ihr Liebende, anstatt, daß ihr Geschwister seyd, so würd ich sagen, es sey ein verdienstliches Werk, Euch beyzustehen!

Ach laßt das! — Ich danke meinem guten Geschick, daß es uns nicht zu Kindern eines Hauses machte! als Bruder misfiel sie mir, als Schwester würde ich sie fliehen! — O meine seltsamen unerklärbaren Gefühle! Mein Herz war uneinig mit sich selbst, daher mein seltsames Betragen, daher mein ganzes Unglück!

Nun, das Unglück wird zu überstehen seyn! Eine Vertraulichkeit, Herr Ritter, erfordert die andre: Das Fräulein ist bey den Elisabethinerinnen, und morgen oder heute, wenn ihr wollt, besuche ich sie, um mit ihr von Euch zu sprechen.

Sechstes Buch.

Philippe von Geldern.

Frau Margery besuchte die Elisabethinerinnen, und ward nicht vorgelassen. Sie kam wieder, und verlangte die Dame zu sehen, die sie in die heiligen Mauern gebracht hatte; man bestellte sie auf den dritten Tag wieder. Sie erschien, und erfuhr, daß sie hier eine Abwesende suche. Man gab ihr eine Schrift, welche die schöne Fremde an sie zurückgelassen habe; voll Bestürzung öfnete sie sie, und fand folgende Worte:

„Verzeihet, liebe Retterin, die Härte, mit welcher ich Euch zurück weise. Ich gestehe es, ich traute Euch nicht ganz, und selbst jetzt glaube ich versichert zu seyn, daß Selim Euch auf seine Seite gezogen hat. Daß er mich suchen würde, so bald er meinen Brief gelesen hätte, besorgte ich einigermassen, darum gereute es mich halb und halb, ihm geschrieben zu haben.

„Da es nun einmahl bey mir beschlossen ist, Selim nie wieder zu sehen, so hätte ich Eurem Einrath nicht folgen, so hätte ich die Feder damahls und jetzt ruhen lassen sollen. Doch nein, einige Nachricht von mir bin ich ihm schuldig! Ich brauchte diese Tage der Einsamkeit alles aufzuzeichnen, was er wissen muß, ich war wenigstens verbunden, ehe ich dahin eilte, wohin mich die Pflicht ruft, ihm Auskunft zu geben, wo derjenige ist, für den er mich bisher fälschlich gehalten hat, sein Bruder. Sagt ihm, wie ich aufrichtig wünsche, daß ihm die Kenntniß dieses guten jungen Menschen mehr Vergnügen gewähre, als die Bekanntschaft seiner Schwester Philippe."

———————

Nie hat sich der Eigensinn des menschlichen Herzens wohl deutlicher gezeigt, als hier an Selims Beyspiel; was ihm gestern misfiel, war heute der Gegenstand seiner Anbetung, was er gestern durch sein sonderbares Betragen von sich stieß, das hätte er gern heute mit der Hälfte seines Lebens erkauft. Der ehrsamen und behülflichen Frau Margery gönnte er kaum einen Blick, ungeachtet sie ihm zu Gemüthe führte, daß er blos ihrer Fürsprache Philippens ersten Brief zu danken habe, und als er den zweyten bey

Ihrer

ihrer Rückkunft aus dem Kloster, aus ihren
Händen erhalten hatte, so schwang er sich auf
sein Roß, und zog fast ohne Dank von dannen. Ihm folgte die strenge Kritik von Hüßlis Gästen. Niemand wußte, was er aus
ihm und seinem Bruder machen sollte, selbst
Fraunauer war irre an ihm, und Frau Margery war großmüthig genug zu schweigen,
ungeachtet sie eben keine Ursach hatte, mit
Selim und Philippen zufrieden zu seyn.

Selim war es eben so wenig mit ihr,
sein Herz lebte mit der ganzen Welt im Kriege. Was ihn vorher gefreut oder bekümmert haben würde, war jetzt wie nichts in seinen Augen. Wittorin, welcher seinen Aufenthalt ausgespäht hatte, und vor Verlangen
brannte, sich mit dem Freund, dessen Unschuld
man böhmischer Seits einzusehen anfing, auszuspähen, schickte an ihn, ihn zu einer vertraulichen Unterredung einzuladen. Seine
Boten trafen ihn auf dem Wege von Kalsberg, und kehrten mit einer kalten Antwort
zurück. Von Wien kam ihm ein Gerücht zu,
wie Aximith noch lebe, er achtete es nicht.
Als er gen Neustadt kam, wo der Kayser gegenwärtig Hof hielt, hatte er Gelegenheit,
Zeuge von einer höchst rührenden Scene zu

seyn: Die geheimen Verhandlungen Kronenburgs, Grafeneggers, und des klugen Probsts zu Presburg, waren in Wien von gutem Erfolg gewesen *). Das Volk stieß seine Verführer aus, und verwarf Herzog Albrechten. Reuig und Gnade bittend, kam es nach Neustadt zu seinem guten Herrn. Selim sah die Wiener vor ihrem Vater knien, sah diesen guten Vater ihnen verzeihen, und voll Huld und Zutrauen ihnen in die aufrührische Stadt folgen, welche ihm jetzt ihre Thore freywillig eröfnete. Selim fühlte nichts bey diesem schönen herzerhebenden Auftritte, er hatte alles

*) Mißverständniß zwischen Holzern, Herzog Albrechten, und dem Volke, von des Kaysers Freunden mit mehr Klugheit als Redlichkeit genährt, machten den Anfang. Es stand darauf, daß der Herzog in eben der Burg belagert werden sollte, da er seinen Bruder belagert hatte. Das Volk war auf seiner Seite. Durch einen besondern Glockenschlag vom Michaelsthurm, rief er es wider Holzern zusammen, und gab ihm sein Haus Preis. Holzer selbst, ein merkwürdiges Beyspiel von der wankenden Gunst der grossen Menge, entkam zwar, ward aber wieder eingebracht, und nebst Reichwolfen, Odenackern und andern Unglücksstiftern, den Freytag nach Ostern grausam hingerichtet, so rieben Friedrichs Feinde einander selbst auf.

vergessen, ausser derjenigen, welche er suchte, und nirgend finden konnte. Selbst ihre an ihn abgelassene Schrift blieb ungelesen, aus Furcht, er möchte über dieser Beschäftigung irgend einen Vortheil versäumen, und erst als er sich überzeugte, daß den Aufenthalt seiner Dame, den Ort ausfindig zu machen, wohin sie die Pflicht gerufen hatte, nicht das Werk eines und zweyer Tage sey, erst denn suchte er Trost in den Blättern, die wir dem Leser doch nun auch vorlegen wollen.

Philippe an Selim.

Ich habe dich also gesehen, ohne den in dir zu finden, den ich hofte, den treuen leitenden Freund, den Bruder, der mir Verlassenen so nöthig ist. Aber ists auch wahr, daß ich mich in dir täuschte? thue ich auch recht, mich von deiner Hand loszureissen? Ein treuer leitender Freund? ein Bruder? Was erwarte ich von einem solchen? Schutz, Unterricht, Zurechtweisung; versagtest du mir die? Nein! Zwar deine Strenge; aber würde die nicht gewichen seyn, wenn du mein Geschlecht erfahren hättest? Würdest du wohl der Schwester Eigenschaften zugemuthet haben, die du nur von dem Bruder verlangen, deren Mangel du nur ihm aufrücken konntest? Was ists denn also, das mich von dir zurückschreckt? — Ja, wenn es wahr seyn sollte, was Frau Margery vermuthet, wenn du mich mit dem Scharfblick durchschautest, der mich einst an Kampobachto, Aximith und diese Schweizerin verrieth, wenn du wüßtest, wer ich bin, und du könntest mir doch so grausam, so geringschätzig, mit so viel Uebermuth begegnen. Wenn du mir diese Kleider, die ich, Gott weis es, nicht aus Wahl trage, zur Sünde machtest, wenn du mit feinerm Gefühl, als ich, üble Auslegung von der Verbindung mit solch einem Gefährten besorgtest, und mich darum zurückstießest, denn fänd ich Entschuldigung über Entschuldigung für das was ich vorhabe, aber wer weis das, und wer kann hier entscheiden? — Nein, ich will mich dir nicht mündlich entdecken. Der Brief, den mir meine Vertraute zu deiner Belehrung abnöthigte, finde eine Aufnahme welche er wolle, so soll weder Sie noch Selim mich wiedersehen. Sie hat mir nichts mehr zu sagen, da ich ihr Geschwätz ungern anhöre, und Selim? Wohin könnte ich ihm mit Ehren, und wohin würde ich ihm mit gutem Willen folgen?

Er denkt an den burgundischen Hof, was kann das geldersche Fräulein dort für Geschäfte haben? Oder, wie mir es nicht unwahrscheinlich dünkt, Selim wendet sich nach Ungarn; dort habe ich noch weniger zu suchen. Ich kenne ja die schöne Marie Podiebrad nicht anders, als aus seinen Beschreibungen, und kann diese Dame, so reizend er mir sie auch schilderte, doch nimmer lieben. Gott weis, was mich von ihr zurückzieht! billig sollte ich alles schätzen, was derjenige verehrt, der mir seiner Härte ohngeachtet immer theuer bleiben wird.

Bey einem Gewirr von Empfindungen und Vorstellungen, die mich hier bestürmen, bleibt mir immer nur eins gewiß, ich darf Selim nicht wiedersehen, und das Kloster oder noch ein Ort, der einige, wohin mich Pflicht und Liebe rufen, ist der anständigste Aufenthalt für mich.

Ich wollte dir meine Geschichte erzählen, laß mich anfangen ohne weitern Umschweif.

Aus den frühsten Tagen meiner Kindheit sind mir nur dunkle Bilder übrig, was ich hievon deutlicher weis, danke ich den Erzählungen unserer Mutter; Selim wird hier heller sehen. Der Aufenthalt auf dem Berge

Athos war mir das liebliche Mährchen, damit mich Raja, Zelide, und meine ewig nicht gnug beweinte Mutter unterhalten konnten; Selim, der in diesen Geschichten eine so grosse Rolle spielte, ward mir früher bekannt, ich lernte ihn früher lieben, als ich mich selbst kennen lernte. Raja pflegte ihn Sultan Selim zu nennen, dieses hochtönende Wort flößte mir eine Grosachtung seiner Person ein, und die Schilderung von dem liebenswürdigen Knaben, und von der Milde, mit welcher er mich pflegte und nährte, setzte zu dieser Hochachtung ein Gefühl von Liebe und Dankbarkeit, welches sich mit nichts vergleichen läßt; Selim labte mich in der Einöde mit Früchten und Milch, er erwärmte mich mit den Fellen wilder Thiere, die sein starker Arm gefällt, er erstieg mit Lebensgefahr stelle Klippen, um mir Vogeleyer zu meiner Nahrung zu suchen, dies hatte ich tausendmahl von meiner Mutter gehört, und diese Dinge machten einen so tiefen Eindruck auf mein kleines Herz, daß ich Stundenlang weinen konnte, daß derjenige, dem ich alles dieses dankte, nicht mehr war. Selim war tod nach Zelidens, Rajas und Katharinens Wahn? Sie lehrten mich den Verlust desjenigen betrauern, den ich wie ein Wesen höherer Art verehrte.

Ich war nicht das einige Kind unserer Mutter, ich hatte noch einen kleinen Gefährten; Kalepin, den die Natur näher mit Selim verbunden hat als mich, und der freylich darum auch nähere Ansprüche auf seine Liebe haben mag. Bey unserer ersten Landung in Italien, hatte man ihm, nach dem Pabste, der ihn in den Schoos der Christenheit aufnahm, und nach einem alten Maltheserritter unsern Beschützer, der bald nach unserer Ankunft starb, die Namen Kalixtus Kolonna gegeben. In dem Kloster, in welches wir uns von Rom begeben hatten, nannte man ihn Kolonna, und da dieser Name so wohl männlich als weiblich lautete, so glaube ich, daß die wenigsten der Nonnen wußten, ob ich an diesem Kinde einen Bruder oder eine Schwester hatte.

Es war ein Kloster in Umbrien nicht weit von Troni, dahin Zellde, Raja, und die Herzogin von Geldern sich mit uns Kindern begeben hatten.

Der Herzog von Burgund, — (du mußt dich der Geschichten unsers Hauses noch aus der Erzählung meiner Mutter erinnern; sie hier zu wiederholen wär zu weitläuftig.) — Der Herzog von Burgund, der Bruder der Herzogin von Geldern und mein Oheim, hatte von unserm Unglück, unsern Abentheuern, und unserer Wiederkunft gehört, es war ihm lieb, seine Schwester gerettet zu wissen, besonders, da ihr Entschluß bey dem Kloster fest zu beharren schien. Nicht so lieb war ihm die Gesellschaft, in der sie diese Gegenden wieder betreten hatte. Die beyden Morgenländerinnen mochten hingehen, nur die beyden Kinder waren ihm anstößig. Meine Mutter hatte ihm, als er uns einst besuchte, nur von einer Tochter gesagt, und mich ihm vorgestellt, auch war ich mit ziemlicher Huld und grossen Verheissungen von ihm umarmt geworden, aber das Gerücht sagte ihm auch von einem Knaben, der mit herüber gekommen sey, und da die Herzogin von Geldern würklich Mutter zweyer Kinder war, so machte der Argwohn diesen Knaben sogleich zu ihrem Sohne.

Es war dem Herzog von Burgund nicht gleichgültig, einen vorgeblichen männlichen Erben von einem Lande zu wissen, dessen Besitz er wünschte. Der alte Herzog von Geldern, mein Großvater war tod, mein Vater, der jüngere Herzog, schmachtete seit langen Jahren, man hat mir nie gesagt warum, in einer Vestung an der Maas in Fesseln, die nur der Tod brechen sollte, diese beyden hinderten ihn nicht, Geldern, wenn er wollte, vom

Kayser zur Lehn zu nehmen, aber ein junger geldrischer Prinz hatte diesen ganzen Handel verderbt. Daß der Knabe, der nebst mir im Kloster erzogen wurde, dieser nicht seyn konnte, daß mein wahrer Bruder längst am Hofe seines Pathen, des Königs von Frankreich, gestorben war, dies wußte er sehr wohl, aber er hatte einmal einen feindseligen Verdacht auf meine Mutter gefaßt, er maß ihr die Absicht bey, einst wider alle Wahrscheinlichkeit mit dem fremden Knaben hervorzutreten, ihn für den gelderschen Erben auszugeben, und Rechte für ihn einzufordern, die ihm nicht zukamen.

Nie kam der Herzogin von Geldern ein so thörichter als unbilliger Anschlag in den Sinn, nie hätte er glücken können, allein der argwöhnische Herzog von Burgund hatte denselben einmal als möglich angenommen; er sah ein, daß derselbe ihm wenigstens mit der Zeit Unruhe machen könnte, und er säumte nicht, Vorkehrungen zu Hinderung alles besorgten Unheils zu treffen. Dieses war es, was unsere Mütter von den Gesinnungen des Herzogs mußten oder glaubten, und sie richteten nach diesen Vorstellungen ihre Schritte ein.

Wir, Kalepin und ich, waren damals ohngefähr fünf Jahr alt, wir wußten und verstanden nichts von dem, was in der Welt, was auch in Rücksicht auf uns vorging, nur dieses wußten und fühlten wir, daß wir eins geschränkter als sonst gehalten wurden, auch ließ man uns hören, es werde einem von uns nach dem Leben getrachtet. Man glaubte nicht, daß wir im Stande wären, etwas hievon zu fassen, aber wir begriffen es recht gut, und ich besinne mich sehr wohl, daß ich mancherley kindische Gespräche hierüber mit Kalepin und einem kleinen Fräulein von Hohenburg, das nebst uns im Kloster erzogen ward, geführt habe.

Sie und er waren meine immerwährenden Gesellschafter, wir waren die einzigen Kinder in den heiligen Mauern. Ich liebte Kalepin sehr, und beneidete die kleine Hohenburg über den Vorzug, den er ihr bisweilen bey unsern Spielen zu geben pflegte. Ihn beneidete ich über nichts, als über ein Spielwerk, das ihm Raja gegeben hatte; es war die Flöte vom Berge Athos, deren Verlust der Gegenstand unserer ersten Unterhaltung im gustensteinischen Garten war. Man hatte mir gesagt, sie sey Sellms gewesen, Selim habe sie gebraucht; Ursach genug für mich, sie mir zu wünschen, ungeachtet sie eigentlich kein Zeitvertreib für ein Mädchen war. Kalepin konnte mich nicht höher verbinden, als wenn er mir sie zuweilen ließ, und der lebhafteste Zorn überfiel mich, wenn ich sie in den Händen der kleinen Hohenburg sah. — O Selim, was wirst du von mir denken? — So früh höre ich dich sagen, so früh schon Spuren von Mißgunst und Eifersucht?

Die Herzogin von Geldern nahm sich um diese Zeit eine Reise vor. Kalepin hatte sie sagen hören, sie wollte zu ihrem gefangenen Gemahl, meinem Vater; geschwind verkundschaftete er mir dieses, und ich lief eben so geschwind, sie zu bitten, mich mit sich zu nehmen. Wenn Kalepin recht gehört hatte, so schien es, man wollte die Reise heimlich halten. Meine Mutter suchte mir die Sache auszureden, Kalepin ward gescholten, und da ich über die abschlägige Antwort nicht zu weinen aufhören wollte, so schenkte mir die Herzoginn ein Bild, das sie, mich, und Zeliden vorstellte, und das dir sehr wohl bekannt ist; es ist das nehmliche, das ich im gutensteinischen Garten verlor, und das von da in deine Hände gekommen ist, wo ich es vorgestern noch gesehen habe. O Selim! Du betrachtetest es an diesem Abende, du bewundertest, du verglichst die Aehnlichkeit meiner Züge mit der gemahlten Phillippe, und doch erkanntest du mich nicht? — War das Wahrheit oder Verstellung? — Laß mich fortfahren! —

Wie bald kann eine bunte Kleinigkeit ein Kind befriedigen! Ich putzte mich mit meinem Kleinode, ich spielte damit, ich tauschte mir zuweilen mit demselben den Gebrauch von Kalepins Selimsrohr ein, wie wir deine Flöte immer zu nennen pflegten, und vergaß ganz darüber, daß meine Mutter mich verließ. Daß ich sie nie wiedersehen würde, daß dieses Gemälde das letzte Geschenk seyn sollte, das ich aus ihrer Hand erhielt, das wußte, das ahndete ich nicht, aber nur zu bald mußte ich es erfahren.

Die Herzoginn von Geldern kam von ihrer Reise nicht zurück, ich hörte dieselbe von Raja und Zelden, die den Verlust ihrer Freundin mit tausend Thränen beweinten, einen gewagten unvorsichtigen Schritt nennen. Ich erfuhr, Schrecken, Aergerniß und Gewaltthat hatten meiner Mutter auf dieser Wallfarth den Tod zugezogen; Dinge, die ich als Kind vielleicht falsch verstanden haben kann, von welchen ich wenigstens jetzt noch keine Erklärung zu geben weis. Gnug, ich war eine Waise, und so wenig mich die Zärtlichkeit meiner beyden andern Mütter, Rajas und der Sultaninn Zelide, anfangs meinen Verlust fühlen ließ, so sollte ich doch nur zu bald Proben haben, welch ein Unterschied zwischen mütterlicher Treue und fremder Zuneigung sey. Immer großmüthig, uneigennützig und sich selbst gleich ist die erste, die andere selten ohne Nebenabsichten; die erste opfert sich selbst auf, die andre fordert Opfer zum Lohn, und weis sie zu nehmen, wie und wo sie zu Erreichung irgend eines Endzwecks tauglich sind. O Mutter! Mutter! nimm diese späte Thräne, sie fließe zu den tausenden, die ich deinem Andenken geweint habe!

Erlaube, Selim, daß ich dir die Dinge, die nun folgen, nicht so schildere, wie sie meiner damahligen Einfalt vorkamen, sondern wie man mich sie in der Folge einsehen lehrte.

Der Tod der Herzoginn von Geldern legte dem Herzog von Burgund die Pflicht auf, sich meiner anzunehmen. Raja und Zelide waren es nicht, die ihn zu derselben aufforderten, sondern die Aebtißinn des Klosters; diese beyden guten Frauen, deren Herzen damahls noch nicht durch ein ihnen näher liegendes Intereße von mir abgelenkt wurden, waren überzeugt, daß ihr Schutz, ihre Vorsorge mir die Verwendung jedes andern unnöthig machte, unter ihrer Aufsicht würde ich ruhig im Kloster erwachsen seyn, und entweder daselbst meine Bestimmung, oder auch vielleicht, vermittelst ihrer Schätze, die sie gern mit mir getheilt haben würden, in der Welt ein kleines

Glück gefunden haben, hätten sich nicht andere in die Lenkung meines Schickſals gemiſcht.

Raja und Zelide faßten auf einmahl den ſchnellen Entſchluß nebſt uns Kindern dieſes Kloſter zu verlaſſen und ſich in ein anderes, tiefer ins Gebürg liegendes zu begeben. Die Urſach dieſer Aenderung war ein Brief des Herzogs von Burgund, welcher nicht allein mich nach Hofe gefordert, ſondern auch die Aebtißinn des nun von uns verlaßenen Kloſters erſucht hatte, darauf zu ſinnen, wie das Kind, das mit mir die Mutters liebe der Herzoginn von Geldern getheilt habe, ebenfalls in ſeine Hände zu bringen ſey.

Die Aebtißinn, eine gute Nonne, die hier weder mit Liſt noch Gewalt verfahren mochte, wollte erſt die Rechte kennen lernen, die der Herzog von Burgund auf das fremde Kind haben könne. Sie ſprach mit meinen Müttern über dieſe Sache, und erfuhr von ihnen ohne Rückhalt wer Kalepin ſey; die Schriften, die bey der Taufe des Knaben vom heiligen Vater ausgefertigt worden waren, bekräftigten ihre Auſsage, die geiſtliche Frau konnte nicht abſehen, was der Herzog von Burgund im Guten oder im Böſen auf einen türkiſchen Prinzen könne zu ſprechen haben, und ſäumte nicht, ihn mit der Lage der Sachen bekannt zu machen.

Der Herzog von Burgund hätte jetzt gewiß seyn können, daß er von diesem Kinde nichts zu befürchten habe, aber er traute entweder den erhaltenen Nachrichten nicht, oder es war würklich Güte gegen einen verlaßenen Prinzen, oder Stolz einen Bruder Sultan Mahomeds zu erziehen, was ihn antrieb auf seine Forderung zu beharren, und um Kalepins Ueberkunft — befehlen konnte er sie nicht — zu bitten.

Raja und Zelide sahen hier nichts als Gefahr für ihren Liebling, sie bestanden auf ihrer Weigerung, und als die Aebtißinn dringend ward, nahmen sie hieraus eine Ursach das Kloster zu verlassen; eine Sache, welche sie vielleicht schon vorher aus andern Gründen beschlossen haben mochten.

Wir waren in unserm neuen Aufenthalte unbekannt, die beyden Damen bauten hierauf ihre Entwürfe, zu deren Ausführung sie dadurch den ersten Schritt thaten, daß sie über uns Kinder mit doppelter Sorgfalt wachten und Verwechselungen der Namen und Kleider vornahmen, die wir in unserer Einfalt nicht begreifen konnten, nach welchen wir uns aber gern bequemten, weil wir sie für ein ergötzendes Spiel hielten.

Raja und Zelide waren Morgenländerinnen; Damen in allen Ränken des Seraïls erzogen. Es ist bekannt, was für Kabalen in diesen Käfigen müßiger Frauen geschmiedet werden. Dinge dieser Art sind fast der einige Zeitvertreib, den sich diese armen Sclavinnen der Männer zu machen wissen. Zelide und Raja hatten den Hang zu dieser Art von Beschäftigung, seit sie Christinnen geworden waren, noch nicht abgelegt, im Kloster hatten sie gute Muse gehabt, ihn zu stärken und zu üben, auch waren sie all diese Zeit über, gewiß bey jeder Sache, die die Nonnen oder die Aebtißin beschäftigt hatte, mit ihren Talenten thätig, oder wenigstens beyräthig gewesen; eine Unart, welche meine sanfte Mutter, die Herzoginn von Geldern, oft an ihnen getadelt und verdammt hatte, gleich als ahndete sie, daß diese unseelige Geschicklichkeit verwirrte Dinge noch verwirrter zu machen, und das was ihnen guten ebenen Gang ging, erst auf Abwege zu leiten, einst zum Nachtheil ihrer armen Tochter gebraucht werden würde.

Die beyden Morgenländerinnen haßten den Herzog von Burgund wegen der bösen Absichten, die sie ihm zutrauten. Noch immer gewohnt alles nach den Grundsätzen des Serails zu beurtheilen überzeugten sie sich, daß Kalwin aus keiner andern Ursach nebst mir an den Burgundischen Hof gefordert würde, als um daselbst den Tod zu finden. Daß man, ungeachtet seine

Her

Herkunft erwiesen war, doch immer ein verdachtvolles Auge auf ihn habe, hielten sie durch die dringenden Anforderungen des Herzogs für erwiesen, die ihnen auch in dieses Kloster, wo man sie bald ausgespäht hatte, nachfolgten.

Sie dachten den Feind ihres Lieblings zu täuschen und mit der Zeit zu bestrafen, und ich habe wohl kaum nöthig auseinander zu setzen, wie dieses angefangen werden sollte; Selim muthmaßt schon aus den Umständen, die ihm bekannt sind, daß ich das Opfer für Kalepins Sicherheit werden sollte.

Unter den Namen Kalepin oder Kallxtus Kolonna, wollte man mich aus dem Kloster entfernen, und dem Herzog dadurch jeden Gedanken an weitere Nachfragen benehmen, die, wenn er sie auch fortsetzen sollte, denn doch immer nur auf meine Person nicht auf die Person Kalepins treffen würden. Diesen Knaben, der meinen gewesenen Müttern ungleich theurer war, als ich, auf jeden Fall zu sichern, war ihr Hauptzweck; mich, so schien es, mochte treffen was da wollte, wenn nur das Unglück von ihm abgekehrt wurde. O meine Mutter! dies waren deine treuen Freundinnen! dieses deine Stellvertreterinnen! Eine einige Wendung des Schicksals, eine vielleicht blos gewähnte Gefahr war es, die ihre mir so oft zugeschworne mütterliche Zuneigung auf einmahl umstimmen sollte!

Während ich so unter erborgtem Namen in die Welt hinausgestoßen, und dem Schicksal preis gegeben werden sollte, wollte man den kleinen Kalepin meine Rolle übernehmen lassen. Unter Zelidens Aufsicht wollte man ihn als das gelderschen Fräulein an den burgundischen Hof schicken; sie selbst wollte über ihn wachen, sie selbst wollte mit aller ihrem Vaterlande eigenen Schlauigkeit, die Freunde der alten gelderschen Herrschaft auszuspähen und auf ihre Seite zu bringen suchen, und dann, wenn alles wohl angelegt und die Sache zum Aufbruch reif, oder das Geheimniß nicht mehr zu verhelen sey, schnell mit der Entdeckung hervortreten: hier sey kein der Erbfolge unfähiges Fräulein, sondern ein gelderscher Prinz, welcher seine Rechte geltend machen, und dem Herzoge von Burgund den Besitz seiner Lande streitig machen könnte. — Verzeihe, Selim, verzethe, daß ich dir solche Züge von einer Person zeichnen muß, die deine Mutter ist, ich zürne nicht mit Zeliden; kaum kann ich sie tadeln, daß sie dem Sohn ihrer Freundinn, dem kleinen Kalepin, ein Glück verschaffen wollte, das einigermaßen seiner Geburt würdig war. Die Liebe für Selim, den sie für tod hielt, war auf den Sohn der Sultaninn

Helena geerbt; gegen diesen mußte freylich die arme Philippe im Hintergrunde stehen, diesen glücklich zu machen, mußte freylich alles andere aufgeopfert werden!

Es war indessen unrecht, auch in der wünschenswertheſten Sache mit solchen Winkelzügen umzugehen, es war grausam, so mit mir zu handeln, wie es am Tage iſt, und höchſt unüberlegt war es, von den gemachten Anlagen guten Erfolg zu hoffen; ein Hauch konnte ja das leichte Gewebe zerſtäuben, und glückte alles bis zum letzten Streiche, was für Unruhen, was für Weitläuftigkeiten, was für Hinderniſſen, welche zu überwinden wohl andere Kraft, andere Klugheit erforderlich geweſen ſeyn würde, als die zweyer ausländiſchen Frauen, die die Verfaſſung dieſer Lande gar nicht kannten, und alles nach den Sitten ihres Vaterlands beurtheilten.

Kalepin und ich wußten und verſtanden natürlich nichts von dem, was für und wider uns geſchmiedet wurde. Raja kündigte mir eines Tages eine Luſtfarth an, und ich beklagte nichts dabey, als daß ich nicht meinen theuren Spielgefährthen zum Geſellſchafter haben ſollte. Um mich zu begütigen ward ihm sein Seliminsrohr genommen, und mir erb- und eigenthümlich zugesprochen, es gab heiße Thränen von beyden Seiten, ich weis nicht ob an der seinigen über die Trennung oder das geraubte Spielwerk. Ich fühlte mich am Ende durch meine Eroberung völlig getröstet.

Raja brachte mich nach Rom. Kolonnas Namen zu führen und seine Kleider zu tragen, hatte man mich schon gewöhnt, seit wir das erste Kloster verlassen hatten, und es kam mir also weder neu noch sonderbar vor, als mir Raja sagte, ich habe nun ganz aufgehört Philippe zu seyn, und müsse diesen Namen auf ewig vergessen; Drohungen und Verheißungen, wie sie sich für meine Jahre schickten, wurden hierauf auf Befolgung oder Nichtbefolgung einiger Verhaltungsregeln gesetzt, doch Nichts machte stärkern Eindruck auf mich, als der Satz, den ich mir selbst ausdachte; niemand als Kolonna könne Besitzer von dem geliebten Spielwerk, der Flöte vom Berge Athos bleiben, und sobald Philippe wiederkehrte, so wär dieser köstliche Schatz auf ewig verloren. Ich küßte das theure Selimsrohr und versprach: Philippe sollte nie, nie wieder kommen!

So stiefmütterlich man gegen mich in der ganzen Sache handelte, so haßte man mich doch nicht oder wollte mein Verderben; Nein, es war beschlossen, daß Raja bey mir bleiben und für mein Bestes wachen sollte, bis man sähe, wie die Sachen gingen, und was für mich zu thun sey. Wahrscheinlich mußte sie selbst noch nicht, was sie einst aus mir machen sollten.

Raja stellte mich, um der Sache bey der höchst möglichen Nachfrage des Herzogs von Burgund alle Wahrscheinlichkeit zu geben, dem heiligen Vater unter dem Namen Kallixtus Kolonna vor. Der Pabst erinnerte sich sehr wohl, vor einigen Jahren einen türkischen Prinzen mit diesem Nahmen getauft zu haben, und fand keine Ursach zu zweifeln, daß ich derselbe sey, da ihm meine Begleiterin Raja noch besser im Gedächtniß geblieben war, als die Person seines kleinen Täuflings. Er segnete mich, und versprach mir Schutz und Vorsorge, auch lud er meine Pflegerin ein, mit mir so lang zu Rom zu bleiben und auf Kosten der Kirche zu leben, als sie wollte. Raja war reich genug, um dieses nicht zu bedürfen; die Wohnung, die ihr in dem Hause einer italiänischen Dame angeboten wurde, schlug sie nicht aus. Sie kannte die Signora Olivetta Cäsarini sehr wohl; sie hatte ehemahls bey ihrer Taufe Pathenstelle vertreten, und dieses geistliche Band verknüpfte sie zu solcher Vertraulichkeit, daß ich glaube, schon damals blieb ihr nichts ein Geheimniß was mich anging, wenigstens ward ich angewiesen, in der scheuen Zurückhaltung gegen jedermann, die man mir zum Gesetz gemacht hatte, nächst meiner Raja nur sie auszunehmen.

Um diese Zeit kam Kayser Friedrich nach Rom; er sahe die Signora Olivetta und ihre ausländische Gefährthinn bey einigen Hoffesten, er hörte von mir, und wünschte auch mich zu sehen. Da ich nie weit von der Seite dieser beyden Damen kam, so war das kayserliche Begehren bald erfüllt. Er fand mich schön, er liebkosite, lobte und beschenkte mich, er befahl, mich oft nach Hofe zu bringen, und fragte, ob man eine Stelle in der Hofstatt des jungen Königs von Böhmen, seines Mündels, der ihn nach Rom begleitet hatte, für mich annehmen wollte. Meine große Jugend diente der bestürzten Raja zur Entschuldigung. Man glaubte, der Abschlag geschähe aus Stolz, weil man etwa den Sohn eines Fürsten zu hoch hielt, bey einem andern Fürsten Dienste zu nehmen, und von diesem Augenblick an setzte man seinen Sinn drauf, das aus mir zu machen, was man wollte.

Raja erlebte es nicht, mich in einem Stande zu sehen, den sie mit recht für höchst unschicklich für mich hielt. Eine ansteckende Krankheit, die damahls zu Rom wütete, und die auch mich auf das Siechbette warf, raste sie in wenig Tagen hin; ich wäre, wenn auch nicht verloren, doch gewiß entdekt gewesen, hätte Olivetta nicht über mich gewacht; sie hatte der sterbenden Raja schwören müssen, für mich zu sorgen, mein Geheimniß zu bewahren, und die angesponnene Intrigue genau den vorgezeichneten Gang zu leiten, bis Nachrichten von Zeliden, der Sache eine andre Wendung gäben; auch hinterließ Raja Schätze genug, sich Befolgung ihres letzten Willens und mir Schutz und Vorsorge zu erkaufen.

Die Signora Olivetta, eine noch junge Dame, hatte unter den kayserlichen Hofleuten der Eroberungen viel gemacht; ihr Herz blieb bey einem gewissen Herrn von Wittowitz stehen, und während ich noch um den Verlust meiner Raja weinte, ward sie seine Gemahlinn. Ich folgte meiner nunmehrigen Pflegemutter in das Haus ihres Neuvermählten. Der Kayser sah mich hier öfter als sonst. Olivetta, die ich von nun an die Frau von Wittowitz nennen werde, sahe nicht, warum sie den verneuten Antrag, König Ladislaws Edelknabe zu werden, nicht annehmen sollte, und ich, die von der ganzen Sache nichts verstand, sahe es noch weniger.

Sie bedung sich nur das einige aus, sich von meiner Person nicht trennen zu dürfen, und die ganze Observanz bey meiner Ehrenstelle bei stand also darinn, an Gallatagen unter den übrigen Pagen zu des jungen Königs Aufwartung bereit zu stehen. Ich war noch ein zartes Kind, konnte sanfte Pflege und Aufwartung noch selbst kaum einen Augenblick entrathen; ich war hier nichts nütze als mit Angst und Mühe einige Stunden lang meine Stelle zu erfüllen, die man mir gewiß nur darum aufdrang, damit man sagen konnte: der Kayser habe seinem Mündel einen Prinzen zur Aufwartung gegeben.

Der Kayser verließ Rom, und die Frau von Wittowitz folgte an der Seite ihres Gemahls. Ich durfte weder an ihrer Seite noch unter den Dienern meines Herrn fehlen. Nach der Zeit geschahe es, daß König Ladislaw sich von seinem Vormund trennte. Der Herr von Wittowitz folgte ihm, aber ich mit meiner Pflegerinn blieben bey der Hofhaltung des Kaysers. —

Um diese Zeit waren die Anschläge des Herzogs von Burgund auf denjenigen, für welchen ich gehalten wurde, zur Reife gelangt; er war selbst in das Kloster gekommen, Zeliden nebst der Auslieferung seiner Nichte um Kalespin zu bitten; seine Ausdrücke waren so verbindlich, sein Plane so viel versprechend, daß es Zeliden fast hätte reuen mögen, solche Verwirrungen eingeleitet zu haben. Jetzt konnte sie nicht mehr zurück, sie stellte dem Herzog die vermeinte Philippe vor, und sagte, Kalepin befinde sich schon seit länger als einem Jahr in Diensten des Kaysers als Edelknabe; der Herzog, der dieses für Erdichtung hielt, sagte Zeliden einige empfindliche Dinge, sie drang darauf, man möchte sich am kayserlichen Hofe erkundigen, der Herzog schied, um sich durch Abgeschickte zu überzeugen, und als die eingezogene Nachricht dahin ausfiel, daß sich unter den kayserlichen Pagen wücklich ein türkischer Prinz unter dem Namen Kalepin oder Kalixtus Kolonna befinde, so mußte er zufrieden seyn, doch wars, als wenn seit der Zeit die Begierde, seine Nichte bey sich zu haben, merklich gemindert sey. Zur Entschuldigung dieses Kaltsinns diente der erfolgte schnelle Tod der Herzoginn von Burgund und die nach demselben nicht lang verschobene Verbindung mit einer zweyten Gemahlinn.

Kalepin, der die Rolle des gelderschen Fräuleins, vermöge kindischer Einfalt, und Unwissenheit seines wahren Standes, meisterlich spielte, blieb bey Zeliden im Kloster, und genoß von der Großmuth seines so genannten Oheims standsmäßigen Unterhalt, nebst fleißigen Besuchen von der Herzoginn von Burgund und ihrer Stieftochter Maria, welche doch nicht diejenige ist, deren du dich aus den Erzählungen meiner

Mutter erinnern wirst, sondern eine später gebohrne Schwester, dieser meiner ehemahligen kleinen Freundinn, welche in den frühesten Jahren gestorben ist.

Nach Rajas Tode stand die Frau von Witsotwitz mit Zeliden in Briefwechsel, es wurde in denselben von nichts gehandelt, als von dem Schicksal der verwechselten Kinder, und beyde Damen mochten sich wohl oft sagen, daß sie sich in einem verhaßten Spiel befänden, dessen Ende sie wünschten. Offenbar war zu Vermeidung kleiner, vielleicht chimärischer Uebel, große und unnöthige Verwirrung angelegt worden. Ollivetta hatte keinen Theil an der Anlage dieser Dinge und hätte sie am liebsten beendigt gesehen. Zelide fand, daß der Herzog von Burgund nicht so blutgierig sey, als sie anfangs glaubte, und verwünschte Rajas Geschäftigkeit zu Verwickelungen, die nun nichts anders als mit höchster Gefahr aufzulösen waren.

Beyde Damen beschlossen, sich persönlich über diese Dinge zu besprechen. Das Schicksal hatte die Orte ihres Aufenthalts einander etwas näher gebracht, sie sahen sich mehrmals, und immer nahmen Kalepia und Philippe Theil an diesen freundschaftlichen Besuchen. Wir liebten uns herzlich und trennten uns allemahl mit Thränen, aber unsere Rollen waren uns so fest eingeprägt, daß wir sie nie gegen einander verwechselten. Wer wir einst waren, schien bey uns ganz vergessen zu seyn. Was die Berathschlagungen der einigen Verwahrerinnen unserer Geheimniße für Ausgang hatten, weis ich nicht, wahrscheinlich trennten sie sich einmahl so unentschlossen wie das andre.

In diese Zeit fällt das Abentheuer auf dem Schloße Cyli, das ich dir nach meiner kindischen Einfalt im gutensteinischen Garten erzehlte. Die Sorge der guten Frau von Wittowitz um des Kaysers Leben, gab mir die Rolle eines warnenden Engels; der Anschlag glückte, und setzte mich hoch in Friedrichs Gnade, ich aber hatte bey der Expedition eine Sache verloren, die mir theurer war als die Gunst aller Könige und Kayser der Welt, mein Selimsrohr, das ich keine Stunde missen konnte, daher ich, als wir auf dem Rückzug von Cyli auf die Veste Gutenstein Ablager hielten, nicht säumte, einen Versuch zu machen, ob sich aus dem Schilf des Gartenteichs ein neues verfertigen ließ.

Du trafst mich bey dieser Beschäftigung, mein Selim. Ich saß, ohne es zu wissen, bey meinem ältesten Freunde auf der Welt, bey dem Abgott meiner kindischen Gedanken. Unser Gespräch, ich weis mich desselben nur dunkel zu erinnern, machte nicht den Eindruck, erregte nicht die Ahndungen in mir, die es einige Jahre weiter hin hervorgebracht haben würde! Ich war zu jung, um in dir etwas anders zu sehen, als einen herablassenden Spielgefährten, doch weis ich, daß mir unaussprechlich wohl an deiner Seite war, und daß ich den Augenblick des Wiedersehens kaum erwarten konnte. Als du mich mit einem neuen Selimrohr erfreuteſt, als du mit mir von Raja sprachſt, und dich meinen Bruder nennteſt, da wurdeſt du mir noch tauſendmahl lieber, aber bleibend waren diese Eindrücke nicht, sie wurden schnell von andern kindischen Ideen verdrängt, nur zuweilen, als ich älter ward, suchte ich sie aus dem Vorrath dunkler Bilder, die ich in meinem Gehirn fand, hervor, suchte ſie deutlicher zu machen, und gewann sie, so schlecht mir das gelang, doch lieb vor allen andern.

Ich wuchs mehr heran, die Frau von Wittowitz, die mich so wenig als möglich aus den Augen ließ, und manchen Spott über ihre Anhänglichkeit an den jungen Pagen ausstehen mußte, begann traurig zu werden und mich mit verdoppeltem Mitleid anzusehen, mein Verstand war ausgebildet genug, daß sie verständig und offenherzig mit mir von allen den Dingen sprechen konnte, über welche wir bisher nie Worte gewechselt hatten; O daß sie hätte leben sollen, um mir aus den fatalen Verhältnißen zu helfen, in denen ich mich verwickelt sah. Ich war zwölf Jahr, da sie starb, kurz vorher hatte ich, durch sie belehrt, meine Geschichte völlig kennen gelernt, und von ihr ein treues Gemälde all der nutzlosen Kabalen, und ihrer Ursachen erhalten, die man geschmiedet hatte, um mich unglücklich zu machen, und von denen ich mich bemüht habe dir einen Begriff zu geben.

Ich war nun ganz mir selbst überlassen, mit einem Geheimniß auf dem Herzen, das ich weder zu behaupten, noch zu entdecken wußte; welche Schwierigkeiten hatte das erste, und was stand mir bey dem andern bevor? Die größte Beschämung, eine Beschämung, die ich mir doch vielleicht noch ärger dachte, als sie ausgefallen seyn würde; denn war ich nicht an allem unschuldig? und was hätte ich zu befürchten gehabt, wenn ich mich der Kayserinn entdeckt, und um ihren Schutz gebeten hätte?

Tausend Plane hierüber durchkreutzten mein Gehirn; jetzt wollte ich mich entdecken, ich wußte nicht wem, jetzt wollte ich entfliehen, ich wußte nicht wohin, jetzt wieder wollte ich mich in mein Schicksal finden, und bleiben, wozu es mich ohne mein Verschulden gemacht hatte.

Der letzte Vorsatz war der dauerhafteste. Ich hatte nicht Muth mich zu irgend einer Aenderung zu schicken, und so blieb ich immer was ich war, doch auch dieses hatte seine Schwürigkeiten: meine Rolle ward immer bedenklicher. Zu weiblicher Gesellschaft, zu weiblichen Beschäftigungen neigte sich mein Geschmack, zu männlichen ward ich angelehrt. Ich hatte weder Lust, Muth noch Geschick zu diesen Dingen. Man fand mich albern, abgeschmackt, unausstehlich. Der Kayser, der mich bisher so sehr geliebt hatte, zürnte mit mir und drohte, wenn ich nicht bald anfangen würde, mich mit Ernst auf Dinge zu legen, welche meinem Stand und meinem Geschlecht zukämen, von mir die Hand abzuziehen und mich meinem Schicksal zu überlassen. Die finstre Miene des Kaysers spiegelte sich in den Gesichtern seiner Diener. Die Männer verachteten mich, die Weiber wußten nicht was sie mit mir anfangen sollten; dies machte mich menschenfeindlich, mürrisch, einsiedlerisch und vermehrte meine Unliebenswürdigkeit und mein Leiden. Auf diese Art erreichte ich das vierzehnde Jahr.

Mein trauriger Zustand erreichte die höchste Staffel durch die Begebenheit, die ich mich nun überwinden muß dir mitzutheilen. Der Herzog von Burgund schickte Gesandten an den Kayser. Kampobacchio, dessen verhaßten Namen ich damahls zuerst nennen hörte, ein junger Umbrier, der damahls eben erst anfing das Hofleben zu kosten, und zuerst Trieb und Fähigkeit in sich spürte, so hoch zu steigen, als er andere vor sich sahe, war an ihrer Spitze. Die Begierde nach hohen unerreichbaren Dingen schien ihm angeboren zu seyn, sie hatte ihn schon in den zartesten Jünglingsjahren zu Handlungen verleitet, welche ihn zum Vertriebenen aus meinem Vaterlande machten. Er hatte Zuflucht beym Herzog von Burgund gefunden; seine schöne Außenseite, sein geschmeidiges Wesen hatten ihn empfohlen, und ihm Aussichten eröfnet, welche seinem unbegränzten Ehrgeitz neuen Spielraum gaben. Er hegte Plane in seinem Herzen, die er niemand anvertrauen durfte, von welchen ich aber nur gar zu bald genug erfuhr, um den Mann kennen zu lernen, den ich vor mir hatte.

Das Angenehme, das Gefällige, welches dem Grafen am Burgundischen Hofe emporgeholfen hatte, that ihm auch am kayserlichen gute Dienste. Die Männer ominirten große Dinge von dem hoffnungsvollen, jungen Manne, und die Frauen vergötterten ihn; selbst ich konnte mir nicht ableugnen, Kampobacchio habe ein einnehmendes Etwas an sich, welches höchstens nur von Einem übertroffen werde, dessen Bild mir wie ein Traum vorschwebte.

Wie ich Einsiedlerinn, ich menschenscheues Geschöpf, das das Licht des Tages und alle Gesellschaft flohe, zu dieser Bemerkung kam? — Du sollst es gleich erfahren.

Ich unglückliches Geschöpf, das sich jetzt von jedermann verachtet und zurückgesetzt sah, welches das Widersprechende, Unbehagliche, das sich in allen meinen Handlungen fand, und mich mir selbst so sehr zuwider machte, als allen andern, lebhaft genug empfand, um Aufmerksamkeit weder zu erwarten noch zu wünschen, ich sah mich am ersten Hoftage, da ich mich beym Dienst öffentlich zeigen mußte, von diesem liebenswürdigen Fremdling unter dem ganzen Haufen meiner Gefährten allein hervorgesucht, und angeredet. Meine Schüchternheit erlaubte mir wenig Worte mit ihm zu wechseln, kaum konnte ich ihm die Frage, ob ich Kolonna sey? verständlich beantworten; doch aber fühlte ich eine Art von Dank wegen seines verbindlichen Wesens,

sens, und sah um mich her, ob man die Ehre bemerkte, die mir der burgundische Gesandte erzeigt hatte.

Kampobachio ermangelte nie, mich anzureden, wenn er mich sah, und so sehr das meinem niedergedrückten Stolze schmeichelte, so machte es mir doch auf der andern Unruhe. Mein Hang und die Kenntniß meiner selbst, zog mich zur Einsamkeit. Ein fest auf mich gerichteter Blick konnte mich in Verwirrung setzen; ich glaubte mich entdeckt, meine Augen senkten sich zur Erde; ich war stumm und sehnte mich in die Verborgenheit zurück, die mein Geheimniß am besten verhüllte. Auch diesen Kampobachio floh ich bald, ungeachtet ich mirs selbst nicht ableugnen konnte, daß ich ihn werth schätzte.

Demohngeachtet wußte er mich überall zu treffen. Schöner Kolonna, sagte er eines Tages, da er mich im Schloßgarten traf, werdet ihr nie Gefallen an der Gesellschaft eines Menschen finden, der Euch überall aufsucht?

Was könnte Euch mit der Unterhaltung eines armen blöden Jünglings gedient seyn?

Eben diese Blödigkeit ists was mich entzückt, ist mir Unterpfand von allem, was ich bisher nur muthmaßte!

Phil. v. Geld. 2. Th.   Y

Ich erröthete, und wollte mich entfernen.

Er hielt mich zurück. Werdet ihr nie Zutrauen zu mir faſſen? rief er, indem er meine Hand an ſeine Lippen zog.

Pfui, Herr Graf! ſchrie ich, indem ich mich los machte, welch eine Erniedrigung gegen einen Jüngling, den —

Den ich gnugſam kenne, um ihn zu verehren, — Euer Stand!

Mein Stand? wiederholte ich mit ängſtlicher Miene.

Ihr werdet hier, wie ich höre, für einen türkiſchen Prinzen gehalten, ſagte er:

Bin ich es nicht? ermannte ich mich mit einigem Trotz zu fragen.

Er ſchwieg. — Ich wollte gehen. — Mit einer tiefen Verbeugung bat er mich, ihm einen Spaziergang die Allee auf und ab an meiner Seite zu gönnen.

Zitternd willigte ich ein; ich mußte, wenn ich mich nicht verdächtig machen wollte.

Noch immer ſchwieg er, und ich desgleichen.

Ich kannte, fing er auf einmahl an, am burgundiſchen Hofe, eine gewiſſe Philippe von Geldern, ſollte ſie Euch nicht auch bekannt ſeyn? — Man ſagt, ihr wäret mit ihr erzogen worden.

Ich bejahte, und zwang mich, da ich wußte, daß er von keinem andern als Kalepin sprechen konnte, von welchem ich längst Nachricht gewünscht hatte, zu einigen Fragen.

Diese höchst sonderbare Person, fing er an, hat seit einiger Zeit mit ihrer sogenannten Pflegemutter, der schönen Zelide, das Kloster verlassen müssen, um an dem Hofe des Herzogs von Burgund zu leben.

Das Wort: höchst sonderbar, fiel mir ausserordentlich auf, ich wünschte Erklärung, und scheute mich sie zu fordern.

Sie ist, fing er nach einer Weile an, als hätte er vergebens eine Aufforderung erwartet, sie ist das leibhafte Gegenbild von Euch. Nie habe ich ein wilderes Fräulein gesehen, so wie hier keinen sittsamern Jüngling.

Reiten, fahren, jagen; fuhr er fort, da er sah, daß ich nichts antwortete, ist ihre tägliche Beschäftigung. Sie hätte ihren Spinnrocken, und ihre Weberspuhle an den kayserlichen Hof schicken sollen!

Hier ein höhnischer Seitenblick auf mich, den ich, wär ich ein Jüngling gewesen, mit der Hand an den Degen hätte beantworten sollen. — Ich schwieg, ging einfältig mit kurzen Schritten neben ihm her, und ließ ihn reden.

Das Schicksal der Kinder von Gelbern ist traurig, fing er an; man sagt, es soll ein Sohn und eine Tochter vorhanden seyn; wißt ihr hievon etwas zu sagen?

Ich antwortete, ich wüßte gewiß, daß nur eine Tochter lebe.

Ich muß euch glauben, sagte er, übrigens hätte ich bey tausend Gelegenheiten schwören wollen, das sogenannte geldersche Fräulein sey ein Jüngling. Ich behauptete es einst, da ich mit dieser Philippe unter vier Augen sprach, ihr ins Angesicht, und was meynt ihr, daß ich für eine Antwort erhielt? — Ein gezognes Schwerd, das sie als Jägerin immer an der Seite trägt. — Ist dies nicht eben so viel, als wenn ich zu Euch sagte, ihr wäret eine Dame, und ihr finget an zu weinen?

Thränen standen mir würklich in den Augen; er verbiß ein unwillkührliches Lachen, und verließ mich mit einer tiefen Verbeugung.

Mit zerrissenem Herzen ging ich auf mein Zimmer. Was war das? — Ich war entdeckt! — Sollte ich Ja zu Kampobachios Muthmaßungen sagen, oder leugnen? — Weder eins noch das andre; fliehen mußte ich ihn! Wo sollte ich Muth hernehmen zu verneinen, was mein

ganzes All eingestand, und wo Muth, mich ei=
nem Manne wie diesem zu vertrauen? — O
des Thoren, wenn ihm daran gelegen war
mich zu fangen! Mit der einen Hand warf
er hinweg, was er mit der andern an sich ge=
rissen hatte. Schon begann seine Ehrerbie=
tung, seine anscheinende Theilnahme, die Kennt=
niß von den Angelegenheiten unsers Hauses,
die er blicken ließ, mein Herz ihm zuzuneigen!
sein höhnischer Seitenblick, sein verbissenes La=
chen, riß es auf einmahl wieder von ihm los.
Ich weis nicht, er hatte so etwas von einem
bösen Geiste in diesem Zuge; die schöne Mas=
ke fiel auf einmahl, die mich anfangs bezau=
bert hatte. Der Vorzug, den er mir Verlas=
senen gab, die ehrfurchtsvolle Aufmerksamkeit,
die mich einnehmen sollte, verlor ihre Reitze;
ich muthmaßte Nebenabsichten in diesem Be=
tragen, und nicht lang, so sollte ich von den=
selben überzeugt werden.

Ich floh ihn, wo ich wußte und konnte.
Er belauschte meine Schritte. Er trachtete
mir nach mit Briefen; ich wußte sie zu ver=
meiden. Endlich gelang es ihm doch, mir ein
offnes Blatt aufzunöthigen, so daß ich es
nicht ohne die höchste Gefahr zurück weisen
konnte.

Kolonna, sagte er einst in Gegenwart des ganzen Hofs, indem er einen Zettel vom Boden aufhob, ihr habt hier etwas verloren. Ich erröthete, sah auf der Schrift den Namen Philippe von Geldern, und drückte sie zusammen, sie in der Tasche zu verbergen.

Kampobachio hatte gewonnen; den neuen Beweis, wer ich war, gar nicht zu rechnen, der in meinem Betragen lag — (ich würde anders gehandelt haben, wenn ich Kolonna gewesen wär) — so war nun sein Brief in meinen Händen. Oeffentlich vernichten durfte ich ihn nicht ohne Aufsehen zu erregen, und daß ich es heimlich nicht thun würde, ohne ihn vorher gelesen zu haben, davon glaubte er überzeugt zu seyn; er hatte sich nicht geirrt.

Siehe hier, mein Selim, was ich fand. Was hätte mir es geholfen, diesem Blatte keinen Blick zu gönnen? weder du noch der Schreiber würden mir diese Enthaltsamkeit geglaubt haben, und ich hätte vielleicht doch etwas blindlings von der Hand gewiesen, das mir zu wissen noth war.

„An das gelderſche Fräulein.

„Philippe von Geldern, wollt ihr Euch vor dem verbergen, der Euch erſten Blicks ganz durchſchaute? Wollt ihr mich unglücklich machen, und Euer eignes Glück von Euch ſtoſſen? es ſteht in meinen Händen. Die Lande Eurer Väter für den Herzog von Burgund, vom Kayſer zur Lehn zu ſuchen bin ich hieher geſandt, nur auf mich, oder vielmehr auf einen Wink Eurer ſchönen Augen kommt es an, der Sache eine andere Wendung zu geben. Der Herzog von Burgund werde getäuſcht! Der Betrüger verderbe, welcher an ſeinem Hof Euren Namen mißbraucht! Und wär er würklich Euer Bruder, ſeine Rechte müßten den Eurigen nachſtehen, wenn ſie von dem Arm eines tapfern Gemahls vertheidigt würden, der Euch den Namen einer Herzogin von Geldern erwürbe, und Eure Hoheit mit Euch theilte.

„Wer dieſer glückliche Gemahl ſeyn ſollte? — O Philippe, fragt Euer eignes Herz! Eure Blicke, Euer Zittern, Euer Stammeln, Euer Erröthen haben mir Liebe ſchon geſtanden, ehe ich noch meinem Herzen ein ähnliches Geſtändniß abgefragt hatte. Eure Wahl hat Euch nicht irre geleitet. Ich bin der Mann, der Euch aus der peinlichen Lage, in welcher ihr Euch hier befindet, retten, ich bin der Mann, der Eurem gesunkenen Glück emporhelfen kann und will; und wäret ihr nur halb so schön als ihr seyd, und fühlte ich nur den zehnten Theil dessen für Euch, was ich empfinde, Euer Glück sollte das meinige seyn, und an meiner Hand solltet ihr, nicht nur den gelderschen Fürstenstuhl, nein, die höchsten Throne der Welt besteigen."

———

O Selim! Selim! ich bitte dich, was denkst du, das ich bey Verlesung dieses abscheulichen Zettels fühlte! Scham, Unwille, Angst und Abscheu bestürmten mich auf einmahl! Ich zerriß das Blatt und trat es mit Füssen. Wär der Schreiber gegenwärtig gewesen, ich glaube, in diesem Augenblick hätte ich Muth gehabt, ihm nach Verdienst zu begegnen. Mir Liebe aufdichten, mir seine Gegenliebe und seine Hülfe als eine Art von Gnade antragen, mich zur Mitverschwornen einer Verrätherey machen wollen? — Meinen Jugendfreund, meinen Kalepin, einen Betrüger schelten und ihm drohen? Abscheulich! — Und wenn er Euer Bruder wär, seine Rechte müßten den Eurigen nachstehen. — Was für teuflische Worte! — Der Herzog werde getäuscht, — getäuscht durch seinen Diener? — Welche Gräuelthat! — Und mich wollte man zur Theilnahme an diesen Dingen reizen? mich zum Vorwand dieser Unthaten machen? — Was hatte ich gethan, welche meiner Handlungen konnte den Bösewicht berechtigen, mir dieses zu bieten? — Selim, du kannst es der von dir verachteten Philippe nicht verdanken, daß sie ihrer getadelten Sanftmuth zum Trotz hier in Wuth gerieth. Herzhaftigkeit und Heldentrieb hat sie nicht, denn sie ist ein Mädchen, aber Ehrgefühl! Weis sie sich bey Verachtung und Beleidung nicht zu rächen, so weis sie sich zu verbergen und zurück zu ziehen. Das Betragen, das ich gegen dich in einem ähnlichen Fall beobachtete, ist dir Beweis, wie ich hier gegen Kampobachio, der noch schwerer gesündigt hatte als du, handeln mußte. Verzeihe! ob ich gleich hier deinen Namen neben den seinigen stellte, so bin ich doch weit entfernt, die Kränkung, die ich von dir erfuhr, mit seinem Verbrechen in eine Klasse zu rechnen.

Ich ward krank, würklich und scheinbar ward ich es; dieses überhob mich auf einmahl der Quaal meinen Beleidiger zu sehen. Einigemahl war er kühn genug, sich zu meinem Lager zu drängen: ich drehte mich nach der Wand, und stellte mich zu schlafen. Dieser Schlaf dauerte allemahl, wenn er Versuche machte, mein Ohr zu gewinnen. Als ich wieder hervorgehen muste, begegnete er mir im kayserlichen Vorzimmer. Prinzeßinn, murmelte er mit einer Miene, als wenn seine Zähne vor Grimm zusammenschlügen, ihr werdet mich zwingen zu reden. — Nach Gefallen, Herr Graf! antwortete ich. Unwahrheiten werden sich immer selbst widerlegen, und Beweise der Wahrheit sind in meinen Händen.

Kampobachio wußte was ich meynte, und richtete sein Verhalten darnach ein. Seinen Brief, mit welchem ich ihn hier und am burgundischen Hofe auf einmahl stürzen kont, hatte ich zwar im Zorn vernichtet, aber aus meiner Rede muste er das Gegentheil glauben. Die Entdeckung meiner Geheimniße mußte die Enthüllung der seinigen nach sich ziehen; brachte er mich aufs äußerste, so konnte er glauben, daß meine Parthie genommen sey. Er knirschte und wütete in sich selbst, seine Absicht verfehlt zu haben. Seine Blicke sagten mir, daß aus dem Liebhaber ein ergrimmter Feind geworden sey. Ich begegnete seinen zornflammenden Augen mit Zittern, und that Gelübde zum Himmel auf seine Entfernung, welche doch endlich erfolgte.

Wohl mir, daß der Schein, der mich anfangs blendete, so schnell der Wahrheit wich! nicht ein Haar fehlte, und ich hätte mich diesem Heuchler vertraut; und was wär denn aus mir geworden?

Aber ach, was sollte auch nun aus mir werden? Meine Lage ward immer ängstlicher und peinigender. Hier konnte ich in die Länge nicht bleiben. Wie leicht ich entdeckt werden konnte, das zeigte mir Kampobachios Beyspiel, und welche Beschämung hing von dieser Entdeckung ab, wenn ich sie, wozu mir Muth und Entschlossenheit fehlte, nicht selbst eingeleitet hatte! — Dazu merkte ich sehr wohl, daß ich überall von heimlichen Nachstellungen umgeben war. Zweymahl bin ich in Gefahr gewesen, in Räuberhände zu fallen; einmahl auf einer Jagd, wo ich den Kayser begleiten mußte, und das andere, auf der letzten Wiener Reise. Beydemahl rettete mich, wahrhaftig nicht der Degen, den ich an der Seite trug, — du weißt, wie ich ihn zu führen verstehe, — sondern ein günstiger Zufall. —

Ich ward behutsamer, aber auch während unsers Aufenthalts auf der Vestung, ward mir ein Fallstrick gelegt, in welchem ich Kampobachios Hand nicht verkennen konnte, und der mich beynahe aus dem Schoos der Sicherheit gelockt hätte.

Aus dem Schoos der Sicherheit? — Elender Zufluchtsort, wo tausend Gefahren nir drohten! Ich muste mit Ernst darauf denken, ihn zu verlassen. Ich dachte an Zeliden, dachte an den burgundischen Hof; dort mich kenntlich zu machen, da sie Bürge für meine Redlichkeit seyn konnte, muste mir leichter werden als hier, wo ich keinen Menschen hatte, der sich für mich interessirte. Die Gnade des Kaysers und der Kayserinn, war seit einiger Zeit merklich gesunken, und mein finsteres einsiedlerisches Wesen hatte mir aller Orten Feinde gemacht; — In der That, man konnte sich kein verlasseners Geschöpf denken, als mich.

Fest war der Entschluß zur Flucht an den Hof meines Oheims schon gefaßt. Ich machte mir es schon zur Freude, dem hämischen Kampobachio durch meine öffentliche Erscheinung zu höhnen, und ihm unter dem Schutz des mächtigen Herzogs von Burgund, den ich nach den laufenden Gerüchten wenigstens für großmüthig halten muste, trotzen zu können, als ein neues Abentheuer, dessen Grund mir noch ein Geheimniß ist, meinen Entschluß wankend machte.

Die beste Zuflucht der Unglücklichen ist die Andacht, ich war nie emsiger in Beobachtung der Religionspflichten, gewesen; als seitdem alles auf mich zustürmte, und die angehende Belagerung der Burg, die Last meiner eigenen Leiden noch durch den Zusatz der gemeinen Noth erschwerte.

Ich war immer der erste in der Burg-Kapelle, und es begegnete mir zweymahl, daß ich in dem Gebetbuche, dessen ich mich allemahl zu bedienen pflegte, einen Zettel mit den Worten fand: Philippe, man kennt Euch! — —

Ich erschrack! Wer konnte dieses geschrieben haben? Kampobachio nicht, er war abwesend, und zwischen seiner kaum leserlichen Hand und diesen schönen Zügen war ein so grosser Unterschied, als zwischen seiner schlechten Seele und dem Charakter desjenigen, auf welchen ich in diesem Augenblicke eine Muthmassung faßte. — Der kayserliche Beichtvater, ein Mann, den man nur sehen durfte, um ihn hochzuschätzen, ging eben vor mir über nach seinem Betstuhl. Er grüßte mich mit ungewöhnlicher Leutseeligkeit, sein holdes ehrwürdiges Gesicht machte, daß ich ihn zum Vertrauten meines Geheimnisses wünschte, und die bekannten Züge seiner Hand liessen mich glauben, daß er es bereits wäre.

Was konnte mich doch abhalten, hierinn Gewißheit zu suchen? — Ich sah ihn oft an heiliger Stätte, ich suchte in seinen Worten an mich, Beſtättigung meines Wahns und fand ſie nicht. Von der Sache, welche mein Herz drückte, von ſelbſt anzufangen, fehlte es mir wie gewöhnlich an Muth und Entſchloſſenheit.

Noch ein Zettel mit den obermähnten Worten, und dem Zuſatz, ich würde nähere Nachricht von verſchiedenen mir zu wiſſen nöthigen Dingen im Garten unter einem bezeichneten Stein finden. — Ich flog dahin und hier iſt, was ich las.

„Ich weis nicht, ob ich der erſte bin, der unter dieſer zarten Jünglingsgeſtalt ein Mädchen ahndete, und nach näherer Erkundigung, in Euch die Prinzeßinn von Geldern kennen lernte, aber ſoviel iſt mir bekannt, daß es niemand redlicher mit Euch meynen, und niemand Euren Zuſtand mehr bedauren kann, als ich. O daß ich ein Fürſt oder ein Ritter wär, Eure Rechte zu unterſtützen! Euch unbekannter weiſe zu dienen, war längſt mein Entſchluß. Als der burgundiſche Geſandte hier war, kam ich auf den Einfall, ihn in Euren Vortheil zu ziehen; aber ob ich gleich von ſeiner Redlichkeit und Vielvermögenheit viel gehört habe, so kenne ich ihn doch nicht genugsam, um ein fremdes Geheimniß bey ihm zu wagen. Ihr wißt vielleicht mehr von ihm, denn ich habe Euch zuweilen mit ihm sprechen sehen. — Gebietet, und Euch soll auf jede Art geholfen werden. — Entdecken kann ich mich Euch nicht; dieser Stein giebt mir von allem Nachricht."

Ich fand in diesen Zeilen ungezweifelte Proben der Redlichkeit, und schrieb meinem unbekannten Freunde auf der Stelle meine Meinung. Hier seine Antwort, die ich des andern Tages fand, du wirst aus derselben urtheilen, was ich ohngefehr geschrieben habe.

„Noch einmahl, Fräulein, entdecken kann ich mich Euch nicht! unbekannt werde ich euch besser dienen. Die Aehnlichkeit der Schriftzüge beweißt nichts; selbst Kampobachlo, dessen Beystand ihr so sehr verbittet, könnte sich ja der meinigen bedienen, Euch zu täuschen. Ihr wollt nichts mehr von diesem Herrn hören? ihr kennt ihn, wie ihr sagt, auf einer schlechten Seite? Gut! sein Name werde ewig nicht wieder in unserm Briefwechsel genannt! Verwerft ihr aber meine Vorschläge, so habe ich als Freund das Recht, auch die Eurigen zu berichtigen. Um Gotteswillen denkt nicht an Zeliden, welche mit jener verkleideten Phillppe, am burgundischen Hofe, Gott weis, welche Absichten hat, und welcher Eure Erscheinung sehr unwillkommen seyn würde. Eben so wenig verlaßt Euch auf die Großmuth Eures Oheims, des Herzogs von Burgund, er ist ein grausamer, blutgieriger Mann; er haßte von jeher die Kinder von Geldern; Euer Schicksal wär auf ewig entschieden, solltet ihr Euch ihm entdecken.

„Doch es ist nicht genug, Eure Plane zu verwerfen; ihre Stelle mit bessern zu ersetzen, muß das Werk Eures Freundes seyn. Höret mit zwey Worten meinen Rath: Fliehet! so bald es die Gelegenheit verstattet, aber fliehet nicht nach dem burgundischen Hofe, sondern in ein Kloster, oder fühlt ihr Muth und Trieb, zu einer noch edleren That, so eilet nach * * an der * *. Dort lebt ein großer unglücklicher Mann, Euer * *. — Eure Pflicht fordert Euch auf, ihm die Lasten des Elends zu lindern, die er getragen hat, fast so lang als ihr geboren seyd. Schrecklich hat das Gerücht dieses Opfer der burgundischen Wuth verlästert! vielleicht sind Euch die Anklagen dieses Unschuldigen zu Ohren gekommen, vielleicht auch hat man aus Achtung für Eure Pflicht, Euch ein Geheimniß aus denselben gemacht; wisset auf

jeden

jeden Fall, daß sie größtentheils falsch sind; und daß der Fluch auf Euch ruhen wird, wenn ihr eine Gelegenheit versäumt, jenen erlauchten Unglücklichen zu trösten, und ihn das Elend seiner frühern Jahre vergessen zu machen."

Ich las, mein Selim, und erstaunte, auch du würdest erstaunen, wenn ich die Lücken, die ich nothwendig lassen muß, ausfüllen dürfte; man sprach hier mit mir von einem Todgeglaubten, dessen Leben und Aufenthalt ich mit Entzücken erfuhr.

Ich beantwortete diese Zeilen auf eine Art, die du vielleicht errathen wirst, und hofte des andern Tages auf ein neues Schreiben. Ich fand nichts als ein kleines Packet mit der Ueberschrift: Kosten und Anweisung zur künftigen Reise. Es war ein gefüllter Beutel, und ein Zettel mit Nachrichten, die nicht hieher gehören. Laß mich in der Stille meine Pflichten üben, Selim! Forsche nicht nach dem Orte, wo Phillippe lebt, und sollte dir die Unbekanntschaft mit meinem Schicksal Sorge machen, so bedenk, daß du dich selbst von meiner Hand losgerissen hast. Ach ich komme jetzt in meiner Geschichte auf einen Zeitpunkt, der dir nur gar zu deutlich zeigen wird, wie Zutrauen und Hoffnung auf dich mir eine Zeitlang jede andere

Ausſicht aus den Augen rückte, und wie ſchmerʒhafte Gewalt nothwendig war, mich meiner Pflicht wiederzugeben.

Die Unterhandlung mit meinem Unbekannten war ganz abgebrochen. Ich vermißte ungern die Briefe unter dem hohlen Steine; aber bald ſollte ſich etwas zutragen, welches meine Gedanken auf lange Zeit in eine andere Gegend lenkte. Arimith erſchien in der Veſtung; ein Mann, den ich zuvor nie geſehen hatte, deſſen erſter Anblick aber mir eine Art von Empfindung verurſachte, die ich ſchon mehr bey Erblickung ſolcher Menſchen erfahren habe, welche das Schickſal in der Folge in meine Angelegenheiten verwickelte.

Ich wußte nicht, daß dieſer redliche Alte auch meinetwegen, faſt möchte ich ſagen, blos meinetwegen in die Veſtung gekommen war; aber bald ſollte ich es erfahren. Arimith kundſchaftete den Edelknaben Kolonna bald aus, und wußte ihn an irgend einem der einſamen Orte, die das einſiedleriſche Geſchöpf immer ſuchte, feſt zu halten. —

O Selim! wie ſoll ich dir dieſe erſte Unterhaltung ſchildern? Er nennte mir deinen Namen, den Namen desjenigen, deſſen Andenken mich aus den frühſten Tagen der Kindheit, noch wie ein Schutzengel umſchwebte, desjenigen, den ich liebte, ohne mir sein Bild genau zeichnen zu können, den ich als tod beweinte und in meinen finstersten Stunden nicht lebend hoffte, sondern nur mit der angstvollsten fruchtloßesten Sehnsucht lebend wünschte. Lebte Selim noch, so hatte ich mir oft gesagt, so hätte die verlassene Philippe noch einen Schützer auf Erden! Auch mir schwur er auf dem Berge Athos Bruder zu seyn! Er würde mich aufsuchen, mich finden und retten; sein Leben würde alle meine Schicksale aufklären!

Aus den gutensteinischen Abentheuern, schwebte mir noch ein dunkles Bild vor, das ich zuweilen mit diesen Ideen verband, und darauf ich, ich weis nicht welche Hoffnungen baute, die doch niemahls lebhaft wurden, und sich nun zu lange fruchtlos gezeigt hatten, als daß ich noch darauf hätte trauen können; und jetzt kam ein Fremder, dessen äußeres Ansehn ihm schon zu einem Friedensboten machte, der sagte mir: Selim lebe, er sorge um seinen Bruder, er sey der Geber des Selimsrohrs, das ich noch heilig wie eine Reliquie verwahrte, er habe das unglückliche Kind, das er damahls in seine Arme schloß, seit der Begebenheit von Schloß Gutenstein nicht aus der Acht gelassen, er breite seine Arme aus, es wieder brüderlich zu empfangen.

War es ein Traum oder Würklichkeit, was alle süßen Phantasien zu Wahrheiten machte? — Welche Freude! welches Erstaunen! — Daß Selim um den Bruder und nicht um die Schwester bekümmert war, irrte mich nicht; ein geheimes, ach täuschendes Gefühl sagte mir, Philippe würde ihm so willkommen seyn als Kalepin. Und welches Glück ließ sich nicht auf unsre Wiedervereinigung bauen!

Es ist möglich, daß ich mich in der entzückten Verwirrung, in welcher ich mich befand, durch irgend ein Wort oder eine Handlung verrieth; auch ists möglich, daß der schlaue Arimith Kampobachios und des Unbekannten Forscherblick hatte, der ihm ohne mein Verschulden mein Geheimniß, das ich nur dir zu gestehen dachte, enthüllte. — Er sah mich mit unverwandten Augen an und rief: Kolonna! — Ihr seyd ein Fräulein!

Wie leicht ist ein so schwaches Geschöpf, wie ich, durch Ueberraschung zu berücken! Ich stand, erröthete, schwieg, läugnete nicht, und — mußte endlich bekennen. Arimith, der sich durch die entzückende Nachricht von dir meinem Herzen unaussprechlich theuer gemacht hatte, gewann mein Zutrauen, und erfuhr alles, was du bisher von mir vernommen hast; vielleicht noch etwas mehr; denn was kann man in der innigen Freude des Herzens verbergen!

Von nun an waren diesem treuen Alten meine geheimsten Stunden geweiht. Dir den Inhalt unserer Gespräche, dir all unsere Plane und die Hoffnungen vorzulegen, zu welchen er mich anfeuerte, war unmöglich; nur dieses: er rieth mir, eine Art von Behutsamkeit selbst gegen dich; er mochte wohl Ursachen hiezu haben, die ich nun nur allzuwohl einsehe.

An den bezeichneten Stein im Garten ward gar nicht mehr gedacht; einmahl hob ich ihn auf, und las die Worte: „Hüte dich vor dem verräthigen Fremden, mit welchem du jetzt so viel umgehest!" — Aber sie machten keinen Eindruck auf mich. Der Unbekannte mit allen seinen Rathschlägen, selbst die Pflicht, die er mir gegen denjenigen einschärfte, den ich dir nicht nennen kann, ohne dir meinen gegenwärtigen Aufenthalt zu verrathen, selbst diese ward vergessen, und ich dachte an nichts, als Sellm zu sehen, und mich in seine Arme zu werfen.

Was dieses gehoffte Glück verzögerte, ist dir bekannt. Den unglücklichen Zufall, der mich auf dem Hungerthurme einsperrte, das namenlose Elend, das mich dort mehrmahls dem Tode nahe brachte, habe ich dir schon geschildert, und ich wiederhole es nochmahls, nur Du, nur die Hoffnung auf Dich, konnte mich alles überstehen machen, und diese Hoffnung, meine einige auf der Welt, konnte so grausam getäuscht werden?

 Mitten in meinen Bedrängnißen erschienst du mir. Ich sah Selim zum erstenmahl, sein Anblick machte mit dem Schattenbild aus der dämmernden Gegend früher Jugend, mit der Erscheinung auf Schloß Gurenstein, und mit meinen eigenen Träumen ein Ganzes, welches jeden Wunsch, jede Erwartung übertraf. Ich war eitel genug, von meiner Erscheinung das nehmliche zu hoffen; Du weißt wohl, mein Selim, Zuneigung nimmt ihren ersten Weg durch die Augen, und selbst dem Bruder, den du in meiner Person vermuthetest, muste durch Wohlgefallen an seinem Aeußerlichen den Antheil befestigen, welchen dein Herz an ihm nahm. Wie sehr hatte ich mich geirrt, wenn ich dieses hoffte! Schon deine ersten Briefe zeigten mir, daß ich blos Mitleiden in dir erregte, daß folglich das einzige Band, welches dich fester an mich fesselte, als an jedes nothleidende Geschöpf, der Wahn war, ich sey dein Bruder. Was hatte ich dann zu hoffen, wenn dieser Wahn hinwegfiel? Wars nicht nothwendige Klugheit meine Entdeckung und meine Entfernung auf einen Augenblick zu veranstalten?

Diesen Vorsatz faßte ich schon auf meinem Gefängniß-Thurm, nur die Vorstellung: persönlicher Umgang könnte in dem Eindruck, den meine Fehler auf dich machten, etwas ändern, erhielt meinen Entschluß schwankend. Ob ich, da mich das Glück in deine Arme führte, Ursach fand ihn zu befestigen oder zurückzunehmen, darüber befrage dein eignes Herz, und dein Betragen gegen die verlassene Philippe.

Es ist wahr, du hattest Ursach mit meinen Schwachheiten unzufrieden zu seyn. Ich hätte mich in meiner Gefangenschaft gefaßter betragen, hätte mich durch ungeduldiges Warten auf dich, nicht zu übereilten Schritten bewegen lassen sollen. Mein ängstliches Rufen nach dir, die Leiter mit den fehlenden Sprossen, verrieth mich an Kampobachlo. Die Furcht verblendete mich, sonst würde ich mich lieber in einen Abgrund, als in seine Arme gestürzt haben. Auch als ich mich in seiner Gewalt sah, war mein Betragen unentschlossen und zaghaft. Auf dem Wege hätte ich mich nicht meines Schwerdts begeben, und auf dem Schlosse nicht halb ohnmächtig anlangen und Frau Margerys Hülfe bedürfen sollen; aber war dies die Zeit, um solche Kleinigkeiten mit einem Bruder zu rechten, in dem du freylich vielleicht nicht das verkleidete Mädchen erkanntest, der aber selbst als ein funfzehnjähriger, zartgebildeter, von mannichfachem Elend entkräfteter Jüngling, einige Schonung verdiente, bey dessen Erscheinung, wär würklich brüderliche Liebe in deinem Herzen gewesen, doch wenigstens die Freude, ihn gerettet zu sehen, jedem widrigen Gefühl ein Stillschweigen hätte auflegen sollen.

Selim, ich beurtheile dich vielleicht so streng, als du mich beurtheiltest, aber ich kann dir nicht bergen, daß unsere Unterhaltung in jener Nacht, daß die Erzehlung deiner Geschichte; daß — ach weiß ich alles was es war, das mich gänzlich von dir losriß? –

Ich eilte zu Frau Margery, die mich, wie ich dir, denke ich, schon gesagt habe, schon Tags zuvor ersten Blicks für ein Fräulein erkannte, und mir Schutz vor Kampobachio versprochen hatte. Ich warf mich ihr mit weinenden Augen in die Arme, und forderte jetzt Schutz wider dich, Schutz gegen mein eigenes Herz, das ungern in die ewige Entfernung von Selim willigte, und leicht zu bereden gewesen seyn würde, zu dir wiederzukehren. Diese Person hatte mein Zutrauen auf einmahl an sich gerissen. Sie war ein Weib, wie süß ist es dem Weibe in Weiberarmen zu ruhen! Ich bitte dich, Selim, verschone diesen Zug mit deinem unerbittlichen Tadel, du kannst dich unmöglich in die Lage eines Mädchens denken, das so ganz verlassen war, als ich in jenen Augenblicken.

Margery lächelte, und räumte mir, als ich sie mit einigen Umständen unsers letzten Gesprächs bekannt machte, ein, daß ich Ursache habe nichts von dir zu erwarten, als die kalte Hülfe der Menschenliebe, welcher ich mich nicht vertrauen mag, sie sagte hierüber noch unterschiedliches, das mich in meinen eigenen Gefühlen irre machte, das ich aber für falsch halte und dir auf keine Weise wiederholen kann.

⬛ brachte mich in ein Kloster, und ich ließ sie bey dem Glauben, daß ich hier bleiben und die Aenderung meines Schicksals abwarten wollte, aber mein Entschluß ist fest gefaßt, morgen verlasse ich dieses Haus, um dahin zu eilen, wohin, wie mich der Unbekannte auf der Wiener Hofburg einsehen lehrte, meine einige noch übrige Pflicht ruft. O der treue Warner! daß ich mich von seiner Hand los riß! Sollte ich ihn kennen, sollte er jetzt an meiner Seite stehen, wie gern wollte ich mich von ihm leiten lassen!

Morgen reise ich von hier ab. Frau Margery werde ich nicht wieder sehen. Sie ist mächtig neugierig nach dem ganzen All unserer Geschichte, wovon meines Erachtens niemand etwas erfahren darf. Ich danke Gott, daß mir in den ersten Augenblicken der Angst und Vertraulichkeit, von diesen Dingen nicht mehr entschlüpfte, als ich vor dir verantworten könnte. Eine zweyte Ursach mich von ihr zurück zuziehen ist mein Mißfallen an gewissen Auslegungen, die sie meinen Handlungen giebt, und an den Einfall, du könntest in dem Bruder die Schwester wohl so wenig verkannt haben, als sie, welches deinem ganzen Betragen noch mehr Beleidigendes und Strafbares giebt. Ich bitte dich, Selim, laß dir von dieser Frau nichts vorschwatzen, laß dich nicht von ihr beswegen mir nachzuspüren, dein Suchen würde vergeblich seyn. Geh du ruhig den Gang, den dich dein Schicksal führet, suche die Freundschaft mit dem böhmischen Hofe wieder anzuknüpfen. Geh nach Ungarn, die schöne Marie Podiebrad wieder in die Arme ihres Gemahls zu begleiten, sie verdient diese Aufmerksamkeit, wegen der letzten Rettung aus der Gewalt deiner Feinde. Die heimliche Botschaft, die sie dir that, enthielt vielleicht Aufforderung hierzu, und du hast wohl um meinetwillen schon viel versäumt. Geh, mein Selim, und nimm zum Beweis, das ich wegen des Mangels an brüderlicher Nachsicht gar nicht mit dir zürne.

meinen Wunsch, dich mit der, welche du liebst, dereinst auf dem ungarischen Throne zu sehen. Ich sehe zwar nicht recht ein, wie dieses ohne Beleidigung der Pflichten gegen Mariens Gemahl geschehen könnte, und glaube mir, ich quäle mich oft, Möglichkeiten hierinn zu erdenken; doch unser Glück ruhet in der Hand des Schicksals, es wird Mittel wissen, meinen Selim zu Erfüllung seiner Wünsche zu leiten, ohne zu dulden, daß er den Weg des Verbrechens betrete.

———

Selim hatte zu Ende gelesen und erstaunte über den Schluß dieser Schrift, fast noch mehr als über ihren übrigen Inhalt. — Die Art, mit welcher der Name der Königin von Ungarn ihm ans Herz gelegt wurde, erregte seinen lebhaftesten Unwillen. Er bewunderte, konnte nicht begreifen, ereiferte sich, zürnte auf Philippen, hätte die Welt drum gegeben, ihr die seltsamen Gedanken, die sie hier äußerte, aus dem Sinne zu bringen, und konnte nicht einsehen, warum ihm in diesem Augenblicke würklich mehr hieran gelegen war, als an der Kenntniß ihres Aufenthalts. Ihm wars als wollte er sichs gefallen lassen, die Farth zur Ausspähung aufs ungewisse anzutreten, wenn sie nur nicht so falsche

Vorstellungen von ihm mit in ihre Abgeschieden=
heit genommen, wenn er ihr nur hätte sagen
können, daß Marie Poblebrad und der ungari=
sche Thron Dinge wären, deren Besitz er sich
nie im Traum gewünscht hätte.

Er nannte diese Begierde, sich zu rechtferti=
gen, strenge Ehrliebe, die keinen Verdacht eines
unrechtmäßigen Bestrebens dulden kann, hätte
er aber etwas weiter forschen wollen, er hätte
hierinn deutungsvolle Winke von dem Zustand
seines Herzens, in Rücksicht auf das gelbersche
Fräulein, so wie in ihrem aus der Luft gegriffe=
nen Verdachte, Ahndungen von ihren Gefühlen
für ihn nehmen können.

Selim verwickelte sich auf die letzt immer
mehr in Gedanken, Wünschen und Vermuthun=
gen, so wie der Weg, auf welchem er dem gelber=
schen Fräulein nachzog, immer ungewisser ward.
Einige Spuren, welche Straße sie gezogen sey,
die er durch emsige Erkundigung im Kloster auf=
gefunden hatte, verschwanden jetzt gänzlich, und
er war im Begriff nach Hüeßlis Burg zurück zu
kehren, um bey Frau Margery in die Schule
zu gehen. Einige Stellen in Philippens Brie=
fe, selbst ihr Verbot nicht auf das Geschwätz
dieser Frau zu achten, machten ihn begierig, (denn
was reizt den Vorwitz mehr als gegebene Ver=
bote?) durch ihren Mund Zurechtweisung über

verschiedene Dinge zu erhalten, wenigstens ihre Muthmaßungen über dies und jenes zu hören, das auch ihm dunkel war. Er würde nicht viel mehr erfahren haben, als er selbst bey einiger Ueberlegung hätte errathen können, aber mehrere Weisung, volle Klarheit in der Nacht und Leitung dahin, wo er wünschte, hatte ihm das Schicksal zu Belohnung einer guten That aufgehoben, zu welcher er am dritten Tage seiner Wanderschaft Gelegenheit vorfand, und welche er, wie er denn so pflegte, ohne den Aufschub zu bedenken, welche sie seinem Hauptzweck geben konnte, nicht aus der Acht ließ.

Selim reiste nach Art aller Verliebten, denn was sich für Phillppe in seinem Busen regte, darüber konnte wohl niemand zweifelhaft seyn als er selbst, voll Zerstreuung weiter, und sein Weg lenkte sich, anstatt eine gerade Linie zu beschreiben, im Zirkel herum. Er befand sich in den Gegenden von Wien, die er kaum verlassen hatte. Diese Gegenden waren jetzt ziemlich unsicher zu bereisen. Kayser Friedrich hatte, seit die Wiener begnadigt waren, mit mehr Großmuth und Güte, als Vorsicht sorgfältige Nachsuchung in allen öffentlichen und Privathäusern thun, und alle Kerker öfnen lassen, welche Zwietracht und Partheygeist bisher mit Schlachtopfern der Grausamkeit gefüllt hatte. Ohne Untersuchung erhielt jeder Eingekerkerte den Namen eines Unschuldigen, ward jeder frey, den man gefangen gehalten hatte. Der mildthätige Kayser ließ jedem, der nicht in der Stadt Freunde hatte, die sich seiner Erledigung freuen und für ihn sorgen konnten, eine Reuterzehrung reichen, und ihn seines Weges ziehen! Viel von denen, welche hier frey wurden, verdienten das Gute nicht das ihnen widerfuhr. Holzer und seine nun gleich ihm gerichteten Aufruhrsgesellen, hatten während sie dem Wienerregiment vorstanden, nicht nur unschuldige Biedermänner, sondern auch einen Haufen bösen Gesindels einkerkern lassen, das selbst zu Ausführung ihrer Anschläge zu schlecht und verworfen war; diese wurden durch des Kaysers Gnade ledig, und erfüllten zum Dank für dieselbe das Land mit rauben und morden. Selim, ein einzelner Mann, den sein Schwerdt, so scharf es schnitt, und sein Arm, so tapfer er war, nicht gegen zwanzig vertheidigen konnte, war diesen Tag mit genauer Noth mehrern Gefahren dieser Art entkommen; er hatte zwey nicht ganz unbeträchtliche Verletzungen aus solchen Räuberscharmützeln davon getragen. Die Nacht brach an; er wünschte nicht noch einmahl zu erfahren, was er heute schon erfahren hatte. Er sehnte sich nach Ruhe, und Gelegenheit seinen Wunden Rath zu schaffen.

Er war stark gegangen, ohne auf irgend einen bewohnten Ort zu stoßen, das Land war damahls noch nicht so dicht mit Dörfern und Flecken besät als jetzt, und viele Wohnplätze hatten die Furcht vor den Raubgesindel, das hier herum einen unterirrdischen *) Sammelplatz haben sollte, menschenleer gemacht, so daß der Reisende, welcher hier Hülfe hofte, sich vergebens nach derselben umsah. —

Selim wanderte bis ihm die Kräfte entgingen, und sah sich auf einmahl in einer bekannten Gegend. Der helle Vollmond ging am Rande des dämmernden Abendhimmels herauf und machte eine Strecke Landes mit weissen Trümmern bedeckt sichtbar, welche Selim ohne langes Besinnen für die Ruinen von Karnutum erkannte.

Diese Denkmahle seiner dasigen Gefangenschaft gaben ihm, anstatt ihn durch Erinnerung zu schrecken, ein Gefühl von Sicherheit; von der berüchtigten Raubhöle, welche wohl hier ihren Platz hätte haben können, wuste er nichts. Er besann sich auf unterschiedliche Orte in dem

*) Eine große Raubhöle, von welcher man viel fabelhafte Erzehlungen hat, und die unter Kayser Friedrichs Regierung entdeckt und zerstört wurde.

verfallenen Gestein, besann sich besonders auf eine rieselnde Quelle, wo sichs gut muste ruhen lassen, und wo er in Ermangelung anderer nöthigen Dinge, wenigstens Stillung seines Durstes und Reinigung seiner Wunden, die bey den Rittern damahliger Zeit oft zur Heilung nicht mehr bedurften, finden konnte.

Selim suchte, und fand das überhangende Gewölbe, unter welchem er ruhen wollte, fand den Brunnen, dessen Wasser zu den Römer Zeiten vielleicht aus der Urne irgend einer marmornen Nymphe geronnen seyn mochte, das aber jetzt uneingeschränkt und ungeziert, den steinigten Fußboden netzte.

Der Reisende labte sich so gut er konnte, saß noch einige Zeit in Betrachtungen, die nicht auf uns gekommen sind, dem Monde gegenüber und entschlief. — Auf einmahl dünkte es ihm, als hörte er aus der Tiefe des Gewölbes, wo er seine Ruhe auf einem Steine genommen hatte, einen klagenden Laut; er erwachte und fuhr auf. — Alles war still. Er horchte; in einigen Minuten das nehmliche Aechzen.

Dies war kein Traum, wie er anfangs meynte, er erhob sich, um die Sache näher zu untersuchen. Seinem Rufen antwortete ein kläglisches Lallen, Worte, die ihm nicht verständlich

lich waren, und nur dazu nutzten, seinen Schritten eine sichere Richtung nach dem Orte zu geben, woher sie tönten. Es rief aus der dunkelsten Stelle des Gemäuers um Hülfe, er tappte umher und fand bald was er suchte.

Es war ein Mensch, der ausgestreckt auf dem Boden lag, und dessen Glieder, so wie Selim sich bückte, ihn anzurühren, schon von der Kälte des Todes bedeckt zu seyn schienen.

Wer seyd ihr? fragte der freundliche Helfer, indem er seinen Mantel abwarf und ihn über den Liegenden ausbreitete.

Wiederholtes Stöhnen war die Antwort.

Womit kann man Euch helfen.

Ach einen Tropfen Wassers, oder, wo möglich, ein wenig Wein!

Wasser ist vorhanden, aber Wein? wo soll ich den finden?

Dort die barmherzigen Brüder auf dem Berge!

Wo? in welcher Gegend?

Ihr müßt die Thurmspitze im Mondschein sehen können!

Selim besann sich, er war allerdings diesen Abend bey einem Kloster vorübergekommen, und hatte es nur darum vermieden, weil er zu der Mildthätigkeit der Klosterherrn weniger Zutrauen hegte als sie verdienten.

Selim labte seinen Kranken mit Wasser, und merkte wohl, daß bessere Labung ihm nöthig sey; er deckte ihn wärmer zu, versprach bald wieder zu kommen, und eilte nun über das mit Steinen bedeckte Gefilde der Gegend zu, wohin ihn der Mann in den Ruinen um Hülfe gewiesen hatte.

Sie war nicht weit, schon stand er an der Pforte, und zog an der Glocke, die er um eigner Noth willen wohl nicht angerührt haben würde. Man ließ ihn, so spät es war, nicht lang warten. Ehrwürdiger Vater, antwortete er auf die Frage, die der Mönch an ihn that, ich bitte um die labende Hand der Mildthätigkeit. Der ehrliche Layenbruder lächelte, wohlgefällig über den Titel, den man ihm gab, und bat, den höflichen Fremden einzutreten, und willkommen zu seyn.

Ich bitte nicht für mich, antwortete Selim, sondern für einen Kranken, dem mich der Zufall zuführte.

Wo ist er?

In den Ruinen. Er hat mich selbst zu Euch gewiesen, er muß Eure Wohlthätigkeit bereits kennen, er bittet um ein wenig Wein.

Ach das ist der fremde Alte, welcher alle Tage bey uns einspricht. Er war sehr schwach diesen Morgen; ich wiederholte die Bitte bey uns zu bleiben, bis er völlig genesen wär, aber wie gewöhnlich vergebens.

Darf ich bitten, um schleunige Labung? vielleicht ists die letzte die ihr ihm reichet.

Hier, sprach der freundliche Mönch, indem er Selim eine Kürbisflasche reichte, gehet damit nur voraus, ich will die Brüder wecken, es werden bald einige nachfolgen, dem Kranken noch bessere Dienste zu leisten.

Was für Leute sind diese Mönche, wenn sie all ihrem Pförtner gleichen! rief Selim, als er wieder bey seinem Pflegling angekommen war und ihn getränkt hatte.

Sie sind gut, aber auch ihr seyd es!

Sie klagen, daß ihr Zuflucht und Wartung, die sie Euch in ihren Mauren angeboten haben, hartnäckig verwarft.

Ich hasse die Einschränkung, kaum den Fesseln entkommen, fürchte ich neue.

Wer seyd ihr denn? fragte jetzt Selim, der in dieser Stimme, die noch nicht so viel Worte nach einander gesprochen hatte, etwas bekanntes entdeckte.

Und wer seyd denn ihr? war die Antwort. Die Stimme, die Handlung paßt zu einem bekannten Namen. — Eure Hand! — Ha dieser Ring! ich kenne ihn am Gefühl! — Selim, Selim! ich bin Arimith.

Es war gut, daß diese Entdeckung vor sich ging, ehe die Mönche erschienen, welche sich schon von weitem mit ihren Fackeln blicken ließen; Behutsamkeit im Augenblick der Ueberraschung wär unmöglich gewesen, besonders bey Selim, dem der Anblick seines todgeglaubten Freundes doppelt unerwartet kam, und doch war es ja möglich, daß man sich selbst vor diesen guten Leuten verstellen muste.

Arimith, der überhaupt ein Freund von Heimlichkeiten war, schien dieses zu glauben. Laßt uns Fremde bleiben, sagte er, nachdem er dem Prinzen auf sein Entzücken, und auf seine tausend Fragen so gut geantwortet hatte, als es seine Schwachheit zuließ, laßt uns Fremde bleiben. Begleitet mich ins Kloster, wenn ich mich, um zu genesen, zu diesem Aufenthalt bequemen muß, und schenkt mir Gott das Leben, so laßt uns denn vereint den Weg antreten, den ihr ziehen wollt, und der mir so unbekannt ist, als Euer bisheriges Ergehen.

Der Eintritt der Mönche verhinderte Selims Antwort. Sie schalten sehr, daß der Alte ihrer Warnungen und seiner Kränklichkeit ungeachtet, sich ihrer Pflege geweigert, und das Lager im kalten Gemäuer vorgezogen habe.

Vielleicht, sagte Selim, daß der gute Vater durch irgend eine Gelübde zu dieser Kasteyung genöthigt wird.

Ey, war die Antwort der erfreuten Mönche, ist er ein so heiliger Mann, so sey er uns doppelt willkommen! Wir haben Dispensationen für solche Fälle; an seiner Heilung soll nichts versäumt werden, und denn kann er bleiben, oder fröhlich die Straße ziehen, die ihm sein Gelübde vorzeichnet.

Selim folgte dem Fremden zu großer Erbauung der Mönche, und kam die ganze Zeit, die zu seiner Wiederherstellung erforderlich war, nicht von seinem Lager. Mit der größten Einfalt und Frömmigkeit wurde Azimith in dieser Wohnung wahrer Klostertugenden gepflegt, und endlich reichlich begabt, zu der Reise entlassen, die, wie er vorgab, um seinen Wohlthätern eine Freude zu machen, nach Rom ging; und auf welcher Selim ihm folgte.

Selim hatte in den ersten Stunden, da Aximith umständlicher Erklärungen fähig war, genaue Nachricht erhalten, wie er den Händen des wütenden Pöbels, unter welchen ihn Kronenburg gesehen hatte, ohne ihm helfen zu können, entkommen war, um größeres dauerndes Elend in Holzers Gefangenschaft zu erfahren. — Durch des Kaysers Begnadigung war er auch dieser Leiden entnommen worden, aber in was für einem Zustande sahe er die Freyheit wieder! Schwach und entkräftet, am Stabe schlich er aus den Mauern von Wien. In den Jahren, in welchen er sich befand, schüttelt man ausgestandene Mühseeligkeiten nicht so bald ab, als im Frühling des Lebens, da jede Stunde unsere Kraft verneut, da es leicht ist das Erduldete zu verschmerzen, weil es keine Spuren zurückläßt, und die Natur sich mit dem glücklichen Leichtsinn, der uns eigen ist, vereinigt, uns schnelle Vergessenheit zu lehren.

Dem armen Aximith erneute jeder Anfall stechender Schmerzen, jedes Gefühl einer Schwäche, die ihn zur Erde zog, das Andenken vergangener Leiden. Zu körperlichem Elend gesellte sich bald der Mangel. Die kleine Gabe zur Wegzehrung war schon des nächsten Abends nicht mehr sein. Jeder Stärkere hatte auf sein Vermögen ein näheres Recht als er selbst; auch auf sein Leben Rechte geltend zu machen, würde sehr leicht gewesen seyn, wären die Räuber, die ihm alles nahmen, nicht Menschen gewesen, die seines hülflosen Alters schonten; sie gaben ihm ein paar Bissen Brod und einen Labetrunk, und wiesen ihn an das Kloster der barmherzigen Brüder, in dessen Nähe er in ihre Stricke fiel. Dort, sagten sie, würde er immer offene Herzen und Hände finden. Sie kannten das Kloster und schonten es wegen seiner Armuth und Mildthätigkeit, auch rühmte sich der Räuberhauptmann, ihren Altären oft reiche Opfer zu liefern, und glaubte daher das Recht zu haben, ihnen seine Beraubten zur Versorgung anzuweisen.

Axlmith, welchen das Alter mißtrauisch machte, nahm die Unterstützung der Mönche, auf welche er vertröstet ward, zwar an, aber in ihre unmittelbare Pflege wollte er sich nicht begeben. Wer kaum den Fesseln entgangen ist, sagte er jenesmahl zu Selim, der fürchtet überall neue Bande, dies war die Ursach seines Abscheus vor umgebenden Mauern, und dies die Ursach, warum ihn Selim fast dem Tode nahe in den Ruinen fand. — Glücklicher Eigensinn, der das Mittel ward, Selim durch ihn, und ihn durch Selim zu erfreuen! so braucht die Vorsicht oft selbst unsere Fehler zum Mittel, uns ein unschätzbares Gut zuzuwenden.

———

In tiefen Berathschlagungen gingen die beyden Freunde den Klosterberg hinab. Ihr Gespräch handelte von Selims Angelegenheiten, die schon im Krankenzimmer oft der Gegenstand ihrer Unterhaltungen gewesen waren.

Selim, sagte Arimith, ihr habt mir endlich eingestanden, daß Eure Gefühle für dieses verwandelte Mädchen nichts anders sind und seyn können als Liebe. Sie keimte schon in Eurem Herzen, ehe ihr das holde Geschöpf, das ihr für euren Bruder hieltet, als die, die sie war, kennen lerntet. Die Leidenschaft verbarg sich hinter die Maske des Unwillens, und brachte all die Mißverständnisse hervor, die die Ursach Eurer Trennung von Phillppen wurden. Glaubt mir, auch auf ihrer Seite war es Liebe, was sie zu jenen seltsamen Schritten veranlaßte. Ich habe den Eindruck, den die erste Nennung Eures Namens auf sie machte, habe tausend Züge einer werdenden Leidenschaft, wie sie die Unschuld nur in einem unverdorbenen Mädchenherzen hervorbringen kann, noch nicht vergessen. Phillppe liebt Euch, darum floh sie, sie liebt Euch, daher ihr

Unwille und ihre Vorwürfe. Empfindlichkeit, das Eigenthum ihres Geschlechts, beleidigte Eitelkeit, fehlgeschlagene Hoffnung, getäuschte Leidenschaft war es, was sie wider Eure Strenge empörte, und sie bewog, sich lieber jener Schweizerin, die sie zuvor nie gesehen hatte, als Euch anzuvertrauen. Wollt' ihr dieses noch leugnen, so erinnert Euch nur an das, was wahrscheinlich ihrem Entschluß, sich von Euch zu entfernen, Dauer und den letzten Nachdruck gab.

Und was war das? fragte Selim.

Marie Podiebrad. — Ihre Anmerkungen über Eure Zuneigung zu dieser Dame während Eurer Erzählung, die Stelle in derselben, da sie unter dem Vorwand plötzlicher Unpäßlichkeit von Euch ging, und der seltsame Schluß ihres Briefs bestättigen diese Vermuthung.

Aber Gott, was konnte sie bewegen — —.

Weiß ichs? Schnell aufgegriffener Verdacht gehört eben so wohl, als schnell gefaßtes Zutrauen in den Charakter dieses Mädchens. Aber tröstet Euch, dieser Zug, der Euch jetzt so viel Kummer macht, wird auch das Mittel seyn, Euch Eure Rechtfertigung zu erleichtern.

O daß ich nun schon zu ihren Füssen läg, ihr mein ganzes Herz, das ich jetzt erst kennen lerne, zu enthüllen! O daß ich nur erst wüßte, wo ich sie suchen soll! Pflicht und Liebe, schreibt sie, locken sie nach jenem mir unbekannten Orte? o Aximith, was liegt hierin tröstliches für mich? Sollte ich nicht einen glücklichern Nebenbuhler haben, als den Grafen Kampobachio? — Mein Bruder Kalepin, der mit ihr erzogen ward, gegen den sie in verschiedenen Stellen ihrer Erzählung so viel blicken ließ, sprecht, ob ich nicht gerechtere Ursach hätte auf ihn eifersüchtig zu seyn, als sie auf die Königin von Ungarn?

Träumereyen! Hört, was ich von der ganzen Sache denke — —

Doch, meine Leser, warum wollen wir hören was Aximith denkt, und nicht viel lieber Phillppen selbst nach dem Orte ihrer Bestimmung begleiten? sie kann noch nicht so fern seyn, daß wir sie nicht einholen sollten; denn wir müssen gestehen, daß das geldersche Fräulein die Elisabethinerinnen nicht so bald verlassen hatte, als sie die Schweizerin, und den türkischen Prinzen glauben zu machen wußte, sie hatte Ursachen sich länger im Kloster aufzuhalten, die wir Euch sogleich vorlegen wollen.

———

Denkt Euch ein Mädchen, das vom vierten Jahr ihres Lebens an die entgegengesetzte Rolle spielte, welche ihr Geschlecht forderte, und stellt sie Euch im funfzehenden vor, im Begriff, die Maske abzuwerfen, aber ganz unbekannt mit allem, was ihrem neuen Stande zukommt. Philippe war vollkommen unwissend in den Sitten der Damen jener Zeit, unwissend selbst in der Kunst, die jedes Mädchen so leicht lernt, in der Kunst sich zu kleiden. Ihre Schüchternheit stellte ihr ihre Mängel noch weit grösser vor, als sie würklich waren. So wie sie bisher bey jedem scharf auf sie gerichteten Auge gezittert hatte, es möchte ihren wahren Stand erspähen, so besorgte sie nun, man möchte der Mädchentracht mit männlichem Anstand gepaart nicht trauen, und in derselben den verkleideten Jüngling vermuthen. Das gute Fräulein fürchtete hier offenbar mehr als sie Ursach hatte. Sittsamkeit und schüchterne Zurückhaltung, welche damahls die Grundlagen des weiblichen Anstandes ausmachten, waren ihr angebohren, eben sie waren die Ursach gewesen, warum ihr Anblick im Jünglingskleide so auffallend war, warum man nicht recht mit sich einig werden konnte, was man aus ihr machen sollte, und bey den widrigen Gefühlen, die sie erregte, so leicht ein Misfallen an ihr aufkommen ließ, das sich weder mit ihrer reizenden Figur noch mit der Gutmüthigkeit, die auf ihrem unschuldigen Gesicht lächelte, zu vertragen schien.

Dem mochte nun seyn wie ihm wollte, die Klosterfrauen gaben dem Fräulein recht, daß sie Ursach habe, noch einige Zeit bey ihnen zu verweilen, ehe sie sich in die weite Welt wagte; sie lehrten sie, sich in weibliche Kleider schicken, gaben ihrem Anstand durch strenge Lehren der Sittsamkeit noch mehr Nonnenhaftiges, und beschenkten sie zur Zugabe noch mit der Geschicklichkeit, einige leichte Handarbeiten zu verfertigen, welche ihr unendlich viel Vergnügen machten.

Hierüber gingen einige Wochen hin, aber Philippe irrte sich sehr, wenn sie glaubte am Ende derselben das Kloster eben so unbemerkt zu verlassen, als sie es betreten hatte. Verschwiegenheit war überhaupt die Sache dieser Nonnen nicht, und sie hatten oben drein aus Wien von der Vorgesetzten ihres Klosters gemessene Befehle, welche ihnen den Mund hätten öfnen müssen, und wenn sie Kartheuserinnen gewesen wären.

Vom kayserlichen Beichtvater, unter dessen Aufsicht alle Religiosen dieses Bezirks gehörten, war seit einiger Zeit ein Gebot aus gegangen, daß kein geistliches Haus jemand in seine Mauern aufnehmen sollte, und gölte es nur den Aufenthalt von Tagen und Stunden, ohne eine genaue Schilderung von dem neuen Ankömmling an die Behörde einzusenden.

Die Oberin des Elisabethinerklosters hatte demnach gleich den Abend nach Philippens Erscheinung einen Brief an den hochwürdigen Herrn abgelassen, des Inhalts: „Wie heute, als am Tage St. Klarä der Martyrerin, Frau Margery, Herrn Hüeßli des Schweizers Hausfrau, ihr ein Fräulein in Mannskleider zugeführt habe, (welche letztere aber, um Aergerniß zu meiden, sogleich mit schicklicher Tracht verwechselt, und ausserhalb den Mauern an einen befreyten Ort wär gebracht worden.) — Besagtes Fräulein sey ihrem Vorgeben nach funfzehn Jahr alt, übrigens langer und schmächtiger Gestalt, blauer Augen, rosiger Gesichtsfarbe und schwarzer Haare, stiller Gemüthsart und sonderer Blödigkeit. Ihren Namen, Stand und bisherige Abentheuer habe man, so begierig man sey hiervon mehr zu erfahren, zur Zeit noch nicht erkunden können, doch zweifle die heilige Mutter nicht, wenn der hochwürdige Vater Eulogius sich einfinden, und das Gewissen der schönen Fremden auf die Prüfung bringen sollte, ihm würden die Heimlichkeiten desselben so unverholen gebeichtet werden, als die Gewissenssachen aller Seelen des kayserlichen Hauses, die unter seiner geistlichen Führung stünden."

Pater Eulogius, eben der Mann mit dem frommen ehrwürdigen Gesicht, das der guten Phillppe ehemahls ein so blindes Zutrauen einflößte, daß er nur hätte fragen dürfen, um den Schlüssel zu ihrem Herzen zu finden, der kayserliche Beichtvater, sagen wir, ward durch den Bericht der Aebtißin höchlich erfreut, aber eine persönliche Gewissensprüfung mit Philippen anzustellen, die er ohnedem nicht bedurfte, um sie zu kennen, hielt er nicht für gut. Er fertigte den Klosterboten mit einigen mündlichen Verhaltungsregeln für die heilige Mutter in Rücksicht auf die schöne Fremde ab, und setzte sich flugs, folgenden Brief an einen vertrauten Freund zu schreiben.

„Endlich, lieber Graf, endlich haben wir die entflohene Taube in unserm Garn. Ich sagte es Euch von Anfang, als ihr mich zum Vertrauten Eurer Plane machtet, daß sie uns auf keine Art entgehen sollte: Hatten die Worte: **Philippe, man kennt Euch!** hatten meine einladenden Blicke im Beichtstuhl nicht Kraft genug, eine freywillige Entdeckung zu bewürken, und mir Gelegenheit zu mündlichen Euch ersprießlichen Rathschlägen zu ge-

ter, so waren die schriftlichen noch würksamer, wenigstens weit unverdächtiger.

„Philippe ist aus den Armen ihres Entführers entflohen, und befindet sich gegenwärtig bey meinen geistlichen Töchtern, den Elisabethinerinnen; doch gedenkt sie dort nicht zu bleiben, ihre Abreise ist von heut' an, über vier Wochen fest gesetzt. Wohin sie ihren Weg nehmen wird, das läßt sich, nach dem Eindruck, welchen die Korrespondenz unter dem bezeichneten Steine auf sie machte, leicht errathen, auch soll es der irrenden Wanderin nicht an einem Begleiter auf ihrem Wege fehlen, der alles, was uns noch zu wissen noth ist, aus ihrem Munde erforsche, der künstlich jeden Rückfall verhüte, und sie sicher zum Ziele leite. Ihr aber, mein Freund, werdet nach dieser Nachricht wissen, was Euch zu thun ist, um auch Eures Ziels nicht zu verfehlen. Meines Erachtens, eilet ihr nach Schloß Samion, um dort bey dem Herzog vorzuarbeiten, damit Euch Eure schöne Beute, die reizende Philippe, und ihr reicher Brautschatz nicht entgehe. Was ich bey dem Kayser vermag, Euer Glück zu befestigen, soll nicht versäumt werden."

Euer treuer Vetter, Eulogius a. K.

Phlippe verließ das Kloster von den Seegen der Nonnen begleitet. Sie ließ eine artige Summe Geldes zu Vorbitten, für Beruhigung eines zerrissenen Herzens zurück; sie hätte billig eine andere Klausul aus der *) Litaney der heiligen Elisabeth wählen sollen, ihren bedenklichen Zustand dem Himmel zu empfehlen: Etwa, für Irrende und Verführte, für unschuldig Gefangene; ach mit dem ersten Schritt aus dem Kloster, sollte sie unter diese Klasse der Leidenden gehören, bald, bald sollte dieses durch Trennung von Selim verwundete Herz durch anderen Kummer noch härter angegriffen werden.

Das Geldersche Fräulein war nicht ohne Mittel, sich die Reise an den gewählten Ort ihrer Bestimmung bequem zu machen, die Goldstücken des Unbekannten, die diese Unschuldige Seele so wenig Bedenken trug, anzunehmen, waren noch nicht vergriffen. Die Aebtißin sorgte auf heimlichen Befehl des Beichtvaters, für einen sanften Wagen und bewaffnete Begleit-

---

*) Den Klosterleuten die Vorbitten zu erleichtern, pflegte man sich damahls in irgend eine Klausul ihrer Litaneyen einzukaufen, welche denn, nach Maasgabe der Bezahlung, mehrmahls wiederholt wurde.

gleiter, und sie selbst hatte unterschiedliche Leute zu ihrer Bedienung angenommen, deren Assistenz sie, seit sie eine Dame war, nicht wohl entbehren konnte. So erreichte sie in kurzer Zeit die Gränzen von Lothringen, und sah das Ende ihres Weges nahe vor Augen.

Es war in den ersten Tagen des Mayes. Das Angesicht der Natur klärte sich später auf als sonst, kalte Regenschauer fielen in die Blüte, die sonst um diese Jahrszeit hier alles durchduftet. Philippe fror in ihrem zugemachten Wagen, und das innigste Mitleid überfiel sie, als sie dicht neben demselben einen alten wandernden Religiosen erblickte, der durch die strenge Witterung natürlich noch weit mehr leiden mußte als sie. Sie befahl, langsamer zu fahren, um diese Figur genauer betrachten zu können; schlecht bekleidet, vom Regen durchnäßt, mit der Miene des Kummers schlich der Alte am Wanderstabe dahin, welcher seine schwankenden Schritte kaum mehr unterstützte. Philippe, welcher die Thränen in die Augen traten, öfnete den Schlag. Guter Vater, wohin? rief sie ihm mit sanfter Stimme entgegen.

Edle Frau, nach den Gegenden an der Maas? —

In Klostergeschäften? —

Nein, auf Dispensation, um Pflichten alter Freundschaft zu erfüllen.

Das Fräulein that noch einige Fragen, um zu erfahren, ob der Weg des Mönchs weit von dem ihrigen abliege, und als sie das Gegentheil erfuhr, prieß sie die Vorsicht für den günstigen Zufall, der dem armen Alten den Rest des Weges erleichterte, und bot ihm selbst die Hand, ihm zum Einsteigen zu helfen.

Edle Frau, rief er, Gott wird Euch lohnen, was ihr an seinem Diener thut, lohnen mit gutem Fortgang aller Eurer Unternehmungen, mit ruhigen Tagen im Schoos Eurer Lieben, zu welchen ihr vermuthlich eilt, und mit Vergessenheit jedes Kummers.

Ihr habt mit Eurem Wunsche mein Herz getroffen, ehrwürdiger Vater, sagte das Fräulein, eben die Güter, die ihr mir wünscht, sind es, die ich mir von Gott erflehe.

Vermuthlich ists ein Gemahl und Kinder, die Euch entgegen seyn?

Nein, dazu wär ich fast noch zu jung, ich lebe noch unter väterlicher Gewalt. Aber darf ich nicht nach Euren Geschäften in Gegenden fragen, wohin auch mich die Pflicht ruft? — Ihr sagtet, ihr reiset, Pflichten alter Freundschaft zu erfüllen?

Es ist fast schwer, Fräulein, einer Fremden sein Herz zu entdecken, doch ihr seyd so mild und freundlich, es thront ein hoher Edelmuth auf Eurer Stirn, daß ich bey Euch wohl wenig wage. Hört die Geschichte des Mannes, zu welchem ich eile, und erlaubt mir nur seinen Namen zu verschweigen. Mein Freund ist ein sehr hoher und erlauchter Herr, welcher in seinen bessern Jahren eine wichtige Rolle auf dem Schauplatz der Welt spielte; durch Unterdrückung seiner nächsten Freunde, durch Bosheit derer, welche nach seinen Besitzungen lüstern waren, verlor er Ruhm, Freyheit und alles. Das letzte, was ihm überblieb, das Leben, würde er gern hingegeben haben, um sich von den Banden loszumachen, die ihn nun seit mehr als dreyzehn Jahren drücken.

Ich war sein Almosenier und sein Beichtvater; ich fiel mit ihm, doch nicht so tief als er gefallen war. Seine Hände wurden mit Fesseln belastet, weil man ihm Versuche, zu fliehen, die wohl keinem Gefangenen zur Sünde zu machen sind, abgemerkt hatte; mir ließ man doch noch die Freyheit. Man steckte mich in ein weitentlegenes Kloster, und glaubte dadurch die Möglichkeit eines Einverständnisses zwischen mir und meinem Herrn aufgehoben zu haben; sie war es auch auf viele Jahre. Doch die Zeit brachte Linderung unserer Leiden, und Hoffnung des Wiedersehens. Ihm, der durch Kummer und Krankheit, die endlich seinen Körper zerrüttete, weit härtere Bande trug, als ihm seine Feinde anlegen konnten, nahm man die Ketten von den Händen, und ließ ihn unter leidlicher Hut auf dem Schlosse, wo er bisher ein Gefangener gewesen war, als einen freyen Herrn leben; es war freylich nur der Schein der Freyheit, den er genoß, aber man wußte jetzt, daß ihm die Flucht unmöglich war, und trug Sorge, durch schwere Eyde ihm jeden Gedanken an die Rückkehr in die Welt zu benehmen, die er sich ohnedem längst aus dem Sinne geschlagen hatte; so konnte man ihm ja wohl das leidliche Leben gönnen, das er jetzt genießt.

Daß ich ehemahls in Verbindung mit ihm gestanden hatte, war ganz vergessen worden, und ich hütete mich wohl, es in Erinnerung zu bringen. Die Obern meines Klosters, die um diese Dinge wußten, sind tod. Man gönnt mir alle Frühlinge, eine Reise zu meinen Verwandten; ich habe keine Verwandten, als meinen theuern unglücklichen Herrn. Ihn zu sehen, ihm den Trost der Religion zu bringen, mit ihm besserer Zeiten zu gedenken, und mich einer heitern Zukunft jenseit des Grabes an seiner Sei-

te zu freuen, besuche ich jedes Jahr um diese
Zeit Schloß Samson — —

Schloß Samson? wiederholte Philippe.

Ja, eine alte Burg an der Maas, deren
Spitzen wir nun bald sehen werden.

Und wißt ihr auch, von wem ihr all diese
Zeit über mit mir gesprochen habt?

Sollten Ihr es wissen?

Von dem unglücklichen Herzog von Geldern,
von Herzog Adolfen, meinem Vater?

Eurem Vater? Fräulein, billig zweifle ich!
Am burgundischen Hofe lebt wohl, das weis ich,
ein geldersches Fräulein — —

Nein, nein, ich bin es, bin Phillippe von
Geldern. Nach tausend Widerwärtigkeiten, die
jede andere Bande zerrissen haben, eile ich die
ersten und heiligsten, die die Natur knüpfte, fester zuzuziehen! — Ich habe noch einen Vater, Gott, einen Vater, der meines Trosts, meiner Unterstützung bedarf! O daß ich dieses nicht
ehe wußte! Man sagte mir in meinen frühen
Kinderjahren, bald nach dem Verlust meiner
Mutter, Herzog Adolf sey tod; hätte ich dieses nicht geglaubt, würde ich so lang gezögert
haben an den einigen Ort zu fliehen, wohin mich
Liebe und Pflicht ruft? Dank dir, freundlicher Unbekannter, der mich auf den rechten Weg
leitete! und Dank dir, gütiger Himmel, der

mir einen Freund, einen Lebensgefährthen meines unglücklichen Vaters zuführte, mich zu leiten, und mir noch manche Zweifel aufzuklären.

Fräulein, antwortete der Mönch, unser Zusammentreffen ist in der That höchst sonderbar, und wer hier nicht an höhere Schickung glauben wollte, müßte wohl ganz verblendet seyn. Betreffend das übrige was ihr sagt, so bezieht es sich auf Dinge, die mir ganz unbekannt sind, auf Eure Geschichte, die ihr mir zu Stiftung besserer Vertraulichkeit eines Tages mittheilen müsset. Leitung Eurer Schritte, Hebung etwaniger Zweifel könnt ihr von mir ganz sicher erwarten, wenn ihr mir nur sagt, wo ich Euch dieselbe leisten soll.

O, schrie Philippe, so erzählt mir genauer die Geschichte meines Hauses, so führt mich in die Arme eines Vaters, den zu kennen ich vor Verlangen brenne.

Das erste gern, antwortete der Mönch mit einem bedeutenden Lächeln, aber das andere? — Wisset ihr auch, daß der Besuch bey Eurem Vater Euch Eure Freyheit kosten wird? Hat Euch Euer Unbekannter verschwiegen, daß man in die Mauern jenes Schlosses nicht eingeht, um sie nach Willkühr zu verlassen? — daß mir dieses verstattet wird, das danke ich meinem Ordenskleide; Euch bindet das Schicksal, so bald ihr als die Tochter Herzog Adolfs erscheint, unauflöslich an ihn bis an den Tag seines Todes, und vielleicht auch nach demselben noch möchte Euch die Freiheit versagt werden! Man haßt am burgundischen Hofe die geldrischen Erben, das lehrt Euch das Schicksal Eures Vaters, dessen Bande man nur darum auf die letzt erleichterte, weil man sahe, daß man nichts mehr von ihm zu fürchten hatte. Ihr seyd jung, ein heldenmüthiger Gemahl könnte Rechte hervorsuchen, die man gern auf ewig vernichten wollte. —

Philippe hatte in dem Feuer, von welchem ihr kindliches Herz glühte, die lange Rede des Mönchs schon mehrmals unterbrechen wollen, hier glückte es ihr endlich, die feierlichste Betheurung auszuströmen, daß kein Elend, das sie mit einem unglücklichen Vater theilen würde, ihr schrecklich sey, in so fern sie hoffen könne, daß sie im Stande seyn werde, ihm durch diese Theilnahme Trost und Erleichterung zu bringen.

Zweifelt ihr hieran? rief der Mönch, ihr würdet es nicht, wenn ihr Herzog Adolfen kenntet, wie ich ihn kenne. O wie oft hat er den Namen Philippe von Geldern gegen mich genannt! Wie oft hat er sich gesehnt, seine Tochter in seine Arme zu schließen! Nur die Rolle, welche die Person, die am burgundischen Hofe diesen Namen führt, daselbst spielen soll, konnte diese Sehnsucht nie stark genug in ihm werden lassen, um einige Versuche zu machen, sie zu erfüllen. Euch würde er, vorausgesetzt, daß Eure Geburt erwiesen wäre, mit Entzücken die Arme entgegenbreiten. Welche Freuden würden für ihn in dem Umgang des holden sanften Geschöpfs, des Engels liegen, den ich hier vor mir sehe! — Aber — wie würde er auch trauren, Euch in sein Unglück zu verwickeln! — Noch einmal, Fräulein, kehrt Euch nicht daran, daß ich Euch sagte, Herzog Adolf lebe gegenwärtig auf dem Schlosse Samson als ein freyer Herr, diese Freiheit ist nur scheinbar, ein Gefangener ist er noch immer, auch ihr werdet es seyn, werdet es mehr seyn als er, wenn ihr nicht noch umkehrt, weil es Zeit ist.

Nie, nie werde ich dieses! schrie Philippe.

Und nie, nie werde ich Euch bei Herzog Adolfen einführen, bis ich gewiß weis, ob ihr auch ein Recht habt, Pflichten für ihn zu übernehmen, die nur seiner Tochter zukommen. Verzeiht meine immer wiederkehrenden Zweifel. Jene Philippe am burgundischen Hofe! — Wer ist sie? löset mir diese Frage, und ich will Euch für diejenige anerkennen, für die ihr Euch ausgebt, und Euch die traurigen Rechte einräumen, die mit dem Namen einer gelderschen Erbin verbunden sind.

Es war sonderbar, wie sich Philipps auf einmal in die Gewalt eines Mannes hingegeben fühlte, welcher vor einer Stunde noch nichts als ein Gegenstand ihres Mitleids war. Es war, als glaubte sie jetzt ohne ihn nicht an den Ort gelangen zu können, wohin sie durch schwärmerische Anhänglichkeit an ihre geglaubte Pflicht gezogen ward. Den Wunsch ihrer Seele, die Umarmung eines unglücklichen Vaters zu erlangen, bezahlte sie gern den geforderten Kaufpreis. Voll leichtgläubigen Zutrauens erzählte sie dem Frager ihre Geschichte, und die Geschichte Kalepins; auch von Selim erfuhr er mehr als die Klugheit erlaubte, und da all diese Dinge ihm von großer Wichtigkeit zu seyn schienen, so war er dankbar genug, auch ihr zu geben, was sie wünschte, genauere Kenntniß der Geschichte ihres Vaters, der vielleicht den aufmerksamsten unserer Leser noch aus dem ersten Theil dieser Blätter, unter dem Namen Herzog Adolf der Böse bekannt seyn wird.

———————

Ich zweifle, meine Theuren, ob ihr zu hören wünscht, was Philippe aus dem Munde ihres Gefährten vernahm. Viele von Euch rathen vielleicht bereits, daß der Wahrhaftigkeit des Mönchs, der ihnen aus einigen Zügen verdächtig zu werden beginnt, nicht viel zu trauen sey, und begnügen sich lieber mit dem, was eine unpartheyische Sage ihnen von jenem verrufenen Herzog von Geldern, jenem bösen Sohn, grausamen Gemahl, und unnatürlichen Vater berichtete.

Herzog Adolf der Böse, welcher einem edlen Vater nach Reich und Leben trachten, die unschuldige Katharine von Burgund, Philippens Mutter, unmenschlich behandeln, und diesem unglücklichen Kinde einst selbst die mörderische Faust in den Nacken setzen konnte, trug wohl die Bande, mit welchen ihn der Kaiser und der Herzog von Burgund belegt hatten, mit gutem Rechte, aber in des Mönchs Erzählung ward er zum unschuldigen Opfer unerhörter Thrannney, ward er zum halben Engel. Philippe schwamm in Thränen über das, was er erduldet hatte, und ob gleich der Erzähler klug genug war, keine mißtönende Saite in dem Herzen der Tochter Katharinens von Burgund zu berühren, ob er sich gleich wohl hütete, keinen beleidigenden Verdacht auf diese unglückliche Prinzessin zu werfen, so fiel es doch Philippen als eine natürliche Folge dessen, was sie hörte, von selbst ein: ob auch diese geliebte und angebetete Mutter, die man sie wie eine Heilige des Himmels verehren gelehrt hatte, ganz unschuldig sey? Ihre Unschuld schien sich wenigstens mit der Unschuld ihres Gemahls nicht überall zu vertragen; eins von beiden mußte in den langen Zwistigkeiten unrecht gehabt haben, und Philippe war sehr zweifelhaft, in welche Schaale sie das Ubergewicht legen sollte. Die Geschichte, welche die Herzogin von Geldern der alten Maja auf dem Berge Athos erzählte, und die Philippe sehr oft aus dem Munde ihrer ersten Erzieherin gehört hatte, wurde durch das, was sie vernahm, fast zur Fabel gemacht: wer hatte Recht, der Mönch, oder die erste Aussagerin der Wahrheit?

Ueberhaupt fanden sich viele Lücken in der gegenwärtigen Erzählung, und ein Hauptumstand in der Geschichte des Herzogs und der Herzogin von Geldern ward ganz und gar hinweggelassen. Mit was für einer Miene hätte der listige Alte seiner Zuhörerin die Begebenheit vorlegen sollen, welche die Ursach des Todes ihrer Mutter ward?

Phlippens Mutter hatte einst, wie wir in dem, was das Fräulein ihrem Selim von ihrer Jugendgeschichte mittheilte, gesehen haben, einen Einfall, der fast so überspannt und schwärmerisch war, als der Einfall ihrer Tochter, dessen Ausführung diese jezt nahe war. Philippe stand jezt im Begrif, sich in die Arme eines Vaters zu werfen, den sie nicht kannte, und Katharine wagte einst einen verstohlnen Besuch bei ihrem gefangenen Gemahl, dessen unergründliche Bosheit ihr bewußt war. Der Fehler, den Katharine hierin beging, war unverzeihlich. Sie kannte Adolf den Bösen; hielt sie ihn durch Leiden gebessert, so war sie sehr irrig, auch wußte sie, daß eine Wallfarth zu diesem verworfenen Menschen von keinem Nuzzen seyn, und ihr in den Augen des argwöhnischen Herzogs von Burgund, ihres Bruders, ein sehr zweideutiges Ansehen geben mußte. —

Katharine sah ihren Gemahl auf dem Schlosse Samson. Aussöhnung, Erneuerung alter Liebe, Trost und wo möglich Hülfe hatte ihm diese gute Seele bringen wollen; er lohnte ihr mit Vorwürfen; auf Vorwürfe folgte hizzige Vertheidigung, und auf diese von Seiten des unverbesserlichen Bösewichts, der zum Unglück keine Fesseln trug, — Gewaltthätigkeiten.

Die bestochenen Wächter kamen, die unglückliche Dame aus den Händen eines Rasenden zu retten, man wollte sie nach ihrem Wagen zurückbringen, aber Adolf protestirte. Er schrie laut, man habe ihn zu schändlicher Flucht verleiten wollen, und dieses sey eine Sache, die an den Herzog von Burgund gelangen müsse.

— Sie gelangte auch an ihn, und, daß Katharine vor dem Gericht ihres strengen Bruders hier viel zu verantworten hatte, brauche ich nicht erst zu sagen. Es glückte ihr sich zu rechtfertigen, aber sie hatte bei dieser fatalen Begebenheit so viel gelitten, daß ihr Tod darauf erfolgte, wie wir in Philippens Geschichte schon erwähnt haben.

Philippe war damals noch ein Kind, man sagte ihr von der eigentlichen Ursach des Todes ihrer Mutter nichts; auch jezt blieb sie unwissend: der Mönch fühlte keinen Beruf, den vollendenden Zug von der Bosheit und Niederträchtigkeit des Mannes zu enthüllen, den er zum Heiligen machen wollte, und war nicht scharfsinnig oder verwegen genug, die Sache umgeformt darzustellen, daher überging er sie mit Stillschweigen, und einige Fragen Philippens, den lezten Besuch ihrer Mutter bei ihrem Vater betreffend, wurden damit beantwortet, ihm sey hiervon nichts bekannt, könnte wohl seyn, daß sie von ihrem Gedächtniß getäuscht würde, oder daß man ihr in ihren Kinderjahren etwas falsches eingebildet hätte.

Nach dem, was wir hier gemeldet haben, wird der Leser wohl nicht zweifeln, daß Philippe ihrem Unglück entgegen reisete. Sie hatte bei dem irrenden Ritterzuge nach Schloß Samson indessen mehr Entschuldigung als ihre Mutter. Sie kannte Herzog Adolfen nicht, er war ihr Vater, auch hatte man sie künstlich genug zu diesem Schritte verleitet. Wessen Hand eigentlich hier verborgen lag, und was man durch ihre Reise nach der wüsten Burg bewirken wollte, das wird sich aus der Folge ergeben.

Es war, als befiel das Fräulein eine Ahndung von ihrem Schicksal. Ihr Herz schlug ängstlicher, als sie das Schloß, wo ihr Vater lebte, vor sich sah. Ein öder verlassener Winkel an der Maas war es, wo sich die Burgspitzen hinter einem kleinen Hügel erhoben. Zur Linken ein finsterer Tannenwald, zur Rechten der Strom, der hier in tiefen Ufern ging, und sich mit traurigem einförmigen Getöß, wie es schien, in ganzen Fluthen fortwälzte.

Die Brücken waren aufgezogen, und der Mönch sagte, daß dieses hier Tag und Nacht also bleibt, nur der höchst seltene Ein- oder Auszug eines Fremden mache auf Augenblicke eine Aenderung. Eben da Philippe dieses aus dem Munde ihres Begleiters erfuhr, und ihrer künftigen Bestimmung einen unwillkührlichen

Seufzer schenkte, flog die Brücke nieder, und ein Ritter sprengte aus der Burg, der, als er vor dem noch etwas fernen Wagen vorüberkam, einen scharfen Blick hinein warf, und denn im Gallop weiter jagte.

Wer war das? schrie Philippe, indem sie voll Schrecken auffuhr.

Ich habe wenig Bekanntschaft in diesen Gegenden, doch wahrscheinlich ist's der Schirmvogt des Schlosses, oder einige Ritter, der hier zuweilen ein- und ausreutet.

Das war Kampobachio! fuhr das Fräulein fort. Weh mir, wenn mich auch hier der Verfolger verfolgen sollte!

Nicht doch! erwiederte der Mönch, das geschlossene Visir kann euch irre leiten! Sein Gesicht saht ihr nicht, und die Gestalt eines geharnischten Ritters ist immer dieselbe.

Gebe Gott, daß ihr Recht habt! antwortete Philippe, sonst müste ich hier der Erneuerung meiner Leiden entgegen sehn! Doch, ich hoffe alles von dem Schutz meines Vaters!

Sie fuhren über die niedergelassene Brücke, durch ein tiefes finsteres Thor, in den schallenden Burghof; hohe Mauern und Thürme umgaben ihn, und verwehrten das Zuströmen freyerer Luft, und bannten hier die tödlichen

Gerüche von dem stehenden Sumpf, den man ein Burggraben nannte, auf ewig ein.

Unglücklicher, unglücklicher Vater! rief Phlippe, die in diesem Augenblicke ihr eigenes Schicksal vergaß, dies dein Aufenthalt seit so vielen Jahren? O, ists auch möglich, daß du noch lebst? daß du unter solchem Elend noch Sinn und Gefühl für die Umarmung einer Tochter behalten hast?

Man kam den Wagen zu öfnen. Der Mönch nannte das gelberische Fräulein. Ihre Ankunft schien hier nichts unvermuthetes, schien etwas zu seyn, das man schon längst erwartet hatte; eine Sache, die Phlippen, wär sie von ihr bemerkt worden, Anlaß zu sonderbaren Gedanken hätte geben können. Sie dachte und fühlte in diesem Augenblicke nichts, als die bevorstehende Scene, väterlicher und kindlicher Liebe, die sich ihre romantische Phantasie nicht schön und rührend genug vorstellen konnte.

Der Mönch hatte mit dem Kastellan, der mit seinen düstern Mauern aus einem Stoff gebildet zu seyn schien, einige heimliche Worte gewechselt, und erklärte nach denselben, der Herzog werde vor künftigem Morgen nicht sichtbar seyn, und sie möge sich deswegen nach denen für sie bestimmten Zimmern verfügen.

Es

Es ist, setzte er hinzu; wegen einer kleinen Unpäßlichkeit Eures Vaters, und auch der Ueberraschung wegen, man muß ihn erst auf Euren Empfang vorbereiten.

Das Herz sank dem Fräulein bey diesen Worten auf eine seltsame Art, sie wußte nicht, was sie von diesem Aufschub und dieser Entschuldigung denken sollte. Der Ton, mit welchem sie gegeben ward, hatte etwas ganz eignes, ach! und überhaupt fand sich hier so viel, das mit keiner ihrer Vorstellungen paßte. — Traurig ließ sie sich nach den Zimmern führen, die man die Ihrigen nannte, und noch immer fiel es ihr nicht auf, daß man schon auf ihre Erscheinung gerechnet zu haben schien, und doch noch von Ueberraschung sprechen konnte.

Sie fand die Wohnung, die man ihr anwies, erträglich; sie hatte die Aussicht auf einen verwilderten Garten, der weitläuftig genug war, um den hohen Mauern, die ihn in der Ferne umzogen, einen Theil des ängstlichen herzbeengenden zu benehmen, welches eine an Freyheit gewöhnte Phantasie an solchen Einschränkungen findet. Zum Glück war Philippens Freyheitssinn nicht groß; sie hatte die Mauern einer belagerten Vestung verlassen, um sie mit einem Kloster zu vertauschen, gerades weges aus diesem kam sie in

Phil. v. Seld. 2. Th.   C c

dieses verwünschte Schloß, die Abänderung vom Bessern zum Schlimmern, konnte hier nicht viel thun, es war und blieb so ziemlich das nehmliche, auch durfte sie nur an den Hungerthurm denken, um ihrer gegenwärtigen Lage sogar einige Vorzüge abzumerken.

Sie nahm sich vor, sich ihr Leben hier so erträglich zu machen, als möglich, auch hofte sie in dem Gefühl der redlichen Erfüllung kindlicher Pflichten, immer einen unerschöpflichen Quell von Beruhigung zu finden.

Sie verlangte ihre Leute zu sehen, um ihre Einrichtungen zu machen, man sagte ihr, die Gesetze des Schlosses erlaubten nicht soviel Fremden auf einmahl den Zutritt. Ihr kleines Gefolg sey nebst dem Wagen bereits nach dem nächsten Dorfe entlassen, wo sie nach Ihrem Befehl entweder bleiben oder abgehen würden.

Philippe hatte auf diesem Fall keine Befehle gegeben, und befand sich also auch hierin in der peinlichsten Ungewißheit. Sie verlangte den Mönch, ihren Begleiter, zu sprechen, auch dieser hatte sich schon aus dem Schlosse begeben; ob er wiederkommen würde, wuste niemand zu sagen, auch ward Philippe des Fragens endlich müde, denn jede Beantwortung wurde so läßig und mit so viel Widerstand gegeben, als ob man befürchtete, die Gesetze des ewigen Schweigens, welches hier zu herrschen schien, durch zu großen Aufwand von Worten zu brechen.

Es ward Nacht, und das Fräulein warf sich auf das Lager, das man ihr bereitet hatte, um dem Morgen, der ihr so wichtig werden mußte, weil er ihr den ersten Anblick eines zuvor nie gesehenen Vaters verschaffen sollte, entgegen zu wachen. Ihr Gemüth war viel zu sehr mit tausend Dingen beschäftigt, als daß sie hätte schlafen können; ach sie sollte der schlaflosen Nächte noch mehr auf dieser Stelle zubringen!

Munter wie die frühe Lerche, nur nicht so fröhlich wie sie, war sie schon mit Anbruch des Tages aufgestanden und gekleidet, aber fast kam der Mittag heran, ehe man sie zu der so lang herbeygesehnten Zusammenkunft mit dem gefangenen Herzog abrief. Ihr Herz schlug heftiger. Wen sollte sie erblicken? Erst seit dem sie sich in diesen Mauern befand, war sie hierüber zweifelhaft geworden, vorher schwebte ihr unwandelbar ein Bild von ihrem Vater vor, das sie nicht für geschmeichelt hielt, weil es sich genau mit der Sage von dem Gemahl ihrer Mutter vertrug. Herzog Adolf der Schöne, unter diesem Namen war er ihr bekannt, weil man ihn ihr nicht mit seinem andern Zunamen, den Bösen, hatte nennen wollen. Er konnte gegenwärtig noch nicht viel über vierzig seyn. Die lange Einkerkerung konnte gar wohl etwas von seinen körperlichen Vorzügen gemindert haben. Gewisse Grundzüge, Züge von Edelmuth und Biedersinn, Züge von allen Tugenden, die ihr kindliches Herz ihm beymaß, musten indessen noch immer vorhanden seyn. Die rührende Bläße des Elends, der Blick frommer Duldung können leicht mehr Interesse in die schönste Gestalt bringen, als die üppige Fülle des Glücks, und der Gesundheit.

Philippe hatte sich eine selbstgewählte Vorstellung von ihrem Vater gemacht, die viel leichter falsch als wahr seyn konnte; was wunder also, daß sie, nachdem man sie durch eine Menge enger Gallerien, und hoher mit düstern Tapeten behangener Säle geführt hatte, auf einmahl vor ihm stand, ohne ihn zu kennen.

Eine dickaufgeschwollne Figur mit hochrothen Wangen, ein Gesicht ohne Ausdruck und Würde, eine Gestalt, nach welcher man einen Falstaff hätte bilden können, dehnte sich vor ihr in einem Lehnstuhl aus, lächelte ein wenig bey ihrer Verlegenheit, und gab sich endlich durch die witzige Anmerkung zu erkennen, die an den in der Nähe stehenden Kastellan gerichtet ward; dies sey die Tochter Katharinens von Burgund mit Leib und Seele, ob es auch die seinige sey, wolle er nicht entscheiden!

O mein Vater! schrie Philippe, welcher diese Worte die Augen öfneten, mit mehr Ausdruck von Erstaunen als Freude, und sank zu den Füssen des Herzogs von Geldern nieder.

Sie ist in der That schön, sagte Herzog Adolf noch immer zu dem steinernen Alten, und hold und freundlich oben drein. Stehe auf, mein Kind, und umarme mich, du bist mir willkommen! Ich hör', du hast den guten Vorsatz, mir meine Einsamkeit zu erleichtern, bleibe dabey; und vielleicht daß du dereinst noch mehr zu meinem Glücke beytragen kannst.

Philippe mußte sich neben ihrem Vater setzen; der Widerwille, den sein erster Anblick in ihr erregte, wurde, seitdem sie gewiß wußte, wer er war, vor dem strengen Richterstuhl ihres kindlichen Herzens als sündlich erkannt, sie zwang sich ihn gut und ehrwürdig zu finden, seine Gefälligkeit gegen sie vermehrte ihre Pflichten gegen ihn, und fühlte sie auch an seiner Seite nichts von den unaussprechlichen Entzückungen, mit denen ihr ihre Phantasie geschmeichelt hatte, so beredete sie sich doch, ihr sey wohl bey ihm, und alles würde noch besser werden, wenn sie erst abgesehen hätte, worinn sie ihm nützlich seyn, wie sein Leben erleichtern und sich ihm unentbehrlich machen könnte. Doch dies war schwer zu erfinden; Herzog Adolfen schien recht wohl vor ihrer Ankunft gewesen zu seyn, und es hatte nicht das Ansehn, als ob ihre Anwesenheit ihm zu einem höhern Genuß von Glückseeligkeit verhelfen könnte; er selbst rühmte sich gegen sie, daß er seit einigen Jahren das Mittel ausfündig gemacht habe, die Tyranney seiner Feinde zu täuschen, und sich mitten im Elend Freuden zu verschaffen, die er gegenwärtig gegen keinen Thron vertauschen möchte. Was dieses für Beruhigungsmittel waren, sollte Philippe eher erfahren, als sie wünschte.

Nach der Tafel sagte man ihr, sie könne sich in ihr Zimmer begeben. Sie bekam den Herzog nicht eher wieder zu sehen, als des andern Tages gegen Mittag, und dies dauerte mehrere Monate, ohne daß sie errathen konnte, wie so viel Stunden, in denen man ihre Gegenwart unnöthig fand, zugebracht wurden.

Ach ganz ein anderes Bild hatte sie sich von der Rolle gemacht, die sie hier spielen würde! Was nützte sie dem Herzog! Mit ihm zu speisen, täglich die nehmlichen Fragen von ihm zu hören, die nehmlichen Antworten zu geben, heute mürrische Laune, morgen ausgelassene Lustigkeit an dem Manne übersehen zu müssen, den sie gewünscht hätte verehren zu können, dies war der ganze Zweck ihres hiesigen Daseyns, und wie verschieden von dem, was sie sich gedacht hatte!

Um sie nach Schloß Samson zu locken, hatte man ihre Seele mit Bildern erfüllt, die alle Gefühle ihres Herzens rege machten. Ein unter dem Druck eines Tyrannen seufzender Vater, ein Held, ein Weiser, mit gefesselten Händen, welche Vorstellungen! Sie würde den tiefsten Kerker mit ihm getheilt, würde mit heldenmüthiger Aufopferung ihm jeden Trost gereicht, würde, so schwach sie war, wenn es sie selbst betraf, ihm zu Liebe Entschlüsse gefaßt und Gefahren getrotzt haben; daß dieses alles hier nicht nöthig war, stimmte die hohen Flüge ihrer romantischen Phantasie schon merklich herab, doch würde sie zufrieden gewesen seyn, hätte sie hier nur einen Mann gefunden, welcher Gefühl für die Leistung kleinerer Pflichten gehabt, einen Mann, der derselben nur zu bedürfen geschienen hätte. Seine Unempfindlichkeit gegen das Elende, Herabwürdigende seiner Lage, und gegen alles das was vor derselben eine bessere, edlere Stimmung hätte geben können, der Alltagston, daß ich mich nicht eines schlimmern Worts bediene, der in allem herrschte, was er sagte oder that, war ihr höchst anstößig. Immer um ihn zu seyn würde ihr im Grunde höhere Pein gebracht haben, als Kerker und Fesseln, und doch kränkte es sie auch wiederum, daß sie ihn selten und gleichsam nur pflichtmäßig sah. Er ist mein Vater nicht! schrie sie oft im Sturm der widrigsten Gefühle. Was hätte den Mann, der einst eine so wichtige Rolle in der Welt spielte, so herabwürdigen können? Gesetzt auch, er wär einst ein böser Mann gewesen, zu der niedrigsten Klasse von Menschen, welche kaum durch die Gestalt von Thieren und Pflanzen unterschieden werden, konnte doch der Gemahl Katharinens von Burgund nie gehören!

Die gute Philippe! sie wuste nicht, durch welche Wege der menschliche Geist zur tiefsten Stufe des Unwerths herab sinken kann. Dieser Herzog von Geldern, mit den größten körperlichen und geistigen Anlagen gebohren, mit Anlagen, denen er im Frühling seines Lebens keine schlechte Ausbildung gab, gerieth durch Leichtsinn auf Ausschweifungen, von diesen zu Lastern; es kam mit ihm, wie Leser, denen seine Geschichte noch erinnerlich ist, wohl wissen, endlich zu den höchsten Verbrechen, die ihm Ruhm, Glück und Freyheit raubten. Seine Bande brachten ihn zur Verzweiflung; tausend vergebliche Versuche sie zu zerbrechen, sogen seine edlern Kräfte auf. Schwäche und Niederträchtigkeit, ohnmächtiger Trotz und dumpfe Fühllosigkeit, zeichneten die folgende Epoche aus. Noch war er ein Gegenstand des Mitleids, noch hätte eine hülfreiche Hand ihn vielleicht aus seiner Tiefe zu einem edlern Daseyn emporheben können, auch stellte sich in der That ein Helfer ein, aber die Hülfe, die er leistete, war nicht von der besten Art, wie wir sogleich sehen werden.

Das wüste Schloß, auf welchem der unglückliche Herzog von Geldern fast von allen Lebendigen vergessen schmachtete, bekam einen andern Schirmvogt, einen Mann, dessen Kopf unaufhörlich von großen Entwürfen brannte, und dessen Herz zu schlecht war, als daß es ihm gute Mittel zu Ausführung derselben hätte angeben sollen. Er baute auf den erlauchten Gefangenen, den er in seine Gewalt bekam, Hoffnungen von der ausschweifendsten Art. Ihn sich gewogen zu machen, und alle Dinge, die er im Sinne hatte, mit seiner Hülfe und guter Bewilligung auszuführen, zog er ihn aus seinem dunkeln Behältniß hervor, und gab seinem Aufenthalt, seiner Bedienung, seiner Erhaltung, einen Anschein von Würde und Standsmäßigkeit. Er zeigte ihm, daß er ihn schätze und bedauere, er schenkte ihm manche Stunde, und suchte ihn Vergessenheit zu lehren; das letzte war unmöglich: so wie Adolf sich weniger elend fühlte als bisher, so kehrte auch das Andenken der Vergangenheit mit einer Wuth zurück die seinem zweydeutigen Freunde Schrecken machte. Er nahm gefüllte Becher zu Hülfe, er lehrte den Mann, den er zum Werkzeug seiner Ehrsucht erkohren hatte, die quälende Vorstellung unwiderbringlichen Glücks in Wein zu ersäufen. Herzog Adolf fand dieses Mittel, sich selbst zu vergessen, leicht und angenehm, und da man die neue Leidenschaft, die ihn zu bemeistern anfing, auf keine Art einschränkte, so kam es bald dahin, daß er des Tags nur wenige Stunden nüchtern war, und dieses waren eben diejenigen, in welchen man Phillippen noch zur Zeit erlaubt hatte ihn zu sehen; selbst in jener Stunde, da das Fräulein mit der heissesten Sehnsucht sich ihrem Vater zu Füssen zu werfen, das Schloß betrat, hatte man ihr nur aus Rücksicht auf den Zustand, in welchem er sich eben befand, den Zutritt versagen müssen.

O daß sie diese zu ihrem Glück gezogenen Schranken nie durchbrochen hätte! daß sie nie lüstern geworden wär, zu sehen was hinter denselben verborgen sey! ―

Der Herzog fing meistens schon über der Tafel, bey welcher seine Tochter ihm Gesellschaft leistete, an zu zechen. Einmahl war sie Zeuge von den ersten Symptomen des Zustandes, in welchen er sich immer befand. Phillippe, die an Kayser *) Friedrichs nüchternen Höfe nie

---

*) Wie sehr dieser Kayser die Nüchternheit liebte, das beweise folgende Anekdote: Der Leibarzt verordnete der kranken Kayserin täg-

einen Trunkenen gesehen hatte, hielt das, was sich ihrem Auge vorstellte, für Anfall einer schweren Krankheit; ihr kindliches Herz floß von Mitleid über, und ob sie sich gleich von dem Kastellan vor der Hand bereden ließ, auf ihr Zimmer zu gehen, so konnte sie doch nichts abhalten, nach einigen Stunden wieder herbey zu schleichen, um mit eigenen Augen Nachricht von dem Befinden eines Vaters einzuziehen, dessen Zustand ihr Herz zerriß, ob sie ihn gleich nicht lieben konnte.

Wir unterlassen die Auftritte zu schildern, zu welchen sie kam; sie erblickte in dem Manne, den sie nie hochschätzen konnte, den Gegenstand des höchsten Abscheus. Von einem Rasenden gemißhandelt, kehrte sie auf ihr Zimmer zurück; sie war mehr tod als lebendig, und das Schrekken, das sie eingenommen hatte, zog ihr eine Krankheit zu, die sie mehrere Tage bettlägrig erhielt.

Noch wär sie leidlich durchgekommen, wenn es hiebey geblieben wär; aber sie hatte einen Zauber gelößt, der ihr noch einige Ruhe sicherte. Sie konnte es nicht vergessen, daß es Stunden gab, in welchen der Mann, an dessen

lich ein wenig Wein zu trinken; Nein, sagte Friedrich, ich will lieber eine kranke Gemahlin, als eine Weintrinkerin haben.

Seite sie leben mußte, der Mann, mit dem die Natur sie auf das genauste verbunden hatte, sich tief unter die Thiere erniedrigte; dazu kam noch dieses, daß nun von Seiten des Herzogs alle Schonung hinweg fiel. Auftritte, welche man ihren Augen bisher entzogen hatte, wurden nun nicht mehr mit einem Schleyer verhüllt. Die wenigen Stunden des Vormittags, in welchen sich Adolf bis dahin noch ihr zu Liebe zur Nüchternheit gezwungen hatte, auch diese wurden nun oft genug der Schwelgerey gewidmet, und der hellen Augenblicke waren so wenig, daß man sie mit Gold hätte auskaufen mögen.

Nun war Philippen nichts mehr ein Geheimniß. Das Aeusserliche ihres Vaters, das sie ersten Blicks so sehr befremdete, die Herabwürdigung seines Geistes und seiner Sitten, sein kaltes Betragen gegen sie, das jetzt oft in Härte und Grausamkeit ausartete, alles das Kränkende und Beunruhigende ihrer gegenwärtigen Lage, dankte sie den Ausschweifungen, zu welchen ein böser Geist den Unglücklichen verführt hatte, welcher den Namen eines Herzogs von Geldern führte, und bald, bald sollte sie diesen bösen Geist, diesen Verführer noch näher kennen lernen, und in ihm die Fülle ihres Unglücks finden.

Philippe, fing der Herzog einst über der Tafel an, da schon der Wein begann seine Sinne zu benebeln, ich höre, du weißt mit der Feder umzugehn. nimm diesen Brief, den ich eben erhalten habe, sieh?, ob er schleunige Antwort bedarf, besorge sie, und berichte mir morgen, wenn ich, wie du es nennst, ganz heiter bin, was du gefunden hast.

Adolf hatte gerade noch so viel Besonnenheit zu fühlen, daß es jetzt für ihn nicht Zeit sey, Briefe zu lesen und zu beantworten, ob Philippe zu diesem Geschäft die schicklichste Person sey, das konnte er nicht mehr erwegen; so viel ist gewiß, nüchtern würde er das Blatt, mit welchem sie jetzt auf ihr Zimmer ging, schwerlich haben in ihre Hände kommen lassen.

Sie setzte sich und las.

„Theurer Herzog,

„Daß das letzte Faß alter Ungar-Wein Euch behagt, ist mir lieb zu vernehmen; auch ich habe die Kräfte dieses Nektars bereits versucht, und dieser Versuch hat mir die Fatalität zugezogen, die mich diesesmahl hindert Euch eigenhändig zu schreiben. Ich that in einem Taumel, der mich selten befällt, — ihr wißt, daß es bey mir nicht leicht zum vollen Rausche kömmt, — einen Fall, der mir den rechten Arm unbrauchbar machte; noch muß ich ihn in der Binde tragen, doch hoffe ich baldige Besserung, und die Möglichkeit Euch auf Eurem Schlosse zu besuchen. Verdrüßliche Zufälle, die diesen Besuch so lange verzögern! Ihr wißt meine Reise und ihren Endzweck; nun diese Fatalität! — Ich kann doch der schönen Philippe unmöglich gleich zuerst als ein Invalid vor Augen kommen!

„Das verabredete Schweigen laßt Euch nicht zu lange dauern! — Wenn ichs recht bedenke, so ists gut, daß man sie erst auf Eurem einsamen Schloß eingewohnen, und seine Vorzüge, und seine Beschwerden kennen lernen ließ, ehe man sie mit unsern Anschlägen bekannt machte. Vielleicht macht sie dieses desto geneigter zu der Wahl, welche ihr bevorsteht.

„Auf jedem Fall, selbst auf den Fall verweigerten Gehorsams, ist sie in unserer Gewalt. Bey meiner Ankunft, die ihr spätstens in acht Tagen erwarten könnt, empfange ich das reizende Mädchen, und die Anwartschaft auf ihren reichen Brautschatz aus Eurer Hand. Euer Leben, das jetzt noch so wenigen bekannt ist, vernichtet die Bewerbungen des Herzogs von Burgund um Eure Lande. Ihr habt ein ungezweifeltes Recht, Euch einen Sohn und Erben anzunehmen, und ihn durch den Besitz Eu-

rer Tochter zu Eurem Nachfolger zu beſtättigen;
denn bin ich dem Namen nach Herzog von Geldern, und ihr ſeyd es in der That; ich trage
die Laſten der Regierung, und ihr genießt die
üppigſte Fülle, deren ſich ein Fürſt freuen kann.
Alle Länder wollen wir von ihren auserleſenſten
Weinen plündern, um Eurem Gaumen immer
neuen Reitz zu geben! — Nur eins, theurer
Herzog, bitte ich Euch; ein wenig Nüchternheit in den entſcheidenden Augenblicken! ſollte
Euch die Mäßigkeit einiger Tage ſo ſchwer werden, da ſie einen ſo herrlichen Lohn verſpricht?
Ihr begreift es ſelbſt, daß wenn ihr zu der Zeit,
da ich Euch der Welt lebend vorſtellen, und mit
meiner Macht Eure Rechte geltend machen werde, Eures Verſtandes nicht ganz mächtig wäret, man alle unſere Plane mit einem einzigen
Einwurf vernichten könnte. — Doch leider
iſts noch lange bis dahin! Selbſt der erſte
Schritt zu dieſen groſſen Dingen, der Beſitz der
ſchönen Philippe iſt noch acht Tage weit entfernt von mir. Dieſes Glück zu beſchleunigen
muß meine erſte Sorge ſeyn. Von meiner guten Natur, und der Kunſt meiner Aerzte erwarte ich viel; um Euch einen Beweis von der letzten zu geben, wage ichs am Ende dieſes Briefs
zum erſten mahl, die Feder zu faſſen, und mei-

nen Namen mit eigener Hand zu unterzeichnen."

Dieses war der Brief, meine Leser, den Philippe las, aber die schlechterdings unleserliche Chiffer, mit welcher er unterschrieben war, diese nachzumahlen werdet ihr mir wohl nicht zumuthen. Das Fräulein, die über den Inhalt des Schreibens halb ausser sich gesetzt war, behielt nicht Kraft genug sie zu beherzigen, ungeachtet ihr allerdings viel drauf ankam, den Namen des Feindes zu wissen, den sie zu fürchten hatte. Sie warf das Blatt von sich, nahm es wieder, ging in ihrem Zimmer auf und ab, rang die Hände, und geberdete sich wie eine Verzweifelte. Sie hatte in ihrer Einsamkeit weder Zeugen ihres Kummers noch einen Tröster. O Selim, Selim! rief sie, solltest du wissen, wie es deiner verstossenen Schwester geht!

Als sie das Schreiben wieder ergriff, sah sie auf der andern Seite eine Nachschrift, die sie noch nicht wahr genommen hatte. Sie las folgendes:

„Die andere Philippe, oder Prinz Kalepin, wie wir ihn, Dank sey es der Schwatzhaftigkeit der unsrigen, nun zu nennen wissen, bleibt vor mir noch immer unentlarvt. Ich fürch-

fürchte diesen Menschen, der, als ich, ihr wißt es, ihn in den Wahn, sein Besitz könne mir den Besitz von Geldern sichern, einst entführte, die Kraft seiner Arme so mächtig fühlen ließ. Auch scheue ich Zeliden, welche bey der Herzogin und der Prinzeßin so viel zu sagen hat; doch Zelide ist schwach und kränklich, sollte der Todesengel über sie gebieten, so fällt ein guter Theil meiner Furcht. Kalepin mag vor der Hand bleiben der er ist, die Zerreissung seines Schleyers in dem Augenblicke, da alles sich entwickeln muß, wird eine vortheilhaftere Würkung thun, als jetzt da ich die wahre Phllippe der Welt noch nicht als meine Gemahlin vorstellen kann."

———

Wir müßten uns sehr irren, wenn manche unserer Leser bey diesem Briefe, besonders bey dem letzten Theil desselben, der Nachschrift, nicht auf Muthmassungen geriethen, deren auch Phllippe sich nicht erwehren konnte. Sie untersuchte die mysteriöse Chiffer, welche die Unterschrift ausmachte, noch einmahl, und konnte den Namen Kampobachio jetzt nicht mehr verkennen. Der Gedanke, daß ihre Vorstellungen sie nicht täuschten, verursachte ihr Schauer auf

Schauer. Sie brachte einen schrecklichen Tag hin, und warf sich mit einbrechender Nacht auf ihr Lager, nicht um zu ruhen, sondern um, wie schon geschehen war, es mit Thränen zu netzen.

In dieser Nacht war es, daß ein Gedanke plötzlich wie ein Blitzstrahl in ihre Seele fiel, der die in derselben herrschende Dunkelheit auf Augenblicke zerstreute, und Hoffnungen in ihr erregte, welche zu realisiren sie nur etwas mehr Muth und Festigkeit hätte haben sollen. Wie? sagte sie zu sich selbst, ists ungefährer Zufall, ists nicht vielmehr Schickung des Himmels, daß du dieses erfuhrst? du weißt nun, daß du hier zum Opfer der Ehrsucht und Schwelgerey geschlachtet werden sollst, willst du dich unthätiger Traurigkeit ergeben? willst du nicht viel lieber handeln, um deinem Unglück zu entgehen? — Fliehe, fliehe, du Verlassene, wenn Flucht möglich ist! Wirf dich in die Arme deines Oheims, des Herzogs von Burgund, vernichte durch Vorzeigung dieses Briefs die Anschläge deines Verfolgers! — Aber willst du zugleich deinen Vater stürzen? Wer spielt hier die nachtheiligste Rolle? jener oder der Herzog von Gälde n? — Ach! fliehen muß ich, ich fühle es, aber wohin? — O Selim! Selim! du, den ich überall vermisse!

Philippe stand mit dem Tage von ihrem bethränten Lager auf; sie stieg in den Garten hinab; hier war der einige Weg, der zur Flucht führen konnte. Zwar hohe Mauern verschloſſen den Ausgang, aber mit keinem Graben umgeben, von keinen Gewaffneten bewacht, und weit genug von dem Vordertheil der Burg entlegen, um schnelle Entdeckung zu hindern. Das Fräulein hielt sich nicht lang in dem Vordertheil des Gartens auf; die fliehende Dämmerung drohte Verrath. Philippen war überhaupt nur selten erlaubt worden, in die Wildniß hinabzusteigen, die man hier einen Garten nennte, auch hatte dieser Ort zu wenig Reitze, als daß sie die Vergunst zu Spaziergängen oft oder angelegentlich hätte suchen sollen. Sie jetzt hier zu sehen, würde sehr auffallend gewesen seyn, und sie that daher wohl, sich so schnell und so weit als möglich zu entfernen, um aus keinem Fenster des Schloſſes beobachtet werden zu können.

Sie ging längst der äuſſersten Mauer hin, ihre Augen maßen die ihr kaum absehliche Höhe, sie zählte die Pforten, welche durch dieselbe aufs Feld führten, alle waren von Eisen, alle wohl verschlossen, und so fest eingepaßt, daß keine Lücke verrieth, was genseit derselben sey. Ueber der Untersuchung kam die Sonne höher herauf; kaum eine Stunde war noch bis zu der Zeit, da man gewohnt war, sie in dem Vorzimmer des Herzogs zu sehen, und da man sie also vermissen mußte.

Ihr Herz begann vor Angst ihr hörbar zu pochen. Die Glut der steigenden Sonne vermehrte einen heftigen Durst, den sie die ganze Nacht empfunden hatte, ohne daran zu denken, ihn zu stillen. Jetzt dachte sie ohne Labung verschmachten zu müssen.

Ein dichtes Gebüsch zog sich von der Mauer nach dem Vordergarten hin; glühende, eben gereifte Beeren blickten aus denselben hervor, und winkten gepflückt zu werden. Philippe nahte sich, ihren Durst zu stillen, und faßte den Entschluß, im Fall sie verrathen wär, — die Hoffnung der Flucht hatte sie schon ganz aufgegeben, — dieses Obst zum Vorwand ihres frühen Spaziergangs anzugeben; ach ein besseres Glück zeigte sich ihr, als sie jetzt in dem Buschwerk wühlte, ihre Erfrischung glücklicher zu wählen; es beschattete einen schmalen untiefen Graben, der sich aus dem Garten unter der Mauer hinweg zog, die überflüßigen Feuchtigkeiten von den Beeten abzuleiten. Jetzt war er ganz trocken, und der Gedanke hinab zu steigen, und auf diese Art das freye Feld zu gewinnen, war so schnell gefaßt als ausgeführt. Mit ein wenig von Erde und Moos besudelten Kleidern, und etwas zerrissenen Locken, kam Philippe unter der Mauer hin, und stieg genseit derselben herauf; nie hat man eine schnellere überdachte und besser geglückte Flucht gesehen, aber auch nie konnte eine für die Entflohene von schlechterm Belang und geringern Vortheil seyn.

Eben das Unüberdachte, Unvorbereitete dieses Schrittes, brachte tausend Hindernisse und Schwürigkeiten hervor, die jetzt auf einmahl auf das irrende Fräulein losstürmten, und ihr alle Fassung raubten. Hier stand sie im leichten Morgenkleide, ohne die mindeste Bedeckung vor Luft und Sonne, ohne Geld und Wegzehrung, selbst ohne Kunde des Weges, den sie zu nehmen hatte, und des Ziels, das sie ihrer Reise geben sollte. Das einige was sie wußte, war, daß Namur, wo damahls sich der Herzog von Burgund aufhielt, nicht weit seyn könne, und daß, wenn sie sich bey Zelidem oder der Herzogin meldete, sie wenigstens nicht zurückgestoßen werden würde. Aber Himmel, in diesem Aufzuge! — Würde man in demselben sie nicht ehr für eine Landstreicherin, als für die Prinzeßin von Geldern halten? Armes Geschöpf! wir hätten dir wohl rathen wollen, wären wir damals in deiner Nähe gewesen, den beschwerlichen Weg unter der Mauer wieder zurück zu gehen, dich vor der Hand mit Entdeckung dieses Schlupfwinkels zu begnügen, und auf dem Schlosse mit möglichster Unbefangenheit bessere Vorkehrungen zu seiner Flucht zu machen, die jetzt nicht anders als mißlingen konnte.

Philippe war durch das Gefühl dieser Wahrheit, das mit einemmahl auf sie einstürmte, ganz ausser sich selbst gesetzt. Schnelle Entschlossenheit in schweren Fällen war überhaupt ihre Sache nicht, und wo sie einmal einen kühnen und eilfertigen Schritt that, so war es gewiß am unrechten Orte, wie hier diese Flucht, und ihre ehemahlige Entfernung von Selim, in Hüeßlis Burg zur Gnüge beweisen kann. Hätte sie nur jetzt wenigstens so viel Ueberlegung gehabt, sich im benachbarten Gebüsch zu verbergen, und mehrere Fassung und günstigere Zeit abzuwarten; aber auch dieses that sie nicht.

Als sie nun so mit gerungenen Händen und strömenden Augen stand, und ihr Lieblingswort in allen Herzensnöthen, den Namen, Selim! Selim! zum Himmel erschallen ließ, siehe, da zog über die einsame Hayde ein Reuter im rothen Mantel vorbey, mit tief in die Augen gedrücktem Hut, und so langsam, als wenn er eben nichts mehr zu thun hätte, als hier seinen Gedanken nachzuhängen. Philippe sah und hörte nicht, und er war ihr schon ganz nahe, als sie ihm erst gewahr ward, und mit einem Schrey auffuhr, einen Lauf quer über Feld zu beginnen, in welchem sie mit dem schnellsten Reh hätte wetteifern können.

Der Reuter, der gleich bey ihrem ersten Anblick aus seiner Reverie zu sich selbst gekommen war, und dem es ein Ernst zu seyn schien, sie einzuholen, war rasch hinter ihr her. Die Furcht gab ihr Flügel; ihn schien irgend etwas zu hindern, sein Pferd, wie er wollte, zu lenken, und daher blieb der Zwischenraum immer gleich groß. Einmal kam er ihr nahe genug, daß sie seine Stimme vernehmen konnte. Sie hörte den Namen Philippe, und sah sich unwillkührlich um, den Mann zu betrachten, der sie zu nennen wußte. Sie sah wegen der grossen Entfernung nichts, als einen in die Augen gedrückten Hut, und einen rothen Mantel. Der letzte machte einen seltsamen Eindruck auf ihre Phantasie, sie dachte an Selims rothe Feldbinde, und konnte sich nicht enthalten, den geliebten Namen in die Lüfte, die sie durchschnitt, auszuhauchen.

Noch einmal kam ihr der Reuter nahe! das Wort, das sie eben ausgesprochen hatte, tönte auch über seine Lippen. Selim! Selim! rief er, dein Selim! und das Echo aus den Bergen wiederholte den geliebten Laut.

Dies war zu viel für die Fliehende! Selim? sprach sie, indem sie still stand und Athem schöpfte, sollte es möglich seyn? — O ja, ich erkenne seine Stimme, so sehr sie auch die Entfernung entstellt! er ist, er ist es! Dieses rothe Gewand, die Farbe der Liebe, die Farbe meines Selims! Komm, mein Bruder, ich warte dein! eile, die Schwester zu retten, die durch Unglück gewitzigt sich deinen Armen nun nicht mehr entreissen wird.

Ob Philippe diese Worte laut aussprach, oder sie nur dachte, wissen wir nicht, gnug, sie hatte sie noch nicht geendigt, als der näher kommende Rothmantel, der jetzt Hülle und Hut von sich geworfen hatte, ihr einen Anblick zeigte, der sie zu Boden stürzte. O Gott, schrie sie, indem sie sank, Kampobachio!

In Ohnmacht fallen, war nun freylich jetzt das schlimmste, was sie nur thun konnte; sich noch einmal aufraffen, und die Flucht von neuem beginnen, das hätte sie gesollt, vielleicht, daß ihr Verfolger, der sich wegen des verwundeten Arms noch schlecht behelfen konnte, ermüdet wär, und sie endlich ihrem Schicksal überlassen hätte. Aber Himmel, wer konnte ihn auch hier vermuthen? sprach nicht sein Brief noch von anhaltender Krankheit? war seine Ankunft nicht erst über acht Tage festgesetzt? was konnte ihn so schnell herbey bringen?

Daß die Ursachen, welche den Grafen zu Aenderung seiner tiefgelegten Plane bewogen, nicht gering seyn mochten, läßt sich allerdings wohl errathen, auch werden wir in der Folge Gelegenheit haben, hiervon mit mehrern zu sprechen, jetzt erlaube man uns bey unserer Heldin zu bleiben, und sie wieder in das Schloß bringen zu helfen, das sie, ach, kaum verlassen hatte.

———

Phllippe sah sich, als sie zu sich selbst kam, wieder auf ihrem Zimmer, das sie gehoft hatte nie wieder zu betreten. Sie war allein, alles war hier so wie sie es vor wenig Stunden gelassen hatte, es hätte wenig dazu gehört, sie zu bereden, daß der ganze Vorgang ein Traum gewesen sey, doch dazu sollte es nicht kommen; Kampobachios Eintritt störte diese schmeichelhafte Vorstellung. In der That wär es besser für Phllippen gewesen, nie entflohen zu seyn, als auf diese Art ertappt zu werden. Ihr Zustand ward merklich durch ihre Flucht verschlimmert, jede Schonung unnöthig gemacht, und ihre Verfolger aus der nachtheiligen Nothwendigkeit gebracht, sie mit Dingen bekannt zu machen, die sie, wie man aus dem bey ihr gefundenen Brief sah, nun schon wußte.

Kampobachio setzte sich schweigend an ihr Bette, und sah sie mit unverwandten Augen an; sie verhüllte sich und weinte. Kann ich denn den hartnäckigen Unwillen, der Euch von mir ablenkt, auf keine Art besiegen? fing er nach einer Weile an.

Kann ich denn, schluchzte sie, Euren Verfolgungen nirgend entgehen?

Gestehen werdet ihr doch nun wenigstens, fuhr er mit höhnischen Blicken fort, wer ihr seyd? Eure Geschichte, die Geschichte Kalepine, und Eures Selim weis man ja so ziemlich aus Eurem eigenen Munde; ich hoffe, ihr werdet Euch selbst nicht Lügen strafen!

Grausamer! Ich war überall von deinen Fallstricken umgeben! Es war schlechte Kunst, die unbefangene Einfalt zu berücken!

Ja wohl, Einfalt! sagte er, indem er aufstand und ans Fenster trat.

Aber ich bitte Euch, rief sie, als sie sahe, daß er nicht Lust hatte, sein Stillschweigen zu brechen, was soll endlich hieraus werden?

Was ihr wollt! Ich wollte rathen, die fromme hülflose Einfalt würfe sich dem Weisern und Stärkern in die Arme. Jetzt könnte diese Ergebung noch einiges Verdienst haben, weiter hin als Folge des Zwanges, der Euch unhintertreiblich bevorsteht, wird sie Euch für nichts angerechnet.

Kampobachio! was kann Euch der Besitz einer Unglücklichen helfen, die nichts für Euch fühlt?

Das wißt ihr zur Gnüge aus dem Briefe, den Eure Arglist oder Eures Vaters Unvorsichtigkeit Euch in die Hände spielte: Herzog von Geldern denke ich durch Euch zu werden, auch muß ich Euch in der That gestehen, ich habe Neigung für Euch, welche ihr durch Verleugnung Eurer Widerspenstigkeit leicht in Liebe verwandeln könntet.

Und dies ist also die Begegnung, die mich für Euch einnehmen, dies der Dank, den ich für das, was ihr durch mich zu erlangen denket, haben soll?

Philippe, ich denke Euch keinen Dank schuldig zu werden; das Glück, der Rang, zu dem ihr mir verhelfet, fällt auf Euch zurück, und was ich in Euch gewinne, gewinnt ihr zehnfach in meiner Person!

Elender Großsprecher!

Sehr wohl, Fräulein! Ich sehe, ihr habt Eure Parthie ergriffen, und so muß ich Euch denn sagen, daß ich eigentlich nicht hieher kam, Worte mit Euch zu wechseln, sondern Euch nur anzukündigen, daß Euer Vater Euch zu sprechen wünscht. Ich gehe, ihr werdet so gefällig seyn, mir unverzüglich zu folgen.

Philippe schützte ihre Schwäche vor, und erhielt ein Gelächter zur Antwort. Der Graf entfernte sich, und sie mußte sich entschließen, sich, so gut sie konnte, von ihrem Lager aufzurichten, und nach der Halle zu schleichen, wo ihre unerbittlichen Richter ihrer warteten.

Man erspare uns einen Auftritt zu schildern, welchen sich jeder, der die handelnden Personen kennt, so ziemlich denken kann. Der Herzog, mehr als halb berauscht; Kampobaschlo, in einer Gemüthsbewegung, welche von irgend etwas außerordentlichen herrühren mußte, und die er mit Mühe unter verächtlicher Kaltblütigkeit und boshaftem Hohn zu verbergen trachtete, und die bleiche weinende zitternde Philippe; — dies war wohl recht die Verurtheilung des Lammes vor dem Gericht des Wolfes und des Löwen.

Man machte dem Fräulein kein Geheimniß mehr aus dem, was sie schon wußte, daß sie auf das Schloß zu Erreichung von Endzwecken gebracht worden war, welche ihr, so wie ihre Mittel durchaus mißfallen mußten. Sie sollte die Hand eines Menschen annehmen, den sie haßte, sollte nicht etwa ihrem Vater, für den sich aufzuopfern eine traurige Pflicht gewesen wäre, sondern ihm Rechte erwerben, von denen sie nicht einsah, in weit sie von ihrer Person abhängen konnten; sie sollte, das einige wars was sie lebhaft einsah, das Werkzeug zu blutigen Unruhen werden, und eine Größe, die sie verabscheute, mit lebenswürigem Elend erkaufen.

Ihr diese Dinge mit Schonung in einer gefälligen Hülle vorzutragen, würde vielleicht sonst bei ihren Verfolgern einiger Ueberlegung werth geachtet worden seyn. Jezt machte der Schritt, den sie gethan hatte, ihr Bekanntschaft mit dem ganzen Anschlag, und eine gewisse unruhige Eile, deren Grund sie nicht einsehen konnte, daß man ohne Umstände zu Werke ging, und ihr mit dem größten Ungestüm sagte, sie müsse sich in diesem Augenblicke entschließen, Kampobachios Frau zu werden, und ihm nebst ihrem Vater aus dem Schlosse zu folgen, oder der härtesten Zwangsmittel gewärtig seyn.

Philippe weinte, und bat um Aufschub; man lachte des lächerlichen Vorwands, wie man diese Bitte nannte, neue Versuche zur Flucht zu machen, und der Herzog winkte einem Mönch, der fast eben so trunken als er selbst war, hervorzutreten, und in der anstoßenden Burgkapelle, deren Flügelthüren sich bereits öffneten, die Ceremonie zu vollziehen. Das Fräulein sah hinter dem Stuhl ihres

Vaters eine Figur hervortaumeln, die ihr sehr wohl bekannt war, sie erblickte hier ihren ehrwürdigen Reisegefährten nach Schloß Samson, den alten Religiosen, der ihr ihr Mitleid und Zutrauen so schnell abzugewinnen, sie so fein um ihre Geheimnisse zu betrügen gewußt hatte.

Gott! Gott! rief sie mit strömenden Augen, in was für Hände hast du mich fallen lassen! Alles kehrt sich wider mich! Selbst die Tugend wird zum Laster um mich ins Verderben zu stürzen!

Die feyerliche Handlung, zu welcher man das schwankende Mädchen hinschleppte, ward durch den Ton einer Glocke unterbrochen, die sie hier im Schloß noch nicht vernommen hatte. Dies war Sturmgeläut! das Anzeichen irgend einer nahen Gefahr! Man stürzte herein den Bräuttgam vom Altar zu rufen. Das Getümmel vermehrte sich, die halb ohnmächtige Philippe, die auf die heiligen Stufen gesunken war, wußte nicht was um sie vorging.

Nach einer halben Stunde fühlte sie sich von einer rauhen Hand aus ihrer Bewußtlosigkeit empor gerissen. Es war die Hand des Herzogs, den das Schrecken nüchtern gemacht hatte. Willst du dich zu dem bequemen, was man von dir fordert? brüllte er ihr ins Ohr. Willst du dich hier an heiliger Stätte durch einen Eid verbindlich machen, Kampobachios Weib zu werden, so bald es die Umstände erlauben?

Ich wähle den Tod! sagte sie mit schwacher Stimme.

Nun so geh zur Hölle! schrie der Unmensch. Man nehme sie, und bringe sie an den Ort, der ihr auf den Fall hartnäckiger Widerspenstigkeit bestimmt war.

Während Philippe von einer zweiten Ohnmacht zu sich selbst kömmt, und Kerkermauern um sich erblickt, während oben in der Burg Getümmel und Unordnung zunimmt, während Kampobachio durch nur ihm bekannte Schlupfwinkel aus dem Orte entkommt, wo er sich ungern wollte betreffen lassen; sey es uns erlaubt, den Leser mit der Ursach all dieser Dinge bekannt zu machen, und zu dem Ende zu Selim zurückzukehren.

Wir verließen ihn vor mehrern Monaten in tiefer Berathschlagung mit Arimith über den Ort, wohin das Fräulein aus dem Kloster sich gewendet haben möchte, und was für Mittel zu brauchen wären, Wiedervereinigung der Getrennten zu bewürken.

Azimuth konnte von dem ersten mehr als wahrscheinliche Muthmaßungen darlegen, und so schien auch das andere nicht schwer zu seyn.

Wie vertraulich Philippe, die sich dieses eine mal keinem Unwürdigen vertraute, auf der Wiener Hofburg gegen ihn gewesen war, das haben wir im Vorhergehenden gesehen. Sie gestand ja Selim selbst: Er weis mehr von mir, als ich mich dir zu bekennen getraue! und so war es auch: Nicht nur das Geheimniß ihrer werdenden Leidenschaft für Selim, das sie sich selbst nicht gestand, lag offen vor ihren Augen, und mancher Umstand ihrer Geschichte, den sie dem Freund ihres Herzens nur im Umriß gezeichnet hatte, war ihm durchaus bekannt. Dahin gehörte besonders ihre Korrespondenz mit dem Unbekannten unter dem bezeichneten Steine; die Lücken, die sie in dem einen seiner Briefe für Selim gelassen hatte, wußte er sehr wohl auszufüllen. Er las die mit unvollendeten Worten angedeutete Stelle, die ihm Selim vorlegte, also: „Fühlt ihr Muth und Trieb zu einer edeln That, so eilet nach Schloß Samson an der Maas. Dort lebt ein
großer

großer unglücklicher Mann dort lebt Euer Vater. Eure Pflicht fordert Euch auf. u. s. w."

Wie? schrie Selim, Herzog Adolf der Böse sollte noch leben? Zu ihm sollte Philippe geflohen seyn? O unglückliche Tochter, daß dich nur nicht schwärmerische Anhänglichkeit an Kindespflicht in nahmenloses Elend gestürzt habe!

Sie kann nichts gefunden haben, mit einem Gefangenen zu theilen, als seine Fesseln, sagte Aximith. Rühmlich und groß ist ihr Entschluß, fast übersteigt er die Kräfte, die ich dieser weichen Seele zugetraut hätte; aber wir dürfen sie nicht den traurigen Folgen desselben überlassen, um so weniger, da mir, wie ich der armen Betrogenen oft gesagt habe, alle Rathschläge ihres Unbekannten immer verdächtig dünkten, und hier vielleicht mehr verborgen liegt als der äusserliche Anschein giebt.

Und was sollen wir thun? Aximith, was sollen wir thun?

Laßt uns mit Vorsicht und Klugheit zu Werke gehen! Das Ziel unserer Reise ist jezt bestimmt. Wenn wir an Ort und Stelle sind, ergiebt sich aus den Umständen das Weitere.

Das Schloß an der Maas, auf welchem der ehemalige Herzog von Geldern gefangen saß, war nicht so leicht zu finden. Die alte Veste, die man jezt kaum noch in ihren Trümmern erkennt, lag in einem abgelegenen Winkel am Ende eines wüsten Waldes, es gab mehrere Burgen, die diesen Namen führten, und die rechte war den Umwohnern mehr unter jeder andern willkührlichen Benennung, die sie ihr gaben, als unter dieser bekannt. Auf diese Art würde wohl selbst Philippe den Weg dahin nicht gefunden haben, ungeachtet sie einen schriftlichen Reiseplan vor sich hatte, wenn Kampobaschio und sein Vetter, der kaiserliche Beichtvater, nicht gesorgt hätten, ihr da, wo der Pfad zweifelhaft ward, an dem alten Mönche einen Führer in den Weg zu schicken.

Einen solchen hatten Aximith und Selim nicht, sie suchten daher, und forschten lange nach dem Orte, wohin sie gewiesen waren, da wo er nicht lag, und zogen mehrmals vor der rechten Gegend vorüber, ohne nur zu muthmaßen, daß sie hier das Ende ihrer Reise finden könnten.

Selim, der ein großer Freund von geraden Wegen war, und der wohl einsah, daß, wenn sie auch Schloß Samien gefunden hätten, hierdurch doch nur wenig zu Erreichung ihres Ende zwecks gewonnen seyn würde, bestand darauf, an den Hof des Herzogs von Burgund zu gehen, dort irgend jemand zu suchen, dem sie sich vertrauen könnten, und nothfalls sich an Karln den Kühnen oder den Großmüthigen, wie man ihn damals lieber nannte, selbst um Erfüllung ihres Wunsches zu wenden.

Selims Herz hatte, seit er die böhmischen Dienste verlassen mußte, gebrannt, sein Schwerd diesem Helden anzubieten. Seit er wußte, daß er seine Mutter Zelide und seinen wahren Bruder Kalepin an Karls Hofe finden würde, seit dem fühlte er sich noch durch stärkere Bande dorthingezogen, und die Hoffnung, zu Wiedererlangung der Prinzeßin von Geldern, die ihm mit jedem Tage theurer ward, dort vortheilhafte Schritte zu thun, brachte seine Begierde zu dieser Reise aufs höchste.

Behutsamkeit, Behutsamkeit! rief der vorsichtige Aximith, und in der That, diese war auch hier nöthig. Die Lage der Sache, die man betreiben wollte, war äußerst delicat, Karls Hof einer der intriguatesten, der Zutritt zu seiner Person schwerer, als wenn er der Kaiser des deutschen Reichs gewesen wär, und die Anzahl der Feinde jeder guten Absicht hier so groß, daß der Sieg auf allen Seiten erschwert werden mußte.

Während Arimith umherspähte, wer hier zu gewinnen wär, und vor wen man sich zu hüten hätte, that Selim den einigen Schritt, den er ohne Bedenken glaubte thun zu können: er suchte Zutritt bei seiner Mutter Zelide, die an dem Hofe der Herzogin einen sehr ansehnlichen Rang behauptete.

Wie schlug sein Herz, die wiederzusehen, welcher er das Leben dankte! Zwar die Zeit und das Mißfallen an unterschiedlichen Handlungen Zelidens hatte einen Theil der innigen Sehnsucht und Zuneigung geschwächt, die er in frühen Jahren bei Zelidens Namen empfand, aber die Quelle der Liebe gegen eine Mutter bleibt nach tausend Minderungen, die der Zufall bewürken kann, immer noch unerschöpflich, und meine Leser werden mir es also wohl glauben, daß das Entzücken, mit welchem sich Selim der seinigen zu Füßen warf, alle Gränzen überstieg.

Zelide war außer sich, da sie Selims Namen hörte! Sie konnte nicht begreifen, konnte nicht glauben, dachte zu träumen, spähte jeden Grund auf, an einer Sache zu zweifeln, und warf sich doch immer mit neuem Entzücken dem in die Arme, den sie nicht verkennen konnte, der Beweise seiner Geburt waren zu viel, seine

Aehnlichkeit mit seinem großen Vater, in seinen männlichen Jahren zutreffend, und ob wir gleich nicht wissen, ob hier von kenntlichen Malen die Rede war, deren sich Schriftsteller unserer Art in solchen Fällen, gern sehr geschickt zu bedienen pflegen, so kam es doch mit, oder ohne diese Hülfsmittel bald zu völliger Gewißheit. Ach das unruhige Schlagen des mütterlichen und kindlichen Herzens, das augenblickliche Ja, das in Zelidens Innerm ertönte, sobald Selim nur seinen Namen nannte, dieses war kräftigerer und bündigerer Beweis, als die beglaubtesten Urkunden.

Selim, der jedem andern unbekannt blieb, als der Einen, welcher er sich zur Zeit noch entdecken wollte, hatte täglichen Zutritt bey seiner Mutter, die Freude über sie, die Seeligkeit in ihrem Umgang, und der zärtliche Kummer sie doch etwas anders wiederzusehen, als er sie in seinen Knabenjahren verlassen hatte, nahmen die ersten Zusammenkünfte ganz ein. Froh war er, daß diese Aenderung nur das Aeußerliche betraf, daß Zelide zwar etwas weniger munter und blühend aber ganz noch die zärtliche Mutter war, als die er sie vor funfzehn Jahren, beym letzten Scheiden verließ.

Sein Entzücken in ihren Armen war so groß! daß er es anfangs ganz vergessen zu haben schien, wie er hier etwas anders suchte, als seine Mutter, daß ihre Wiederfindung in seinem Plan zuerst nicht als Endzweck, blos als Mittel angesetzt worden war. Weder der Name Philippos, noch die Erwähnung Kalepins war noch über seine Lippen gegangen; kamen sie ihm in den Sinn, so fehlte es ihm an Muth, sie zu nennen. Er wußte wohl, daß in dem Schicksal dieser beyden, mancher Vorwurf für Zeliden lag, und einer kaum wiedergefundenen Mutter, Vorwürfe zu machen, welcher Gedanke für Selim!

Zelide war die erste, welche diese Sache in einer vertraulichen Stunde, auf die Bahn brachte. Hat Selim ganz vergessen, fragte sie, daß er auf dem Berge Athos Geschwister hatte, deren Vater er in der Folge zu seyn versprach?

Selim erröthete. O Mutter! rief er endlich, wo ist Kalepin? wo ist Philippe? Liefert sie in meine Arme, und mein Glück wird vollkommen seyn!

Zelide schwieg, und brach in Thränen aus. Sollte ich dir, rief sie endlich, sollte ich dir, die Geschichte dieser beyden unglücklichen Kinder erzählen!! — — —

Ich weis vielleicht mehr von derselben, als ihr denkt! — O der unglücklichen nutz- und zwecklosen Verwechselung!

Ich ward hingerissen durch Liebe zu keinem Bruder! Was Raja anfing, konnte ich nicht so leicht zurücknehmen.

Wo ist Kalepin, der, wie ich höre, hier in Frauenkleidern lebt?

Ach frage lieber, wo ist Philippe? Das Schicksal dieses unglücklichen Mädchens nagt an meiner Seele. Seit dem Tode der Frau von Wittovitz konnte ich nichts von ihr erfahren. Alle Erkundigungen leiteten mich irre. Die burgundischen Gesandten an den kayserlichen Hof wollten nichts von dem angeblichen Kalixtus Kolonna gehört haben. Nur der schwache kränkliche Zustand, in welchem du mich siehst, konnte mich abhalten, selbst Erkundigung hierüber einzuziehen.

Selim schwieg eine Weile, weil er noch nicht wußte, ob es rathsam sey, mit Philippens Geschichte hervorzutreten, endlich aber behielt seine Theilnahme an Zelidens Kummer, und das volle Zutrauen, das er zu ihr hatte, die Oberhand; er gestand, daß er gute Wissenschaft von dem habe, was das Gewissen seiner Mutter beunruhigte, und säumte nicht, ihr eine Erzählung zu machen, die wir den Lesern, welche das geldersche

Fräulein einiger Aufmerksamkeit würdigten, nicht wiederholen dürfen.

Zelidens Freude, das verwahrloßte Kind doch nicht ganz verloren zu wissen, ließ sich nur mit dem Kummer über den letzten Theil von Philippens Geschichte messen, sie fand ihn sehr bedenklich, aber das, was sie Selim darüber sagte, wollen wir bis zur andern Zeit aussetzen, und dafür lieber den zweyten Theil seiner Frage beantworten. Wo ist Kalepin! Wo ist Philippe? rief er im Anfang dieses Gesprächs mit Zeliden, und er zeigte bald, daß er in Rücksicht des letzten ihr bessere Befriedigung zu geben im Stande war, als sie ihm. Beantwortung des ersten war sie ihm schuldig, und hier ist ein Auszug, was sie ihm hierüber sagte, umständliche Erzehlung einer Nebengeschichte würde hier, da uns schier am Ende unsers Romans noch so viel zu sagen übrig ist, am unrechten Orte stehen.

Kalepin lebte in den Kleidern, die seinem Geschlecht so wenig ziemten, im Kloster an Zelidens Seite, und erhielt von ihr tägliche Vertröstung, dieselben bald ablegen zu dürfen, bis die Aufforderung, bey Hofe zu erscheinen, die nothwendige Verwandlung verzögerte, oder vielmehr auf lange Zeit unmöglich machte. Es fehlte Zeliden und dem jungen Prinzen, einem wie dem andern, an Muth und Entschlossenheit zu einem so wichtigen Schritt, und keinen Theilhaber ihres Geheimnißes hatten sie, der ihnen zeigte, an welchem Ende die bedenkliche Sache aufs schicklichste anzugreifen sey. Sollten sie den Nonnen gestehen, daß ihre heiligen Mauern so lang durch die Anwesenheit eines Jünglings entweiht worden waren? sollten sie dem Herzog und der Herzogin von Burgund durch das Bekenntniß einer Betrügerey alles Interesse benehmen, das sie für sie gefaßt hatten? oder sollten sie fliehen, Ruhe, Bequemlichkeit und Ueberfluß verlassen, und sich dem ungewissesten Schicksal in einem Lande überlassen, das sie nicht kannten? — Keins von allem geschah, sie beschlossen zu bleiben, zu schweigen, und das übrige dem Schicksal anheim zu stellen. —

Die Herzogin von Burgund und ihre Stieftochter besuchten sehr fleißig das Kloster, wo Zelide mit der angeblichen Prinzeßin von Geldern lebte. Sie fanden diese Philippe sehr schön, sehr liebreizend. Es ist bekannt, daß ein Jüngling in Mädchenkleidern immer mehr Glück macht, als eine verkleidete Dame. Kalepins schwarze feuervolle Augen, sein dunkles Rabenhaar, sein hoher Wuchs, machten ihn zu einer sehr interessanten Figur, und das kühne, das entschlossene in seinem Betragen, war, wenn auch ungewöhnlich für ein Mädchen, doch keineswegs unangenehm. Man ahndete etwas außerordentliches in seiner Person; da nun das Außerordentliche immer viel Anziehendes hat, so durfte er sich nur zeigen, und alle Herzen waren für ihn eingenommen. Die Nonnen beteten ihn an, die die Herzogin bewunderte ihn, doch niemand ließ seinen Verdiensten mehr Gerechtigkeit wiederfahren, als die junge Prinzeßin Maria; sie war mehrere Jahre jünger als Kalepin, aber dieses verkleidete Mädchen ließ sich immer so gefällig zu ihr herab, bezeugte ihr überall so unendlich viel kleine Aufmerksamkeiten, daß schnell ein Freundschaftsbündniß unter beyden zugezogen wurde, wie es selten zwischen Personen von einem Geschlecht und so verschiedenem Alter statt findet.

Zelide, eine erfahrene Herzenskennerin, hatte ihre Besorgnisse, sie warnte Kalepin, nie diese kindische Zuneigung zur Liebe werden zu lassen, nie seine Augen auf eine Person zu werfen, deren Besitz ihm ewig unerreichbar bleiben würde. Die Tochter des großen Herzogs von Burgund, und ein vertriebener türkischer Prinz, welch ein Paar!

Kalepin durfte seiner Pflegemutter, um sie zu beruhigen, nur den Namen des Fräuleins von Hohenburg nennen, mit welchem er in dem Kloster der heiligen Rosalia erzogen worden war, und die er, seit dem Zelde nebst ihm, in einem andern lebte, oft genug gesehen hatte, um jetzt etwas mehr als kindische Zuneigung für sie zu fühlen. Zelide wußte von der Liebe, die unter diesen beyden jungen Leuten begonnen hatte, ehe sie sich noch selbst kannten, sie traute auf Kalepins Treue und billigte eine Leidenschaft, bey welcher er, wie sie meynte, ehe sein Glück finden konnte, als wenn er seine Augen höher erheben sollte.

Der Herzog von Burgund gewann, seiner Gemahlin und Tochter zu gefallen, die geldersche Nichte lieber, als er je gedacht haben würde, seine Einladungen wurden dringender. Die Reise nach Hofe war nicht mehr zu vermeiden, und eine neue beschwerlichere Laufbahn begann für den verkleideten Kalepin.

Von zwanzig seltsamen Vorfällen, die ihn in Verlegenheit setzten, und sein Geschlecht hätten verrathen können, oder vielmehr es auch an Manchen verriethen, nur zweye:

Die Erscheinung der schönen Geldrierin, wie man hier Kalepin nannte, machte am burgundischen Hofe gewaltiges Aufsehn; alles warf sich ihr zu Füßen, und unter denen, welche von ihrer Schönheit gefesselt wurden, gestand der Graf Rampobachio nicht am letzten seine Bande. Ihn reizte nicht nur die blendende Schönheit, der gel-

brischen Erbin, ihr reicher Brautschatz machte wahrscheinlich noch tiefern Eindruck auf ihn, als der Glanz ihrer schönen Augen. Seine Zudringlichkeiten wurden so groß, daß die verkleidete Philippe über ihn bey dem Herzog Klage führen mußte.

Und weiß Kampobachio auch, fragte der stolze Karl, als er seinen Günstling zur Rede setzte, weiß er auch, was er mit der Hand meiner Nichte begehrt?

Philippens Gemahl wird Herzog von Geldern seyn! antwortete der Uebermüthige.

Kaum hatte er diese kühne Rede geendet, so brannte die Hand des erzürnten Herzogs auf seinen Wangen; ein sehr übereilter Schlag, der eben so viel nach sich zog, als der Backenstreich, welchen die Königin von England, in spätern Zeiten dem stolzen Esser reichte, oder der ähnliche Schimpf, mit welchem ein König von Schweden sich einen Mörder erkaufte.

Kampobachio verließ das Kabinet seines Herrn mit wütendem Zorn, und schwur, ihm zum Trotz Anschläge auszuführen, die ihm von nun an doppelt theuer wurden. Seine Dame mit Gewalt in seine Arme zu bringen, war fest beschlossen, und dieser Entschluß wurde so eifrig durchgesetzt, daß, ehe die Nacht anbrach, die sorglose Jägerin, welche auf ihr Geschlecht trozend und keine Gefahr achtend, unbewacht in Büschen und Wäldern umherstrich, schon in seine Fallstricke gefallen war. Hier geschah, was wir schon einmahl erwehnt haben: Die streitbare Dame bediente sich ihres Schwerdts so wohl, daß sie ihrem schwachen, schlechtbewehrten Entführer leicht entkam, und ihm in einigen kräftigen Streichen die Muthmaßung hinterließ, in diesen Armen möchte wohl etwas mehr als weibliche Stärke wohnen.

Bald drauf erscholl das Gerücht, das Fräulein von Hohenburg sey aus dem Kloster entführt worden, und die verstellte Philippe vergaß bey dieser herzdringenden Gelegenheit ihr Geschlecht so ganz, daß sie ohne weitere Rücksprache mit Zellden, oder irgend jemand, der sie in die Schranken der Bescheidenheit hätte zurückweisen können, in Begleitung weniger von ihren Leuten aufsaß, und die Befreyung des jungen Fräuleins nicht allein unternahm, sondern auch vollführte. Bey dieser Gelegenheit war es zuerst, daß das Fräulein von Hohenburg erfuhr, wer ihre Freundin sey, und es sich nicht ungern gefallen ließ, Freundschaft in Liebe zu verwandeln.

Aber Kampobachio muthmaßte auch aus diesem neuen Beyspiel von dem überweiblichen Muth der schönen Geldrierin sonderbare Dinge, und seine Liebe verwandelte sich in Haß.

Mit dem widerwärtigen höhnischen Ton, den der Weichling besser in seiner Gewalt hatte, als das Schwerdt, unterstand er sich einst der Heldinn seine Vermuthungen darzulegen, und erhielt auf dieselben die Antwort, deren er auf der Wiener Hofburg gegen die wahre Philippe gedachte.

Zwar ist nach der Meynung der Höflinge, der Schimpf, den ein Mann von der Hand eines Weibes, oder eines Fürsten annimmt, so groß nicht zu achten, doch ging Kampobachio, obgleich sonst ein ausgemachter Hofmann, ein wenig von diesem Urtheil ab; er beschloß die Beleidigung, die ihm vom Herzog und seiner sogenannten Nichte wiederfahren war, wohl zu verschmerzen, aber nicht zu vergessen, und dafern es möglich sey, bitter zu rächen.

Er wollte mit der verkleideten Philippe den Anfang machen. Er verbarg seinen Groll gegen den Herzog unter der Maske dienstfertiger Treue, und eilte zu ihm, ihm Nachrichten zu bringen, die wichtig genug waren, um ihm mit neuer Gnade gelohnt zu werden, wenn sie in einem Augenblick vor die Ohren des Fürsten gebracht wurden, da sie ihre Neuheit und Würksamkeit noch nicht verloren hatten. Er wollte ihm seine Entdeckungen mittheilen, wollte ihm sagen, die schöne Geldrierin sey ein verlarvter Betrüger, und dieser Verlarvung solche Absichten unterschieben, welche dem Ang.klagten ungezweifelt Gefängniß oder Tod bringen mußten.

Glücklicher Weise war der Sache schon vorgebaut. Als Kalepin sein Fräulein befreyt hatte, und die Herzogin von Burgund um Zuflucht für die schöne Gerettete, die er in Kloster nicht mehr sicher glaubte, in ihren Frauenzimmer hat, da öfnete sich sein Herz gegen die milde Fürstin, die seiner Bitte so huldreiche Willfahrung angedeihen ließ, er warf sich ihr zu Füßen und entdeckte ihr sein ganzes Geheimniß.

Eine solche Entdeckung brachte zwar augenblickliches Erstaunen, aber bey der edeln Art, mit welcher sie gemacht ward, und einem günstigen Rückblick auf das immer untadeliche Verhalten des verkleideten Jünglings, keinen Unwillen hervor. Zelide entging aller Ahndung, die etwa auf sie hätte fallen können. Durch aufrichtige Darlegung der ganzen Intrigue, die eigentlich nicht von ihr, sondern von der verstorbenen Raja angelegt worden war, und die alte Frau von Hallwyn, welche noch immer das Amt der herzoglichen Oberhofmeisterin verwaltete, behauptete zur Rettung ihres Scharfblicks, der hier ein wenig bezweifelt wurde, daß sie von Anfang in diesem Mädchen einen Jüngling geahndet, und daher, wie man ihr bezeugen könnte, immer wider allzugenauen Umgang der schönen Geldrierin mit der jungen Prinzeßin Maria gewesen sey, und sie möglichst zu entfernen gesucht hätte.

Glaubt aber darum nicht, fuhr sie fort, indem sie Kalepin umarmte, glaubt nicht, mein lieber Prinz, daß ihr aus diesem Grunde eine Feindinn in mir habt, nein, ich liebe den Namen, den ihr bisher geführt habt, und was wollte ich darum geben, die wahre Philippe, die ich als Kind auf diesen Armen trug, in Euch gefunden zu haben, ich liebe aber auch Euch, wegen der Würde, mit welcher ihr Eure bedenkliche Rolle spielet, und tausend guter Eigenschaften, die ihr besitzt. Um Euch einen Beweis hievon zu geben, höret meinen Rath, welchen gewiß unsere gnädige Frau, die Herzogin, und Eure Pflegmutter, wie auch Eure Freundin, die kleine Hohenburg, billigen werden.

Ihr müßt Euch unverzüglich dem Herzoge entdecken. Diese Kleider könnt ihr nicht länger mit Anstand tragen, und eben so wenig könnt ihr sie, ohne Verscherzung Eures ganzen Glücks heimlich ablegen. Glaubt mir, Offenheit und Geradsinn helfen am sichersten aus den größten Schwierigkeiten; in was für

Ver-

Verwirrungen das Gegentheil stürzt, könnt ihr an Eurem eigenen Beyspiel abnehmen! Kommt in diesem Augenblick zu Euren bisherigen Oheim, ihr findet ihn in günstiger Stimmung wegen erhaltener guten Nachrichten, und überhaupt glaube ich, daß ihm der Verlust der geldrischen Nichte kein allzugroßes Herzleid machen wird. Kommt, ich bürge Euch für gute Aufnahme, und wir alle begleiten Euch.

Die Frau von Hallwyn, eine Dame, die durch Jahre, Weisheit und Erfahrung ehrwürdig gemacht wurde, konnte, wie der Leser merken wird, im herzoglichen Frauenzimmer schon ein entscheidendes Wort reden. Die Herzogin billigte vollkommen ihren Vorschlag, und die Damen machten sich auf, ihn ausführen zu helfen, nur das Fräulein von Hohenburg schloß sich aus, sie blieb bey der jungen Prinzeßin Maria, welche zu dem ganzen Handel nichts zu sagen wußte, als daß es ihr leid thue, ihre reizende Muhme in einen fremden Jüngling verwandelt zu sehen.

Die Entdeckung des seltsamen Geheimnisses mußte vom Herzog sehr wohl aufgenommen worden seyn, denn als Kampobachio mit seinen Muthmaßungen hervortrat, erhielt er sehr kurze und verächtliche Antwort. Kalepin ließ sich auf hohen Befehl noch einigemahl als Philippe bey Hofe sehn, und ward dann, unter dem Vorwand des Klostergelübdes, entfernt.

Man brachte ihn in eine entlegene Kriegsschule, welche der Herzog angelegt hatte, um dort ganz aus einem Mädchen in einen Helden verwandelt zu werden, und Talente, die ihm die Natur gab, durch Kunst auszubilden. Bey Selims Ankunft zu Namur befand er sich noch daselbst, und Zusammenkunft der beyden Brüder wurde vor der Hand für unmöglich erklärt. Ach das Schicksal hatte ihnen das Wiedersehn an einem Orte bestimmt, da sie es weder wünschten noch erwarteten! — — —

Doch zurück zu dem Eindruck, den damahls die Verschwindung des verkleideten Jünglings uud des Herzogs Betragen auf den Verfolger der Unschuld machten.

Kampobachio ließ sich durch alles dieses nicht irre leiten. Er wußte, daß hier außerordentliche Dinge vorgingen; er schwur, nicht zu ruhen, bis er ihnen auf den Grund gekommen wär, und seine eigenen Plane auf jede Kosten ausgeführt hätte.

Der erste Schritt, welchen er hiezu that, war die Bemühung, sich durch ausgezeichnete

Dienste wieder in die vorige Gnade seines Herrn einzuschleichen, dieses gelang. Konnte Kampobachio den Schlag vergessen, den er von hoher Hand erhalten hatte, so vergaß auch der stolze Karl, daß sein Diener sich einst erkühnte, sein Neffe und Herzog von Geldern werden zu wollen.

Durch unermüdete Nachforschungen in den Klöstern, wo Zelide und ihre Gefährthinnen einst gelebt hatten, durch Kundschafter, die Kampobachio in allen Gegenden hielt, wohin ihn seine Entdeckungen wiesen, kam dieser schlaugeartige Hofmann endlich auf Spuren, die er selbst untersuchen mußte, wenn er glücklich seyn wollte. Er konnte sich aus allem, was er nach und nach erfahren hatte, so viel erklären, daß die verstorbene Herzogin von Geldern zwey Kinder aus der Barbarey mit sich gebracht habe, daß das eine davon in früher Kindheit nach Rom, und von da an den kayserlichen Hof gekommen wär. Nähere Umstände ließen ihn muthmaßen, daß dieses die Prinzeßin von Geldern seyn müße, wenn hier eine verstellte Person ihre Rolle gespielt hätte. —

Um diese Zeit entschloß sich der Herzog, der nun nichts mehr von den Erben des Herzogs von Geldern zu besorgen zu haben glaubte, die Belehnung von diesem Herzogthum durch eine Gesandtschaft beym Kayser zu suchen. — Kampobachio, welchen, wie wir wissen gleichfalls Geschäfte nach Wien riefen, drängte sich, einer der Botschafter zu seyn, und diese Stelle konnte ihn bey der Gnade, zu welcher er sich empor gehoben hatte, jezt nicht mehr entgehn, er durfte ja jezt fordern was er wollte! Hatte man ihn doch vor kurzem, wie uns dünkt, mit ziemlicher Unvorsichtigkeit, zum Schirmvoigt des Schlosses gemacht, wo Herzog Adolf lebte, und ihm dadurch Gelegenheit gegeben, all die Dinge einzuleiten, die jezt im Gange waren.

Wie er die Angelegenheiten seines Herrn, und wie er seine eigenen, am kayserlichen Hofe betrieb, davon sind wir Zeugen gewesen. Alle seine Abentheuer mit der wahren Phlippe von ihrer ersten Erkennung an, bis auf die plötzliche Trennung am Traualtare, können dem Leser noch nicht entfallen seyn, und da dieses ohnedem Dinge sind, von welchen Zelide ihrem Sohn, dem wiedergefundenen Selim, nichts zu sagen wußte, so können wir ihre Erzählung hier füglich schließen, und zu den Maaßregeln übergehen, die zwischen beyden zu Führung einer delicaten Sache genommen wurden.

Die Mutter und der Sohn hatten nun ihre beyderseitigen Kenntnisse gegen einander ausgetauscht, und beyde fühlten sich durch diese Auswechselung ein wenig beruhigt. Zelide wußte jetzt, daß die wahre Phillppe, um deren Schicksal sie sich Sorge machte, noch am Leben, und nicht so unglücklich geworden sey, als sie durch Rajas gutgemeynte Intriguen hätte werden können; und Selim wußte, daß, das geldersche Fräulein möchte sich auch aufhalten wo sie wollte, ihm bey ihrer Wiedererlangung der Schutz und die Unterstützung der vereinigten Damen nicht entstehen könnte.

Zelide stellte ihn der Herzogin vor, er fand Gnade vor der hohen Dame, sie versprach ihm Hülfe zu Erreichung seines Endzwecks, und die weise Frau von Hallwyn versprach ihm Rath.

Selim ward dem Herzoge vorgestellt, und Kampobachio, welcher gegenwärtig war, und sich seines Bestreiters auf der Burg Herrn Hüeßli des Schweizers noch gar wohl erinnerte, nahm aus seiner Erscheinung die erste Besorgniß von Vernichtung seiner Anschläge. Selim mochte hier einen Namen führen welchen er wollte, so wußte Kampobachio doch wer er war; er hatte aus den Bekenntnissen, die er der arglosen Philippe durch seine Kreaturen ablocken ließ, zu viel erlernt, um hier noch irre zu seyn.

Selims Angelegenheiten gingen einen schläfrigen Gang. Zwar hatte der kundschaftende Aximith längst ausgespäht, welches eigentlich die Burg war, auf welcher das Fräulein lebte, aber dieses that wenig zur Sache, da es an Mitteln fehlte, sie aus einem Orte zu reissen, wohin sie ihre eigene Wahl gebracht hatte, und der mit der eifersüchtigsten Sorgfalt bewacht wurde. Herzog Adolfs Leben war wenigen bekannt. Man wußte nur im Allgemeinen soviel, daß auf Schloß Samson ein wichtiger Staatsgefangener lebte; sollte man dem Herzog gestehen, daß man seine Geheimnisse erkundet hätte? sollte man ihm sagen, daß man die geldersche Erbin zu befreyen wünschte, an deren Leben und Befreyung ihm wahrscheinlich wenig gelegen war? — In der That, so lange die Sachen so blieben, wie sie damahls standen, so hatte Kampobachio nicht viel Ursach, Vereitelung seiner Absichten zu fürchten!

Die Damen, welche ganz auf Selims Seite waren, rathschlagten Tag und Nacht, wie ihm zu helfen, und das geldersche Fräulein aus einer Lage zu retten wär, in welcher ihr unmöglich wohl seyn konnte. Man kannte hier Herzog Adolfen den Bösen, man war überzeugt, daß wenn kindliche Pflicht die gute Philippe bewogen hätte, sich zur Theilnehmerin seiner

Bande zu machen, es Barmherzigkeit wär, sie von der Last zu befreyen, die sie sich selbst aufgebürdet hatte, ohne ihr Drückendes ganz zu kennen, und ohne zu wissen, an welchen Unwürdigen die reinste kindliche Zärtlichkeit, ja wie nutzlos sie an denselben verschwendet wurde.. Ach, man kannte hier selbst noch nicht ganz das schreckliche ihrer Lage, sonst würden ihre unbekannten Freundinnen noch mehr für sie gefühlt haben.

―――――

Selim wurden die Berathschlagungen im herzoglichen Frauenzimmer zu langweilig, und der Ausspruch der Frau von Hallwyn, welcher allemal auf Erwartung der Zeit zielte, war ihm ein Dorn im Herzen. Er wollte und konnte nicht warten, er wollte und konnte nun keinen Rath mehr annehmen, da derselbe nicht nach seinem Sinne ausschlug, er wollte und mußte nun ausführen, schnell ausführen, wovon sein Glück und sein Leben hing; — Auf geschwinder Ausführung beruhte alles, davon glaubte er, nach der letzten Nachricht, die er von dem kundschaftenden Aximith erhalten hatte, unwidersprechlich überzeugt zu seyn! Aximith hatte ihm den Namen Kampobachio, als den Namen des Schirmvoigts von Schloß Samson genannt, brauchte es etwas mehr, ihm Philippens Gefahr zu schildern, und ihn zu bestimmen?

Am Morgen nach einer durchwachten Nacht, mit benebeltem Gehirn und stürmenden Herzen, eilte er in das Vorzimmer des Herzogs von Burgund. Gerader Weg ist der sicherste! sagte er zu sich selbst. Laßt uns heute einmahl sehen, ob sich auf diesem güldenen Spruch etwas bauen läßt.

Selim, ein Held von sechs und zwanzig Jahren, ein Mann, der Erfahrungen gemacht, und Leidenschaften bändigen gelernt hatte, hätte wenigstens, wenn auch nicht in seinen Entschluß, doch in die Zeit der Ausführung, und in die Laune, auf welcher er sich jezo befand, ein Mißtrauen setzen sollen, aber bey Selim war hier weder an weises Mißtrauen noch Ueberlegung zu denken; der wilde Jüngling vom Berge Athos lebte und athmete in ihm, nicht der weise Mann, der einst der verkleideten Philippe einige Uebereilungen so hoch anrechnete.

Selim trat ungefordert in das Zimmer des Herzogs, wo dieser niemand bey sich hatte, als seinen falschen Günstling Kampobachio, mit welchem er von verdrüßlichen Dingen zu sprechen schien. Was für Aussichten! Hätten nicht diese schon Selim zurückschrecken sollen, irgend etwas entscheidendes zu beginnen?

Der Herzog schäzte Selim, er übersah ihm die unbescheidene Störung seiner Einsamkeit, und trat ihm höflich entgegen.

Der türkische Prinz nahm das Wort mit einer Heftigkeit, die schon an und für sich dem stolzen Karl, welcher tiefere Ehrfurcht forderte, als der Kapser, anstößig seyn mußte; seine Miene verfinsterte sich, seine hohe Stirn ward mit zornverkündenden Falten bedeckt. Sein Unwille wuchs, so wie Selim sein Anbringen deutlicher machte. Herzog Adolf? die geldersche Nichte? Kampobachio? was für ein Thema! Das Leben des ersten als eine bekannte Sache erwähnen, eine zweyte Philippe in der Sprache des Liebhabers nennen; sie als unbestreitbares Eigenthum zurückfordern, und seinen Günstling als einen Verräther anklagen zu hören, dies war zu viel für Karls Langmuth! Er antwortete dem kühnen Redner zwar nicht auf die Art, wie dem Grafen Kampobachio in ähnlichen Angelegenheiten geschehen war. (Denn so etwas konnte niemand Selim bieten, auch würde er es selbst am Kapser mit Blut gerochen haben,) aber doch so, daß der Beleidigte seinen Handschuh vor des Herzogs Füsse warf, und ihn mit der Versicherung verließ, er scheide als unversöhnlicher Feind, und werde Genugthuung zu nehmen wissen.

Er flog zu seiner Mutter, um sich mit ihr zu letzen, er mußte, daß nach einem solchen Auftritte schnelle Entfernung die höchste Nothwendigkeit sey; selbst der Abschied von der Herzogin war unmöglich. Er fand bey Zeliden die Frau von Hallwyn, welche ihn versicherte, er habe bey der letzten Scene gerade so gehandelt, wie der Herzog von Geldern, oder sein Zechgenosse Kampobachio in einem Rausche gethan haben würden.

Letzterer war die dritte Person bey dem Auftritte zwischen Selim und Karln gewesen. Sobald er gesehen hatte, wie derselbe sich ohngefähr endigen würde, hielt er für gut, sich, gleichsam aus Bescheidenheit und Bewußtseyn seiner guten Sache, der kein Ankläger schaden könne, zu entfernen. Ungeachtet seines beschädigten Arms, von welchem wir die Geschichte in einem seiner Briefe an Herzog Adolfen gelesen haben, schwang er sich aufs Pferd, und zog gen Schloß Samson, um dort auf jeden Fall Schritte zu thun, welche das Gelingen seiner Anschläge sichern mußten. War die geldersche Erbin unwiderruflich sein, glückte es ihm, sie und ihren Vater aus dieser Burg unvermerkt an einen andern sichern Ort zu bringen, so hatte er gewonnen. Die Anwesenheit einer Philippe konnte er leugnen, die Entführung des gefangenen Herzogs von Geldern auf Selims Rechnung schreiben, und so die Zeit abwarten, bis er als Philippens Gemahl, und Herzog Adolfs Eydam Rechte geltend machen konnte, auf welche ihm hier noch mehr ankam, als auf den Besitz des holden Fräuleins.

Wie sonderbar ihm der Zufall dieses unglückliche Mädchen auf dem Zuge nach Schloß Samson in die Hände lieferte, haben wir gesehen, auch wissen unsere Leser nun die Ursach, warum er so gewaltig mit dem armen Schlachtopfer zum Altar eilte; nur dieses ist ihnen noch unbekannt, was es war, das die Zwangs-Trauung hinderte, und wir finden uns verbunden, es ihnen im nächsten Abschnitt zu sagen.

———

Der beleidigte Herzog von Burgund eilte nach Selims trotziger Entfernung zwey Befehle zu geben, wovon der erste, die Arretirung des Prinzen betreffend, vergeblich war, und nur der andere ausgeführt wurde.

Selims Rede war nicht ganz ohne Eindruck geblieben, und wenn Kampobachio geglaubt hatte, durch seine schnelle Entfernung ein Zeichen von Bescheidenheit und guten Gewissen sehen zu lassen, so war er etwas irrig gewesen. Selims Anlage machte ihn zum heimlichen Verwahrer der geldersche Prinzessin, und zog seine Anschläge mit derselben, so viel sich hievon muthmaßen ließ, so ziemlich ans Licht, auch spielte er auf ein Einverständniß mit dem eingekerkerten Herzog Adolf an, dergleichen der Hüter mit dem Gefangenen niemahls haben soll. Selim hatte diese Dinge im herzoglichen Frauenzimmer gehört, wo man von allen Vorgängen immer die neusten Nachrichten hatte, durch den nehmlichen Weg hat Karl schon mehrere Warnungen erhalten, sich zu hüten, daß der Staatsgefangene, und der Schirmvoigt von Schloß Samson nicht dereinst gemeine Sache machten, und da er das nehmliche jetzt aus dem Munde eines andern hörte, so hätte er nicht so weise und fürsichtig seyn müssen, als er würklich war, wenn er nicht schnell gesucht hätte, der Sache auf den Grund zu kommen.

Ohne weitere Nachfrage nach Kampobaschio zu thun, als in seinem Hause, wo man vorgab, er sey nur vom Hofe gekommen, um sich krank zu Bette zu legen, fertigte der Herzog den getreusten seiner Diener, den alten

Lalain mit einem ansehnlichen Trupp Reuter, und beglaubigten Vollmachten nach Schloß Samson ab, dort zu thun wie ihm vorgeschrieben war.

Der Anzug der burgundischen Reuter war es, was der Thurmwächter auf Schloß Samson, eben zu der Zeit, da Phllippens Hand in Kampobachlos Rechte gezwungen werden sollte, wahrnahm; und was ihm antrieb, die Sturmglocke zu ziehn.

Der Bräutigam ward, wie wir gesehen haben, genöthigt von Altar auf die Thürmzinne zu eilen, und ob er gleich da wohl sahe, daß die Sturmglocke zur Unzeit gezogen worden war, und daß man hier keinen feindlichen Ueberfall zu fürchten hatte, so gewahrte er doch eben so wohl seine eigene Gefahr, und vermöge einer besondern Gegenwart des Geistes, die ihn in den meisten Fällen so gleich sagte, was er vor sich habe, und was ihm zu thun sey, machte er Anstalten, von welchen wir bereits etwas bemerkt haben.

Er glaubte gewiß zu seyn, daß diese burgundischen Reuter aus keiner andern Ursach abgeschickt wären, als der Wahrheit von Selims Anklage auf den Grund zu kommen. Er durfte nicht hier getroffen werden, das hätte Verdacht erregen können; nein, er entwischte

son mittheilen zu können. Ohne Zweifel ist es einem Herrn lieber, seine Diener belohnen zu können, als bestrafen zu müssen, und sowohl der Kastellan, als der Schirmvoigt von dieser Burg verdienen, meines Erachtens, Lohn ihrer Treue, und gänzliche Entnehmung des Verdachts, welcher, ich weis nicht wodurch, auf sie gefallen ist.

„Ich fand die alte Veste wohl verwahrt und gut bewacht; mich belustigte das kleine Schrecken, das wir dem ehrlichen Kastellan, der uns für feind hielt, durch unsere erste Erscheinung einjagten.

„Alles ist hier sicher und in gutem Stande. Die Wache auf dem Thurme wird gut gehalten. Die Sturmglocken werden nicht geschont, und die Umwohner sind willig zur Hülfe auf jedem Fall, ob gleich, wie mich dünkt, das Schloß äusserlicher Hülfe gegen einen ziemlichen Feind nicht bedarf, denn ich fand die Mannschaft zahlreich genug, und bey dem kleinen Lärm, den unser Anzug machte, schon in vollen Waffen. — Als die Fahne von Burgund wehte, ergab sich die Festung ohne Schwerdstreich, und der Kastellan, ein alter Krieger, dem Biedersinn und Treue gegen seinen Herrn aus den Augen leuchtet, und der

wohl

wohl eine beſſere Verſorgung verdiente, ſorgte um nichts, als Zorn dadurch erregt zu haben, daß er ſich ſo leicht in die Waffen ſchrecken ließ. Vorſicht iſt eine Mutter der Sicherheit, antwortete ich. Ja, erwiederte er, beſonders wenn uns ein Poſten von ſolcher Wichtigkeit anvertraut iſt, wie dieſer.

„Ich lachte der Einfalt des Alten, und zog ſein Gefühl von Wichtigkeit, auf die Perſon desjenigen, den er in ſeinen Mauern bewahrt.

„Wie lebt der ***, fragte ich mit der Behutſamkeit, die man in ſolchen Dingen brauchen muß.

„Er zog die Schultern, und meynte, erträglicheres Leben ſey einer ſo hohen Perſon nach ſo langen Leiden wohl zu gönnen.

„Ich verlangte den Staatsgefangenen zu ſehen.

„Er weigerte ſich, und forderte ausdrücklichen Befehl ſeines Herrn. Nachdem ich den guten Alten noch eine Weile auf die Probe geſtellt, und ihn gegen Verſprechen und Drohungen bewährt gefunden hatte, zog ich endlich meine Vollmacht hervor, und ward über zwanzig Treppen, durch zehn verſchloſſene Gewölber, in ein Behältniß geführt, deſſen Inneres mein gnädiger Herr, der Herzog, wohl nicht kennen mag, sonst würde er es einem Manne, der auch einst ein Fürst war, wohl schwerlich vierzehn Jahr lang zur Wohnung angewiesen haben.

„Ich fand den ehemahligen Herzog Adolf sich kaum mehr ähnlich. Von der feuchten Kerkerluft zu einer unförmlichen Dicke aufgeschwellt, durch Verzweiflung und Elend so herabgebracht, daß er kaum hinlängliche Besonnenheit hatte, auf einige meiner Fragen verständlich zu antworten. O, mein Fürst, Erbarmung für diesen erlauchten Unglücklichen! Er ist durch Leiden gebessert, er kann durch Bosheit nicht mehr schaden! Erbarmung für ihn! wenigstens ein erträglicheres Behältniß auf die letzten Tage seines Lebens! wenigstens einige Labung in seiner Schwäche! Ihm diese eigenmächtig zu reichen, hätte ich mich erkühnt und Verzeihung gehoft, aber es war kein Tropfen Wein, oder andere Stärkung in der ganzen Burg zu finden. — Nun, ich hoffe auf herzogliche Erlaubniß, hierin Verfügung zu treffen, und freue mich, diese Burg nicht eher verlassen zu dürfen, bis es mir gelungen ist, einer Person Linderung geschaft zu haben, die gegenwärtig nur ein Gegenstand des Mitleids ist.

„Betreffend die Aussage, wegen hier auf der Burg verdächtiger Personen, habe ich nichts gefunden, kein Winkel unter und über der Erde ist von mir undurchsucht geblieben. In einem abgelegenen Hofe, wohin man mir zu gehen wehrte, und wohin ich also doch ging, fand ich einen verfallenen Brunnen, aus welchem es mir kläglich wie Unkenruf heraufs tönte; solche todathmende Abgründe gereichen unsern alten Vesten zur Schande, ich habe ihn vrschütten lassen, um die würklich schlechte Luft hier ein wenig zu verbessern.

„Sonst fand ich in der Burg noch einen alten Mönch, ehrwürdig und fromm wie ein Apostel; der Kastellan mußte mir gestehen, daß er es diesem Heiligen zuweilen erlaubte, den Staatsgefangenen in seinem Kerker zu besuchen, und ihn mit geistlichem Trost zu erquicken; ich denke nicht, daß man ihm diese Menschlichkeit zum Verbrechen machen wird, und der Heilige, der sich dem Seelenheil eines Elenden zum Besten, selbst lebendig begräbt, verdient auch wohl ehr Lohn als Strafe.

„Es sind hier nach dem Garten zu etliche leidliche Zimmer, in welchen ich mir zum Erstaunen allerley Weibergeräthe fand; es soll noch zum Andenken eines wohl auch zu übel ge deuteten Besuchs aufgehoben werden, den einst Herzog Adolfs unglückliche Gemahlin hier ablegte.

„O, mein Fürst, diese D### war Eure Schwester! Bey ihrem Anden## beschwöre ich Euch um Erbarmen, und um Vergunst hier einige Aenderungen zum Besten eines Gefangenen zu treffen, der nunmehr weder schaden will noch kann."

Der Herzog fand den Bericht seines Abgeschickten etwas langweilig, aber er ward durch denselben gerührt. Er beehrte den treuerfundenen Kampobachio mit einem Besuch, und fand ihn sehr krank; vielleicht konnten in der That die Abentheuer auf Schloß Samson, von wo er kaum zurückgekommen war, seinen Zustand etwas verschlimmert, und die Angst wegen des zweifelhaften Ausgangs ihn unruhig gemacht haben. Des Herzogs Tröstungen und Gnadenversicherungen besserten indessen viel, und er sahe, daß er durch Arglist alles überwunden hatte.

Der redliche Lalain erhielt Vollmacht zu allem, was er wünschte. Herzog Adolf ward aus dem Behältniß heraufgeschaft, wo er ohnedem

keine Stunde nach Lalains Abreise geblieben seyn
würde, der Mönch und der Kastellan erhielten
eine Belohnung, weil — sie so gut zu heucheln
wußten, und ein Fäßlein guten Weins ward in
die Burg geschaft, die in verborgenen Kellern
Vorräthe hegte, deren sich der Herzog nicht hät=
te schämen dürfen, und die von dem Geber, dem
leckerhaften Kampobachio, zeugten.

Lalain verließ die Vestung, überzeugt, eine
gute christliche Handlung vollbracht zu haben,
und die Betrüger lachten ihm nach. Wir wol=
len ihm sein frommes täuschendes Gefühl, und
jenen ihre boshafte Freude lassen.

Nach seinem Abzug ward alles wieder auf
den nehmlichen Fuß gesetzt. Der Herzog, der
Kastellan und der Mönch zechten auf Gesund=
heit des Einfältigen, der sich träumen ließ, hier
irgend etwas gethan zu haben, das man nicht
ohne ihn weit besser zu bewürken wußte. Be=
sonders lächerlich dünkte es ihnen, daß er, auf
dem Punkte, das Behältniß zu entdecken, wo
Philippe seufzte, sich hatte bereden lassen, ihre
klagende Stimme sey Untenruf, und der Zugang
zu demselben, der in der That ein täuschendes
Ansehen hatte, könne nichts anders seyn, als
das was er vorstellte, ein verfallener Brunnen.

Bey diesen Gesprächen dachte niemand da=
ran, dem unglücklichen Fräulein einige Erleich=

terung zu bringen, das durch Palains einfältige Vorsorge, noch ihren einigen Trost im Gefängniß, das wenige von Luft und Tageslicht verloren hatte, welches ihr durch die nun verschüttete Oefnung zufiel. Der Mönch, der würklich aus Andenken an die Milde, mit welcher sie sich ehemals seiner erstarrten und durchnäßten Glieder erbarmte, noch am ersten eine Art von Mitleid gegen sie fühlte, bestand endlich darauf, etwas für sie zu thun. Er holte sie aus dem abscheulichen Kerker herauf, in welchem sie nicht zwey Tage hätte leben können, und brachte sie in ein leiblicheres Gewölbe, doch unter ausdrücklicher Verwarnung, sich zu dem Ende, den sie ihrem künftigen Gemahl, dem Grafen Kampobachio, zu leisten habe, zu bequemen, oder auf lebenslängliches Gefängniß zu rechnen.

Siebendes Buch.

Karl von Burgund und Sultan Bajazeth.

Aber Selim verließ in halber Verzweiflung die Gegenden, wo er vergebens gehoft hatte, diejenige wiederzufinden, deren Werth er erst schätzen lernte, seitdem sie ihm entrissen war. Aximiths Vorstellungen, daß er sich sein Unglück selbst zugezogen habe, durch zehnfache Fehler, die er ihm sehr genau aufzuzählen wußte, vermehrten sein Leiden; sie kamen sehr zur Unzeit. Zusammen genommen mit den Verwürfen, die er sich selbst machte, wären sie fähig gewesen, ihn um Verstand und Leben zu bringen.

Aximith war zu entschuldigen wegen seiner Strenge. Plane, wie die seinigen, Plane, welche hätten glücken müssen, durch Unvorsichtigkeit vernichtet zu sehen, und noch endlose Klagen über das, was man hätte vermeiden können, anzuhören, dies mußte fast alle Geduld übersteigen. Selims einiger Trost über seine Fehler bestand in der traurigen Gewisheit, die er aus Zelidens Briefen erhielt, Phillippe sey nicht zu Schloß Samson gefunden worden, und auch die glücklichsten Versuche auf diese Burg würden also ohne Nutzen gewesen seyn. Aximith widerstritt das, und blieb bey seinen Behauptungen, so wie Selim auf den Seinigen. Wer von beyden Recht hatte, wissen die Leser besser als die streitenden Partheyen. Aximith schwieg endlich, und bat den türkischen Prinzen, er möge ihm verzeihen, daß er, in der Ueberzeugung, ihm hier nichts mehr nützen zu können, ihn verlasse, indem er überhaupt durch wichtige Nachrichten genöthigt werde, eine Reise nach Rhascien zu thun. —

Die arme Philippe! das fehlte noch zu ihrem Unglück, ihre Freunde uneinig, sie von dem Ort ihres Kerkers durch trüglichen Wahn in andere Gegenden gelockt, und sich also der Bosheit ihrer Verfolger völlig Preis gegeben zu sehen.

Zur selbigen Zeit hielt Herzog Georg von Bayern Beylager zu * * * mit Fräulein Mechtilden, Graf Gero des reichen Tochter. Die Feste, mit welchen dasselbe gefeyert wurde, waren so, wie sie der Hoheit des Bräutigams, und der Mitgabe der Braut zukamen. Der Kayser mit seinem ganzen Hofe, und alle Fürsten des deutschen Reichs waren gegenwärtig, auch strömten von allen Gegenden Europens, Ritter herbey, sich auf den angesetzten Turnieren zu üben.

Unsere Reisenden geriethen, so wie sie die Besitzungen des Herzogs von Burgund verließen, unter ganze Schaaren von Schwerdtkämpfern und Speerbrechern, und da Selim sich schlechterdings noch gar nicht bestimmt hatte, wohin er reisen wollte, so war es der ersten dieser tapfern Truppen leicht, ihn an sich zu ziehen, und zum Zuge aufs Turnier zu bereden. Der Anführer des muntern Haufens, ein junger schöner Mann von dem einnehmendsten Ansehen, interessirte sich besonders für Selim, den er so fand, wie er selbst von jedermann gefunden wurde, und den er in der Herberge bey einem Becher Weins noch besser kennen lernte. Er erfuhr von ihm, daß er unglücklich sey, und schon dieses nahm den edeln Fremden ein. Selim gestand alles verloren zu haben, und sein Antheil wuchs; er bekannte sich endlich für den geschwornen Feind des Herzogs von Burgund, und jener schlug seine Hand in die seinige, und trug ihm Brüderschaft an.

Karl der Tollkühne, rief er, nahm Euch Bruder und Schwester, mir droht er Land und Leute, Ehr und guten Namen zu rauben! Laßt uns gemeine Sache machen zur Rache gegen den Wütrich! Mir helfe Euer tapferer Arm, Euch die Macht, die ich noch übrig habe; sind wir zu schwach, so weis ich tapfere Bundsgenossen, die uns an die Seite treten sollen. Ach, seufzte Selim, die Verlorne kann mir nichts wiedergeben, als ein Zufall, der blos in der Hand des Schicksals steht!

Noch wußte Selim den Namen seines Waffenbruders nicht, dieser bekümmerte sich eben so wenig um den seinigen, doch muthmaßte Selim einen mächtigen regierenden Herrn in seinem Gefärthen, und jener war wenigstens überzeugt, sich mit einem biederherzigen adelichen Manne verbunden zu haben.

Als sie nahe vor die Mauern der Stadt kamen, wo sie und die übrigen Schaaren das Ziel ihrer Reise finden sollten, da stieß noch eine kleine ritterliche Gesellschaft zu ihnen; ihr Anführer war Herzog Christoph von Bayern, der Selims neuen Freund kannte, und ihn wie der Gleiche den Gleichen begrüßte.

Herzog Christoph war schon ein etwas bejahrter Herr, so daß er schier der Vater aller derer hätte seyn können, die sich hier unter seinem Panier versammelten. Alle Ritter wurden Raths, ihn zu ihrem gemeinschaftlichen Anführer zu wählen; Selims Freund war der, welcher die Bitte, ihr Haupt zu seyn, am angelegentlichsten an ihn ergehen ließ, und er fand bey dem schlichten geradsinnigen Helden, der wohl nie gewußt hatte, was Komplimente oder höfliche Worte waren, keinen Widerstand. Eine Schwierigkeit zeigte sich. Herzog Christoph war nicht reich genug, um die Ausrüstung der Seinigen so glänzend zu machen, als Herzog Reinhard von Lothringen, — dafür konnte Selim seinen Freund, seit der Zusammentreffung mit dem alten Bayer — es gern gesehen hätte, doch dieser hatte kürzlich Goldes genug von einer Grosmutter geerbt, das er gern anwendete, des andern Mangel zu ersetzen.

Selim sorgte für seine eigene Rüstung, und da er bemittelt genug war, sie der Rüstung der beyden Herzoge vollkommen gleich zu machen, so wuchs die Achtung, die sich so gern an das Aeusserliche hängt, und die Ritter alle bestanden darauf, daß er und Herzog Reinhard, die unmittelbaren Nebenmänner Herzog Christophs bleiben, und nächst ihm das ganze Geschwader kommandiren sollten.

Der glänzende Haufen kam etwas spät. Die Turniere, welche vor dem Hochzeitfest gehalten werden sollten, waren schon angegangen, manch Speer war bereits gebrochen, mancher Dank errungen, und es war schon der dritte Tag, seit die ganze deutsche Ritterschaft durch einen Fremden öffentlich beschimpft worden war, der sich unterstand, gleich dem hohnsprechenden Philister, Kayser Friedrichs ganze ritterliche Begleitung auf Bedingungen aufzufordern, unter welchen niemand mit ihm stechen wollte. Sein Uebermuth und seine Unhöflichkeit war unglaublich; er unterfing sich gegen die Schönheit der Braut, für die hier, wie natürlich, jedes Speer gebrochen wurde, zu kämpfen.

Der Kayser nahm sich des Unfugs an, und Herzog Christoph von Bayern war nicht so bald eingeritten, als er ihm und seiner ritterlichen Schaar andeuten ließ: hier sey Ruhm und Lohn zu erwerben, und wer den hochmüthigen Pohlen, — es war ein Graf von Lublin — demüthigen würde, der sollte sich eines sondern Danks, und sonderer kayserlichen Gnade zu getrösten haben.

Die drey Anführer des ritterlichen Geschwaders begaben sich sogleich zu kayserlicher Majestät, ihre Ehrfurcht und Dienstbereitwilligkeit zu bezeigen. Herzog Reinhard und Selim baten um Erlaubniß, den stolzen Hohnsprecher demüthigen zu dürfen, aber der Kayser traute ihrer Jugend und schlanken Gestalt nicht so viel zu, als Herzog Christophs geprüfteren Kräften.

Ihr müßt bedenken, ihr jungen Herrn, sagte er, daß es hier auf einen Versuch ankommt, der nicht mislingen darf. Der stolze Pohle ist ein halber Riese, und im Stechen so gewandt, daß ihn diesen, und die vorhergehenden Tage noch keiner unserer geübtesten Ritter fällen konnte. Gönnet Eurem ältern Gefährthen, dessen Arm ich besser kenne als den Eurigen, einen Vorzug, der Euch nicht beleidigen kann, und den Vortheil, den ich mit der Besiegung unsers Feindes verbinde.

Herzog Christoph fragte nach seiner einfältigen Geradigkeit, wieviel hier zu gewinnen sey? und der Kayser nannte eine Summe, die man heut zu Tage wohl schwerlich einem Fürsten bieten würde, die aber für die damahligen Zeiten groß, und für den unbemittelten alten Krieger ungemein war. Er schlug freudig ein, und die Ausforderung geschahe in der nehmlichen Stunde mit allen Förmlichkeiten. Der riesenförmige Graf von Lublin nahm sie mit dem ihm eigenen Uebermuth auf, und schwur, des andern Tages bereit zu seyn, sich allen Herzogen von Bayern, so viel deren vorhanden wären, entgegen zu stellen.

Indessen übten sich die andern Ritter gegen einander, und Selim, und der Herzog von Lothringen wetteiferten sich hervorzuthun, und die neugestiftete Freundschaft durch Hochachtung zu vermehren. Es glückte beyden. Selim fand in Reinharden mehr, als er selbst in dem geliebten Viktorin gefunden hatte, und Herzog Reinhard schloß den türkischen Prinzen in die

Arme, und nannte ihn Bruder. Und ob ihr, sagte er, mir an Stande ganz ungleich seyn möchtet, so müßte dieser Bruderbund dennoch bestehen; Redlichkeit und Tapferkeit setzt die Helden alle in eine Klasse.

Hat Redlichkeit und Tapferkeit mir Herzog Reinhards Herz gewonnen, erwiederte Selim, so wird er mich in keinem Stücke seiner brüderlichen Freundschaft unwürdig finden; eine Erklärung, die dem Herzog von Lothringen Unterpfand von einer Gleichheit des Standes war, die er immer in Selims Person ahndete, und die seinem etwas stolzen Herzen nicht gleichgültig war.

Des Abends bey Tanz und Spiel, da Herzog Christoph, der nie viel nach Hause gekommen war, sich etwas unbeholfen bezeigte, spottete der Pohle seines Gegners, und meynte, daß er von einem solchen Manne morgen wenig zu befürchten haben würde. Ihm antwortete, da der alte Held den Hohn glücklicher Weise nicht hörte, Selim, und lud ihn zum Fußkampf ein; aber der Graf von Lublin sah ihn verächtlich über die Achsel an, und fragte nach seinem Namen. Selim antwortete mit gezogenem Schwerd, aber der Kayser, dem man eilig den Streit meldete, welcher sich entsponnen hatte, trat schnell dazwischen, die Sache auszugleichen, und die Heiligkeit des Burgfriedens zu retten.

Schon die Ausforderung des Pohlen brachte Selim Ruhm, man erzeigte ihm nach derselben doppelte Ehre, denn jedermann fürchtete den Großsprecher, und niemand unter der anwesenden Ritterschaft, außer Herzog Reinhardten, würde etwas ähnliches gewagt haben.

Man sprach den ganzen Abend von nichts als von des Pohlen Stärke, Selims Kühnheit, und des Herzogs von Bayern sehr bezweifelten Siege; —

Aber am Morgen, da beyde Kämpfer sich stellten, und der Graf von Lublin mit stolzem Großsprechen, Herzog Christoph mit stummer Kaltblütigkeit den Kampf begann, da sollten die Meinungen sich etwas ändern. So viel sahe man wenigstens aus der Festigkeit, mit welcher der alte Bayer die Stöße des Pohlen aushielt, daß, wenn dieser letzte nicht fallen sollte, beyde wohl ungefällt bleiben würden. Im andern Gange merkten die Erfahrnen, daß der Graf wohl einem solchen Feinde nicht unüberwindlich seyn möchte, im Dritten ward der Graf von Lublin zwar nicht abgestochen, aber er ging mit samt dem Pferde über und über, und als man herbey eilte ihn hervor zu reissen, da fand sichs — o Erstaunen! — Da fand sichs, daß der

Unüberwindliche seine Unüberwindlichkeit den festen Riemen zu danken hatte, mit welchen er auf den Rücken seines Rosses fest geschnallt war, und die seine Knappen, um ihn frey zu machen, nun erst mühsam lösen musten.

Spottendes Gelächter, und das Zischen des Hohns begleitete den Prahler, der sich eilig aus den Schranken entfernte, aber Herzog Christoph trabte murrend davon, daß er, wie er es nannte, einen so elenden Sieg erfochten hatte, und kaum konnte er beredet werden, den versprochenen Lohn des Kaysers und den Dank anzunehmen, den ihm die schöne Braut wegen ihrer gerächten Schönheit reichte.

Er mischte sich unter die andern Ritter, deren keiner von ihm ungefällt blieb, als Selim; selbst Herzog Reinhard muste die Erde küssen, und es kam dahin, daß keiner mehr mit ihm anbinden wollte, und daß sich jedes Speer, das er grüßte, als schon überwunden vor ihm neigte, daher er des andern Tages unmuthig davon zog, und murrend bemerkte, wie deutsche Tapferkeit gar nicht mehr das sey, wie zu seinen Zeiten.

Von diesem des Herzogs Christoph von Bayern, auf seines Vettern Hochzeitfest errungenen Heldenruhm, singen und sagen viel der alten

Dich-

Dichter und Chronikenschreiber, wir aber haben dieses merkwürdige Turnier nur darum erwehnt, weil auch unser Selim auf demselben nächst Herzog Christophen hohen Ruhm erwarb, und noch mehr als Ruhm, das Herz eines Freundes, das Herz Herzog Reinhards, eines Helden, dessen Namen von nun an, in dem Rest dieser Geschichte oft erwehnt werden wird.

Herzog Karl von Burgund, der gemeinschaftliche Feind der beyden Freunde, war ein Fürst, dessen Uebermuth fast jedes Herz gegen sich empörte, das sich sonst durch seine übrigen, würklich großen und guten Eigenschaften, zu Bewunderung und Liebe gegen ihn würde haben hinreissen lassen. Sein Sinn strebte nach hohen, selbst ihm, aller Wahrscheinlichkeit nach, unerreichbaren Dingen. Den Titel eines Königs vom Kayser zu erlangen, war noch der kleinste seiner Wünsche, und er hätte bey Friedrichs Nachsicht gegen die Schwächen des großen Mannes, und einigen Aufopferungen von seiner Seite, noch am leichtesten erfüllt werden können; aber Erweiterung seiner Länder war die Hauptsache, die Karln am Herzen lag.

Wär Elsaß, Geldern, Lothringen, und wo möglich auch Helvetien sein geworden, dieses wären Besitzungen gewesen, die ihren Inhaber ohne fremde Einwilligung zum mächtigen Könige gemacht hätten, und wer weis, was Karl für Plane in seinem Gehirn hegte, Plane, die sich freylich nur gar zu bald im Grabe endigen sollten; klügere Vorsicht und kühleres Betragen würde ihnen vielleicht einen glücklichern Ausgang gegeben haben.

Geldern rechnete er bereits für sein Eigenthum, die Belohnung mit diesem in seinen Augen sehr geringen Ländgen konnte ihm so leicht nicht entstehen, eine geldersche Erbin konnte, Kampobachio mochte denken was er wollte, ihm wenig Unruh machen. Elsaß war ihm von Herzog Siegmunden verpfändet, auch dieses war ganz sein in seinen stolzen Gedanken. Wie sollte der Verpfänder so leicht in Stand gesetzt werden, es auszulösen. Im blinden Vertrauen hierauf, ließ er seine Landvögte hauffen wie es ihnen beliebte, und zürnte nicht wenig, als Herzog Siegmund von den leidenden Unterthanen herein gerufen, den Pfandschilling erlegte, von neuem Besitz nahm, und den Tyrannen Hagenbach, den vornehmsten der burgundischen Unterdrücker, richtete.

Karls Kriegszug wider Neuß, die Hülfe, die der Kayser dieser Stadt leistete, die Niederlage der Burgundier, und der abgenöthigte Friedensvergleich gehören nicht hieher, als in sofern sie uns den Anfang von Karls mißlungenen Streichen darlegen.

Karl, ungeachtet er ein wenig gedemüthigt war, konnte nicht lange ruhen; längst schon hatte er Sorge getragen, sich die Eydgenossen, auf die er ein besonderes Absehen hatte, zu Feinden zu machen; jetzt streckte er die Hand nach Lothringen aus, und vergriff sich dadurch an den Bundsgenossen der Schweizer, Herzog Reinharden, der dieses Land kürzlich von seinem Oheim ererbt hatte.

Der König von Frankreich, mit welchem Karl gleichfalls in Unfriede lebte, lachte, als er sah, wie sein Feind mit jedermann anband; war es Lächeln des Hohns, oder des Wohlgefallens, wer kann das sagen?

Dieser Herzog, rief Ludwig, als er die ersten geheimen Nachrichten aus dem herzoglichen Kabinet, wo er seine Freunde hatte, von Karls Absichten auf Helvetien erhielt, dieser Herzog vermißt sich viel! Will er mit den braven Eydgenossen anbinden, so hätte er wohl gethan, sich einen achtzehen bis zwanzigjährigen Frieden mit

mir und allen seinen Feinden rund umher aus-
zubedingen. Ich kenne dieses Volk; wer es wider sich reizt, der bedarf keines andern Gegners.
Tapferkeit, Klugheit und Aushalten, müssen sich
hier auf einen einigen Punkt lenken, wenn man
nicht zu Grunde gehen will. Sollte Karl nicht
wissen, was er für Leute vor sich hat, so möchte
er doch an Herzog Leopolden von Oesterreich denken. Die Ebene bey Sempach, wo dieser
Held mitten unter seinen Helden und mit ihnen vor den Vertheidigern der Freyheit fiel;
könnte ihm Weisheit lehren.

Der Herzog von Burgund erfuhr nichts von
dem, was der König von Frankreich urtheilte,
auch würde er sich vielleicht nicht sehr an ein Urtheil gekehrt haben, welches seinem Stolze so wenig schmeichelte. Er setzte seine Plane fort und
trat allgemach mit Ausführung derselben hervor.

Herzog Reinhard stand mit den Eydgenossen und sie mit ihm vor einen Mann; der Herzog von Burgund war ihr gemeinschaftlicher
Feind, und Maaßregeln waren genommen, daß
es ihm so leicht nicht gelingen konnte, oder daß
ein erlangter Vortheil ihm bald genug wieder
aus den Händen fallen mußte.

Herzog Reinhard hatte das Turnier, von
welchem wir vorhin etwas gesagt haben, nicht
allein um Lust und ritterlicher Uebungen willen

nein, auch aus andern Abſichten beſucht; er wollte gern die tapferſten und geübteſten Ritter Teutſchlands kennen lernen, und in ſeine Dienſte zu ziehen ſuchen; er wollte den Kayſer und viele anweſende Fürſten ſelbſt ſprechen, und ſich hier Hülfe, dort wenigſtens Neutralität verſichern. Alles gelang zum Verwundern wohl; man liebte den tapfern, beſcheidenen und vorſichtigen Herzog von Lothringen, und haßte Karln von Burgund, der in jeder ſeiner Unternehmungen, den Stolz, die Selbſtgenügſamkeit zeigte, welche ihm den doppelſinnigen Zunahmen des Kühnen erwarb.

Herzog Reinhard glaubte mit Recht, an dem tapfern Selim keine kleine Eroberung gemacht zu haben; er legte ihm alle dieſe Dinge vor, und noch vielmehr, als wir jetzt unſern Leſern zu allgemeiner Sachkenntniß geſagt haben, und gewann ſich mit leichter Mühe die Zuſage, es wider Karln, den er ſelbſt haßte, auf Leib und Leben zu wagen. Der Uebermuth, mit welchem ihm der Herzog von Burgund zulezt begegnet hatte, war für ſein ſtolzes Herz zu groß, um ohne Rache verſchmerzt zu werden, zudem hielt er ihn, Zelide mochte hiervon ſagen und ſchreiben was ſie wollte, im Verdacht, Philippe werde von ihm gefangen gehalten, und ihr drohe, um ihrem Oheim den Beſitz von Geldern zu ſichern, das Kloſter oder der Tod. Auch ſeines

Grubers wegen, hegte er arge Gedanken; er hatte ihn, während seines Aufenthalts am burgundischen Hofe, nicht können zu sehn bekommen, und es dünkte ihm nicht unmöglich, daß auch ihm unter dem vorgeblichen Schutz Herzog Karls übel gerathen sey.

Bey einer solchen Stimmung war das Interesse seines Freundes fast nicht nöthig, seine Seele gegen den sogenannten burgundischen Tyrannen, in flammenden Zorn zu setzen; aber höchst erwünscht war es ihm, daß die Verbindung mit diesem Freunde ihn in den Stand setzte, thätig gegen seinen Feind zu verfahren.

———

Herzog Reinhard nahm sich Selims Angelegenheiten so herzlich an, als dieser der seinigen. Philippens Befreyung sollte die erste Freundschaftsprobe seyn, die der türkische Prinz, den Reinhard jezt sehr wohl kannte, von ihm erhielt; aber bald rief die Nothwendigkeit das Schwerdt in andere Gegenden, und gab Selim Gelegenheit, dem Herzog von Lothringen die erste Freundschaftsprobe abzugewinnen.

Die berühmte Belagerung von Gransee war jetzt vor der Thür. Mit unglaublicher Pracht hatte sich der übermüthige Karl, wie er meynte, zum Siege gerüstet; sein Stolz und seine Pracht diente, um seine Niederlage desto auffallender zu machen.

Gransee ergab sich auf Gnade, Karl hielt nicht Glauben; die Bremer rüsteten sich zur Rache und sein Untergang war beschlossen. O was für Heldennahmen drängen sich hier genannt zu werden! wie schwer wird es der Muse der Sagenerzählerin von dem Volke das sie liebt, nicht wenigstens einiger zu gedenken, die hier mit ächt römischen Patriotismus das Vaterland schützten, und sich für dasselbe aufopferten! sie scheut nichts als den Vorwurf noch mehr von ihren Helden auf Nebendinge abzuschweifen, als sie bereits gethan hat, wenn sie nicht mehrere Beweise liefert, welch ein Volk der kühne Burgundier wider sich anzureizen wagte!

König Ludwig hatte Recht, es Karln zu verdenken, daß er sich solche Feinde auflud, aber während er es ihm verdachte, und den unglücklichen Ausgang voraus sah, ermangelte er nicht, unter der Hand tausend Maschinen spielen zu lassen, das Feuer zu schüren, und bey dem allgemeinen Untergang, den er vielleicht hofte, auf dieser oder auf jener Seite, oder auf beyden seine Rechnung zu finden.

Nikolaus von Diesbach, ein edler Helvetier, war am französischen Hofe erzogen; seine

Jugend, sein Feuer, seine Liebe zu glänzenden Vergnügungen machten ihn jenem muntern Lande gewogen; durch Edelmuth, Tapferkeit, Wohlredenheit und ächte helvetische Vaterlandsliebe, ward er der Abgott seines Volks, und stieg schnell zu den höchsten Würden des Staats empor. König Ludwig wollte den verdachtlosen jungen Mann zum Werkzeug seiner Absichten brauchen. Ihm war dran gelegen, das Kriegsfeuer über Helvetien zu führen, und der warme Freund des französischen Hofs, der wackere Diesbach, wünschte eben so sehnlich, nur aus andern Ursachen, als der falsche Ludwig, sein Vaterland in Waffen zu sehen. Scenen alter Tapferkeit zu erneuern, durch Siege wider einen so furchtbaren Feind, wie der große Burgundier, doppelten Ruhm zu erringen, und jeden Widersacher der vaterländischen Freyheit von Anfällen zurück zu schrecken, die selbst einen Karl hatten mißlingen können, dieses waren die Heldenentwürfe Diesbachs; man unterstützte sie am französischen Hofe, man versprach mächtigen Beytritt, aber im Grunde war man gesonnen, still zu sitzen, und ruhig zuzusehen, wie sich zwey gefürchtete Feinde zerfleischten, um dem Dritten den Triumpf über beyde zu erleichtern.

Dieses war, sagt unser alter Chronikenschreiber, von jeher Frankreichs Sitte, auf frem den Untergang eignes Wohl zu bauen, oder den ruhig sitzenden Nachbar in eigenen Untergang zu ziehen, auch war dieses Volk nie arm an schlauen Mitteln, den heimtückischen Endzweck zu erreichen.

Diesbach würde bey seiner verdachtlosen Vorliebe für den französischen Hof, ohne Bedenken in die Schlinge gegangen seyn, aber er hatte hier nicht allein zu entscheiden. Seinen Entscheidungen hielt das Gleichgewicht, Adrian von Bubenberg, ein alter ehrwürdiger Patriot, dem hoher Adel, und die Weisheit, mit welchen sein Geschlecht, das Steuer der Republick von ihrer Entstehung an geführt hatte, den höchsten Nachdruck gaben.

Das Alter und die Erfahrung hatten Bubenbergen vorsichtig gemacht; er kannte die Macht und die Tapferkeit seines Volks, aber er kannte auch den Burgundier, und wollte nichs ohne Noth wagen. Er redetete mächtig wider kriegerische Entwürfe, aber endlich siegte doch der junge Held, der den ganzen jungen helvetischen Adel, kühn und feurig gleich ihm, auf der Seite hatte, wider den bejahrten Patrioten. Der Krieg wider die Burgundier ward öffentlich erklärt, und dem helvetischen Nestor unter den Fuß gegeben, sich auf seine Güter zu verfügen.

Bubenberg verschmerzte den Schimpf, ohne Rache gegen sein undankbares Vaterland zu hegen, das einige was Rache hätte heissen können, war der kalte Entschluß, die, welche ihn von sich entfernt hatten, den Folgen ihrer Schritte zu überlassen; und Rache, bittre Rache hätte dieses wohl heissen mögen, wenn ein Herz, wie Bubenbergs, das von heisser Vaterlandsliebe glühte, fähig gewesen wär, einen solchen Entschluß auszuführen.

Aber als der Herzog von Burgund mit gewaffneter Hand in die friedlichen Gegenden Helvetiens eindrang, als Bubenberg den Untergang vorauszusehen glaubte, da vergaß sein edles Herz die Beleidigung, die ihm einige Undankbare zufügten, um das Ganze zu retten. Laßt mich als gemeiner Soldat unter den Fahnen der Freyheit dienen! ließ er den Bernern sagen, so sterbe ich wenigstens rühmlich für das Volk, das mir nicht erlauben wollte, es zu retten.

Macht dieser große Zug einen Eindruck auf meine Leser, so wird es ihnen lieb seyn, daß er auch die Herzen des Volks nicht verfehlte. Reues voll ihren edeln Mitbürger verkannt zu haben, kamen die Berner und holten ihn im Triumpf aus seinem Exilium zurück, sie waren froh ihn zur Verzeihung willig zu finden, und vertrauten seinem Befehl die Besatzung von Murten, wo wir diesen Helden Zeit genug wiederfinden werden.

Selim ward von Herzog Reinharden voraus nach dem Schauplatz der Waffen geschickt, sein Herz brannte nach Thaten, seinem Schwerdt dünkte es lange, seit den österreichischen und böhmischen Händeln die Scheide nicht verlassen zu haben, er konnte der Zeit nicht erwarten, an seines Freundes Seite zu fechten.

Heman von Mülingen und Wilhelm von Straßburg, welche die Schweizer in der großen Schlacht bey Gransee, wider Karln anführten, fanden einen wackern Kämpfer an ihm, und ihre forschenden Augen zeichneten sich ihn vor tausenden, die neben ihm fochten, zum nächsten Ritterschlag aus.

Die Schlacht war gewonnen, der Burgundier in die Flucht geschlagen, und seine köstliche Feldbagage fiel dem Feind in die Hände. Die einfältigen Helvetier, diese geradsinnigen unverdorbenen Kinder der Natur, wußten die Kostbarkeiten nicht zu schätzen, die ihnen Karls unbesonnener Uebermuth Preis gab. Damahls wars, daß Karls unschätzbarer Hut, davon ein einziger Edelstein noch jetzt in einer europäischen Krone prangt, von dem unschuldigen Finder um zwey Goldstücke verkauft wurde, und ein anderer sich des prächtigen Herzogs goldenen Tafelbecher, der von Edelsteinen schimmerte, für eine milchweiße Kuh abschwatzen ließ.

Die Sieger blieben drey Tage auf der Wahlstatt, und sangen das Lob des bernischen Bären und alt helvetischer Tapferkeit; schade, daß Diesbach diesen Triumpftag nicht hatte erleben sollen; ein frühzeitiger Tod hatte ihn hingerafft, ehe der Krieg begann, den er mit kühnem Muthe herbey gesehnt und veranlaßt hatte.

Es war eine grimmige Kälte, doch wichen die Söhne der rauhen Gebürge nicht von der Siegsstelle, die sie erkämpft hatten. Aber eine kleine Ritterschaar, oder vielmehr ein tapferer Haufe junger Kandidaten des Ritterschwerdts, das man damahls eher durch Heldenthaten verdienen mußte, als man gewürdigt ward, es sich feyerlich umgürten zu lassen, verließ das rauhe Blutgefilde, um auf irgend ein glorreiches Abentheuer auszugehn. Bonnstetten, Hans von Hallwyl, Sellm, und zwey Brüder von Mülinen, jüngere Brüder des Helden von Gransee, waren von der Parthie.

Sie kehrten ein in einer Herberge um offenen Wege, um einige Erquickung einzunehmen, und es war als wenn das Schicksal sie zu wichtigen Entdeckungen hieher gerufen hätte; beydes Selim und die Schweizer sollten hier Dinge erfahren, die ihnen nicht gleichgültig seyn konnten.

Während die andern nach ihren Pferden sahen, trat Selim, der das seinige schon versorgt hatte, zu der freundlichen Wirthin, die ihm eine sehr bekannte Gestalt zeigte, und ihn, nachdem sie ihn fester ins Auge gefaßt hatte, mit seinem Namen willkommen hieß.

Wie, Ritter? rief sie, als dieser sich wunderte, wie? ihr kennet Herrn Hueßli des Schweizers Hausfrau nicht mehr?

Und wie kommt ihr in dieses Haus, wo ihr, wie es scheinet, Wirthin seyd?

Vermuthlich brachte mich das Schicksal nur darum aus meines Herrn Diensten, damit ich Euch heute hier einen Labetrunk reichen könne. Für die Lieblinge des Glücks muß sich alles sonderbar ordnen und schicken. Aber wo ist die Schwester, um welche ihr jenesmahls so bekümmert waret? und wo ist der Dank, den ihr mir noch für alles schuldig seyd, was ich gern zu Eurem Besten gethan hätte? — Selim seufzte und konnte sich nicht entbrechen, der ehrsamen Frau Margery einige Aufschlüsse über seine bisherigen Begebenheiten zu geben. Ein Bekannter, den wir im Auslande treffen, wo jedermann uns fremd ist, findet leicht den Schlüßel zu unserm Herzen.

Herr Ritter, sagte die nachdenkende Wirthin, bey allen Euren Leiden liegt, dünkt mich, überall nur eine bewegende Ursach zum Grunde. Ein böser Geist verfolgt Euch und Eure Dame, und wie lohntet ihr mir, wenn ich ihn euch citirte, und Euch Gelegenheit gäbe, ihm Dinge abzutrotzen oder abzulauschen, die Euch wichtig sind? erfahren könntet ihr wenigstens von ihm, wo sich jezt das Fräulein befindet?

Selim wollte eben antworten, da traten die übrigen Helden herbey, um zu hören, was ihr Waffenbruder so emsig mit der fremden Frau zu sprechen hätte.

Ihr Ritter, sagte Frau Margery, die sich jezt an Alle wandte: Ich bin eine Schweizerin, und Euer Vortheil ist der Vortheil meines Vaterlandes. Ich komme jezt, Euch Gelegenheit zu geben, den Sieg, den ihr bey Gransee erfochten habt, noch zu vergrössern. Wie ihr seht, bin ich die Inhaberin eines öffentlichen Wirthshauses, und darf bey jetzigen unruhvollen Zeiten keinen, der bey mir einspricht, zurückweisen. Eine Stunde vor Euch stieg ein Trupp burgundischer Ritter bey mir ab, deren Anführer, diesem Herrn — auf Selim zeigend — wohl bekannt ist. Ich hörte sie sich unverantwortlicher Dinge rühmen, und seufzte zu Gott, mir Rache wider die Verräther in die Hände zu geben. Er hat mir sie in Euch geschickt. Die Burgundier zechen noch in einem Saal meines Hinterhauses, und rühmen sich ihrer Grausamkeiten; gesellt Euch zu ihnen, so werdet ihr ihre Thaten hören, und bey Euch abnehmen, wie sie zu strafen sind. Aber handelt behutsam, denn an Anzahl sind sie Euch zweymahl überlegen, auch dürft ihr nichts hoffen von den Kräften meines Weins, sie haben sich in ihrem Vaterlande an stärkern Rebensaft gewöhnt, als ich ihnen geben kann. — Fast möchte mich es reuen, Euch eine so ungleiche Parthie anzutragen, wenn ich nicht bedächte, daß ihr Schweizer seyd, und sie Burgundier. In Tapferkeit und Vorsicht seyd ihr ihnen überlegen; geht und thut wie Euch die Klugheit eingiebt.

Die jungen Helden hielten enge Berathschlagung über den Text, den ihnen die kluge Schweizerin vorlegte, machten eine kleine Veränderung mit ihren Feldbinden und Helmzeichen, und gingen denn über den weiten Hof, in den Saal hinauf, von wo ihnen das Geschrey der Zecher schon entgegen tönte.

Frau Margery ließ sich die Ehre nicht nehmen, ihren neuen Gästen mit einigen gefüllten Krügen selbst zu folgen; sie traute der Vorsicht der jungen Herrn nicht recht, und dachte die Sache mit einem einigen Worte glücklich einzuleiten, das die stolzen Helvetier zu ihren Feinden wohl nicht gesagt haben würden.

Ihr Ritter, sprach sie zu den Burgundiern, hier sind noch einige Eurer Brüder, die Verlangen tragen, die Freuden des Bechers mit Euch zu theilen. Gönnt ihnen Platz an Eurer Seite, es soll sogleich noch mehr Vorrath da seyn, Euch und sie zu laben.

Die Burgundier starrten die Schweizer mit etwas von Wein getrübten Augen an, und diese nahmen stillschweigend Platz an einer der Tafeln.

Entsetzet Euch nicht, sagte Frau Margery heimlich zu Selim, indem sie einen gefüllten Krug vor ihm niedersetzte, oder vielmehr verrathet Euch nicht durch einen unzeitigen Ausbruch, wenn ihr um Euch schauet, und einen bekannten Nachbar erblicket.

Die helvetischen Ritter begannen, wie sie es unter einander verabredet hatten, mit unbefangenem Muthe zu trinken, und brachten einander unter verdeckten Namen die Gesundheiten ihrer

Geliebten zu. Der jüngere Müllnen trank auf das Wohl von Diesbachs schöner Wittwe, die er schon als Fräulein von Scharnachthal geliebt hatte; Albert sein Bruder nannte die schöne Dorothee von Bubenberg. Hallwyl, Friedrichs und Alberts liebreizende Schwester, und Bonnstädten eine andre. Man forderte Selim auf, auch seiner Dame einen Trunk zu gönnen, aber dieser hatte sich an seinen Stuhl zurückgelehnt, und betrachtete, ohne auf etwas zu hören, mit unverwandten Augen eine Gestalt, die an der benachbarten Tafel den obersten Platz einnahm, und die er nur zu bald für seinen ärgsten Feind erkannte.

Der Mann, den seine Augen kannten, sollte sich nun auch durch seine Sprache verrathen. Die neuen Ankömmlinge dort unten, sagte er zu seinem Beysitzer, dem Herrn von Bovine, geben uns ein gutes Beyspiel, und zeigen, daß sie ächte Burgundier sind, die Wein mit Liebe zu verbinden wissen. Laßt uns auch auf das Wohl unserer Geliebten trinken! Hochgehalten den Becher, Bovine! es lebe Philippe von Gelpern!

Graf, flüsterte Bovine, ihr bedenkt nicht, wo ihr seyd! Ist Euer Glück schon so gestchert) daß ihr öffentlich von demselben sprechen dürft?

Ich wiederhole es, schrie der halbberausch̄te Kampobachio: Es lebe Phillippe von Geldern! Sie ist mein! selbst der Herzog von Burgund weis den Schlupfwinkel nicht, wo ich sie verborgen halte!

Ich aber, schrie Selim, der aufsprang und dem Grafen das blose Schwerd zeigte, werde es sogleich erfahren. Vertheidige dich! Ich bin Selim! Mir bist du Rechenschaft von der Geraubten schuldig!

―――

Wie übel that derjenige, welcher sich mit Selim zu Ausführung irgend eines verdeckten Handels vereinigte! Durch seine wilde Hitze, durch seine unbesonnene Uebereilung, hatte er sich und seine Gesellen in einen Handel verwickelt, welcher wegen der größern Menge der Burgundier einen sehr bösen Ausgang drohte.

Die ganze Menge schrie über meuchelischen Ueberfall; alle Schwerdter wurden blos, Selims Gefährthen wurden aufgefordert, als ächte Burgundier den Frevler zu züchtigen, der es wagte, sich wider den grossen Grafen Kampobachio aufzulehnen.

Die helvetischen Helden hatten sich es nie einkommen lassen, sich für Burgundier auszugeben; daß man sie dafür hielt, hätte ihnen freylich zu grossem Vortheil gereichen können, wenn Selims rasche That nicht gewesen wär. Ihn indessen im Stiche zu lassen war ihre Sache nicht, sie standen mit ihm vor einen Mann, und ein Gefecht begann, in welchem der zahlreichere, wir wollen nicht sagen, der stärkere Theil hätte unterliegen müssen, wenn auch nicht Hülfe von aussen gekommen wär.

Diese Hülfe hatte man der wackern Frau Margery zu danken. Als die treulosen Burgundier bey ihr einzogen, hörte sie, wie sie sich rühmten, wider Treu und Glauben achtzig der helvetischen Männer, die sich ihnen bey der Uebergabe von Gransee auf Gnade überlassen hatten, an Bäume geknüpft zu haben. Unglaublich schien der Schweizerin die That, aber ihre ausgeschickten Leute brachten bald Bestättigung der Wahrheit ein. Da entbrannte ein patriotischer Grimm in ihren Herzen, und sie hat nach der Zeit ausgesagt, wie sie entschlossen gewesen sey, den Thätern ihr Haus über dem Kopfe anzuzünden, und so das Blut ihrer Landsleute zu rächen, als ihr die Ankunft der helvetischen Helden Hoffnung zu besserer und edlerer Rache an die Hand gab.

Sie traute dem Ungestüm der jungen Krieger, traute vornehmlich Selims Jachzorn, den sie kannte, nicht ganz, und säumte nicht dem Uebel, das Uebereilung hätte anrichten können, zuvorzukommen. Sie hatte aus den Reden ihrer letztangekommenen Gäste gemerkt, daß der Graf von Thierstein nicht weit abwärts liege, und sie war eilig aufgesessen, den alten Helden selbst um Rache für die Verbrecher, und Hülfe für die jungen helvetischen Ritter anzuflehen.

Ein ansehnliches Geschwader rückte an, dem Kampf, der sich aus der Trinkstube hinab in den Hof gezogen hatte, vollends den Ausschlag zu geben, auch war Graf Thiersteins Hülfe der Unsern Rettung.

Den elenden Kampobachio und seine Zechgesellen hätten die jungen Helden wohl bezwingen mögen, aber er hatte Mittel gefunden, vom Kampfplatz aus, seinen umliegenden Leuten Botschaft zu thun. Bey dreyhundert Mann stark versammelten sie sich in dem nehmlichen Augenblick, da die Thiersteinschen ankamen. Da ward aus einem Privatkampf ein ziemlich bedeutendes Scharmützel. Die Helvetier siegten, und rächten an diesem Tage das Blut ihrer achtzig unschuldiger weise hingerichteten Brüder. Zweyhundert Burgundier wurden ihnen zum

Opfer geschlachtet, und nichts war mehr zu beklagen, als daß der Unglücksstifter Kampobachio sich nicht unter diesen Zweyhunderten befand; aber leider war er entkommen. Glücklicher Weise hatte Selim, der ihn überall wie ein Rachengel verfolgte, im einzelnen Kampfe, da er Ueberwinder war, noch so viel von ihm erpreßt, daß Philippe sich noch zu Schloß Samson befinde; aber was hatte er mit dieser Entdeckung gewonnen, da Kampobachio Freyheit und Leben behalten hatte, und die Dame also, so bald er wollte, an einen andern Ort bringen, und ihre Entdeckung wieder auf lange Zeit vereiteln konnte?

Dieses so viel als möglich zu verhüten, schickte Selim augenblicklich einen zurückgebliebenen Diener des treuen Arimith in die Gegenden, wo Philippe lebte, zurück, entweder durch seine bekannte List ihre Befreyung zu bewürken, oder wenigstens das Schloß so genau in Acht zu nehmen, daß Entkommung ohne sein Wissen unmöglich wär, oder doch der Ort, wo sie hingebracht würde, nicht verborgen bleiben könnte.

Herzog Karl war in halber Verzweiflung nach Lausanne entflohen. Er ward fast wüthend, als er erfuhr, daß auch seine Lombarder und Savoyer geschlagen wären. Auf der grossen Ebene bey Lausanne musterte er das Heer, das er wieder gesammelt hatte, und entflammte es durch heftige Reden zur Tapferkeit.

Aber die Eydgenossen rüsteten sich gleichfalls zu Luzern unter Anführung des alten Helden, Graf Oswald von Thierstein. Dieser bejahrte Krieger, und der junge Herzog von Lothringen, der sich bey ihm befand, empfingen Selim und seine Gefährten nach dem Siege in Frau Margerys Hause, mit Ruhm und Freude. Herzog Reinhard, der selbst den Ritterschlag noch nicht erhalten hatte, dachte dem jungen Helden nicht besser lohnen zu können, als wenn er sich und ihm diese Ehre von dem berühmtesten Ritter seiner Zeit erbäte, und so geschahe es, daß nicht lang vor der entscheidenden Schlacht bey Murten, der türkische Prinz nebst Herzog Reinharden, den beyden jüngern Mülinen, Hallwyn, Bonnstädten, und andern das Ritterschwerd aus der Hand Graf Oswalds von Thierstein erhielt, und zu den Thaten eingeweihet wurde, die dem

Burgundischen Eroberer die völlige Demüthigung bringen sollten.

Karl stürmte Murten, das der Held Bubenberg vertheidigte, vergeblich, und führte sein Heer dicht gegen die Eydgenossen an, die seiner nicht achteten, aber ihm, als er sich zurück zog, in den Rücken fielen, und sein Heer um dreyßigtausend Köpfe verminderten.

Der Herzog von Burgund entflohe nach Gent, und ergab sich einer düstern Schwermuth. Es fehlte ihm an Geld, den Krieg fortzusetzen, und an Lust zum Frieden.

Zu dieser Zeit war es, daß Selim Muse gewann, auf seine eigenen Angelegenheiten zu denken. Er verließ den Schauplatz des Kriegs, und Herzog Reinhard begleitete ihn. Sie eilten nach Schloß Samson. Ihre Tapferkeit und kluge List öffneten ihnen die Thore. Eine Besatzung, wie diese, zu überwältigen, hätte es der Arme der Helden von Gransee und Murten nicht bedurft. Der Herzog von Lothringen und Selim, die den trunkenen Herzog von Geldern nicht einmahl eines Besuchs würdigten, expreßten von dem Kastellan gar bald das Geständniß, in welchem Kerker Philippe schmachtete. Sie fanden sie in einem Zustande, welcher Thränen hervorlockte.

Man denke sich die schönste holdseeligste Person von der Welt, bleich, verfallen, mit Fesseln beschwert, in einem dumpfen düstern Gewölbe, und so schwach am Geist und Körper, daß ihre gebrochenen Augen ihre Retter nicht zu erkennen schienen, daß sie sich ohne Widerstand, und ohne bezeugte Freude, ihre Bande von den Armen feilen, sich in bessere Kleider hüllen, und aus dem Schlosse bringen läße, ohne nur zu fragen, was mit ihr vorgeht.

Ihr wird nirgend besser gerathen werden, rief der weinende Selim, als im Frauenzimmer der Herzogin von Burgund, unter der Pflege meiner Mutter. Nun so eile, du Glücklicher, antwortete der Herzog, deinen wiedergefundenen Schatz in Sicherheit zu bringen, wo du ihn am besten zu verwahren denkst; ich muß dich hier verlassen. — Glücklich? fragte Selim. — Ja, antwortete der bewegte Reinhard, glücklich in diesem Engel! O wärst du mein Freund nicht! — Ich wollte Karln um diese Nichte zu Füssen fallen, wollte ihm Lothringen und Geldern für Philippen bieten, und mit ihr in einer Hütte der Schwezergebürge glücklich seyn! — Geh, Selim! Ich muß dich verlassen, zu Nancy sehen wir uns wieder.

Der Einfall war in der That sonderbar, die Geraubte, kaum Wiedergefundene im Schoos seines Feindes zu bergen; aber hatte Selim einen andern Ausweg; und konnte er zugleich ein besseres Mittel finden, Phlippe vor den Tücken Kampobachios zu schützen? Unmöglich konnte dieser auf den Gedanken kommen, die Verlorne sey von ihrem Geliebten dahin gebracht worden, wo sein Widersacher zu gebieten hatte, auch waren die Mauern des Pallasts der Herzogin vor Kampobachios Zudringlichkeit sicher. Er wußte, daß er hier gehaßt wurde, auch fand er selbst nichts in dem burgundischen Gynecäum, das er geliebt hätte. Die Herzogin sahe mit stolzer Verachtung auf ihn herab, Zelide kannte und floh ihn, die alte Frau von Hallwyn predigte, und die Prinzeßin Maria war zu jung, als daß er seine Augen auf sie hätte werfen sollen, zu hoch wär sie für den stolzen Flug seiner Gedanken wohl keines weges gewesen, und wer weis, was der Uebermüthige, im Fall es ihm mit Philippen mislingen sollte, hier vielleicht für Plane für die Zukunft schmiedete?

Selim war seiner Mutter mit der gelderschen Prinzeßin sehr willkommen, tausendmahl schloß Zelide das verlorne Kind in die Arme, tausendmahl bat sie um Vergessenheit dessen, was nicht sie, nur Raja ihr für Unrecht zugefügt hatte.

Philippe war noch nicht im Stande, das ganz zu verstehen oder zu beantworten, was man ihr sagte. Den vornehmsten Beweis von Bewußtseyn zeigte sie gegen Selim. Ihr Auge hing unabläßig an ihm. Sie wiederholte unaufhörlich seinen Namen, sie war mehrmahls im Begriff, sich in seine Arme zu werfen, aber ein schnelles Errötzen zeigte, daß ihre Besinnung wiederkehrte, so wie auf der andern Seite eben diese gezwungene Zurückhaltung, und der Name, Marie Podiebrad, den sie beständig in ihre Reden mischte, viel von ihren Geheimnissen verrieth; Geheimnisse, die Selim so viel Freude als Kummer machten.

Sie liebt mich, sagte er zu Zeliden, und hegt zugleich einen Verdacht gegen mich, der mir das Herz bricht! Ach die Eifersucht wird die Liebe überwiegen! Ich werde nie glücklich seyn!

Zelide hieß ihren Sohn alles von der Zukunft und ihrer Sorgfalt hoffen, zugleich bestand sie darauf, daß das geldersche Fräulein der Herzogin von Burgund vorgestellt werden müßte. Selim erkannte diese Nothwendigkeit dieses Schritts, aber er hielt es dem Wohlstande gemäß, hier nicht gegenwärtig zu seyn. Mit was für einer Miene sollte er der Gemahlin seines Feindes unter die Augen treten, und wie sollte sie denjenigen ansehen, von welchem sie aus dem gemeinen Gerücht wissen mußte, daß er schon oft das Schwerd siegreich gegen den Herzog von Burgund geführt, und Antheil genug an seinen gegenwärtigen Verlegenheiten hatte.

——————

Philippe ward sehr wohl von der milden Herzogin empfangen, die alte Frau von Hallwyn recitirte die Geschichte der verstorbenen Mutter des Fräuleins, behauptete, daß einige unvorsichtige Schritte der Herzogin von Geldern die Ursach alles Unglücks ihrer Tochter gewesen wären, und versprach ihr, jetzt alles zu halten, was sie ehemahls der Herzogin von Geldern gelobt hatte, um sie, die unglückliche Philippe im Schoos der Sicherheit zu behalten. —

Die junge Prinzeßin Marie interessirte sich am lebhaftesten für die schöne Fremde, die man ihr als ihre Cousine vorstellte, auch hatte Philippe in der Folge Gelegenheit, ihr ihre zärtliche Zuneigung, ihre sanfte Besorgniß um sie zu lohnen, indem sie den ersten Funken von Ahndung künftigen Glücks in ihre Seele fallen ließ.

Der Kayser und der Herzog von Burgund standen fast so lang Maximilian und Marie geboren waren, in Verhandlungen wegen künftiger Verbindung dieser beyden. Die junge Prinzeßin sahe sich als ein bestimmtes Opfer des Stolzes ihres Vaters an; die Frau von Hallwyn mochte sagen was sie wollte, Marie behauptete, sie würde diesen Maximilian nicht lieben können.

Philippe hatte, da sie noch kayserlicher Edelknabe war, nebst einigen andern für etwaniges Wohlverhalten, einst das Bild des jungen Prinzen bekommen, sie schenkte es ihrer Muhme Marie, und wußte so viel gutes und rühmliches von dem Original zu sagen, daß die Meynung der Prinzeßin ganz geändert, und hier einer Verbindung der Weg gebahnt ward, die man mit recht unter die glücklichsten rechnen könnte, welche je unter Fürsten geschlossen wurden.

Der Leser merkt wohl, daß wir hier der Geschichte ein wenig vorgreifen, aber wir müssen es auch, weil wir Philippen und Marien so bald nicht wiedersehen werden. Selim hat sich bereits von der Geliebten seines Herzens getrennt, und unsere Pflicht erfordert, ihm nach Nancy zu folgen.

Nancy hatte lang vergeblich auf die Hülfe des Herzogs von Burgund gewartet, und sich endlich dem Herzog von Lothringen ergeben müssen. Als es zu spät war, erschien Karl mit vierzig tausend Mann, die Stadt zu belagern, oder vielmehr sich hier Untergang und Tod zu holen; drey Tage früher hätte er noch helfen können. Jetzt war der Vortheil auf Herzog Reinhards Seite, auch ermangelte dieser nicht, so gewiß er auch seiner Sache seyn mochte, die Eydgenossen zu Hülfe zu rufen.

Vielleicht hätte alles noch erträglich für den Herzog von Burgund ablaufen mögen, wär er im Stande gewesen, sich von gewissen innerlichen Feinden loszumachen, die ihm lieb geworden waren, wie sein eigen Herz: sein Stolz, sein Uebermuth, seine eigensinnige Abneigung gegen jeden ihm von andern vorgeschlagenen Schritt, stürzten ihn ins Verderben, und der Verräther Kampobachio, der ihm so theuer war wie seine Schooßsünden, suchte heimliches Einverständniß mit seinen Feinden.

Phllippens Verlust schlug alle seine bisher gehegte Anschläge zu Boden, er mußte auf neue Mittel denken sich empor zu heben, und sich an demjenigen blutig zu rächen, den er für den Räuber seiner Dame hielt, an dem Herzoge von Burgund.

Er schrieb an König Ludwigen, dessen Gesinnungen gegen den Herzog von Burgund ihm bekannt waren; und erbot sich, ihm seinen Herr. gegen eine Grafschaft, eine Feldherrn-Stelle und fünf und zwanzig tausend Kronen jährlich Renten lebendig oder tod auszuliefern. Zum Glück traute ihm der König von Frankreich nicht, er wußte, wie sehr dieser Unwürdige seinem betrogenen Herrn am Herzen lag, und ließ letztern warnen.

Karl hielt alles für Verleumdung und unnütze Mühe, ihm seinen Liebling verhaßt zu machen. Er konnte nicht absehen, was Kampobasso für Vortheil in seinem Untergange finden, konnte nicht absehen, was er für Ursach haben könne, ihn zu hassen. Jene schimpfliche Begegnung, den Backenstreich und was dem anhing, hatte er ganz vergessen, aber in Kampobasso's Seele glühte sie noch, wie im ersten Augenblick des Empfangs, und es ist kein Zweifel, daß sie der erste Grund wurde, einen Menschen von seiner Pflicht loszureissen, der ausserdem seinem Wohlthäter vielleicht treu gedient haben würde. Der Verräther mußte sich indessen zu verstellen, und Karl liebte ihn nach Ludwigs Anklage, wo möglich, noch inniger als zuvor.

Nach Verlust der letzten Schlacht erschien der Treulose von neuem mit schriftlichen Anerbietungen bey König Ludwigen und Herzog Reinharden. Der erste hielt der Sache dießmahl ein aufmerksameres Gehör zu geben, als anfangs, aber wie verächtlich Lampobachio von Herzog Reinharden abgewiesen wurde, das können diejenigen errathen, welche ihn kennen.

Nach zurückkehrender Botschaft von König Ludwigs Hof, die vielleicht Einwilligung, Versprechungen und Einschläge mitgebracht haben konnte, ging der Graf zu Ausführung seiner Bosheit ernstlicher ans Werk. Meuchelmörder ja, und ausser dem Heer waren gedungen, auch schien es ziemlich leicht dem verrathenen Fürsten beyzukommen.

Karl war überall selbst, sah alles mit eigenen Augen. Er scheute nicht die einsamsten und gefährlichsten Orte. Er war wach, wenn alle seine Wächter schliefen, und ermangelte selten Morgens und Abends selbst noch die Runde im Lager zu reiten. Dieses war das Vortheilhafte für seine Verfolger. Das erste Nachtheilige für sie war das hohe Zurückschreckende seiner Person, welches schon mehrmahls einen Bösewicht im Augenblick der That entwafnet hatte; auch konnte man sich schwerlich an ihn wagen, denn er mußte sein Schwerd zu führen, er trug den ganzen Tag den Küraß, und entwafnete sich kaum des Nachts, auch ging bey seinen gewagten Streifereyen unabläßig ein junger Held, wie ein Schutzengel an seiner Seite,

deſſen Arm man kennen und fürchten gelernt
hatte. Selbſt Kampobachio hatte ſeine Kraft
gefühlt, und wünſchte ſie nicht noch einmahl zu
verſuchen.

Wir wiſſen nicht, ob es unſern Leſern lieb
oder leid ſeyn wird, wenn ſie erfahren, daß dieſer ſchützende Genius ein Bekannter von ihnen,
daß es Kalixtus Kolonna, oder Kalepin, Selims Bruder war; lieb iſts ihnen vielleicht zu
vernehmen, daß dieſer ſo lang verwahrloſte junge Menſch, ſich zu einem Helden gebildet hatte,
und leid, daß Selims Bruder ſeines Feindes
Liebling war, und daß alſo getheiltes Intereſſe
Amurats Söhne zu Gegnern machte.

In der That war Kolonnas Dankbarkeit
gegen Karln groß, in der That hatte er Urſach
dankbar zu ſeyn, denn Karl hatte edel, väterlich
an ihm gehandelt; ihm dankte der Jüngling ſeine ganze Erziehung, ihm Ausſichten für die Zukunft, die für einen vertriebenen Prinzen wohl
glänzend heiſſen konnten, ihm endlich, welches
faſt das größte war, Schutz gegen Kampobachios Verfolgungen. Wer ſonſt von dieſem
Manne gehaßt wurde, der mußte fallen, nur gegen Kolonna würkten ſeine Maſchinerien nichts.
Der junge Menſch ſtand neben ihm unerſchüttert
in der Gunſt des Herzogs, und er mußte ſich end-
ſchlieſ-

schliessen, seinem Haß und seinen Absichten gegen ihn, oder Karls guter Meynung gute Nacht zu sagen. Kampobachio hatte hierin noch nicht gewählt, er behalf sich indessen mit listiger Verstellung, und überhaupt hatte er auch jetzt mehr zu thun, als auf den Fall des Dieners zu denken, da der Untergang des Herrn ihn beschäftigte.

Herzog Reinhard hatte einen Hausmarschall; der Name des redlichen Mannes, der ein Opfer seiner Gutwilligkeit ward, verdient genennt zu werden, er hieß François Chiffron. Er war des Herzogs von Burgund gebohrner Unterthan, aber unerbittliche Härte gegen ihn in einer kleinen Sache hatte ihn aus dem Lande in die Dienste des Herzogs von Lothringen getrieben, wo ihm wohl war, und wo nichts ihn beunruhigte, als die gegenwärtige Fehde wider sein Vaterland.

In den damahligen Zeiten gehörte noch manches zu den Pflichten eines guten Bürgers, das gegenwärtig als Schwäche und Fehler bekannt ist. Man fand es billig, nicht allein die Erde zu lieben, die uns zuerst genährt und getragen hat, sondern auch den Fürsten, dem wir und unsere Vorfahren Schutz und andere Vortheile danken, die nur unter einer regelmäßigen Regierung gefunden werden. Herzog Reinhard sah es gern, daß sein Diener seinen Landsherrn liebte, und seinem

Untergang nicht ohne Kummer entgegen sehen konnte, er freute sich des Eifers, mit welchem Chiffron Kampobachios verrätherische Absichten, die hier kein Geheimniß waren, ansah, und seiner Begierde, den verrathenen Fürsten gewarnt zu sehen. Deine Treue, Chiffron, sagte er, diese großmüthige Treue gegen einen Herrn, dessen Härte dich aus deinem Vaterlande trieb, ist mir Unterpfand von dem, was ich von dir zu gewarten habe, auch bin ich selbst ungeduldig, dieses schändlichen Menschen, dieses Kampobachios, höllische Anschläge vernichtet zu sehen.

O, rief Chiffcon, daß ich Erlaubniß erhalten könnte, Anschläge auszuführen, die meines Herrn großmüthigen Wunsch erfüllen, und mir die Beruhigung geben könnten, meine Pflicht gethan zu haben!

Rede François! sagte Reinhard mit gnädiger Miene.

Ihr wißt, guter Herzog, fuhr der treue Burgundier fort, ihr wißt unsern Anschlag, Nancy mit Proviant zu versorgen, er kann fast nicht mißlingen; um aber der guten Stadt desto sicherer zu helfen, so wollte ich selbst bey dem Transport seyn, und — —

Weiter! Weiter! rief der Herzog mit wachsendem Interesse.

Wahrhaftig, gnädiger Herr, fuhr Chiffron fort, einem andern als Euch, möchte ich das, was ich im Sinn habe, nicht vortragen; doch ihr kennt mein Herz; Verdacht gegen mich zu fassen, ist Euch unmöglich: Meine Absicht ist, auf der Rückkehr gutwillig in die Hände der Burgundier zu fallen, und meinen Landsherrn zu warnen, der ja zu seinem gebornen Unterthan einiges Zutrauen fassen wird. Laßt Euch nicht irren, daß mir unterschiedliche Dinge wissend sind, die man mir entreissen könnte. Ehe mein Leben als Treue und Verschwiegenheit! Ich weis wohl, daß ich Euch noch mehr schuldig bin, als dem Herzog von Burgund!

Franz! Franz! rief der nachdenkende Herzog von Lothringen, du wirst mich durch deine kühne Wagniß um einen guten Diener bringen! Für Treue und Bewahrung geheimer Dinge ist mir bey dir nicht bange, aber für den treuen Bewahrer. Soll ich dich den Händen der wilden Burgundier preis geben? soll ich dich Kampobachios Rache blos stellen?

Gnädiger Herr, sagte François lachend, habt ihr keine weitere Einwendung gegen meinen Wunsch, so bin ich zufrieden. — Das übrige kommt auf Zeit und Umstände an; wer weis denn, ob ich Gelegenheit haben werde, ohne andere mit mir in Gefahr zu ziehen, meinen Anschlag auszuführen.

Nancy ward diese Nacht mit Proviant versorgt; die Reisigen, die zur Begleitung gedient hatten, kamen auf ihren sichern Wegen zurück, aber ohne Chiffron. Sie klagten, daß er sich zu lang an dem einzigen verdächtigen Orte, da feindliche Ueberraschung unmöglich war, verweilt, und sich nicht wieder zu ihnen gefunden hätte. Ihm nachzuspüren wär wider Sicherheit und Ordre gewesen, aber sie besorgten sehr, er werde den Feinden in die Hände gefallen seyn.

Ja, das ist er! rief Reinhard. Gott gebe seiner großmüthigen Absicht einen guten Ausgang, und setze uns bald in die Möglichkeit, ihn zu retten oder zu rächen!

Der unglückliche Chiffron! er war verloren, sobald er in die Hände seiner Landsleute fiel, nicht Rettung, nur Rache war möglich.

Chiffron war keiner von den schwachen Seelen, die bey gränzenloser Gutmüthigkeit, ohne Kopf und Ueberlegung handeln; es fehlte ihm nicht an Verstand und Politik, eine schwere Sache glücklich einzuleiten. Alles ging gut, schon hatte er beynahe das Ohr des Herzogs von Burgund gewonnen, als Kampodachte Nachricht von der Sache erhielt, und indem er sich einmischte, alles vernichtete.

Karl, der vorher kein Bedenken getragen hatte, den ehrlichen Burgundier selbst vor sich zu lassen, wurde nun auf einmahl durch Furcht vor Meuchelmord, oder künstlicher durch Zaubermittel bewürkter, und also unvermeidlicher Vergiftung, zurückgeschreckt, das Geheimniß, das man ihm entdecken wollte, aus des Ueberbringers eigenem Munde zu hören. War dieser Ueberbringer nicht Herzog Reinhards vertrauter Diener? war er nicht der Chiffron, der vor einigen Jahren ohne sonderliche Ursach aus dem Lande vertrieben worden war, und der also wahl Rache, aber keine Liebe gegen den Fürsten hegen konnte, unter dessen Regierung er so hart behandelt wurde?

Der Herzog von Burgund war überzeugt, daß er Chiffron nicht sehen dürfe. Er schickte Kampobachio, seine Beichte zu hören, und man urtheile, ob sie von der Art war, daß sie einem solchen Konfessor anvertraut werden konnte.

Kampobachio, dem dieser Chiffron viel Unruh machte, kam zweymahl vergebens, doch ließ sich endlich der unglückliche François, welcher wohl fühlte, daß seine Lage immer bedenklicher wurde, so viel heraus: Er bät, wenn ihn der Herzog ja nicht selbst hören wollte, er möchte ihm nur einen andern Verhörer schicken, als den Grafen. —

Kampobachio, der bey dieser Erklärung, die Chiffron durch seinen Kerkermeister überschickte, gegenwärtig war, biß sich auf die Lippen und muthmaßte die ganze Wahrheit. Eine augenblickliche Angst überfiel ihn, als der Herzog sich zu seinem zweyten Liebling wandte, und ihm den bedenklichen Auftrag gab. — Geh, mein Kolonna, sagte Karl zu dem Jüngling, der ihm nie von der Seite kam, geh, und höre, was uns dieser sonderbare Mann zu sagen hat. In dich wird wohl niemand ein Mistrauen setzen, wer kein Herz zu dir fassen kann, dessen Geheimnisse mag ich nicht wissen.

Der Herzog hatte Recht, Kolonnas Gesicht war in der That eins von denjenigen, die offene Redlichkeit so sprechend bezeichnen, daß schon ihr bloser Anblick Zutrauen einflößt; seine Jugend war ebenfalls Empfehlung für ihn, es war dem Aussager nur um treue Ueberlieferung seines Geheimnisses zu thun, er würde es einem Kinde lieber als einem Greise zugeflüstert haben, im Vertrauen, daß ein so schuldloser Mund es unverfälscht vor Karls Ohren bringen würde. Alles würde jetzt geglückt seyn, der Herzog war durch die Umstände, die Chiffron von der Verrätherey des Grafen zu melden wußte, wenigstens aufmerksamer auf seinen falschen Günstling geworden, wenn dieser arglistige Bösewicht nicht in jeder Verlegenheit schnelle Mittel gewußt hätte, sich heraus zu helfen. Ein einiges Wort seinem Kammerdiener unvermerkt ins Ohr gesagt, vernichtete alles.

Kolonna ward in Chiffrons Gefängniß geführt. Ja das ist der treue Ueberbringer meines Geheimnisses! schrie der Alte, dem die holde Gestalt des Jünglings einnahm. — Hütet Euch, flüsterte ihm eine Stimme von hinten zu, hütet Euch, diesem jungen Menschen etwas falsches zu sagen; er ist der Bruder des grossen Grafen Kampobachio, und des Herzogs geheimer Sekretär.

Chiffrons Herz sank bey diesen Worten. Dieses Kind ein hochbetrauter herzoglicher Diener? sagte er zu sich selbst, ein Bruder Kampobachios? Ja, ja, eins fließt aus dem andern, und ich bin abermals betrogen! — Geht, junger Herr, ich habe Euch nichts zu vertrauen. Den Herzog, den Herzog allein, muß ich sprechen! Sagt ihm, sein Blut sey über ihn selbst, wenn er mich nicht hört! sagt ihm, ihm sey mehr an meinem Geheimniß gelegen, als an Lothringen und Burgund, sagt ihm endlich, er solle den fragen, der ihm der nächsie ist, und seine Beichte werde so gut seyn als die meinige!

Kolonna mußte sich entfernen, denn er konnte durch seine rührendsten Bitten nichts mehr aus ihm bringen. Der Verdacht wider Kampobachios vorgeblichen Bruder war zu groß, als daß er hätte deutlicher sprechen sollen, auch war es bereits genug gesagt, wenn es der Herzog nur so ernst und treulich hätte beherzigen wollen, als es ihm von seinem jungen Liebling vorgetragen wurde.

Kampobachio lächelte, daß ihm der Fund, dem treuen Burgundier Mistrauen gegen einen Engel einzuflößen, so wohl geglückt war; es hätte ihn wohl ehr beschämen sollen, daß sein Name, der Titel seines Bruders, im Stande war, die Unschuld selbst verdächtig zu machen.

Ihr seht, gnädiger Herr, sagte er, indem er sich zum Herzog wandte, der ihn um seine Meynung fragte, ihr seht, daß dieser Mensch würklich nichts zu melden hat, daß er ein Narr oder ein Böswicht ist; einer so wohl als der andere, drohet einer Person von Eurer Wichtigkeit Gefahr. Meine besondern Meynungen über die Sache werde ich indessen nicht ermangeln, meinem Herrn in unterthäniger Vertraulichkeit mitzutheilen.

Der Herzog war sehr begierig, diese besondern Meynungen zu hören, jedermann entfernte sich, und Kolonna, der der Sache weiter nachdachte, mit dem Entschluß, morgen in Kampobachios Abwesenheit den Herzog nochmahls um Zutritt bey dem Gefangenen zu bitten, und neue Mittel zu brauchen, der Sache auf den Grund zu kommen.

Eine gute Sache, die man auf den andern Morgen verschieben muß, geht oft verlohren, dies war auch hier der Fall. Des andern Morgens lebte Chiffron nicht mehr, Kampobachios besondere Meynung von diesen Dingen war, die schnelle Hinrichtung des rebellischen Warners gewesen, er hatte die Nothwendigkeit derselben seinem verblendeten Herrn so nachdrücklich ans Herz zu legen gewußt, daß Chiffron nicht zu retten war. Er starb mit der Betheuerung, der Herzog werde ihm bald folgen, und sein vertrautester Rath trage gute Wissenschaft um diese Dinge. Doch, setzte er muthig hinzu, was brauche ich im Augenblick des Todes zu schonen! Kampobachio ist der Verräther und Mörder seines Herrn, hier dieser Brief, den er an den Herzog von Lothringen abließ, und den der Redlichste unter den Anwesenden zur Warnung seines Fürsten, aus meinen Händen nehmen mag, ist Beweis meiner Aussage, auf welche ich sterbe, und vor Gottes Gericht zu treten denke.

Man hörte Chiffrons letztes schauervolles Bekenntniß, man nahm den beweisenden Brief aus seinen Händen, aber — er befand sich unter lauter Kreaturen Kampobachlos, keiner war redlich, keiner getraute sich zu sprechen; so ward der Verräther gesichert, Chiffrons Lippen versiegelte das Grab, und Herzog Karl blieb der Geweihte des Todes.

———

Auf vielerley Art suchte der Böswicht den Untergang seines Herrn vorzubereiten. — Der Winter rückte immer mehr heran; Karls Völker waren schlecht vor dem Froste verwahrt, und wurden noch schlechter gespeist und besoldet. Hunger und Kälte rieben einen grossen Theil des Heers auf, mit welchem sich der burgundische Held nicht ohne Grund vermessen hatte, ein Königreich zu ersiegen. Er war unschuldig an den Elend, das hier so schrecklich aufräumte. Ehe litt er selbst Mangel, als daß er seinen Soldaten das nöthige entzog. Kampobachlo hinterhielt den Unglücklichen Nahrung und Sold, er war es, der sie durch tägliche schreckensvolle Posten von dem Zuzug der mächtigern Feinde muthlos machte, und die Hülfe aus den Niederlanden verhinderte.

Der treue Lalain, — o wär er vor Chiff, frons Tode gegenwärtig gewesen! — war Graf Engelberten von Nassau entgegen geschickt worden. Dieser Fürst, eine gute redliche Seele, wie der Bote, den man ihm geschickt hatte, um seine Annäherung zu beschleunigen, kam, aber er brachte nur wenig Völker mit sich. Es ist mir unmöglich, sagte er, meine Kinder den Gefahren dieser rauhen Jahrszeit aufzuopfern. Will der Herzog das Haupttreffen bis auf den nächsten Frühling versparen, so will ich ihm ein stattliches Heer stellen, das nicht in seinem sondern in meinem Solde stehen soll; ich bin, Gott sey lob, vermögend genug, ihm diesen Reuterdienst zu erzeigen.

Nassau erhärtete diesen Vorschlag mit weisen Gründen; Lalain bat, aber Karl hörte nichts, als seinen eigenen Wahn und Kampobachios Einhauchen, welcher ihm vorspiegelte, Nancy müßte in den nächsten Tagen aus Hunger übergehen.

Die Noth in Nancy war in der That groß, diese gute Stadt hatte in Chiffron einen treuen und schlauen Speisemeister verloren. Herzog Reinhard wütete über die Hinrichtung seines treuen Dieners, und ließ sich, vielleicht das einzige Mahl in seinem rühmlichen Leben zur Grausamkeit hinreissen. Viel gefangene Burgundier wurden Chiffrons Schatten zum Nachopfer geschlachtet.

Karl wagte indessen, aus Furcht, daß die Nähe der Eydgenossen, ihm vollends alles verderben möchte, einen Hauptsturm auf Nancy. Die Kriegsverständigen in seinem Heer beharrten auf Aufschub aller Thätlichkeiten, bis zum Frühling. Er hörte nicht, ob ihn gleich der Augenschein und der schlechte Erfolg aller seiner Unternehmungen hätte witzigen sollen.

Er brach auf mit seinem kranken Heer gegen die frischen, sieggewohnten Eydgenossen. Kaum zehntausend Mann waren es, auf die er sich verlassen konnte. Niemand war, dem hier nicht die Gefahr in die Augen fallen mußte. Karl hätte nicht der seyn müssen, der er war, wenn er hier von Sicherheit und gewissen Siege hätte träumen wollen, nur der Gedanke an so manches kühne Wagstück, das ihm gelungen war, konnte ihn beruhigen, und der Trost, den er hiers aus nahm, war so stark, daß er alle andere Ueberlegungen unkräftig machte.

Doch mußte Todesahndung in seinem Innersten feste Wurzel gefaßt haben. Er machte Vorkehrungen bey diesem seinen letzten Feldzug, die er sonst nie zu machen pflegte: halbe Nächte brachte er mit Schreiben zu, und als er sich an dem entscheidenden Tage zu Pferde setzte, ließ er einen eigenhändigen Aufsatz, die nöthigsten

Verfügungen wegen seiner Tochter und des Reichs enthaltend, in den Händen des treuen Lalain.

Und warum soll eben ich, fragte der redliche Alte, der Verwahrer dieses traurigen Blattes seyn? Ich begleite meinen Herrn, das Schwerdt wird ehe mich treffen als ihn!

Du begleitest mich nicht, mein Freund! antwortete Karl mit dem leutseeligen Blick, der ihn zum Abgott seiner Diener machte. Die Wunden, die du dir vor Nancy holtest, sind noch kaum geschlossen!

Und dieser Knabe, dieser Kolonna soll an der Seite seines Herrn fechten? soll vor mir alten verfuchten Diener einen Vorzug haben?

Lalain! sagte Kolonna, gönnt mir das Glück, vor unsern Herzog fechten oder sterben zu lernen, ich gehe in die Schule, in welcher ihr bereits ausgelernt habt.

In die Schule der Treue bis zum Tode! wiederholte Lalain mit einer Thräne im Auge. O Kolonna! o Kampobachio! das Leben unsers Herrn! Gott fordere es von Euren Händen! ihr seyd die nächsten um seine Person, das Schwerdt, das nach seinem Herzen zielt, muß seinen Weg durch das Eurige suchen!

Kolonna schüttelte Lalains Hand ohne sprechen zu können; in seinen schwimmenden Augen war das Gelübde der Treue bis zum Tode.

Kampobachio wollte nicht ermangeln u. s. w. Seine Blicke auf den Herzog — (Denn, daß er zu stolz war, sie bey dieser Versicherung auf Lalain zu richten, versteht sich) logen Gefühle, die er nicht kannte. Sein Herz war voll Bitterkeit gegen Karln. Der vor Jahren erhaltene Backenstreich brannte immer noch auf seinen Wangen, Philippens Verweigerung in seinen Herzen. Die Entführung der gelderschen Erbin aus Schloß Samson, die er dem Herzog beymaß, war eine neue Ursach zu Rache und Unwillen gegen ihn, und die allerneuste der Vorzug, den Lalain diesen Augenblick von Karln vor ihm erhalten hatte, indem ihm die Papiere anvertraut wurden, welche den letzten Willen desjenigen enthielten, von welchem niemand besser wußte, als Kampobachio, daß er zum Tode ging.

Die Eydgenossen, unter der Anführung Wilhelm Horzers und seines tapfern Siegsgenossen in der Schlacht bey Gransee, setzten über einen verschneyten Graben, um dem Herzog von Burgund in die Flanke zu fallen.

Der Verräther Kampobachio ging gleich anfangs zu den Feinden seines Herrn über. Der Empfang, den er fand, war schlecht. Die braven Helvetier mochten nicht mit ihm fechten,

Herzog Reinhard wies ihn mit Unwillen von sich, und Selims Zorn gegen seinen Feind ward durch die tiefste Verachtung abgekühlt. Kampobachio mußte nach Kastell Konde abziehen, wo er sich rühmlichst beschäftigte, die bald drauf fliehenden Burgundier abzuschlachten, und die, welche sich ranzioniren konnten, gefangen zu nehmen, er glaubte, hier könne ihm die Hauptperson im Trauerspiel, nach deren Untergang seine Rache dürstete, nicht entgehen. Sollte es geschehen, welches fast unmöglich schien, daß der Herzog den Meuchelmördern entging, die sein Feind in seinem eigenen Heer wider ihn gewafnet hatte, so mußte er doch hier lebendig oder tod in Kampobachios Hände fallen.

Der Verräther, welcher seinen Uebergang zu den Feinden aus Staatsursachen, die uns unbekannt sind, gleich auf den ersten Anfang der Schlacht verlegt hatte, wußte, daß er persönlich nun nichts mehr beytragen konnte, seinen Herrn dem Tode entgegen zu führen; diesen Schaden, der ihm durch seine Abwesenheit zuwuchs, zu ersetzen, hatte er dreyßig Reuter gedungen, die Karln nicht verdächtig seyn konnten, weil sie zu seinem eignen Heer gehörten, und die gleichwohl Befehl hatten, ihn bey der ersten günstigen Gelegenheit, im Fechten oder im Fliehen, bey der Vertheidigung oder dem Angriff den Todesstoß zu geben. Einer von dreyßigen, so rechnete

Kampobachio sehr richtig, wird doch unter zahllosen Gelegenheiten eine ergreifen, den Blutlohn zu verdienen, und das große Rachopfer zu schlachten.

Unter den dreyßig berittenen Meuchelmördern war ein tauber Fußknecht; die Geschichte nennt seinen Namen, der besser in ewiger Vergessenheit begraben würde, Claude Beaumont. Er war so dumm als taub, und so boshaft als taub und dumm. Es ließ sich nicht denken, wie Kampobachio auf die Wahl eines solchen Subjekts gefallen war, und noch undenkbarer ist, daß eben diesem Menschen es unter allen seinen Mordgesellen allein gelingen, daß dieser Elende das Werkzeug werden sollte, einen der größten Helden seiner Zeit hinzurichten.

Beaumont hatte den Trompetenstoß verhört, der ihn an seinen Posten rief; seine Dummheit ließ ihn Maaßregeln zu Verbesserung seines Versehens ergreifen, die ihn verdächtig machten. Lalain, der im Lager zurückgeblieben war, und hier das Komando hatte, ließ ihn vor sich kommen. Es war unmöglich, aus seinen verworrenen Aussagen Kampobachios ganzem höllischen Anschlag auf den Grund zu kommen; aber Winke erhielt Lalain, die ihn zittern machten. Er hielt das Leben seines theuren Herrn nicht sicher, als unter seinen eigenen Augen, er machte sich auf, so schwach er noch von seinen Wunden war, selbst über ihn zu wachen, und hinterließ das Lager unter bekannt treuen Händen, und Beaumont, von dem man umständlichere Aussage hoffte, in strenger Verwahrung.

Die Treue gab Lalain Stärke, er focht an Karls Seite ohne erkannt zu werden, und er und der junge Kolonna behaupteten ihren Platz als die Schutzengel des burgundischen Helden so wohl, daß es unmöglich war, daß hier das Meuchelschwerdt würken konnte; ach wäre die Tapferkeit einzelner Helden nur hinlänglich gewesen, den Verlust der ganzen Schlacht abzukehren! — Doch welch ein Wunsch! wir vergessen ganz, daß unser Selim unter Karls Feinden kämpft, und daß es also unsere Pflicht erfordert, uns auf seine Seite, nicht auf die Seite der Burgundier zu schlagen! Verzeiht uns diesen Fehler, lieben Leser, wir sind wohl nicht die Einzigen, die bey der Geschichte dieser Schlacht zweifelhaft wurden, wem sie den Sieg gönnen sollten, ob Herzog Reinharden und den braven Eydgenossen, oder hier einem Helden, der im Kampf mit zahllosen Widerwärtigkeiten wohl endlich unterliegen mußte. Es war den Helvetiern gegeben, oft über edle Feinde zu siegen, wer wollte Herzog Leopolden bey Sempach, und Herzog Karln bey Nancy nicht eine Thräne schenken?

Der Sieg lenkte sich ganz auf die Seite Herzog Reinhards und der Eydgenossen. Selims Thaten unterlassen wir zu schildern; sie wurden hier von tausend andern verdunkelt.

Selim konnte sich nicht entbrechen, seinen erhabenen Feind, den Herzog von Burgund, zu bewundern, der sich hier mitten im Unglück so groß erzeigte. Die Göttin des Siegs wandte ihm den Rücken, die Niederlage war unvermeidlich, doch stand er wie ein Fels und wankte nicht, da alles um ihn her zu Boden sank. Selim hatte zehnmahl Gelegenheit, sein Schwerdt gegen das seinige zu setzen; ein geheimer Schauer hielt ihn zurück; er schob dieses auf Karls nahe Verwandschaft mit seiner Geliebten, und verkannte die Stimme seines guten Engels, der ihn abhielt, Bruderblut zu vergiessen. An Karls Seite kämpfte ein Greis und ein Jüngling, entschlossen für und mit ihm zu sterben, der letztere blutete schon aus mehrern Wunden, ein Streich von Selims Schwerdt auf Karln hatte ihn zur Vertheidigung gereizt, und ihm einen Gegner zugezogen, dem er nicht gewachsen war; der junge Held wär gesunken, und hätte durch seinen Fall seinen Gegner zum Brudermörder gemacht.

Der Herzog von Burgund sahe, wie schwach Kolonnas Streiche wurden; die Thränen traten ihm in die Augen. Geh, mein Kind! sagte er, laß dich aus dem Streite führen, es ist zu viel für mich, auch dich sterben zu sehen! und du, braver Alter, rette den Knaben und schone dein eignes Leben.

Lalain weicht nicht! war die Antwort, und Kolonna ist glücklich für seinen Herrn zu sterben!

Lalain? rief der Herzog, der seinen Nebenkämpfer erst jezt erkannte, Lalain, auch du? O der Opfer sind zu viel, die für mich bluten.

Ein neuer Haufe der Feinde stürmte herbey, das kurze Gespräch ward unterbrochen; der Herzog und seine beyden treusten Freunde fochten verzweifelt; hätten alle so gefochten, der Sieg wär zweifelhaft geblieben, doch hier mußte endlich überlegene Macht und Menge siegen. Kolonna fiel, Lalains Pferd bekam eine Wunde, die es flüchtig machte. Der Herzog konnte seine Leute nicht mehr beysammen erhalten; alles flohe! einige seiner treusten Diener rissen auch ihn mit sich fort, zu der unglücklichsten Flucht, die dem Helden das Leben kostete.

Der nacheilende Feind hatte endlich alle Begleiter des Herzogs erlegt. Karls Pferd trug ihn über einen halb gefrornen Graben; es strauchelte und fiel. Der jähe Sturz, der Blutverlust und die kalte Tiefe, in welcher der verwundete Herzog lag, machte ihn ohnmächtig. Noch wär er zu retten gewesen, wenn das Schicksal ihm einen Helfer geschickt hätte; es schickte ihm keinen Helfer, sondern einen Mörder.

Claude Beaumont hatte sich, wir wissen nicht wie, aus seiner Gefangenschaft im Lager los gemacht; ein böser Geist mußte seine Bande gelößt haben! er eilte nach dem Schlachtgefilde. Zum ehrlichen Kampf kam er zu spät, aber nicht zur Vollziehung seines schrecklichen Auftrags. Des Herzogs Pferd, das sich aus dem Graben empor geholfen hatte, tobte ihm reuterlos entgegen, er folgte der Spur des Bluts, die es hinter sich herzog; sie führte ihn nach der Tiefe, wo der Fürst lag, nach dessen Blute er, um einer elenden Belohnung willen, dürstete. Er sah, er kannte ihn; mit eigner Lebensgefahr stieg er hinab, nicht um zu retten. — Ein wüthender Hieb in Karls Hinterhaupt trieb die Heldenseele des großen Mannes vollends aus dem zersetzten Körper, und der Meuchelmörder schied froh und muthig, als hätte er eine große That verübt.

Aber auf der Wahlstatt feyerten die Sieger die gewonnene Schlacht. Herzog Reinhard und Selim nahmen nicht so herzlichen Antheil an der Siegsfreude, als sie gesollt hätten. Gesunkene Größe ist für die Hohen der Welt allemahl ein trauriger Gedanke. Das Gerücht: Herzog Karl sey auf der Flucht getödtet worden, breitete sich allmählich aus, und Thränen kamen den beyden Freunden in die Augen. Er war doch ein grosser Mann! sagte Selim. Und der Oheim deiner Philippe! setzte Reinhard hinzu. —

Er hätte nur väterlicher an ihr handeln sollen!

Er verkannte dich und sie! — Ich habe härtere Klagen über ihn zu führen, und das hätte ich ihm alles vergeben mögen! — —

Gegen den Abend kam Post, die Ausgeschickten Herzog Reinhards hätten den Ort ausgekundschaftet, wo der burgundische Held gefallen sey.

Die beyden Freunde saßen auf, bey geziemender Aufhebung des Heldenleichnams gegenwärtig zu seyn! — Ein gefangner Burgundier war ihr Führer.

Ich sah ihn fechten, sprach Selim unterweges, bey Gott solche Streiche erblickte ich selten! Jeder ein treffender Wetterschlag! — Ach, und der junge Mensch an seiner Seite! — Der Herzog von Burgund hat keinen Sohn, sonst wollte ich glauben, hier habe kindliche Liebe gestrebt, das Leben für einen Vater aufzuopfern!

Verzeihet, gnädiger Herr, fiel der Burgundier ein, ihr seyd ganz irre, dieser brave Jüngling war unserm Herrn ganz fremde, es ist der junge Kolonna, den einige für einen Italiäner, andere für einen Morgenländer ausgeben.

Kolonna? schrie Selim mit dem höchsten Erstaunen.

Ja, gnädiger Herr, und gleich sind wir bey dem Platze, wo er in Vertheidigung seines Wohlthäters fiel.

Fiel? Kolonna gefallen? — O mein Bruder! mein Bruder! ist dies das Wiedersehen, nach welchem ich mich sehnte?

―――――

Sie kamen an die Stelle, wo der Jüngling in Vertheidigung seines Wohlthäters fiel! Ein glorreicher Fall! — Rühmlicher hätte Amurats Sohn wohl nicht zuerst vor seinem Bruder erscheinen können, als in den schönen Wunden, die ihn bedeckten. Die Fahne von Burgund, die er im sinken zu retten suchte, verhüllte zur Hälfte den Leichnam des jungen Helden.

Selim warf sich vom Pferde, und kniete neben dem Gefallenen! Ja, das ist er! rief er mit strömenden Augen! dies sind Züge, die meinem Herzen verwandt sind! O Kalepin! Kalepin! erwache! — O so dich wieder zu finden! so dich zu verlieren! — Doch hier ist noch Leben und Wärme! dies Herz schlägt noch! O Hülfe! Hülfe! die Heldenseele in dem schönen Körper zurück zu halten!

Man drängte sich um den Körper des Jünglings, die Wahrheit von Selims Worten auszuspähen. Sie bestättigte sich! Der Burgunder, ein Wundarzt, machte einige Versuche. Kalepin schlug die Augen auf, zwar nur um sie schnell wieder zu schließen, aber auch dieser einzige Blick versetzte Selim in einen Himmel von Freude. Reinhard theilte sie mit ihm. Nimm, sagte er, behalte alle, die dir zu Rettung deines Bruders nöthig sind. Ich ziehe weiter, ob ich vielleicht bey dem Leichnam unsers großen Feindes ähnliches Glück haben möchte.

Der Ort, den man dem großmüthigen Herzog von Lothringen als die Stelle bezeichnet hatte, wo Karl gefallen sey, war leer und zeigte nur einige Spuren von Blut. Man suchte den Abend und die Nacht hindurch vergeblich, und erst am Morgen führte der Zufall an den Graben, wo der Held sein Leben so kläglich geendigt hatte. Man stieß auf ein burgundisches Geschwader, das hier beschäftigt war, einen Körper aus Eis und Schnee herauf zu arbeiten.

Scenen des Todes machen Feinde zu Freunden. Graf Anton, Karls natürlicher Bruder, den man nur nach damahliger einfältiger Weise den Bastart von Burgund zu nennen pflegte, war Anführer des burgundischen Haufen, er verbarg sich nicht vor Herzog Reinharden, und dieser nicht vor ihm, sie, die gestern wie erzürnte

Löwen gegen einander fochten, gaben sich wehmüthig die Hände. Werden wir hier finden was wir suchen? fragte Reinhard. —

Soll ich sagen, ich hoffe, oder ich fürchte es? antwortete Anton.

Beyde schwiegen, und die Arbeit ging fort. Endlich war der Leichnam völlig heraufgearbeitet; aber noch wußte man nicht, ob man irre war. Die prächtigen Waffen des Herzogs waren kenntlich, aber nicht so sein Gesicht; von Frost und Nässe aufgeschwollen, durch Beaumonts schreckliche Hiebe entstellt, zeigte es nicht die entfernteste Aehnlichkeit mit dem, was es ehemahls war. Graf Anton streifte endlich die Bekleidung des linken Arms, der die Rüstung verloren hatte, auf, und fand ein kenntliches Maal. Lupus, Karls Leibarzt, erkannte das nehmliche und man konnte nicht mehr zweifeln. In traurender Stille ward der Leichnam aufgehoben, und in Begleitung des Bruders, des Freunds, des traurenden Siegers, und einiger weinenden Diener nach Nancy gebracht. Ein kleines Leichengefolge für den burgundischen Helden; doch ermangelte der Herzog von Lothringen nicht, ihn wenig Tage drauf in ansehnlicherer Begleitung zur Erde bestatten zu lassen. Er ruht in der Georgenkirche zu Nancy vor dem Hochaltar. Herzog Reinhard stand in tiefer Trauer an seinem Grabe, und redlichere Thränen flossen auf die Asche des Helben, als sonst Fürsten übereinander zu weinen pflegen.

Während dieser gutmüthige Prinz seines Feindes Asche auf diese Art beehrte, ihm an dem Orte, wo er gefallen war, ein einfaches Denkmahl errichtete, und auch zum Andenken der gefallenen Burgundier und zur Ruhe ihrer Gebeine, Kirchhof und Kapelle erbauen ließ, wachte und sorgte Selim an dem Lager seines Bruders Kalepin. Der Himmel schenkte ihn seinen Gebeten, aber freylich nicht in der Stärke und Blüthe wieder, die er am Tage der Entscheidung, zwischen dem Herzog von Burgund und seinen Gegnern, mit in die Schlacht brachte. Kraft und Lebensgeister, die einer so jungen Pflanze entzogen werden, ersetzen sich nicht so leicht; auch blieb Kalepin nach dem Verlust seines Wohlthäters, den er jetzt auch Selim lieben lehrte, immer ein Hang zur Schwermuth eigen, der ihm alle Freuden des Lebens verleidete, und jeden Trieb zu hohen Dingen, der sich vor kurzem noch in ihm geregt hatte, durch den Gedanken baldigen Todes niederschlug; daher ein Entschluß, der Selim sehr bekümmerte, und von dem wir unsern Lesern bald mehr sagen werden.

Kampobachio begab sich, nachdem er auf dem Kastell Kondé der Gefangenen gnug gemacht, und sich durch ihre Lösegelder bereichert hatte, nach seinem Vaterlande zurück. Der Graf von Nassau hatte ihm allein funfzigtausend Gulden, und Lalain, der schwer verwundet, auch in seine Hände gefallen war, zehntausend bezahlen müssen. Lalain hätte sich mit der gedoppelten Summe lieber ein Grab neben seinem lieben Herrn gekauft, wenn er nicht die Pflicht gefühlt hätte, für Vollziehung des letzten Willens zu sorgen, welchen Karl, als ihm die Nähe seines Todes ahndete, in seinen treuen Händen niedergelegt hatte.

Während der Verräther des burgundischen Helden nach Umbrien zog, und dort statt des Genusses seiner übel erworbenen Schätze, folternde Gewissensbisse und einen schrecklichen Judas-Tod durch eigene Gewaltthat fand, ward der redliche Lalain in Burgund der Schöpfer des Glücks einer guten Prinzeßin.

Marie ward die ruhige Besitzerin der Lande ihres Vaters, und ob gleich eine so reiche Erbin überall von eingedrungenen Theilnehmern ihrer Hoheit bestürmt wurde, ob man sie gleich bald zur Gemahlin des unmündigen Dauphins, bald des alten Herzogs von Geldern, Philippens Vaters, machen wollte, den man eigentlich darum aus seinem Gefängniß hervorholte, so blieben doch am Ende nur zwey Bewerber um ihr Herz, welche einige Betrachtung verdienten: der liebenswürdige Herzog von Lothringen, und der kayserliche Prinz Maximilian; Herzog Rilnhard bewarb sich mehr des Wohlstands wegen um Marien, denn sein Herz hing an Philippen, und da die burgundische Prinzeßin ebenfalls nichts für ihn und alles für den jungen Maximilian fühlte, mit welchem sie bereits Ring und Briefe gewechselt hatte, so ist keine Frage, wie die Entscheidung am Ende ausfiel. Nichts von den Hindernissen, die das Glück dieser Liebenden noch einige Zeitlang verzögerten, sondern nun den Rest unsrer Blätter noch ganz allein jenen Dreyen, die Hauptpersonen dieser Geschichte sind, unserm Selim, seinem Bruder und seiner Geliebten.

Selim und Kalepin folgten dem Herzog von Lothringen an den burgundischen Hof, wo Philippe von Geldern jetzt unter dem Schutz ihrer edeln Muhme Maria, in den Armen Zelibend, und der guten Frau von Hallwyn, freyer und glücklicher lebte, als zuvor je. Sie war jetzt ganz ihres Selim, keine Träume von der ungarischen Königin trübten weiter ihre Ruhe; keiner von Selims Mitbewerbern um ihre Gunst, selbst der trefliche Herzog von Lothringen nicht, vermochte ihm Eintrag zu thun, auch bezwang dieser edle Fürst, der in allem ein Held zu seyn wußte, eine Leidenschaft, die er für unrecht hielt, und die das Glück seiner Freunde trübte.

Dieses Glück vollkommen zu machen, war Marie entschlossen, ihrer Freundin das Land lyrer Väter wieder zuzuwenden, und sie triumphirte in den Gedanken, Selim und Philippen, bald als Herzog und Herzogin von Geldern zu begrüssen, da auf den elenden Herzog Adolf, der noch über das bald nachher an den Folgen seiner Ausschweifungen starb, keine Rücksicht zu nehmen war. — Marie, und die Liebenden hatten sich indessen zu früh gefreut, denn bald ereigneten sich Dinge, welche Selims Durst nach Grösse von neuem weckten, und den ruhigen Genuß häuslicher Freuden weit hinaus in die Zukunft schoben.

Aximith, der sich auf geheime Briefe aus Rhaseien seit einiger Zeit von Selim getrennt hatte, kam mit Nachrichten zurück, deren Inhalt die Leser im folgenden Abschnitt erfahren, und denn den Einfluß, den sie auf Selims Entschlüsse hatten, nach Belieben tadeln oder billigen mögen.

Die Entstehung der Freundschaft Aximiths zu dem türkischen Prinzen in den rhaseischen Gebürgen haben unsere Leser gesehen, und ihr Wachsthum durch manche Jahre bis auf den Zeitpunkt, an welchem wir uns gegenwärtig in unserer Geschichte befinden, nicht aus den Augen gelassen. Der Dienste, welche dieser redliche Alte unserm Helden erzeigt hatte, waren unzählig, der wesentlichste war seinem Urtheil nach noch zurück, er eilte in dem nehmlichen Augenblicke ihm denselben zu erzeigen, da wir ihn in halben Unwillen von ihm scheiden sahen.

Aximith betrachtete das Leben des Sohns Amurat mit andern Augen, als er selbst. Selim ward von Thaten zu Thaten, von Begebenheiten zu Begebenheiten fortgerissen, ohne an sein endliches Schicksal zu denken. Er freute sich Heldenruhm und Freunde zu finden, wo er hin trat, und war zufrieden. Aximith dachte weiter; es bekümmerte ihn, das Leben seines Helden im Dienst anderer ohne merklichen Vortheil für sich verfliessen zu sehen, es bekümmerte ihn, daß Selims Schwerd manchen Fürsten Ruhe, Ruhm und Land erkämpfte, ohne nur noch ein einiges Mahl in eigener Sache die Scheide verlassen zu haben. Was wird am Ende sein Schicksal seyn? sagte Aximith zu sich selbst? Verlust derer, die ihn heben könnten, wie bey den Korvinen; Undank, wie bey dem Könige von Ungarn; verkanntes Verdienst wie am böhmischen Hofe; Verachtung wie zu Burgund; oder kalter Donk wie bey dem Herzog von Lothringen. So wird Amurats Sohn andern Kronen erkämpfen, ohne je selbst eine zu tragen, man wird ihm danken und lieben, ohne ihm zu lohnen, und ein geborner König wird der Knecht kleiner Fürsten seyn und bleiben.

Der alte Rhascier urtheilte, vernehmlich was den Herzog von Lothringen anbetraf, zu strenge, doch zweifeln wir, ob er seine Meynung geändert haben würde, wenn er Herzog Reinhards Absichten für seinen Freund gewußt hätte; alles was man ihm hier geben konnte, dünkte Selims Freund zu klein für seine Verdienste, selbst die Hoffnung auf das geldersche Herzogthum würde er mit Achselzucken betrachtet haben, da er nichts mehr wünschte, als Amurats Sohn den Besitzer der morgenländischen Reiche zu sehen.

Keine Hoffnung war hiezu, so lang Mahmed lebte, auch ließ es sich nicht denken, daß Selim jemals dort etwas durch Schwerd gewinnen würde. Wo waren die Heere, die er seinem furchtbaren Bruder entgegen führen konnte? sollten sich vielleicht die Könige von Ungarn und Böhmen, oder der Kayser für ihn rüsten? Der letzte wußte nicht einmal, daß ein Selim lebte, dem er Dank schuldig war; der türkische Prinz hatte in seiner Sache gekämpft, ohne daß sein Name laut geworden war, Dienste dieser Art einem Fürsten erzeigt, sind Tropfen, die sich ins Meer verlieren. Was Mathias und König Georgen anbelangt, o die hatten längst vergessen, daß ein Selim lebte, der einst ihr Freund war, und für den sie etwas hätten thun können, und dachte Prinz Viktorin noch zuweilen an den Gefärthen seiner frühern Heldenthaten, so war es das schwache Andenken an einen Abwesenden; wer wußte, ob es der Mühe gelohnt hätte, es aufzufrischen!

Der treue Aximith schaute überall umher, wie er seinem Freunde, ohne erbettelte Fürstenhülfe, ein Glück bauen könne, das seiner Geburt und seiner Ansprüche würdig wär. Seine Augen hefteten sich seit einiger Zeit fester als zuvor je auf den Thron, den Mahomed besaß. Aximith, dieser Mann, der überall Freunde und Einfluß hatte, wußte, daß Mahomeds Thron, den er durch tausend Heldenthaten unterstützt hatte, demohngeachtet zu wanken begann, daß Unruh unter seinen Söhnen, deren einen er selbst hinrichten ließ, die Erbfolge zweifelhaft machte. Jetzt war vielleicht die Zeit, wo sich für Amurats Söhne etwas thun ließ, und o, daß Ali gelebt hätte, die Gerechtsamen seines ehemahligen Pflegsohns zu unterstützen!!

Dieser Ali, der ganz im Anfang dieser Blätter eine Rolle spielte, und den unsere Leser vielleicht längst vergessen haben, war dem aufmerksamen Aximith, aus Selims Erzählungen, noch in gutem Andenken. Längst schon hatte er die Umstände seiner Verschwindung mit den Nachrichten aus Konstantinopel verglichen, und aus verschiedenen Dingen Muthmaßungen geschöpft: Ali müsse noch leben.

Und Ali lebte auch würklich noch, aber als ein Gefangener. Sein geargwohntes Einverständniß mit den Feinden Mahomeds, der A[n]theil, den er an der Rettung der jungen Pri[n]zen nahm, die der grausame Bruder dem To[d] gewidmet hatte, waren todeswürdige Verbreche[n] Wie es zuging, daß Mahomed sie nicht mit de[m] Tode bestrafte, ist uns unbekannt; zwanzigjäh[-] riges Gefängniß war freylich für einen Man[n] wie Ali, schrecklichere Strafe als der Tod.

Gegen das Ende von Mahomeds Regierung wurden Alis Bande leichter, er hatte eine[n] Freund an dem ältesten von Mahomeds Söh[-]nen, an dem tapfern Mustapha; er pflegte die[-]sen Jüngling immer den zweyten Selim zu nen[-]nen. Er hielt Selim für tod, aber wir zweifeln, wenn er sich auch in jener Epoche lebend ge[-]zeigt hätte, ob Alis Herz für ihn entschieden ha[-]ben würde. Dieser Mustapha; es ist hier der Ort nicht, uns weitläufiger über die Vorzüge dieses vortreflichen jungen Prinzen zu [er]klären, aber hätte er leben sollen, so zweifeln wir, ob selbst wir Selim auf seine Unkosten den türki[-]schen Thron hätten gönnen mögen.

Er sollte nicht leben, die Eifersucht seines Va[-]ters, und das heimtückische Miniren seiner Brü[-]der tödeten ihn. Ein kleiner Fehler der *) Liebe, ein Vergehen, das sonst bey orientalischen Fürs[-]ten für nichts geachtet wird, diente dem grausa[-]men

*) Eine Intrigue mit der Gemahlin eines Pascha.

men Mahomed zum Vorwand, einen Sohn hinrichten zu lassen, der der Beherrschung der halben Welt würdig gewesen wär.

Ali war nach Mahomeds Tode, der bald auf die Hinrichtung des edeln Mustapha erfolgte, frey geworden. Arimith, der um selbige Zeit sich von Selim entfernt hatte, that unter dem Vorwand rhaëischer Angelegenheiten, die viel weitere Reise nach Konstantinopel, er sahe, er sprach Ali. Er sagte ihm: Selim lebe. Er machte ihm einen Abriß von seinem bisherigen Ergehen, und weckte auf einmal alle Zuneigung für diesen verlassenen Prinzen, alle Plane wieder auf, die Amurats treuer Diener auf dem Berge Athos ehemals für seinen Liebling geheget haben mochte.

Noch blutete Alis Herz über Mustaphas Tod, und das Schicksal gab ihm Selim wieder! Schon trauerte er über das Elend, welches die Uneinigkeiten zwischen Dschem und Bajazeth, Mahomeds Söhnen über das türkische Reich zu verbreiten drohten, und über das noch größere Elend, wenn einer dieser beyden gleich verächtlichen Prinzen die Oberhand behielt; und siehe, ein Ausweg zeigte sich, Amurats Thron neuen Glanz, und seinem Volke neues Glück zu geben.

War je eine Zeit, wo sich etwas für Selim thun ließ, so war es die gegenwärtige. Die beyden streitenden Brüder mußten, der Anklage nach, einander aufreiben, auch war der Schade nicht groß, wenn die Welt sie beyde verlor. Ruhig konnte denn Selim die Stelle einnehmen, die sie ihm geräumt hatten, und die Früchte von Begebenheiten genießen, die er nicht veranlaßt, die die Vorsehung zum Lohn seine Verdienste also geordnet hatte. Während dieser gute Prinz im fernen Abendlande über fremden Angelegenheiten sich selbst vergaß, baute ihm das Glück hier einen Thron. Während die, die ihm Dank schuldig waren, sein Schicksal dem Zufall überließen, rathschlagten zwey Männer, denen er alles verdankte, ohne ihnen jemals lohnen zu können, rathschlagten Ali und Aximith über die besten Maasregeln, ihn über alle zu erheben, denen er bisher umsonst gedient hatte.

Was ein paar solche Köpfe, wie der treue Rhascier und der alte Musulman für Plane entwerfen, für Mittel zu Ausführung derselben erdenken konnten, das überlaßen wir denen zu beurtheilen, welche Ali und Aximith in diesem Blättern kennen lernten. Es ward beschloßen, daß der letzte dem künftigen Sultan Selim persönlich die Nachrichten bringen sollte, die ihm wohl die unerwartetsten von der ganzen Welt seyn mußten.

Zu einem der höchsten Throne der Welt gerufen werden, wenn man kaum die Aussicht auf ein kleines Herzogthum hat, welche Ueberraschung! aber auch zugleich das Glück der Liebe, fast mit der Hand erreichen zu können, und es auf einmal durch Hoffnung auf gewisse Hoheit in weite Ferne gerückt zu sehen, welche Erschütterung!—

Nachdem Selim das ganze All der Sache übersahe, so wußte er nicht, ob er trauren oder freuen sollte; aber die zärtliche Philippe wußte es wohl.

Endloser Jammer ist mein Theil, wenn du mich verlässest! rief sie in Selims Armen. Ich werde dich nie wiedersehen! Man lockt dich zu deinem Untergang! Bleib, o bleib Geliebter! Laß uns das kleine Glück ruhig genießen, das uns hier unsere Freunde bereiten; oder laß uns, wenn uns auch dieses entgeht, fliehen in jene Gegenden, die du mir einst so reizend schildertest. In den helvetischen Gebürgen, wenn du willst in Frau Margerys Hütte, wenn uns das Schicksal keinen Pallast bestimmt hat, werde ich glücklicher mit Selim seyn, als auf der schwindelnden Höhe des türklichen Throne, der sich überdem wohl, ehe du ihn besteigst, für dich in ein Grab verwandeln möchte.

Selim fühlte viel Wahres in Philippens Aeusserungen, sein Herz neigte sich nach dem Flehen der Geliebten hin, aber sein Verstand, und der Heldenmuth, das Erbtheil seines grossen Vaters, riß ihn mächtig auf die andere Seite. Auch Arimith ruhte nicht mit beweglichen Vorstellungen, und Alis Briefe thaten ihre Würkung. So ward die Liebe endlich von der Ehrsucht überstimmt, und Philippe mußte sich an den Gedanken der Trennung gewöhnen.

Ali hatte in seinen Berichten auf unverbrüchliche Geheimhaltung der grossen Dinge gedrungen, und so erfuhren selbst der Herzog von Lothringen, und Marie von Burgund nichts von den Geschäften, die ihren Freund so plötzlich in andere Gegenden riefen. Nächst Philippen ward nur Kalepin mit in das grosse Geheimniß gezogen. Komm mit mir mein Bruder, sagte Selim, theile mit mir die Mühe, die uns die Behauptung unserer Rechte vielleicht noch kosten wird, so wie du auch den väterlichen Thron mit mir theilen sollst. Das osmannische Reich soll an uns eine Erscheinung erblicken, die es zuvor nie sah: zwey Brüder in friedlicher Herrschung neben einander. Der bleiche Kalepin lächelte ein wenig, und ergriff nach einigem Nachdenken Selims Hand.

Dieses Leben, sagte er, an dem der Tod nagt, soll ich in fremde Gegenden tragen? die Spanne von Tagen, die mir noch übrig ist, soll ich der Liebe rauben, und der trüglichen Ehrsucht schenken? Nein! — Ziehe hin, mein Bruder, und werde durch Kronen und Throne so glücklich als du werden kannst! Diese hier, ist mir Kron und Thron, und die kleine Herrschaft, die sie mir zubringt, mein Königreich.

Das Fräulein von Hohenburg, Kalepins Geliebte, jetzt seine versprochene Braut, war kurz vor Endigung dieser Rede eingetreten, und die letzten Worte ihres Verlobten waren an sie gerichtet. Kalepin ergriff sie bey der Hand, und führte sie Selim zu. Selim schlug über die Wahl seines Bruders, die so sehr von der seinigen verschieden war, die Augen nieder, und Philippe schloß ihre junge Freundin weinend in ihre Arme.

Glückliches, glückliches Mädchen! rief sie, welche Vorzüge giebt dir das Schicksal vor mir Verlassenen!

Ist die künftige Herzogin von Geldern nicht auch glücklich, glücklich in ihrem Geliebten, den sie nun bald besitzen wird? fragte das unschuldige Fräulein von Hohenburg, welche nicht wußte, wovon hier die Rede sey.

Man antwortete mit einem Schweigen, dessen Ursach sie nicht errathen konnte; auch war es unmöglich, hierüber Erklärungen zu geben.

Bald darauf reiste Selim ab, seinen großen Unternehmungen entgegen. Seine Freunde verwunderten sich. Philippe weinte. Kalepin bedauerte in den Armen seiner Geliebten, seines

Bruders schlechte Wahl, und ich wette, die mehresten meiner Leser muthmaßen, daß sie ihn seinem Unglücke entgegen führte.

———

Sie that es nicht. Selim, welcher so oft sein Blut für Fremde hatte fliessen lassen, war bestimmt in seiner eigenen Sache kein Schwerd blößen zu dürfen. Die türkischen Angelegenheiten waren den Gang gegangen, den Ali muthmaßte. Ein unruhvolles Jahr nach Mahomeds Tode war verflossen, und der Streit zweyer Brüder um den Thron, den keiner besitzen sollte, endigte sich mit dem Untergang beyder. An eben dem Tage, da Bajazeth seinen flüchtigen Bruder durch Meuchelmord umbringen ließ, ließ dieser ihm in seinem Harem durch einen Gifttrunk den Tod reichen.

Ali hatte durch lange Erfahrung die Angelegenheiten nützen gelernt. Unter Bajazeths Regierung war er so groß geworden, als er ehemals unter Amurats Regierung war. Der kayserliche Pallast war in seiner Gewalt, alles gehorchte ihm. Der Tod Bajazeths ward so lang verschwiegen, bis Selim zur Stelle war, seinen Platz einzunehmen. Der Schritt auf den Thron, den so viele mit Blut und Verbrechen erkaufen, kostete ihm keine weitere Aufopferung, als — seinen Namen.

Er ward aus einem Selim ein Bajazeth. Dies war der leichteste und kürzeste Weg, ihn auf die Stelle zu heben, die ihm sein unglücklicher Vetter geräumt hatte. Der weichliche Bajazeth war selten aus seinem Harem gekommen. Sein Volk kannte ihn noch weniger, als morgenländische Fürsten gemeiniglich von ihren Unterthanen gekannt werden; dieses machte die Verwechselung leicht. Das türkische Reich glaubte sich noch immer von Mahomeds Sohn beherrscht, und der Sohn des grossen Amurath, Selim, unter Bajazeths Namen, war Sultan.

Wenig Zeit war nöthig, den Helden auf dem Thron zu befestigen, auf den ihn das Schicksal erhoben hatte; sein Heldenmuth, seine Weisheit und die Freunde, die ihm seine Tugenden erwarben, waren die Stützen einer Grösse, die ihm schnell und ohne Mühe, wie durch Zauberwerk zu theil ward. Nicht lange, so führten seine Freunde seine Mutter Zelide, und die angebetete Philippe in seine Arme, sie ward seine Gemahlin, und bequemte sich sehr gern nach der morgenländischen Sitte, die Rechte der Krone nicht öffentlich mit ihm zu theilen. Einsamkeit und Stille waren ihr Wunsch, nicht der Name Königin ihr von Tausenden zugerufen, welches sie nun freylich hier nicht ohne Verletzung der Sitten des Volks, das ihr Gemahl beherrschte, erwarten konnte.

Daß Philippe des Sultans einige Geliebte war und blieb, ob man gleich sorgte, sein Serail mit den größten ausländischen Schönheiten zu erfüllen, brauchen wir dem Leser, der Selim kennt, nicht erst zu sagen. Jeder Tag vermehrte ihre Triumphe. In den Archiven der Erzherzogin Marie, der Gemahlin Maximilians, haben sich viel Briefe gefunden, die diese Dame von den Sultaninnen Philippe und Zelide über diesen Gegenstand erhielt, und die nicht übel zu lesen wären, wenn wir ihrer hier bedürften.

Marie schrieb ihren Freundinnen, die das Schicksal so wunderbar erhoben hatte, von dem Schicksal ihrer zurückgelassenen Freunde, von den Drangsalen und Freuden ihrer eigenen Verbindung mit dem Erzherzog von Oesterreich, von der wachsenden Größe des Herzogs von Lothringen, und besonders von Kalepin, welcher ein dauernderes Glück in den Armen seiner Geliebten genoß, als man seiner durch die erste Heldenprobe geschwächten Gesundheit hätte zutrauen sollen, und erst nach ihr in Wien von jedermann geliebt und bedauert, verstarb. Einige Chroniken geben ihm den Namen Osman, ob wir ihn gleich, der Wahrheit treuer, nach seiner türkischen Benennung Kalepin, und nach der christlichen Kolonna genennt haben.